LES

MONASTÈRES BÉNÉDICTINS

D'ITALIE

II

PARIS. — IMP. SIMON RAÇON ET COMP., RUE D'ERFURTH, 1.

LES
MONASTÈRES BÉNÉDICTINS
D'ITALIE

SOUVENIRS D'UN VOYAGE LITTÉRAIRE

AU DELA DES ALPES

PAR

ALPHONSE DANTIER

OUVRAGE COURONNÉ PAR L'ACADÉMIE FRANÇAISE

DEUXIÈME ÉDITION

II

PARIS

LIBRAIRIE ACADÉMIQUE

DIDIER ET Cⁱᵉ, LIBRAIRES-ÉDITEURS

35, QUAI DES AUGUSTINS, 35

1867

Tous droits réservés.

LES
MONASTÈRES BÉNÉDICTINS
D'ITALIE

CHAPITRE XIII

BOBBIO ET LES ÉCOLES MONASTIQUES EN ITALIE.

Le monastère de Bobbio sous les premiers successeurs de saint Colomban. — — Le moine Jonas ; ses voyages et ses écrits. — Apostolat des missionnaires irlandais ; prédications et martyre de saint Livin. — Gouvernement du monastère de Bobbio par l'abbé Wala. — La règle de saint Benoît s'y unit à celle de saint Colomban. — Gerbert d'Aurillac, abbé de Bobbio ; sa science, son activité militante et les vicissitudes de sa vie. — École, bibliothèque et manuscrits de Bobbio. — Autres monastères italiens où les études fleurissent pendant la même période. — Vivaria ; ses institutions monastiques et littéraires. — Suite des progrès de la règle bénédictine. — Missions du moine Augustin et de saint Boniface. — Prédominance de la règle de saint Benoît dans tout l'Occident.

Ramenés en Italie par le fondateur de l'abbaye de Bobbio, nous poursuivrons notre revue monastique, en nous occupant d'abord de cette importante communauté qui, au moyen âge, fut un des centres intellectuels les plus actifs de la Péninsule. En outre, placé au milieu de ces provinces cisalpines qui, par leur situation géographique et le caractère des races qui les habitent, eurent tant d'affinité avec les populations gallo-frankes, le monastère de Bobbio se présente naturellement comme un premier point d'arrêt dans le voyage historique et littéraire que nous allons reprendre. Nous verrons les institutions importées d'Irlande s'y développer et de là s'étendre au loin jusqu'à ce que la règle bénédictine, s'unissant à ces institutions ou les remplaçant tout à fait, finisse par régner seule et sans partage. Ce rapprochement de deux législations également favorable aux lettres ne fera qu'accélérer un mouvement qui déjà s'était produit depuis plusieurs siècles. Rivaux de leurs frères de Luxeuil, de Saint-Gall et de tant d'autres communautés où se maintint longtemps l'esprit du monachisme irlandais, les moines de Bobbio justifièrent surtout l'appréciation suivante, portée par les bénédictins, auteurs de l'*Histoire littéraire de la France* : « La lumière que saint Colomban répandit par son savoir et sa doctrine dans tous les lieux où il se montra l'a fait comparer, avec un écrivain du même siècle, au soleil dans sa course de l'Orient à l'Occident. Il continua, après sa mort, de briller dans ses disciples qu'il avait formés aux lettres et à la piété[1]. »

Les successeurs immédiats du premier abbé de Bobbio furent Attale, Bertulfe et Bobolène. Animés de ce zèle ardent qui fait fleurir toute institution nouvelle, ils jetèrent les bases de la grandeur et de la prospérité du monastère confié à leur direction. Le premier, saint

---

[1] *Hist. littér. de la France*, tom. III.

Attale, issu d'une noble famille de la nation des Burgondes, avait été élevé par saint Arige, évêque de Gap, avant d'aller prendre l'habit monastique à Lérins, d'où il se rendit ensuite à l'abbaye de Luxeuil. C'était à ses soins et à sa prudence que Colomban, partant pour l'exil, avait remis le gouvernement de cette communauté; mais la profonde affection qui unissait Attale à son maître l'avait porté à le suivre plus tard en Italie. Chargé, après sa mort, de diriger le monastère de Bobbio, il se fit un devoir d'assujettir aux rigueurs de la discipline irlandaise la foule de moines franks, italiens et lombards qui s'étaient joints aux premiers compagnons de saint Colomban. Soit que ces religieux n'eussent ni la force, ni la volonté de se plier à un régime qu'ils regardaient comme trop sévère; soit que toute législation exceptionnelle ne puisse être appliquée sans opposition que par la main inflexible qui l'a établie, le nouvel abbé de Bobbio eut fort à souffrir de sa fidélité à suivre et à faire exécuter la Règle. Devenus impatients du joug qui pesait sur eux, un certain nombre de moines se révoltèrent, et violant les lois de la clôture, ils s'enfuirent, les uns vers la mer, les autres vers des lieux écartés où il leur fût possible de vivre selon leur fantaisie.

D'après le récit du biographe de saint Attale, ces transfuges du cloître ne tardèrent pas à subir la peine de leur désertion. L'un d'eux, nommé Rocolène, étant tombé gravement malade, s'écria, dans l'ardeur de la fièvre qui le dévorait, que s'il obtenait sa guérison, il retournerait immédiatement à Bobbio. Mais son vœu ne fut pas exaucé. Il expira la nuit même, et ses compagnons, saisis d'effroi devant cette mort soudaine, s'empressèrent de revenir au bercail où, comme des brebis égarées, ils furent accueillis avec joie par leur pasteur. En dehors de son monastère, Attale combattit aussi l'arianisme qui avait conservé beaucoup de sectateurs dans cette partie des provinces lombardes, et habile à traiter toutes les questions, il montra non moins d'ardeur que d'énergie à confondre les attaques des hérétiques[1]. En récompense de son zèle et à la prière de la reine Théodelinde, il reçut d'Adalwad, fils et successeur d'Agilulfe, un privilège confirmant et étendant les donations faites à l'abbaye. Averti par une révélation d'avoir à se préparer à son dernier voyage, il mourut en 627, après avoir pris soin qu'on restaurât l'église et les bâtiments claustraux et qu'on reliât les livres de la bibliothèque conventuelle[2].

Si l'administration du successeur de saint Colomban fut troublée par l'insoumission de quelques moines, il compta néanmoins parmi ses disciples des religieux fort zélés, tels que Blidulfe, Mérovée et Théodald. Un fait raconté par l'historien de sa vie nous révèle, avec une image des mœurs contemporaines, la nature des luttes que les moines de Bobbio avaient à soutenir contre des princes, des évêques et des populations attachés à l'hérésie arienne. L'abbé Attale ayant chargé Blidulfe de se rendre à Pavie, celui-ci rencontra dans la ville le duc Ariowald, gendre d'Agilulfe, fougueux arien qui gouvernait alors cette province du royaume lombard. Ariowald le reconnut aussitôt, et se tour-

---

[1] In solvendis ac disponendis quæstionibus sagax. Adversus hæreticorum procellas vigens ac solidus. — *S. Attal. Vit.*; ap. Act. Sanct. Ord. S. Bened. Sæc II.

[2] Libros ligaminibus firmat. *Ibid.*, p. 125.

nant vers les officiers de sa suite : « Voilà, s'écria-t-il, un de ces moines de Colomban qui, lorsqu'ils se trouvent sur notre passage, ne répondent jamais à notre salut ! » Sans être intimidé de l'apostrophe, Blidulfe lui répondit : « Je te donnerais le salut comme à mes autres frères selon la foi, si tu ne favorisais ouvertement l'hérésie, et ne subissais la pernicieuse influence d'hommes qui, osant se qualifier d'évêques[1], ne reconnaissent pas plus que toi un Dieu en trois personnes, ayant même nature, même puissance et même volonté. » A cette réponse, qui ne fit qu'augmenter sa colère, le duc répliqua par ces menaçantes paroles : « Que n'ai-je donc autour de moi des hommes dévoués qui le soir me débarrassent de ce moine ! » Ce souhait homicide fut entendu, car l'aveugle soumission au chef et les coutumes de la ghilde lombarde en rendaient l'accomplissement inévitable. Dans la soirée du même jour, comme Blidulfe s'apprêtait à rentrer chez un prêtre qui lui donnait l'hospitalité, un officier et un soldat de la suite d'Ariowald, se jetèrent sur le malheureux moine, et après l'avoir accablé de coups d'épieux armés de fer, ils le laissèrent étendu sur la place, en croyant l'avoir tué. Mais quand l'hôte de Blidulfe, inquiet de ce qui lui était arrivé, vint à sa rencontre, afin de lui porter secours, il fut bien surpris, ajoute le narrateur, de voir que le blessé avait repris ses sens et qu'il était en assez bon état pour revenir au logis et retourner sain et sauf vers son monastère. A quelques jours de là, une scène bien

---

[1] Dans beaucoup de villes des provinces lombardes il y avait alors, selon Paul Diacre, deux évêques, dont l'un était catholique et l'autre arien. — Paul Diac., *Hist. Longob.* Lib. IV, cap. 44.

différente se passait à Bobbio. L'officier qui avait si cruellement exécuté les désirs de son maître s'étant trouvé atteint tout à coup de violents accès de frénésie, le duc lombard qui craignait pour lui-même la vengeance divine, fit porter le malade auprès de saint Attale, en le suppliant de le guérir, et en se recommandant à son tour aux prières du pieux abbé et de ses moines. L'abbé consentit à demander à Dieu la guérison du meurtrier qui fut, en effet, délivré de son mal; mais quant aux présents offerts en même temps par le prince, ils lui furent incontinent renvoyés.

Saint Bertulfe, troisième abbé de Bobbio, était fils d'un puissant seigneur d'Austrasie, et parent de saint Arnoul, cet illustre évêque de Metz dont le nom se mêle souvent aux annales des temps mérovingiens. D'abord moine à Luxeuil, il y devint bientôt le modèle de la communauté, et dans un voyage qu'il fit à ce monastère, Attale conçut la pensée de l'emmener avec lui, pour qu'il l'aidât à maintenir la discipline à Bobbio. Il le demanda donc à l'abbé Eustaise qui, par une condescendance que rendaient alors fréquente l'affection réciproque et les liens de la solidarité monastique, consentit à se séparer de son moine. Nommé en remplacement d'Attale, Bertulfe déploya une grande vigueur dans son administration. Il se signala particulièrement dans un démêlé avec l'évêque de Tortone, qui, prétendant que le monastère de Bobbio relevait de sa juridiction, avait essayé de faire prévaloir ses droits en mettant dans ses intérêts d'autres évêques et les seigneurs les plus en crédit auprès d'Ariowald. Bertulfe, qui voulait connaître les dispositions secrètes du prince, envoya, dans cette intention, des moines à Pavie; mais quoiqu'il fût arien, le duc refusa de prendre parti contre un abbé connu par son zèle orthodoxe, et répondit avec le bon sens du barbare : « Ce n'est point mon affaire de prononcer sur les causes concernant les personnes engagées dans le sacerdoce, puisqu'elles ne peuvent être examinées et jugées que par un synode. » Bien plus, se rappelant sans doute ce qui s'était passé avec Blidulfe et Attale, il défendit qu'on inquiétât l'abbé de Bobbio, et voulut même lui fournir les moyens de se rendre à Rome, où Bertulfe se disposait à porter son recours au chef de l'Église. Accompagné du moine Jonas, l'abbé alla se présenter au pape Honorius Ier, qui ayant appris de lui quelle observance on suivait à Bobbio, l'engagea vivement à y persévérer, et lui donna un privilége statuant que le monastère demeurerait placé sous la juridiction immédiate du Saint-Siége[1]. Muni de cet acte important, qui garantissait l'indépendance de la communauté pour le présent et pour l'avenir, Bertulfe revint à son abbaye et continua de l'administrer avec sagesse jusqu'en 640, époque où il mourut en laissant le bâton pastoral à Bobolène.

Cet abbé, que ses vertus ont fait placer au rang des bienheureux, mais dont les Actes ont été perdus, était, selon une tradition que rapporte Ughelli, et que contestent d'autres historiens, originaire des environs d'Athènes. Par quel enchaînement de circonstances fortuites, se renouvelant plus qu'on ne le pense en ces

---

[1] La date de ce privilége peut être rapportée au mois de juin, et non au mois de janvier de l'année 629, comme l'indique l'auteur de l'*Italia sacra*. — V. Pièces justificatives, A.

temps de perturbation sociale, un Grec, né au pied du mont Hymète, était-il venu à l'extrémité des Apennins se placer sous la rude discipline de l'irlandais Colomban? La tradition ne le dit pas; mais la ferveur monastique, jointe à l'esprit d'aventures, ne peut-elle pas motiver suffisamment ce lointain voyage, rendu d'ailleurs explicable par les relations que les Byzantins conservèrent longtemps avec le nord et le sud de l'Italie? Quels que fussent les motifs qui conduisirent auprès de saint Colomban, Bobolène se montra digne d'un tel maître, et son éloge, renfermé dans une prose fort ancienne, nous le représente comme doué des qualités exemplaires qui font les saints. Élevé au siége abbatial de Bobbio, il se distingua par sa douceur envers les moines, sa tendre charité pour les pauvres et les malades, et sous son gouvernement la communauté devint si nombreuse qu'elle compta jusqu'à cent cinquante religieux. Il obtint du pape Théodore un nouveau privilége, et après sa mort, qu'on place au milieu du septième siècle, le monastère fut dirigé par l'abbé Comgell dont le nom indique un retour vers des supérieurs d'origine irlandaise.

Quoi de plus propre à nous peindre les fluctuations et la disparité de la société chrétienne à cette époque, qu'une telle succession d'abbés se rattachant à des contrées et à des races si différentes, et du fond de leur solitude conviant des moines étrangers comme eux à courber sous le niveau d'une loi uniforme les intelligences, les volontés et les habitudes les plus opposées? Sur les confins de la Gaule, de la Germanie et de l'Italie subalpine un simple monastère était le foyer où s'opérait en silence la fusion sociale qui devait s'étendre bientôt au monde extérieur. Seulement ce travail de fusion, accompagné çà et là dans le cloître de quelques troubles passagers, s'y accomplissait sans les déchirements profonds et les luttes sanglantes dont il fut suivi au dehors, car l'esprit d'unité y avait pour mobiles la charité qui rapproche, la science qui éclaire et la règle qui conduit.

Pendant cette première période, le représentant le plus connu de l'activité intellectuelle déployée à Bobbio fut le moine Jonas. Né à Suse, il avait reçu, en 618, l'habit monastique des mains de l'abbé Attale, sous la direction duquel il fut instruit, comme il le dit lui-même, dans la discipline de saint Colomban[1]. Ce régime inflexible, on le sait, exigeait le sacrifice tout entier de la personnalité humaine, et la voix du sang était contrainte de se taire devant celle de la Règle. Mais la prudence des supérieurs apportait des tempéraments à cette rigueur extrême, de façon à concilier le principe de l'obéissance avec les droits sacrés de la nature, ainsi que nous l'apprend le récit suivant fait par Jonas. Il y avait déjà un certain nombre d'années qu'il vivait enfermé au monastère de Bobbio, et ses parents avaient plusieurs fois exprimé le désir qu'il vînt les visiter, sans que l'abbé eût voulu donner son consentement à ce voyage. Le moine s'était soumis avec une complète résignation, lorsque Attale lui dit un jour : « Mon fils, allez voir votre mère et votre frère ; puis revenez au plus vite, sans que rien vous retarde. » Comme l'hiver sévissait dans toute sa violence et que Jonas hésitait à entreprendre un long et difficile

---

[1] Jonas abbas disciplinis beati Columbani eruditus. — J. Mabill *Act. Sanct. Ord S. Bened.* Sæc. I, p. 693.

voyage : « Partez immédiatement, lui répéta l'abbé ; et que les obstacles ne vous arrêtent point. » Et il lui donna en même temps pour l'accompagner deux moines sûrs et pleins d'expérience.

En le voyant arriver tout à coup, les parents de Jonas, qui ne l'avaient pas vu depuis neuf ans et qui n'espéraient plus l'embrasser jamais, éprouvèrent une grande joie ; mais pour aucun d'eux cette joie ne fut aussi vive que pour sa mère. Malheureusement elle fut de courte durée, car le soir même de son arrivée dans sa famille, le pauvre moine, soit excès de fatigue, soit excès d'émotions, tomba gravement malade. Pendant la nuit, il réfléchit sur ce mal soudain et se rappelant les prescriptions du saint abbé au sujet de son retour, il crut que sa maladie était comme un avertissement de repartir aussitôt, s'il ne voulait mourir loin de son monastère. Il se remit donc en route dès le lendemain, s'arrêtant à peine pour prendre un peu de repos et de nourriture ; mais son obéissance obtint la récompense qu'elle méritait, car en arrivant il était entièrement guéri du mal auquel il avait craint de succomber. Par opposition, les tristes nouvelles qu'il apprit à son retour lui expliquèrent les instantes recommandations d'Attale. Parvenu au terme de sa carrière, le saint vieillard était sur le point d'expirer, et le moine ne fut admis près du mourant que pour recevoir, avec ses derniers conseils, la bénédiction et l'adieu suprême d'un père à son fils.

La seconde partie de la vie du moine Jonas est toute remplie par des missions, des voyages lointains et par la composition de nombreux écrits biographiques. Après avoir suivi l'abbé Bertulfe à Rome, il entreprit plusieurs

excursions monastiques en France, et se rendit ensuite à
Elnon, en Flandre, où il désirait consulter saint Amand,
fondateur de cette abbaye. Tout porte à croire qu'il
poussa ses pérégrinations jusqu'en Irlande, afin d'explorer les lieux peu connus qui avaient vu naître et
grandir saint Colomban. Il voulait rechercher en même
temps l'une des sources du monachisme occidental,
comme Cassien avait autrefois étudié en Orient l'origine
des institutions cénobitiques. Revenu sur le continent,
il acheva d'écrire la vie de saint Colomban, et composa
ensuite celles de saint Attale et de saint Eustaise, pour
satisfaire aux désirs de l'abbé Bertulfe, dont il raconta
également quelques actions. Son ouvrage, terminé
en 644, fut dédié par lui à Bobolène et à saint Walbert,
abbé de Luxeuil. Précieux pour l'hagiographie, cet ouvrage ne l'est pas moins pour l'histoire des temps auxquels il se rapporte. Avec le sentiment vrai des événements, le ton de la couleur locale et la foi au merveilleux,
on y trouve des souvenirs classiques et des citations de
Tite Live et de Virgile montrant que l'auteur est loin
d'avoir négligé la lecture des anciens. Le livre du moine
Jonas lui valut de son vivant une certaine réputation,
et plus tard, sous le règne de Clotaire III, invité par la
reine Bathilde à venir de nouveau en France, il en profita pour aller visiter le monastère de Réome où il remit
en meilleur ordre la *Vie* de saint Jean, fondateur de cette
abbaye[1].

Les différents voyages de Jonas et d'autres religieux
dans les communautés se rattachant à la règle de saint
Colomban témoignent de la puissante activité qui, au

---

[1] Du nom de son fondateur, le monastère de Réome fut appelé ensuite le *Moutier-Saint-Jean*.

septième siècle, animait ces grands monastères. Si l'école de Bobbio est déjà célèbre, celle de Luxeuil jouit alors d'une immense renommée qu'elle doit au nombre extraordinaire de saints moines qui en sortirent ou pour fonder de nouvelles colonies monastiques, ou pour réformer le clergé austrasien parmi lequel dominaient encore les mœurs violentes et sensuelles de la Germanie. Ainsi Romaric, entré à Luxeuil avec les esclaves qu'il avait affranchis et dont il s'était fait l'humble serviteur[1], sort du monastère et va jeter les bases de l'illustre abbaye de Remiremont : sorte de communauté mixte composée de moines et de religieuses vivant sous la loi d'un abbé et d'une abbesse, et dont le rapprochement n'était compatible qu'avec les chastes et austères habitudes du monachisme irlandais[2]. Formé aux mêmes principes, l'Aquitain saint Remacle, qui avait rempli les fonctions de référendaire à la cour des rois Franks, est appelé par Sigebert, de l'abbaye de Solignac, dans les provinces austrasiennes où il établit et gouverne les monastères de Malmédy et de Stavelot. Dans sa pieuse munificence le prince lui avait donné

---

[1] Effectus est illorum subditus quorum prius dominus præpotens fuerat. *Act. Sanct. Ord. S. Bened.* Sæc. II, p. 417.

[2] Dans l'abbaye de Remiremont, fondée en 620, la principale des deux communautés était celle des femmes qu'on avait divisée en sept classes, comptant chacune douze religieuses, et se relevant pour chanter alternativement l'office qui était perpétuel. Les premières abbesses furent Macteflède, Gégoberge, Gébertrude et Perpétue. Les religieuses de cette abbaye qui avaient remplacé la règle de saint Colomban par la règle de saint Benoît, formèrent plus tard un chapitre de chanoinesses qui portaient le titre de *Princesses de l'Empire*, et en 1752, Anne de Lorraine fit reconstruire les bâtiments sur des proportions tout à fait royales. Comme l'abbaye de Remiremont, celle de Fontevrault, fondée vers l'an 1100 par Robert d'Arbrissil, renferment à la fois des religieuses et des religieux dont le gouvernement était confié à une abbesse.

douze lieues de territoire à prendre sur la forêt des Ardennes ; mais le saint, pour mieux assurer la libre possession de ce vaste domaine, n'en accepte que la moitié, dont il confie le défrichement à ses religieux qui devaient, d'après la charte de fondation, « vivre selon l'ordre et les maximes des anciens Pères[1]. » Après saint Amand, Remacle est élu à l'évêché de Maëstricht. Son zèle évangélique, qui honore l'épiscopat aussi bien que le cloître, le place à côté des plus saints évêques de son temps, Achaire, Audomar et Ragnacaire, tous trois élevés à l'école de Luxeuil, avant d'illustrer les siéges de Noyon, de Thérouanne et de Bâle. Sur la recommandation de saint Achaire, son condisciple et son ami, saint Audomar ou Omer est chargé de l'administration du vaste diocèse habité par les Morins qu'il arrache aux dernières superstitions du paganisme[2]. Sa mission est suivie de résultats d'autant plus favorables qu'il est puissamment aidé par trois autres moines de Luxeuil, Mommolin, Ebertram et Bertin, qui, en 648, érigent un monastère sur le domaine de Sithiu.

Le grand mouvement religieux qui a pour point de départ le principal établissement monastique fondé par saint Colomban réagit et s'étend jusque dans la patrie du missionnaire irlandais. Attirés sur le continent par

---

[1] Ce passage de la charte rapporté par Notger, auteur de l'une des Vies de saint Remacle, semble indiquer qu'aux monastères de Stavelot et de Malmédy, on pratiquait dans le principe les deux règles de saint Benoît et de saint Colomban, qui étaient alors les plus accréditées en France.

[2] Supererant ad id usque tempus apud Morinos Paganorum reliquiæ quas novus et fervens antistes omnino abolere cœpit... Hoc in opere auxiliares habuit Bertinum, Momolinum et Ebertramnum, Luxovienses monachos doctrina et pietate præstantes, quos Waldebertus abbas, Eustasii successor, Audomaro in subsidium misit. — J. Mabill., *Annal. Bened.* lib. XII, 45.

le prestige d'un nom de plus en plus vénéré, de nouveaux essaims de moines quittent « l'île aux vertes collines, » pour continuer en France l'apostolat qu'avait commencé leur saint prédécesseur. Tandis que dans la vaste forêt de l'Argonne l'irlandais Roding construisait l'abbaye de Beaulieu, deux de ses compatriotes, Fricor et Caïdoc, portaient un riche seigneur frank, appelé Riquier, à donner la liberté à ses esclaves, à entrer dans le sacerdoce et à bâtir le monastère de Centule, qui ensuite devint si célèbre sous le nom de son fondateur. De son côté saint Fursy, frère des deux moines Ultan et Foïlan, qui s'étaient établis au diocèse de Maëstricht, s'avançait à travers le pays des Neustriens, et après s'être arrêté à Péronne, résidence du duc Erchinoald, allait aux environs de Lagny poser les fondements d'une communauté. Là une affluence considérable de visiteurs accourait pour contempler l'homme extraordinaire qui avait eu une vision dans laquelle son âme, dégagée des liens du corps, avait parcouru le Ciel et l'Enfer et avait eu connaissance des calamités dont le monde était menacé, en punition des fautes commises par les prêtres, les moines et les rois[1].

[1] La vision de saint Fursy est racontée en détail dans sa vie écrite par un auteur comtemporain et reproduite partiellement par Bède le Vénérable. On sait que la possession des reliques de saint Fursy, qui mourut en 650 à Mazerveles, donna lieu à un violent débat entre Aymon, duc de Ponthieu, et le maire du palais Erchinoald. Le premier qui faisait bonne garde autour du saint, prétendait qu'il lui appartenait par la raison qu'il avait rendu la vie à l'aîné de ses enfants. Le second lui répliquait : « Rends-moi mon moine ; il est à moi, puisqu'il a vécu sur mes terres. » Pour terminer le différend, les compétiteurs décident qu'ils s'en rapporteront à l'instinct des taureaux traînant le char qui portait le corps du saint, et le maire du palais triomphe, ces deux animaux se dirigent vers Péronne et s'y arrêtent. Une basilique, destinée à recevoir le précieux dépôt, y fut construite aux frais d'Erchinoald, en 654, et la translation des reliques de saint Fursy fut faite

Mais parmi les pieux missionnaires venus de l'Irlande, il n'en est pas un dont la vie soit plus belle, plus dévouée et plus poétiquement dramatique que celle de saint Livin. Petit-fils d'Éphigène, l'un des plus puissants chefs des clans irlandais, Livin avait été tenu sur les fonts baptismaux par saint Augustin, archevêque de Cantorbéry, pendant un voyage que cet apôtre de l'Angleterre avait fait en Irlande. Son éducation fut confiée à un saint prêtre, nommé Bénigne, qui l'instruisit dans les lettres sacrées et profanes. Il se plut à développer en son élève le don naturel de la poésie, si cher à sa nation, et qui contribua, comme Livin le rappelait en ses vieux jours, à charmer les études de sa jeunesse. Une légende rapportait qu'à cette époque de sa vie, son premier miracle fut la résurrection de sa nourrice, tradition touchante qui nous le montre usant avant tout de sa puissante intercession auprès de Dieu, pour ranimer celle qui lui avait servi de seconde mère. Après avoir rempli en Irlande les hautes fonctions d'archevêque, Livin se démet de sa charge, et, entraîné par l'ardeur du prosélytisme, il part dans le but de porter la semence de l'Évangile chez les populations encore païennes du Brabant. Accueilli et encouragé par Florbert, abbé du monastère de saint Bavon de Gand, il se prépare, dans une retraite de trente jours passés auprès du tombeau de ce saint, à la périlleuse mission qu'il devait couronner par le martyre.

solennellement en cette église par saint Éloi, évêque de Noyon, et saint Aubert, évêque de Cambrai. Érigée dans la suite en collégiale, l'église de saint Fursy de Péronne, près de laquelle un monastère était élevé, fut primitivement desservie par des moines venus d'outre-mer, comme l'indique ce passage : « Ad Perronam, Scotorum monasterium in quo Beatus Furseus corpore requiescit. » *Act. Sanct. Ord. S. Bened.* Sæc. II, p. 787.

Bientôt mille obstacles, mille dangers assaillent l'apôtre irlandais qui va périr, exténué de fatigue et de faim, lorsque Florbert lui envoie des vivres, en réclamant de lui une épitaphe latine à la gloire de saint Bavon. Dans l'épître où il répond à son ami, Livin s'excuse en disant qu'au milieu d'une nature sombre et ingrate, sans cesse exposé à périr victime d'un peuple cruel, il n'a ni la faculté, ni le loisir de composer des vers. Malgré l'impuissance de son esprit, il lui adresse nonobstant l'épitaphe demandée, à laquelle il ajoute ces vers d'une simplicité charmante : « Tandis que j'écris ces mots, le conducteur de l'âne qui apporte les provisions arrive en toute hâte, pliant sous son fardeau accoutumé. Il me présente ce qui fait les délices des champs, le lait, le beurre et les œufs, avec les fromages qui pressent les corbeilles trop remplies. Pourquoi tarder, vigilante ménagère? Hâte le pas et recueille les richesses qui te surviennent, à toi si pauvre ce matin [1]. » Puis, cet éclair de joie passé, se représentant, comme il le dit, les tristesses d'un soleil sans éclat, d'un jour sans lumière et de nuits sans repos, il s'écrie en apostrophant la nation barbare dont la fureur a juré sa mort :

« O peuple, en quoi t'ai-je offensé, moi qui t'apporte un message de paix? Oui; c'est la paix que je t'apporte; pourquoi me déclares-tu la guerre? Mais cette cruauté qui t'anime fera mon glorieux triomphe

---

[1] Hæc quoque dum scribo, properans agitator aselli
    Munere nos solito pondere lassus adit.
  Ruris delicias affert, cum lacte butyrum,
    Ovaque; caseoli plena canistra premunt.
  Hospita, quid restas? Effer jam sedula gressum;
    Collige divitias quæ modo pauper eras.

et me donnera la palme du martyre. Je connais celui en qui je crois, et je ne serai point trompé par une vaine espérance. Dieu lui-même est mon garant : qui pourrait douter de ses promesses[1]? » Alors, sous le poids d'accablantes préoccupations, le pauvre missionnaire regrette de n'être plus ce qu'il était autrefois et d'avoir perdu l'inspiration des vers joyeux qui jadis le faisaient saluer du nom de poëte par ses compagnons de noviciat. « Et pourtant, ajoute-t-il, une douce consolation reste à mon âme affligée, et en écarte les ombres du dernier jour. Le monastère de Gand est là-bas qui m'invite et m'appelle ; il m'ouvre son sein pour me nourrir et me réchauffer de son amour[2]. » Mais ressaisi encore une fois par les plus sinistres pressentiments, il voit les barbares étendant leurs ravages jusqu'au tombeau de saint Bavon, et forme le vœu que la pierre portant gravée l'épitaphe du saint survive à la ruine de son église, pour garder du moins les vers qu'il lui a consacrés[3].

[1] Audeo mira loqui, solem sine lumine vidi;
    Est sine luce dies, sic sine pace quies...
Impia barbarico gens exagitata tumultu,
    Hic Brabanta furit, meque cruenta petit.
Quid tibi peccavi qui pacis nuntia porto?
    Pax est quod porto; cur mihi bella moves?
Sed qua tu spiras feritas sors læta triumphi
    Atque dabit palmam gloria martyrii.
Cui credam novi, nec spe frustrabor inani.
    Qui spondet Deus est : quis dubitare potest?

[2] Non sum qui fueram festivo carmine lætus :
    Qualiter esse queam, tela cruenta videns ?...
Attamen est aliquid mœstæ solatia menti
    Quod dat, nec penitus me premit atra dies.
Ganda parat gremium quo me fovet ubere læto;
    Invitat, mulcet, nutrit, amat, refovet.

[3] Ut cum vastatus fiet locus ille ruina,
    Carmina conservet obrutus iste lapis.

Si ces plaintes, si ce dernier vœu de saint Livin nous émeuvent, comme tout accent vrai s'échappant du cœur d'un homme qui marche au-devant de la mort, combien n'en sommes-nous pas touchés davantage en nous représentant les douloureuses circonstances de son martyre? Les prévisions de l'apôtre du Brabant n'étaient que trop bien fondées, et il ne revit jamais son cher monastère de Gand. En 656, comme il se trouvait à Hautem, les habitants du pays, irrités de ses prédications, se jetèrent sur lui, et après lui avoir coupé les lèvres, arraché la langue et les dents avec des tenailles, ils lui tranchèrent la tête. Ils firent subir le même sort à une femme vénérable, nommée Craphaïlde, qui lui avait donné l'hospitalité, et coupèrent en morceaux le corps de son jeune enfant auquel le saint venait de conférer le baptême[1]. Les moines du monastère de Saint-Bavon donnèrent leurs larmes et leurs prières au courageux confesseur de la foi, et saint Florbert, leur abbé, qui mourut peu après son ami, eut à peine le temps d'accomplir sa dernière volonté. L'épitaphe de saint Bavon fut pieusement inscrite sur la pierre, et si depuis longtemps ce simple et primitif monument a disparu, l'histoire, fidèle gardienne des écrits aussi bien que des événements du temps passé, nous a conservé les poésies de saint Livin avec les actes de sa vie et de sa glorieuse passion[2].

---

[1] Rescissa etiam per medium cervix Craphaildi, venerabili matronæ ejus hospitæ; sectusque in tres partes infantulus ejus filius, Brictius nomine, adhuc in albis, quem sanctus martyr nuper de sacro fonte levaverat. — J. Mabill. *Annal. Bened.*, t. I, p. 407.

[2] Sa vie fut écrite par un auteur contemporain, appelé Boniface, à la prière et sur les indications des moines Foïlan, Élie et Kilien, tous trois disciples et compatriotes du missionnaire irlandais. C'est ainsi que nous

II

Tandis que l'influence de saint Colomban était portée du Jura et des Alpes aux lacs de l'Irlande et aux bords du Rhin, son esprit continuait de revivre au monastère de Bobbio. Quoiqu'une interruption se trouve dans la série des abbés, depuis l'administration de Comgell jusque vers la première partie du huitième siècle, on n'en a pas moins la preuve que, pendant cette période, l'école de l'abbaye ne cessa d'être très-florissante. Des religieux, des prêtres, des évêques viennent de loin y chercher le repos et la science, témoin l'écossais saint Cummian qui, en 722, acheva ses jours dans cette retraite, et auquel le roi Luitprand voulut faire ériger un tombeau. Dans l'épitaphe que porte ce monument, placé à gauche de la crypte de Bobbio, près des autels où reposent les corps de Colomban, d'Attale et de Bertulfe, le prince Lombard se recommande aux prières du pieux évêque qui, pendant vingt années, donna aux compagnons de ses austérités l'exemple des vertus monastiques. « Qu'on ne s'étonne pas, dit l'auteur des *Annales bénédictines*, de retrouver ces tombes demeurées intactes jusqu'à nos jours; car si elles sont dignes à tous les titres d'exciter la vénération des chrétiens, leur rude simplicité n'a rien qui ait pu tenter des mains cupides ou sacriléges. »

Au commencement du neuvième siècle, la grande réforme décrétée pour les monastères, par le concile

---

sont parvenues l'épître adressée à saint Florbert et l'épitaphe de saint Bavon.

d'Aix-la-Chapelle, et dont saint Benoît d'Aniane fut l'ardent promoteur, dut recevoir son application à l'abbaye de Bobbio. Comme, selon les Pères du concile, la cause principale du relâchement parmi les moines venait de la diversité des observances, il fut établi que toutes les communautés suivraient une même règle, c'est-à-dire la règle bénédictine, accompagnée de nouvelles et sévères prescriptions. Déjà depuis longtemps, dans plusieurs monastères d'origine irlandaise, les institutions de saint Benoît s'étaient jointes à celles de saint Colomban, et le privilége accordé par le pape Théodore à l'abbé Bobolène atteste, ainsi que d'autres documents, que dès le milieu du septième siècle la fusion avait commencé à se produire. Contre l'opinion d'autorités fort graves en histoire et en hagiographie, telles que les Bollandistes, Ughelli et le Père Le Cointe, Mabillon a démontré savamment que loin de s'être maintenues exclusivement à Bobbio pendant de longs siècles, les observances tracées par les missionnaires irlandais ont dû, en Italie plus qu'ailleurs, se modifier au contact de la règle bénédictine qui était appliquée dans tous les monastères du voisinage et des autres parties de la Péninsule. Pourquoi d'ailleurs refuser d'admettre que là, comme en beaucoup de communautés, les deux règles qui tendaient au même but par des voies différentes, ont marché de pair en se prêtant un mutuel secours, jusqu'à ce qu'enfin l'une fût absorbée par l'autre? La prodigieuse activité intellectuelle dont les moines de Bobbio firent preuve durant cette période, n'indique-t-elle pas que, sans compter d'autres mobiles, ils furent alors soumis à une double impulsion également puissante, également fertile en résultats avantageux pour la science et les lettres? Le génie de saint Benoit et celui de saint Colomban s'unirent donc en ce monastère pour y répandre leur lumineuse influence, comme deux astres jumeaux qui se rapprochent et, confondant leurs rayons, éclairent d'autant mieux un même point du ciel.

Vers ce temps le monastère de Bobbio fut confié au gouvernement d'un abbé non moins célèbre dans le monde politique que dans le monde religieux, et dont le nom se rattache intimement aux règnes de Charlemagne et de Louis le Débonnaire[1]. Contraint de quitter la cour, à l'avénement de ce dernier prince, et de se retirer dans son monastère de Corbie, l'abbé Wala qui était allié à la famille impériale, avait pris part aux troubles dont avait été suivi le mariage du faible successeur de Charlemagne avec Judith de Bavière. Après bien des vicissitudes et une lutte persévérante contre cette femme ambitieuse, lutte rappelant celle de Colomban contre Brunehaut, Wala d'abord partisan de Lothaire, avait fini par blâmer ouvertement la conduite d'un fils rebelle qui venait de flétrir son père après l'avoir dépossédé du trône. Las de ces sanglantes discordes, l'abbé de Corbie s'était cru obligé de se séparer de Lothaire, et passant les Alpes, il était venu, à la suite de tant d'orages, chercher un port à Bobbio. Mais les moines de l'abbaye, qui craignaient que leurs domaines ne fussent envahis et sécularisés, lui offrirent l'administration de leur monastère, persuadés qu'ils trouveraient en lui un habile et zélé défenseur de leurs droits. Wala se sentant par expérience capable de

---

[1] Vala virorum clarissimus..., primus inter primos..., secundus a Cæsare. — J. Mabill., *Act. Sanct. Ord. S. Bened.* Sæc. IV, p. 561 et 464.

bien régir une communauté, pensa qu'il devait, dit son biographe, non pas cacher son talent sous terre, mais plutôt l'appliquer, selon l'exemple de saint Benoît, à la direction de ceux qui voulaient se placer sous sa conduite[1]. Il accepta donc leur proposition, mit le temporel du monastère à l'abri des attaques d'ennemis puissants et rétablit avec un soin scrupuleux l'ancienne observance suivie dans la maison, sans exclure la règle bénédictine que lui-même avait pratiquée à Corbie. Plein de zèle pour les bonnes études et amateur des manuscrits précieux, Wala qui en avait recueilli un certain nombre lorsqu'il avait rempli les fonctions de ministre auprès du jeune roi d'Italie, se plut à enrichir de nouveaux livres la bibliothèque de Bobbio. Il était ainsi tout entier à l'administration de son monastère, lorsqu'en 835, il fut envoyé en France à la tête de la députation chargée de ménager un rapprochement entre Lothaire d'une part et de l'autre Louis le Débonnaire et l'impératrice Judith. Wala réussit pleinement dans sa mission. Il reçut les meilleurs témoignages de l'empereur et de Judith qui parut d'autant mieux disposée à oublier ses griefs que, voyant son époux s'affaiblir de plus en plus, elle avait intérêt à ménager le représentant du futur successeur de l'Empire[2]. L'abbé de Bobbio s'empressa de retourner à Pavie pour annoncer à Lothaire que son père était tout prêt à se réconcilier avec lui; mais il trouva ce prince

---

[1] Non enim talentum sibi creditum abscondere in terram debuit, sed erogare fratribus quod B. Benedictum et alios quam plurimos fecisse legimus... Nequaquam igitur minus videtur eum defendisse ab hostibus et religiosissime regisse sub sancta regula et augmentasse studiosissime. — J. Mabill., *Acta Sanct. Ord. S. Bened.* Sæc. IV, p. 518.

[2] Imperator cum conjuge reconciliari voluit primum ipsi Valæ, dimissis quæcumque in eos delictis multa alacritate et benignitate cordis. — *Vita Ludov. Pii*, ad ann. 835.

malade, et bientôt atteint lui-même d'une fièvre violente, il sentit que son heure était proche. Malgré ses souffrances, il s'occupait plus, selon Paschase Radbert, de la maladie de Lothaire que de la sienne, et avant de mourir, il recommanda instamment à ce prince de n'oublier en aucune occasion les engagements qu'il venait de prendre envers l'Empereur son père[1]. Le corps de Wala fut inhumé dans la chapelle souterraine de l'abbaye, et les moines, par reconnaissance, voulurent qu'il reposât auprès des restes de saint Colomban[2].

Pendant la seconde partie du neuvième siècle et le cours du siècle suivant, la prospérité du monastère de Bobbio s'accroît par suite des privilèges et des donations qu'il reçoit des souverains qui se succèdent en Italie. L'un de ces privilèges accordé en 861 à l'abbé Amalric par l'empereur Louis II, est daté du palais de Marengo, mention pouvant faire supposer que le lieu illustré plus tard par la gloire de nos armes était alors une résidence royale habitée par les princes de la famille Carlovingienne[3]. Un autre diplôme de l'année 895 et concédé

---

[1] Ne forte quod nuper patri promiserat obmitteret occasione accepta. J. Mabill., *Act. Sanct. Ord. S. Bened.* Sæc IV, p. 519.

[2] La vie de Wala a été écrite sous forme apologétique par Paschase Radbert, son disciple et son successeur au siège abbatial de Corbie. Cet ouvrage portant le titre d'*Epitaphium* est divisé en dialogues dont les interlocuteurs sont Paschase lui-même, Adéodat, Sévère et Chrême, tous moines de son monastère. Quant aux personnages dont parle l'auteur, ils sont désignés par des pseudonymes, selon l'usage du temps. Ainsi, Wala y est appelé Arsène; Louis le Débonnaire, Justinien; Judith, Justine; Lothaire, Honorius; et Louis le Germanique, Gratien. L'apologie de Wala, composée dans le but d'expliquer et de justifier sa participation aux troubles qui remplirent le règne de Louis le Débonnaire, est un curieux mémoire sur la politique et les intrigues de la cour carlovingienne jugées au point de vue monastique.

[3] Actum Maringo, palatio regio, nonis Octobris, anno imperii ejus undecimo, indictione nona. — J. Mabill., *Annal. Bened.* ad. ann. 861.

par Guy de Spolète, à la prière d'Ageltrude, sa femme, porte que les moines seront maintenus dans la jouissance de leurs biens et immunités, à la condition que la discipline sera parmi eux rétablie dans son ancienne vigueur[1]. L'abbé Théodolase obtint encore en 903, du roi Bérenger Ier, deux privilèges dont l'un statue que partout où les religieux auront un différend à faire juger, ils auront le droit de le soumettre aux autorités compétentes de la juridiction locale. Sous l'administration des abbés Silverade, Gerlanne et Liutfrède, dont les noms rappellent l'origine lombarde, les moines de Bobbio recourent plusieurs fois encore à l'autorité du souverain, particulièrement à celle d'Othon le Grand, pour placer leurs domaines sous la protection impériale. Cette protection n'avait pu toutefois, au milieu des troubles qui agitaient l'Italie, empêcher de nombreuses usurpations, lorsqu'un abbé, venu de France comme Wala, le célèbre Gerbert, essaya de rendre au monastère son lustre et sa prospérité.

Sorti d'une pauvre et obscure famille de l'Auvergne, Gerbert avait été élevé au monastère de Saint-Gérauld d'Aurillac où ses progrès surprenants dans tous les genres d'études lui avaient concilié l'affection de ses supérieurs. Comme ses succès mêmes le rendaient l'objet de la jalousie des autres moines, son abbé, Gérauld de Saint-Screin, l'envoya auprès de Borel, comte de Barcelone, qui confia le soin d'achever son instruction à l'évêque Haiton, prélat connu par ses profondes connaissances en mathématiques. Après s'être perfectionné dans cette science aussi bien que dans la philosophie

---

[1] Dum cœnobii disciplina ad pristinum revertatur statum. — Ughel., *Ital. sacr.*, t. IV, col. 1340.

et la médecine aux écoles arabes de Séville et de Cordoue, Gerbert accompagna le comte Borel à Rome et fut présenté par lui à l'empereur Othon le Grand. L'année suivante, ce prince ayant retrouvé le moine d'Aurillac à sa cour de Pavie, voulut qu'en sa présence il soutînt des thèses contre les plus savants docteurs de l'Allemagne. Il fut si charmé de son savoir et de sa parole éloquente, qu'il le chargea de donner des leçons à son fils Othon II, et bientôt par reconnaissance il lui accorda l'abbaye de Bobbio[1]. La collation de cet important bénéfice, bien qu'approuvée du clergé et du peuple, et confirmée par le pape Jean XIII, dont Gerbert reçut la consécration abbatiale, devint pour le nouvel abbé une cause de sollicitudes et de tourments. Les biens du monastère ayant été usurpés par les seigneurs voisins ou engagés par des concessions imprudentes, la communauté se trouvait réduite au plus fâcheux état. Pour relever la fortune et les droits de son abbaye, Gerbert dut soutenir des luttes violentes, notamment contre Pierre, évêque de Pavie, qui, tout en pillant les domaines de Bobbio, ne cessait de faire l'éloge de l'abbé devant l'Empereur dont il était le chancelier.

Indigné d'une conduite si déloyale et de la sourde opposition qui lui était faite, soit parce qu'il était français, soit plutôt parce qu'il se montrait fort dévoué aux intérêts de l'Empire, l'abbé de Bobbio s'en plaignait à l'évêque en termes fort vifs : « Si nous avons été appelé, lui écrivait-il, à gouverner le monastère de Saint Colomban, nous n'avons à en rendre grâces à aucun Italien ; et si devant votre souverain il vous a plu de nous louer, nous

---

[1] On ne sait pas précisément à quelle époque Gerbert obtint l'abbaye de Bobbio ; mais il est probable que ce fut en 964 ou 965.

n'avons pas à vous renvoyer des louanges que vous ne méritez nullement. Vous rappelez avec complaisance les bonnes paroles échangées entre nous, et vous ne discontinuez pas de mettre au pillage notre Église et notre patrimoine. Vous distribuez nos biens, comme s'ils étaient vôtres, à tous vos hommes de guerre, alors que votre devoir était de les sauvegarder et de les conserver intégralement. Allons, pillez encore, poursuivez vos rapines, et soulevez contre nous toutes les forces de l'Italie. Le temps que vous avez choisi est opportun, car notre prince et seigneur étant occupé par les travaux de la guerre, nous ne voulons ni retenir auprès de nous les bras de nos vassaux requis pour son service, ni usurper témérairement des droits qui n'appartiennent qu'à lui seul[1]. »

Dans une autre lettre il se plaint également à l'Empereur et à sa mère, l'impératrice Adélaïde, des vexations qu'il endure et des cruelles privations imposées à sa communauté. Ses moines meurent de faim, et n'ont pas de vêtements pour couvrir leur nudité; les greniers du monastère sont vides; la pharmacie est sans médicaments, et la bourse commune est épuisée, depuis que le sanctuaire de Dieu est devenu la proie d'usurpations scandaleuses et de ventes à titre précaire ou libellatique. « Une telle situation n'est pas supportable, disait-il en terminant, et je ne sollicite qu'une grâce de la faveur impériale, c'est qu'il me soit permis d'aller en France vivre seul dans la gêne, plutôt que de mendier en Italie

---

[1] Quod abbatiam sancti Columbani habere videmur, Italorum nulli gratias agimus... Nostra, velut propria, militibus dividitis... Rapite, prædamini, vires Italiæ contra nos concutite... Dominus noster bellorum certamine occupatur; nos nec manus paratas eum juvare detinebimus, nec quod ejus officii est temere usurpabimus. — Gerbert., *Epist.* V.

« avec tant de malheureux comme moi manquant de tout[1]. »

Le désir de Gerbert allait être tristement exaucé. Bientôt pour comble de disgrâce, des tribulations intérieures compliquent celles du dehors, et ces mêmes religieux pour lesquels il était réduit à demander l'aumône, se soulèvent et l'expulsent du monastère. Le dernier coup fut porté à l'abbé de Bobbio par cette révolte, qu'il faut moins attribuer sans doute aux actes de son administration personnelle, qu'à l'antipathie nationale et à la réaction violente qui alors se manifesta en Italie contre l'autorité des comtes, des évêques et des abbés d'origine franke ou germanique. En apprenant que les moines lui avaient donné un successeur, Gerbert leur écrivait : « Comment, vous qui avez fait profession de la règle de saint Benoît, vous qui avez abandonné et chassé votre pasteur pour plier volontairement la tête sous un joug tyrannique, comment oserez-vous paraître devant le tribunal du Christ[2]? Je ne vous écris pas cette lettre pour revendiquer auprès de vous la dignité abbatiale ; mais disant ce que j'ai à vous dire, par devoir pastoral je veux dégager ma conscience de toute cause de reproche, en m'adressant même à ceux qui ne m'entendent pas[3]. » Et comme quelques

---

[1] Monachos attenuari fame, premi nuditate... Libellariis codicibus sive precariis totum sanctuarium Domini venundari... Satius sibi fore si cum gratia Domini sui fieri posset, solum apud Gallos egere, quam cum tot gentibus mendicare apud Italos. — J. Mabill., *Annal. Bened.* Lib. XLVI.

[2] Qui regulam sancti Benedicti professi estis..., ante tribunal Christi quomodo apparere vultis? — Ce passage de la lettre de Gerbert peut être invoqué comme la preuve la plus évidente qu'au dixième siècle la règle bénédictine avait complètement prévalu au monastère de Bobbio.

[3] « Hæc quidem non causa retinendi honoris scribo; sed loquenda

religieux donnaient des regrets à leur abbé légitime pendant l'éloignement duquel trois autres abbés intrus s'étaient disputé le pouvoir, Gerbert écrivit encore à Renaud, l'un des moines qui lui étaient restés fidèles, pour l'engager à persévérer dans ses bons sentiments et à ne point désespérer de la miséricorde de Dieu.

Enfin, las de lutter en l'absence d'Othon II, son protecteur contre la malveillance de ses adversaires, l'abbé de Bobbio se décide à quitter, après un voyage à Rome, un pays alors livré à l'oppression d'une foule de petits tyrans. Sa résolution une fois prise, il l'annonce ainsi à Gérauld d'Aurillac, en motivant son départ sur l'état déplorable de la société religieuse et laïque. « C'en est fait, ô mon père, oui, c'en est fait de la prospérité des Églises du Seigneur. Le pouvoir public est à bas; la maison de Dieu est envahie par la violence; le peuple devient la proie de l'ennemi. Veuillez me dire, ô mon père, de quel côté je dois conduire mes pas? Mes hommes d'armes sont prêts, il est vrai, à combattre et à défendre nos forteresses, mais quel espoir pouvons-nous conserver sans le secours du souverain de l'Italie, quand nous connaissons la mauvaise foi, les habitudes et les sentiments de quelques Italiens? Cédant en conséquence à la fortune adverse, nous allons reprendre, à la suite d'une interruption momentanée, des études toujours chères à notre cœur, et auxquelles nous désirons que Raymond, notre ancien maître, ne cesse de s'intéresser. »

Après avoir passé d'Italie en France et de France en

loquens, cura pastorali animam crimine libero, non audientes implico. » Gerbert., *Epist* 18, ad Bobienses. — Plusieurs sens pouvant être donnés à cette phrase d'une concision si remarquable, nous avons adopté celui qui était le plus en rapport avec le contexte et l'esprit de la lettre.

Allemagne, l'abbé de Bobbio qui n'avait pas voulu résigner son bénéfice, est appelé successivement à diriger l'école épiscopale de Reims où il compta parmi ses élèves Robert, fils de Hugues Capet, et à remplir les fonctions de précepteur auprès du jeune Othon III, successeur de son père Othon II. Dans ces importantes et délicates fonctions que lui confèrent l'aïeule et la mère du nouvel Empereur, avec lesquelles il n'avait cessé d'être en relation, Gerbert eut de nouveau l'occasion de signaler son dévouement pour la maison impériale d'Allemagne[1]. De retour en France, il s'attache à la personne d'Arnoul, archevêque de Reims, et prend d'abord parti avec ce dernier contre le chef de la dynastie capétienne, dont il embrasse ensuite la cause avec ardeur[2]. C'est alors qu'il contribue à la déposition d'Arnoul,

[1] Dans une de ses lettres où il parle des rapports qu'il a eus, comme professeur, avec son élève Othon II, Gerbert affirme qu'il a quitté l'Italie parce qu'il n'a pas voulu pactiser avec les ennemis de l'Empereur. Son zèle pour ce prince et pour sa famille ne se démentit pas, car à la mort d'Othon II, arrivée en 983, il fut obligé de s'éloigner momentanément de la cour impériale pour avoir défendu avec trop de chaleur les intérêts du jeune Othon III contre Henri, duc de Bavière, qui voulait s'emparer de la couronne. L'abbé de Bobbio écrivit alors à Willigis, archevêque de Mayence, une lettre fort curieuse où il déplore la perte si regrettable de l'Empereur dont le fils, au lieu d'être confié à sa mère, Théophanie, est livré comme un faible agneau à un loup ravisseur. Il rappelle ensuite le temps heureux où avec le prince défunt, il engageait de savants entretiens à la manière de Socrate, et il charge son correspondant de représenter aux deux impératrices que s'il a été exilé par Henri de Bavière, c'est uniquement à cause de sa constante fidélité à la famille des Othons.

[2] La correspondance de Gerbert fait voir qu'avant de se rallier à la royauté nouvelle, il avait soutenu les droits de la famille carlovingienne de concert avec le parti austrasien ou allemand. Dans une de ses lettres écrites à l'abbé Gérauld vers l'année 970, il parle de Hugues Capet en termes ironiques, et demande s'il est vrai que « ce Hugues qu'on appelle en France le *Comte-abbé*, vient de prendre femme. » Cette question se rapportait au mariage que Hugues Capet conclut, en effet, à cette époque avec Adélaïde, fille du comte de Poitiers, Guillaume III, dit *Tête-d'étoupes*.

traduit devant une assemblée d'évêques pour avoir favorisé les prétentions de son oncle Charles de Lorraine, et il le remplace sur le siége métropolitain que, par une décision pontificale, il est contraint de lui rendre plus tard. Cette nouvelle épreuve porte Gerbert à retourner en Allemagne auprès de son ancien élève Othon III qui, en 997, lui donne l'archevêché de Ravenne[1], et, deux années après, le fait élire pape sous le nom de Sylvestre II.

Au milieu de tant de vicissitudes, l'ex-disciple du moine Raymond fut loin d'oublier « ces études si chères à son cœur, » comme il le disait lui-même, et il y puisa les consolations qu'elles offrent toujours à ceux qui leur restent fidèles. A l'exemple de Wala, de Smaragde et d'autres abbés, amis des lettres, il dota la bibliothèque de Bobbio d'un grand nombre de manuscrits trouvés à Rome ou dans d'autres villes de l'Italie. Plus tard, il en fit une collection non moins considérable en Germanie et en Bel-

---

[1] Il ressort d'une lettre adressée au pape Jean XV par Gerbert, que celui-ci, avant d'être élevé au siège de Ravenne, avait été rétabli dans son abbaye de Bobbio. Mais il se plaint au pontife de n'être plus abbé que de nom, et de ne savoir à quel parti s'arrêter. « O honte! s'écrie-t-il, si je parle de recourir au saint-siège, je deviens un objet de dérision, et mes ennemis ne me permettent pas plus de me rendre auprès de vous que de sortir de l'Italie. Il m'est difficile pourtant de rester dans une telle situation, lorsqu'en mon monastère, ou même partout ailleurs, il ne me reste rien que mon bâton pastoral et la bénédiction apostolique. » Une autre lettre écrite aux moines de Bobbio fait voir que c'était sur leur demande qu'il avait repris la direction de son abbaye, car il les félicite d'être revenus à des sentiments dignes d'eux en rappelant celui qu'ils peuvent avec raison regarder comme un père. « Pour moi, dit-il, bien que je sois maintenant arrivé au port, je n'en souffre pas moins d'apprendre que vous êtes toujours ballottés sur une mer orageuse. Mais nous savons tous que Dieu est tout-puissant, et nous espérons que, touché de la prière des affligés, il finira par venir à leur secours. — Gerbert., *Epist.* 85.

gique, où il dépensait beaucoup d'argent à payer des copistes et à recueillir, avec l'aide de ses amis, les exemplaires les plus corrects des meilleurs écrivains. La correspondance de Gerbert atteste le soin qu'il apportait à cette œuvre, et la diversité des auteurs qu'il cite révèle la variété de ses connaissances personnelles. Pline et Cicéron, Jules César et Suétone y figurent à côté de Stace et de Claudien, de Manilius et de Boëce, de Quintus Aurelius et de Victorin le Rhéteur. Il parle aussi des auteurs qui ont traité de la philosophie et mentionne l'espagnol Joseph et le médecin Démosthène comme ayant fort bien écrit, l'un sur les mathématiques et l'autre sur les maladies des yeux. Mêlant la poésie à la science, Gerbert se plaisait encore à faire des pièces de vers, notamment de celles qu'on désignait alors sous le nom d'*epitaphia*, et qu'il offrait comme un hommage de reconnaissance à la mémoire des princes, ses bienfaiteurs [1]. Malgré ses préoccupations extérieures, il trouvait aussi le loisir de composer un livre de rhétorique, de tracer sur des sphères les mouvements des corps célestes, d'indiquer la marche du temps par l'invention de l'horloge à pendule, et de rappeler tant de travaux dans une volumineuse et intéressante correspondance.

Malheureusement, à une époque de ténèbres, la science, comme le génie, est souvent achetée bien cher par ceux auxquels elle devrait ne donner que la gloire. Gerbert en fit la pénible expérience. Ainsi que tous les hommes qui ont à un haut degré la

---

[1] Entre autres épitaphes, nous citerons ici celle de l'empereur Othon II :
    Cujus ad imperium tremuere duces, tulit hostis
    Quem Dominum populique suum novere parentem ;
    Otto decus Divum, Cæsar charissime nobis,
    Immeritis rapuit te lux septenna decembris.

conscience de leur valeur et s'élèvent bien au-dessus de leurs semblables, peut être il leur fit trop sentir combien était grande la distance qui le séparait d'eux. De là un premier malentendu que les passions du moment ne firent qu'augmenter, et qui a répandu sur le caractère de Gerbert une sorte d'obscurité mystérieuse qui n'a pas été éclaircie jusqu'à présent. Ensuite la prodigieuse étendue de ses connaissances puisées en partie chez les Arabes, connaissances qui avaient émerveillé d'abord ses contemporains, finit par leur inspirer des doutes et des soupçons. L'ignorance supposa, et l'envie laissa croire que le savant moine qui avait surpris les secrets de la nature et sondé la profondeur du firmament, était redevable de découvertes si extraordinaires à ses rapports avec les puissances occultes. Aussi, selon l'esprit superstitieux du temps, Gerbert fut accusé de magie, par ce motif qu'il était supérieur à son siècle. La raison publique le vengea sans doute d'une accusation si absurde, et le pontife d'ailleurs fit en lui absoudre le savant; mais il n'en est pas moins vrai qu'une lumière complète ne s'est pas encore levée sur ce personnage et que son nom laisse toujours un problème historique à résoudre[1].

[1] Dans son *Histoire ecclésiastique*, l'abbé Fleury rend hommage à la science et aux qualités éminentes de Gerbert; mais il montre un jugement moins favorable quand il s'agit d'apprécier son caractère qu'il dit n'avoir pas été exempt d'ambition, surtout à l'époque de sa lutte avec l'archevêque Arnoul, au sujet du siége de Reims. Parmi les contemporains, Abbon de Fleury, que le pape Grégoire V chargea de rétablir Arnoul sur ce même siége, tient une balance égale entre les deux prétendants, et il se dit l'ami de l'un et de l'autre dans sa lettre au souverain pontife où il annonce qu'il a rempli fidèlement ses prescriptions. Quant à l'accusation de magie, imputée à Gerbert comme elle fut reproduite plus tard contre Albert le Grand, elle se trouve mentionnée dans la plupart des chroniques de l'époque,

III

Quelque épaisses que soient alors les ombres répandues sur l'Europe par ce triste dixième siècle, l'école de Bobbio continue pourtant de briller, ainsi que les autres écoles conventuelles de l'Italie. Par un phénomène singulier, la lumière qui continue d'éclairer tous les cloîtres, leur est venue cette fois des extrémités de l'occident où elle semblait s'être concentrée pendant la période la plus sombre du moyen âge. Après s'être pénétré de ce rayon vivifiant, comme la fleur se pénètre du soleil, le génie monastique n'en devient que plus fécond, suivant le témoignage de documents authentiques. Un catalogue manuscrit de cette époque, conservé dans l'un des beaux recueils de l'érudition italienne [1],

notamment dans celle du Frère André et de Guillaume de Malmesbury. Le premier dit : « A quibusdam etiam nigromancia arguitur... A Diabolo percussus dicitur obiisse. » Le second répète de même les bruits populaires : « Divinationibus et incantationibus more gentis familiari studentes ad Saracenos Gerbertus perveniens, desiderio satisfecit... Ibi didicit excire tenues ex inferno figuras... Per incantationes Diabolo accersito, perpetuum paciscitur hominium. » Tout en rappelant cette crédule légende du moyen âge, qui montrait le moine d'Aurillac faisant un pacte avec le démon pour parvenir aux sommités de la science et aux honneurs du pontificat, les historiens modernes et surtout Luden, l'auteur de l'*Histoire d'Allemagne*, ont reconnu dans Gerbert un esprit véritablement supérieur et salué en lui le premier promoteur des croisades. Son appel à la guerre sainte, adressé aux puissances chrétiennes un siècle avant les prédications d'Urbain II et de Pierre l'Ermite, est nettement formulé dans la lettre éloquente commençant par *Ea quæ est Hierosolymis*, etc. — Consult. la correspondance et les opuscules de Gerbert, édités par Duchesne, tome II des *Histor. Francor. Script.*, et par Mabillon, tome II des *Veter. Analec.* — V. aussi l'intéressant Mémoire récemment publié sur Gerbert, par M. Olleris, doyen de la Faculté des lettres de Clermont.

[1] *Catologus Bobiensis* decimi sæculi, ap. Muratori. *Antiquit. ital.*, t. III, Dissert. 43.

nous apprend quels ouvrages servaient alors aux travaux littéraires des moines de Bobbio. Ce ne sont pas seulement des commentaires sur l'Écriture sainte, les œuvres des Pères de l'Église ou des vies de saints et des écrits ascétiques qui forment le fond de cette bibliothèque. L'antiquité profane y revit tout entière, et les ouvrages des grands écrivains de la Grèce et de Rome sont reproduits en un nombre assez considérable d'exemplaires pour faire voir à quel point ils étaient estimés. Démosthènes et Cicéron, Virgile et Horace, Aristote et Lucrèce, Ovide et Juvénal se trouvent souvent répétés sur la liste. Peut-être, à l'exemple de l'abbé Théodulfe, plus d'un moine de Bobbio s'excusait du plaisir qu'il trouvait à lire les fabuleuses créations des poëtes anciens, en disant y chercher la vérité sous les voiles de la fiction[1]. Mais le chiffre vraiment prodigieux de traités de grammaire et de prosodie montre d'ailleurs quelle dépense on faisait de ces sortes de livres pour les besoins de l'enseignement scolaire à Bobbio. Par cette seule partie du catalogue on voit combien on y tenait en honneur les ouvrages d'Acroetius et de Caper sur l'*Orthographe*, de Papirius sur l'*Analogie*, de Flavianus sur l'*Accord des noms avec les verbes*, et d'Honoratus sur l'*Art de la versification*.

Quand on compare cet inventaire dressé au dixième siècle avec un autre catalogue moins ancien, datant de 1461, que le savant abbé Peyron a fait connaître au monde lettré, il est facile de constater quelles pertes

---

[1] Et modo Pompeium modo te, Donate, legebam,
 Et modo Virgilium, te modo, Naso loquax.
 In quorum dictis quanquam sint frivola multa,
 Plurima sub falso tegmine vera latent.
  Theodul. *Carmina*. lib. IV, 1.

et quelles transformations une bibliothèque monastique a pu subir pendant ce laps de temps. Dans le dernier recueil on cherche en vain et on ne retrouve plus les manuscrits mentionnés dans le premier catalogue. Seuls, Dumgall, Smaragde, Gerbert et Agilulfe, abbé et comte de Bobbio, figurent parmi les donateurs d'ouvrages offerts à la bibliothèque; mais on doit croire que Gerbert qui possédait une si riche collection de livres, en emportait la plus grande partie dans ses continuels voyages à Reims, à Rome et à Ravenne. Quoi qu'il en soit, si, durant la période indiquée, de grands changements s'opèrent dans l'état de la bibliothèque de Bobbio, c'est qu'à partir du onzième siècle, la discipline et l'étude cessent peu à peu de fleurir au monastère. Devenus de moins en moins nombreux, les moines abandonnent les travaux commencés par leurs prédécesseurs, et ne consultent plus les vieux parchemins de leurs archives que pour y chercher des titres de propriété. Comme dans beaucoup d'autres communautés monastiques, le relâchement y est devenu tel au quinzième siècle, que l'évêque de Bobbio et les habitants de la ville qui s'était formée autour de l'abbaye, expriment le vœu formel « que le monastère, déchu depuis si longtemps, soit enfin ramené à une observance régulière, pour la gloire de Dieu et le salut des âmes[1]. » Alors une colonie de religieux bénédictins vient, en 1455, repeupler les cloîtres déserts de Bobbio, et les évêques de Crème et de Gênes les excitent vivement à reprendre les fortes et saines études qui avaient été l'honneur et la sauvegarde de leurs devanciers.

---

[1] Ut cœnobium, diu desolatum et destitutum in spiritualibus et temporalibus, ad regularem observantiam, ad Dei laudem et animarum salutem, reduceretur.

Cette nouvelle impulsion donnée à l'activité intellectuelle des moines de Bobbio dura peu, et elle ne résista point aux influences antimonastiques de la Renaissance. Bientôt la chasse aux livres, que poursuivent partout avec une fiévreuse ardeur les Politien, les Pogge et les Philelphe, va dépouiller les religieux de leurs meilleurs instruments de travail. L'un de ces explorateurs par trop zélés des bibliothèques monastiques, George Merula, s'abattit, en 1494, sur celle de Bobbio, et y fit une ample récolte de manuscrits, comme l'atteste sa lettre écrite à Politien le 24 février de la même année. C'est de là qu'il emporta le poëme de Terentianus Maurus, que longtemps on avait cru perdu, et qu'il publia trois ans après à Milan. Il en tira également l'exemplaire du Velius Longus avec celui des œuvres d'Ausone et du poëme de Sulpitia, cette femme courageuse qui, à l'occasion de l'exil des philosophes, ne craignit pas de composer une satire contre l'empereur Domitien[1]. A la suite de Merula, Thomas Inghirami, le favori de Jules II et de Maximilien, voulut avoir sa part des richesses délaissées à Bobbio, et il rapporta son butin à la Vaticane dont le pape l'avait nommé conservateur.

Plus tard la bibliothèque pontificale s'accrut encore de manuscrits provenant de la même source, car Paul V, craignant sans doute que ce qui restait au monastère ne fût enlevé par d'autres mains, en négocia l'acquisition avec l'abbé Paul Silvarezza, par l'intermédiaire de l'évêque Antoine Bellino. Comme

---

[1] Cette pièce, intitulée *De edicto Domitiani*, a été imprimée dans le recueil *Poetæ latini minores* et dans le *Corpus poetarum* de Maittaire. Cette dernière collection renferme aussi le poëme de Terentianus Maurus sur *les Règles* de la poésie, ouvrage réimprimé séparément à Francfort en 1584, in-8°.

de son côté, le cardinal Frédéric Borromée acheta un certain nombre des manuscrits de cette collection, qui furent ensuite répartis entre les bibliothèques de Milan et de Turin, il en résulta que les trésors du précieux dépôt commencé par saint Colomban et continué par ses plus illustres successeurs, furent dispersés au loin et sans retour[1]. Dépouillée de ce qui faisait en partie sa gloire, l'abbaye conserva du moins le tombeau de son fondateur, et en 1520, deux moines de Luxeuil étant venus y prier, affirmaient, comme l'attestent les deux vers suivants, que la possession de ce tombeau suffisait à compenser toutes les pertes éprouvées par leurs confrères d'Italie :

>   Felix Luxovium, servans documenta Columbae :
>   Felicior Bobbium, corporis ossa tenens!

Cette dispersion de l'une des plus célèbres bibliothèques du moyen âge, accomplie non par les révolutions, mais par l'amour excessif de la science, prouve une fois de plus que les livres ont leurs destinées, comme toutes choses en ce monde. Aussi, lorsqu'à la fin du dix-septième siècle, le Père Mabillon visita le monastère de Bobbio, il ne regretta pas seulement de n'y plus trouver, selon ses propres paroles, que l'ombre d'une grandeur déchue; mais il eut à constater en

---

[1] La bibliothèque de l'Université de Turin possède plus de soixante manuscrits provenant de Bobbio. C'est d'après l'un de ces manuscrits que l'abbé Peyron a publié en 1810 des fragments du philosophe grec Empédoclès. On trouve encore dans la même collection différents palimpsestes d'auteurs classiques, et dont l'abbé Peyron a également constaté l'existence et la valeur dans le catalogue qu'il a fait paraître en Allemagne. On peut aussi consulter sur la bibliothèque de Bobbio l'article publié par M. Foucher de Careil dans le *Correspondant*, t. XXXVI, première série, p. 667.

même temps quelles pertes la bibliothèque de l'abbaye avait faites à différentes époques. Par une juste compensation, ces pertes, comme il se plaît à le rappeler, ont servi du moins à enrichir le fonds commun de la littérature classique, puisque c'est à Bobbio qu'ont été découvertes les œuvres manuscrites de Cassianus Bassus, d'Adamantius Martyrius, de Probus, de Sergius le grammairien, et de Cornelius Fronton, le précepteur de Marc Aurèle. Plus tard la correspondance de ce même Fronton avec l'empereur, son élève, sera extraite par l'érudition moderne des palimpsestes de Bobbio qui fourniront encore, outre la République de Cicéron, les plaidoyers de cet orateur pour Scaurus, Tullius et Flaccus. Devançant ces découvertes de notre époque, l'auteur de l'*Iter italicum* eut aussi la consolation, malgré l'état de dénûment où il trouva la bibliothèque de l'antique monastère de saint Colomban, d'y recueillir encore quelques glanes échappées à ceux qui y avaient moissonné avant lui. Il en rapporta notamment le très-ancien et très-curieux manuscrit sur la Liturgie gallicane, qu'il publia sous le titre de *Sacramentarium Gallicanum*, et qui, d'après toute vraisemblance, autrefois en usage dans les églises de la Burgondie où était situé Luxeuil, passa de ce monastère à celui de Bobbio[1].

[1] Ce sacramentaire, imprimé dans la seconde partie du *Museum Italicum*, est écrit en caractères dits majuscules, et considéré par Mabillon comme antérieur au septième siècle, car on y lit le nom de Bertulfe, abbé de Bobbio vers le milieu du même siècle. Aux yeux du savant bénédictin, l'un des mérites de ce vénérable monument liturgique est d'être entier dans toutes ses parties et exempt des mutilations et autres défectuosités trop fréquentes dans les manuscrits d'un âge si ancien. De plus, par une exception extrêmement rare, on trouve à la fin du volume un pénitentiel contenant des particularités qui ont un véritable intérêt pour l'étude de l'ancienne discipline ecclésiastique.

Les vicissitudes de l'école et de la bibliothèque de Bobbio ayant été ainsi retracées[1], nous voudrions pouvoir consacrer une semblable étude à d'autres monastères qui, à leur premier âge, et sous l'impulsion de la règle de saint Benoît, appelée dans quelques-uns à y remplacer des observances antérieures, montrèrent aussi un grand zèle pour les travaux de l'intelligence. Nous parlerions d'abord de l'abbaye de Saint-Apollinaire de *Classe*, près de Ravenne, bâtie à côté de la basilique renfermant les restes du premier archevêque de cette ville, et que Justinien avait élevée au lieu choisi par Auguste pour servir de station à ses flottes de l'Adriatique. Cette abbaye, destinée à devenir l'une des plus célèbres communautés de la Péninsule, avait, dès le sixième siècle, reçu un grand lustre du privilége que le pape saint Grégoire lui avait accordé pour la défendre contre les prétentions de l'archevêque et du clergé de Ravenne. Viendrait ensuite le monastère de Saint-Vincent du Vulturne dont l'origine se rattache à l'histoire de Farfa, et qui brilla surtout sous l'administration de l'abbé Autpert, auteur d'un commentaire sur l'Apocalypse, et auquel Charlemagne concéda des priviléges particuliers. Dans cette revue ne seraient oubliées ni l'abbaye de Saint-Ambroise de Milan, ni celle de Saint-Sylvestre de Nonantola qui, fondée en 752 par saint Anselme, duc de Frioul et beau-père d'Astolphe, roi des Lombards, réunissait bientôt près de douze cents moines, sans

---

[1] L'abbaye de Bobbio fut supprimée en 1803; mais son église a été conservée et elle sert maintenant de paroisse. Quant à la ville qui s'était formée autour du monastère, et dont la population est de 3,600 habitants, elle est le chef-lieu d'une intendance de la province de Gênes, et le siége d'un évêché que le pape Benoît VIII érigea au commencement du onzième siècle.

compter les novices et les enfants attachés à l'école du monastère. Parmi les grandes communautés de l'Italie méridionale figurerait également celle de Casauria, dont nous analyserons ailleurs l'intéressante chronique, et où fleurit une école qui attirait une affluence considérable d'élèves appartenant aux plus hautes classes de la société. Ils venaient, suivant le témoignage de l'archevêque Alfano, entendre de doctes moines discuter dans leurs conférences « les subtiles théories d'Aristote ou les éloquentes utopies de Platon. » Telle était la puissante attraction exercée, au onzième siècle, par cette école monastique qui rivalisa longtemps avec celle du Mont-Cassin, que le même Alfano blâmait le jeune Trasimond de perdre son temps à soutenir avec les religieux de Casauria d'interminables discussions philosophiques.

Mais de tous les monastères que féconda de bonne heure le souffle de la règle bénédictine, il n'en est point qui mérite plus de fixer l'attention que celui de Vivaria si célèbre par l'organisation de ses études, son académie littéraire et la riche bibliothèque dont l'avait pourvue son fondateur. Bâti, vers 539, par Cassiodore, ce dernier représentant de la civilisation latine à la Cour des rois Goths, il avait servi de retraite à l'ancien ministre de Théodoric, quand fatigué de servir depuis quarante ans des princes d'origine barbare, il était venu chercher dans le cloître l'asile le plus sûr qui fût alors ouvert aux lettres. C'était en Lucanie, au bord du golfe de Squillace, et sur un domaine patrimonial où lui-même était né, que Cassiodore avait fait construire le monastère destiné à abriter ses derniers jours. Le site était admirablement choisi, et la beauté du ciel, de la mer et de ses rivages y formaient avec les campagnes et les hauteurs voisines un ensemble harmonieux bien propre à charmer et à ravir des cœurs voués à la contemplation. De nombreux viviers creusés aux alentours avaient fait donner à ce lieu le nom de Vivaria, et le sol qui était d'une extrême fertilité pouvait fournir en abondance tous les produits nécessaires à une communauté.

De vastes bâtiments embellis de portiques, auxquels s'adjoignaient des bains et des jardins spacieux arrosés par les eaux poissonneuses du Pellène, s'étendaient sur les pentes inférieures du mont Castel et servaient de demeure aux moines soumis au régime cénobitique [1]. Pour ceux qui désiraient goûter les joies plus pures d'une solitude absolue, des habitations séparées étaient creusées dans le roc sur la cime de la montagne; mais l'anachorète ne devait gravir ces sommités, qu'après s'être assuré de l'assistance de Dieu et s'y être préparé par le recueillement intérieur de l'âme [2]. Deux monastères distincts, primitivement confiés à deux abbés appelés Calcedonius et Gerontius, avaient donc été établis à Vivaria, et l'ascension graduée par laquelle les religieux montaient du premier au second de ces monastères, marquait chacun de leurs progrès dans la perfection monastique. Tels étaient enfin les charmes

---

[1] Ibi horti irrigui, et piscosi amnis Pellenæ fluenta, cujus aquæ per diversos meatus in monasterium ad diversos usus derivabantur... Nec deerant balnea ad usum infirmorum, adeo ut nihil rerum necessariarum monachis in ipsis claustris deesset. — J. Mabill., *Annal. Bened.*, lib. V, 34.

[2] Habetis montis Castelli secreta suavia ubi, velut anachoritæ, præstante Domino, feliciter esse possitis... Quapropter vobis aptum erit eligere exercitatis atque probatissimis illud habitaculum, si prius in corde vestro præparatus fuerit ascensus. — Cassiod., *De Instit. divin. Litter.* C, 19.

de cette retraite décrite avec amour par Cassiodore, que ses habitants n'avaient plus, selon lui, rien à désirer du monde, tandis que les hommes du monde n'aspiraient qu'au bonheur d'y être admis[1].

Les pratiques suivies à Vivaria étaient d'abord celles des anciens Pères et les institutions de Cassien, auxquelles s'unit bientôt l'observance de la règle bénédictine. Ce qui semble indiquer cette union, c'est l'analogie existant entre les prescriptions de saint Benoît relativement au travail des mains et les recommandations de Cassiodore sur le même sujet. Il veut, par exemple, que les moines dont l'esprit sera incapable de se livrer à l'étude des lettres divines et humaines, s'exercent à des travaux manuels ; mais s'ils cultivent les champs ou les jardins, s'ils se réjouissent à la vue des arbres se couvrant de fruits, ce doit être surtout pour le soulagement des pauvres et des étrangers. « Produits ou préparés à l'intention des hôtes ou des malades, ces dons de la terre, dit-il, se transforment en autant de dons célestes. Est-il, en effet, rien de plus agréable que de rafraîchir ceux qui en ont besoin par le suc des fruits savoureux, ou de les nourrir de poissons, de jeunes colombes et d'un doux rayon de miel[2] ? » Après avoir prescrit à ses moines de bien accueillir les étrangers, d'assister les indigents, de vêtir leur nudité et d'apaiser leur faim, Cassiodore semble s'être encore

---

[1] Ita fiebat ut monasterium potius quæreretur ab extraneis, quam monachi extranea loca desiderarent. — *Id. Ibid.*

[2] Hæc quippe, cum peregrinis atque ægrotantibus præparentur, fiunt cœlestia, quamvis terrena esse videantur. Quale est enim languentes aut dulcibus pomis reficere, aut columbarum fœtibus enutrire, aut piscibus alere, aut mellis suaviter mulcere ? — Cassiod., *De Instit. divin. Litter.* C. 28.

inspiré de l'esprit généreux de saint Benoît en recommandant de traiter avec douceur les pauvres colons attachés aux domaines du monastère. Unissant la charité à une sage économie domestique, il ordonne aux moines d'instruire ces colons, de les former aux bonnes mœurs, et de ne pas leur imposer de trop lourdes redevances. « Qu'ils viennent souvent, ajoute-t-il, se réunir à vous et assister à vos fêtes religieuses, afin qu'ils rougissent de vous appartenir et d'être si éloignés de la perfection exigée par votre Règle[1]. » Quant aux prescriptions réglant le cérémonial des offices et le chant nocturne des psaumes, elles rappellent d'une manière précise celles de saint Benoît, et l'on croirait l'entendre parler lui-même, lorsque Cassiodore dit dans son Commentaire sur les psaumes : « Durant la nuit silencieuse, la voix des hommes éclate dans la psalmodie, et par des paroles chantées avec art et mesure elle nous fait remonter vers celui dont la parole divine est descendue sur nous pour le salut du genre humain[2]. »

Fidèle à ses antécédents littéraires et n'oubliant pas que, sous Athalaric, il avait fait décréter le maintien de l'enseignement public en Italie, le fondateur de Vivaria voulut constituer dans son monastère un cours régulier d'études théologiques, semblable à celui qu'il avait voulu, mais inutilement, établir à Rome sur le modèle des écoles de Nisibe et d'Alexandrie. Afin d'assurer le succès de son entreprise, il écrivit le livre de l'*Institution des divines Écritures*, ouvrage divisé en deux parties dont la première traite de la connaissance

---

[1] Ut erubescant vestros se dici, et non de vestra institutione cognosci. — Cassiod., *De Instit. divin. Litter.*, cap. 32.

[2] Cassiod., *Præfat. in Psalt.*

des livres saints; et la seconde des sept arts libéraux[1]. En même temps, il réunit à Vivaria les deux bibliothèques qu'il possédait à Rome et à Ravenne, et il ne cessa d'augmenter cette riche collection à l'usage et dans l'intérêt de ses religieux. Il voulait donc, par tous les moyens possibles, leur faciliter l'application des principes d'un enseignement tout nouveau qui, suivant une observation fort juste, au lieu de la faveur des princes et des applaudissements de la foule, donnait pour bases aux études, la prière, le silence et la pensée du devoir. Comme s'il eût pressenti que le modeste travail de la transcription des livres devait, par la main des moines, sauver d'une ruine imminente les productions de l'esprit humain, Cassiodore relevait ainsi, par la pompe des mots, l'humilité d'une occupation qu'il conseillait à ses religieux :

« Entre les ouvrages des mains, celui que je préfère, c'est le travail accompli par les copistes, à la condition qu'ils le fassent avec une scrupuleuse exactitude, car en relisant les divines Écritures, ils ornent leur intelligence et multiplient par la transcription les préceptes du Seigneur. Heureuse application, zèle bien digne de louange : prêcher aux hommes par le travail des mains, ouvrir de ses doigts des

---

[1] Outre cet ouvrage et son *Commentaire sur les psaumes*, Cassiodore a laissé l'*Histoire tripartite*, ainsi nommée parce qu'elle renferme l'abrégé des trois histoires ecclésiastiques de Socrate, de Zozomène et de Théodoret; une *Histoire des Goths* dont on ne possède plus que l'extrait fait par Jornandès ; un *Comput pascal*; deux traités sur le *Discours* et sur l'*Ame*, et un troisième sur l'*Orthographe* qu'il écrivit à l'âge de quatre-vingt-treize ans, pour faciliter à ses moines la correction des exemplaires des livres saints. La vie de Cassiodore a été écrite par Denys de Sainte-Marthe, et la meilleure édition de ses œuvres est celle que dom Garet a donnée en 1679.

langues muettes et donner silencieusement à ses semblables le salut éternel! Du lieu où il est assis, le copiste, par la propagation de ses écrits, visite de nombreuses provinces. Son livre est lu dans les lieux saints, et les peuples qui l'entendent, sont détournés de la pensée du mal et portés vers le bien. O spectacle admirable! un roseau taillé, en courant sur une écorce, y trace la parole céleste, comme pour réparer l'outrage fait par cet autre roseau dont, au jour de la Passion, une malice infernale frappa la tête du Sauveur[1]! »

Dans ce passage d'un livre dont les religieux de tous les temps n'ont pu trop méditer les salutaires leçons, ne retrouve-t-on pas l'expression de la pensée bénédictine sur une partie fort importante du travail monastique? Et par là n'est-il pas facile de comprendre qu'à Vivaria, comme en d'autres monastères, la règle de saint Benoît, d'abord acceptée sans obstacle, ait fini par prévaloir, ainsi que nous allons le constater encore, en la suivant ailleurs dans son développement progressif?

IV

« Quatre causes principales, dit le savant annaliste de l'ordre de saint Benoît, contribuèrent à la propagation de notre Règle. D'abord son excellence même; puis,

---

[1] Felix intentio, laudenda sedulitas, manu hominibus prædicare, digitis linguas aperire, salutem mortalibus tacitam dare... Uno itaque loco situs, operis sui disseminatione per diversas provincias vadit. In locis sanctis legitur labor ipsius : audiunt populi unde se a prava voluntate convertant... Arundine currente verba cœlestia describuntur, ut unde Diabolus caput Domini in Passione fecit percuti, inde ejus calliditas possit extingui. — Cassiod., *De Instit. divin. Litter.*

l'approbation et l'éloge qu'elle reçut du pape Grégoire le Grand; ensuite, son alliance avec plusieurs autres règles mise en pratique dans un seul et même monastère; enfin, l'esprit de concorde et d'unité qui régnait à cette époque dans le corps monastique[1]. » A ces causes ajoutons encore une circonstance que nous avons déjà signalée, savoir la destruction même de l'abbaye du Mont-Cassin par les Lombards, circonstance qui, en déterminant la translation passagère du siége de l'ordre à Rome, lui donna pour centre et pour foyer de rayonnement la capitale du monde chrétien. Ce fut sous le pontificat de saint Grégoire que se manifestèrent surtout les conséquences toutes providentielles de cet événement. Nul mieux que ce grand pape qui, avant de recevoir les clefs de saint Pierre, avait saintement pratiqué la vie religieuse, n'était capable d'apprécier tout ce qu'il y avait de parfait dans le code monastique rédigé par saint Benoît. Voilà pourquoi, dans ses *Dialogues*, il a voulu consacrer une si large part au saint législateur, en louant et commentant sa règle, en relevant avec complaisance les moindres détails de sa vie, pour montrer le perpétuel accord qui existait entre ses actes et ses préceptes.

Mais le fils du sénateur Gordien, que l'unanime acclamation du peuple et du clergé avait porté au siége de Rome, n'était pas seulement un pieux pontife, gardien zélé de la pureté des dogmes, de la morale et de la discipline ecclésiastique. Politique habile et apôtre infatigable, il avait compris quelle était alors la mission réparatrice de l'Église, la seule puissance qui fût restée

---

[1] J. Mabill., *Annal. Ordin. S. Bened.* Præfat. 1.

immuable et debout sur les ruines amoncelées par l'invasion des Barbares. Soutenir la cause des populations catholiques opprimées par des conquérants hérétiques ou païens; convertir et ramener les dissidents au sein de l'orthodoxie; accoutumer tous ces peuples, vainqueurs ou vaincus, à se tourner dans une commune pensée vers la croix qui brillait au Vatican; et par là fonder l'alliance de la grande famille chrétienne sous la haute direction du Saint-Siége, tel était le but qu'il s'était proposé, et que devaient poursuivre après lui les papes, ses successeurs.

Or, pour l'aider dans l'accomplissement de son œuvre, le souverain pontife avait précisément sous la main une jeune milice toute prête qui, recueillie après la ruine du Mont-Cassin dans un monastère de Rome, n'attendait que le signal pour s'élancer aux travaux de l'apostolat. Parmi ces religieux placés sous le patronage particulier de saint Grégoire le Grand, se trouvait un jeune moine, nommé Augustin, joignant à un ardent esprit de prosélytisme cette noble ambition et cette persistante énergie, qui seules peuvent assurer le succès d'une grande entreprise. Ces qualités avaient fixé sur lui l'attention et la bienveillance du pape, qui résolut de lui confier la mission importante de convertir les Anglo-Saxons à la foi catholique. Muni des instructions pontificales, Augustin partit donc pour la Bretagne, et, après avoir recruté en Gaule de nouveaux compagnons, il aborda en 596 dans cette même île de Thanet où, près d'un siècle et demi auparavant, le désir d'une conquête moins pacifique avait aussi dirigé les barques des premiers chefs saxons.

Le royaume de Kent, où la mission conduite par Augustin ne tarda pas à pénétrer, appartenait alors à un bretwalda, ou chef supérieur, appelé Ethelbert, qui avait épousé une princesse chrétienne, fille de Caribert, roi des Franks de Neustrie. Avec le zèle ardent et les moyens de douce persuasion propres à son sexe, Berthe décida Ethelbert à bien accueillir les envoyés de Rome et à entendre leurs prédications. Ce prince, touché de leurs paroles et de l'appareil religieux qui faisait ressortir la simplicité d'une vie tout apostolique, reçut le baptême avec dix mille de ses principaux sujets, le jour de Noël 597. En apprenant l'heureux effet des prédications de son missionnaire, qui s'en allait par toute la contrée baptisant dans l'eau des fleuves les infidèles convertis, le pape Grégoire s'était écrié : « Voici que la langue des Bretons, qui n'avait que des frémissements barbares, fait retentir dans ses louanges au Seigneur l'*alleluia* des Hébreux. Voici que l'Océan, naguère gonflé par la tempête, se courbe sous les pieds des saints, et la parole du prêtre apaise les flots que n'avait pu dompter l'épée des empereurs. » Aussi, comme les travailleurs ne suffisaient plus, selon la parole d'Augustin, à l'abondance de la moisson, le souverain pontife s'empressa d'envoyer une mission nouvelle, conduite par Laurentius et Mellitus, qu'il chargea de remettre au saint moine le *pallium* ou insigne de la dignité archiépiscopale dont il venait de l'investir. En même temps était apporté de Rome un plan d'organisation pour la naissante Église d'Angleterre, et le siége métropolitain d'où devaient relever les douze premiers évêchés des provinces méridionales fut fixé à Cantorbéry.

Cependant les monastères fondés par Augustin et ses successeurs s'étaient multipliés, et telle devint leur renommée, telle aussi la ferveur des Anglo-Saxons, que plus de trente rois et reines du pays passèrent des grandeurs du siècle dans la solitude des cloîtres. Ces abbayes, dont les plus anciennes et les plus célèbres furent celles de saint Augustin, de Cantorbéry, de Westminster, de Wearmuth, de Jarrow et de Saint-Alban, devinrent le refuge de la science et des vertus paisibles que le fléau de la guerre poursuivait alors dans toute l'Europe. L'art fut également cultivé dans ces pieuses et savantes communautés. Saint Benoît Biscop, qui en avait fondé et réformé plusieurs, y introduisit le chant romain, orna leurs églises d'images d'apôtres et de peintures symboliques, et en fit garnir les fenêtres de verrières exécutées par des ouvriers appelés de la Gaule[1]. Il enrichit aussi les bibliothèques de ces couvents de manuscrits précieux qu'il avait rapportés d'Italie, et le travail assidu des moines en multiplia bientôt les exemplaires. Dès lors, par une juste réciprocité, la Grande-Bretagne rendit à la civilisation chrétienne les bienfaits qu'elle en avait reçus, et de ses monastères sortirent non-seulement des savants comme Bède le Vénérable, mais encore de saints missionnaires qui, comme Wilfrid, Willibrod, et surtout Boniface, allèrent porter la parole divine parmi les plus sauvages tribus de la Germanie.

C'est un spectacle vraiment extraordinaire que cette succession continue d'apôtres Anglo-Saxons, qui s'en vont tous du Rhin à la Baltique, pour conquérir, l'Évangile à la main, les contrées inaccessibles qui avaient vu périr ou reculer les légions romaines. Dans cette fat

---

[1] *Act. S. Bened. Biscop.*, ap. Bolland. — Bedæ *Hist. eccles.*

mille d'apôtres, tous issus de l'ordre bénédictin, Winfrid, plus connu sous le nom romain de Boniface, tient sans contredit le premier rang. Né à Kirton, vers l'an 680, Winfrid, après avoir fait de brillantes études au monastère de Nutcell, se livrait aux travaux paisibles de l'enseignement, lorsqu'une voix divine qu'il entendait, dit-il, et la nuit et le jour, lui révélant sa vocation réelle, l'appela en Germanie. Le bruit de ses travaux apostoliques dans la Frise, la Hesse et la Thuringe, s'étant répandu jusqu'à Rome, il y fut appelé par le pape saint Grégoire II. Après trois voyages successifs en Italie, l'infatigable apôtre repart pour de nouvelles missions. Il pénètre au cœur du paganisme et de la barbarie, convertit des nations entières, élève des églises, institue des évêchés, construit des monastères, et avec l'aide de Charles-Martel et de ses fils, il dresse le premier la croix du missionnaire là où Charlemagne devait planter l'épée du conquérant. Les soins assidus de l'apostolat ne l'empêchent pas de se mêler dans une juste mesure aux événements politiques du siècle. Témoin de la révolution qui a enlevé la couronne aux fils dégénérés de Clovis, il consacre par reconnaissance les droits du chef de la nouvelle dynastie, et, médiateur entre les Carlovingiens et le saint-siége, il cimente ainsi l'alliance sur laquelle devait être bientôt fondée la puissance temporelle des papes.

Maintenant, si des bords du Rhin nous nous transportons en Espagne, nous verrons aussi la règle bénédictine y suivre la foi chrétienne dans son développement, pour partager ensuite ses vicissitudes et ses revers. L'époque précise de l'établissement de cette règle au delà des Pyrénées est restée incertaine. Dans sa chronique, Antonio Yepès prétend que la fondation du premier monastère bénédictin, appelé Saint-Pierre de Cardenas, remonte à l'année 557[1]. Ce qu'on peut croire, sur l'autorité de Mabillon, c'est que dès le commencement du septième siècle, l'institut de Saint-Benoît avait déjà pénétré dans le pays, puisque, conformément à l'une des prescriptions de cet institut, le quatrième concile de Tolède, tenu en 633, ordonne que les oblats, ou enfants voués par leurs parents à la vie monastique, devront toujours garder l'habit religieux. Quoi qu'il en soit, l'ordre bénédictin ne tarda pas à se répandre en Espagne, grâce aux soins de saint Ildefonse de Tolède, prélat illustre aussi bien qu'écrivain remarquable, qui vécut de 607 à 669. Au nombre des monastères construits pendant cette période, il faut citer celui de Saint-Pierre des Montagnes, près d'Astorga, dont saint Fructueux de Braga fut le fondateur. Ce monastère, ruiné au temps de la première invasion arabe, fut relevé plus tard, ainsi que beaucoup d'autres dont la destruction datait de la même époque, par saint Gennade qui les replaça tous sous la règle bénédictine[2]. Cependant, comme les progrès des infidèles resserraient chaque jour dans des limites plus étroites les États chrétiens de l'Espagne, les monastères diminuèrent nécessairement en nombre et en prospérité. Quelques-uns, néan-

---

[1] Anton. Yepès, *Chronica gener. de la Orden de San Benito.*
[2] Un document curieux, le testament de ce même Gennade, qui fut évêque d'Astorga, nous apprend que, par suite des désastres de la guerre, les livres étaient si rares alors en Espagne, que plusieurs monastères se servaient des mêmes manuscrits, qui leur étaient communs, et qu'ils se prêtaient les uns aux autres. Les principaux ouvrages cités sont la Bible, les Vies des Pères, les Morales sur Job et Ézéchiel, le traité des Devoirs de saint Ambroise, les Lettres de saint Jérôme et le Livre de la Trinité, qu'on suppose être celui de saint Augustin.

moins, malgré cette situation critique, continuèrent de fleurir dans les parties du territoire où s'était retranchée la nationalité espagnole, et du fond de ces retraites, devenues le sanctuaire de la religion et de la liberté, on vit plus d'un Pélage marcher à la délivrance de son pays.

Mais de toutes les contrées où nous venons de voir se répandre la règle de saint Benoît, la France fut celle où elle obtint, sans contredit, les succès les plus rapides et les plus brillants. Sur cette terre si heureusement partagée, pouvait-il en être autrement pour une institution dont le but était à la fois religieux et littéraire? Aussi, après Glanfeuil et Marmoutier, où les institutions bénédictines remplacèrent bientôt celles de saint Martin [1], s'élèvent un grand nombre d'abbayes dont quelques-unes, fondant à leur tour d'autres communautés, deviendront les chefs d'autant de congrégations particulières. Tel se présente à nous en première ligne le monastère de Fleury-sur-Loire, érigé sous Clovis II, par Léodebode, évêque d'Orléans; celui de Saint-Bénigne, de Dijon, qui dut sa naissance à Grégoire, évêque de Langres, dès la première partie du sixième siècle; enfin l'abbaye royale de Saint-Denis, dont la fondation première est ordinairement attribuée à Dagobert Ier, mais à laquelle une charte de donation, datée de l'an 627, assigne une origine encore plus ancienne. A ces grandes communautés, comme à beaucoup d'autres qui se rangèrent d'abord sous la bannière de saint Benoît, il faut

---

[1] Une Charte de la fin du septième siècle, et signée de l'évêque Berton confirme aux moines de Marmoutier et de Saint-Martin de Tours le droit accordé par l'un de ses prédécesseurs, d'élire leur abbé, *selon les prescriptions de la règle de saint Benoît.*

joindre encore celles qui s'y rallièrent dès qu'elle parut, bien qu'antérieurement elles eussent suivi une règle différente. L'incontestable supériorité attribuée par Mabillon à l'institut bénédictin suffirait sans doute pour expliquer ce rapide succès, si du reste il n'était encore justifié par d'autres causes qu'indique le même auteur, notamment par le caractère presque uniforme du monachisme à son premier âge.

Quel était, en effet, le but commun que se proposaient alors tous ceux qui suivaient la vie monastique? N'était-ce pas d'arriver à une plus grande perfection en demeurant dans la retraite, en y observant les vœux de pauvreté, d'obéissance et de chasteté, et en suivant certaines pratiques relatives à la prière, aux offices, à la nourriture et au travail? Les moyens conduisant au but pouvaient différer, surtout dans les questions de détails, et, à une époque où les traditions, la volonté du supérieur modifiant souvent les prescriptions écrites, il existait, pour ainsi dire, presque autant de règles que de monastères. Mais, encore une fois, la fin vers laquelle on tendait étant partout la même, il était naturel que les religieux préférassent suivre, pour y parvenir, une législation monastique qui avait l'avantage de renfermer et de compléter toutes les autres, sans en exclure aucune [1]. Ce large esprit de tolérance qui caractérise les institutions bénédictines nous fait aussi comprendre comment elles purent être appliquées dans plusieurs monastères, en même temps que certaines règles qui en

---

[1] Loin de rejeter les règles composées avant la sienne, saint Benoît en conseille au contraire la lecture à ses disciples; ainsi, avec les écrits des Saints Pères, il leur recommande les Ascétiques de saint Basile et les Dialogues de Cassien. — S. Bened. Regul. cap. ultim.

différaient le plus, comme, par exemple, celle de saint Colomban. Les documents les plus certains nous attestent cette union toute fraternelle de constitutions qui, bien que provenant d'auteurs divers, de pays fort opposés, n'en vécurent pas moins sous le même toit dans une parfaite harmonie, donnant ainsi aux institutions purement humaines un exemple d'accord aussi rare que difficile à suivre [1]. Toutefois, l'habitude de vivre ensemble amena entre elles une fusion, à la suite de laquelle la règle de saint Benoît finit par prévaloir. Cette prééminence exclusive est confirmée par tous les conciles de l'époque, et au huitième siècle les autres constitutions monastiques étaient tombées dans un tel état de désuétude, que Charlemagne, dans un de ses capitulaires, recommande aux évêques et aux abbés de rechercher à quelle règle étaient soumis les moines de la Gaule, avant que celle de saint Benoît n'y eût été apportée [2].

Un triomphe si complet est d'autant plus glorieux, qu'il s'accomplit naturellement, sans choc et sans violence, et par la seule puissance attractive de l'institution qui le remporta. Qu'on étudie avec attention, du reste,

---

[1] Outre les monastères de Luxeuil et de Bobbio, citons encore comme exemples de l'union de plusieurs règles dans une même communauté, les abbayes de Fontaine, de Hautvilliers et de Corbie. Une Charte de Bertefride, évêque d'Amiens, portant la date de la septième année du règne de Clotaire, établit que les moines de Corbie devaient suivre alors la règle de saint Benoît ou celle de saint Colomban. Quelquefois une sorte de fusion de toutes les règles connues avait lieu dans un seul monastère, comme dans celui de Jumièges que saint Filibert avait fondé en 654. « Unde sanctus Filibertus, abbas et fundator monasterii Gemeticensis, Basilii sancti charismata, Macarii regulam, Benedicti decreta, Columbani instituta sanctissima, lectione assidua frequentasse traditur. » J. Mabill., *Annal. Ordin. S. Bened.* Præfat. Pars Prim

[2] Inquirendum qua regula monachi vixissent in Gallia, priusquam regula sancti Benedicti in ea tradita fuisset. — Baluz. *Capit.*

les principes sur lesquels elle repose, et l'on verra comment tout s'y combine de façon à lui assurer l'irrésistible empire qu'exerce la force unie à la modération. Dans l'analyse que nous avons faite de la règle bénédictine, nous avons constaté quel remarquable esprit de sagesse, de mansuétude et de fermeté caractérise l'ensemble des prescriptions qu'elle contient. Gouvernement tout paternel donné à chaque monastère ; épreuve sévère du noviciat ; vœux indissolubles et forte discipline imposés aux moines ; juste équilibre d'un pouvoir confié à un seul, mais émanant du libre suffrage de tous ; sentiments de concorde et d'égalité chrétienne maintenus entre les frères ; pratique de la plus généreuse hospitalité envers les voyageurs et de la plus tendre sollicitude pour les pauvres et les malades : tels sont les traits distinctifs du code bénédictin, et qui sans nul doute contribuèrent à le faire prévaloir sur les autres règles monastiques. C'est surtout à sa haute perfection morale jointe à son caractère essentiellement pratique, que nous devons attribuer la prééminence qu'il obtint. Là, est le secret de sa force, là l'explication de sa victoire. Cette victoire, déjà proclamée en Italie au concile tenu à Rome, en l'an 610, par le pape Boniface IV, reçoit en Gaule, soixante ans plus tard, une pleine confirmation au concile d'Autun, réuni sous la présidence de saint Léger. Les cinquante-quatre évêques composant l'assemblée y recommandent expressément aux religieux d'observer en tous points les canons de l'Église et les statuts de saint Benoît. « S'ils sont fidèlement suivis, porte le décret, et par les abbés, et par les monastères, le nombre des moines, avec la grâce de Dieu, ira toujours en augmentant, et le monde entier, par leurs incessantes prières, sera préservé de la contagion du mal [1]. »

Ainsi, dès la fin du septième siècle, la supériorité de la règle bénédictine est soutenue hautement par les organes du clergé gallo-frank. La stricte observance de ses prescriptions, placée pour le religieux au même rang que celle des lois de l'Église, prouve combien vite cette Règle avait fait oublier les institutions de saint Colomban et des autres législateurs de communautés monastiques. C'est que plus large, plus sociale et surtout plus humaine que toutes ces institutions, elle avait conquis l'universalité des monastères, par l'universalité même de son génie. Dans l'ancienne loi des Hébreux, le tabernacle qui leur servait de temple et se dressait à chaque station du désert, ne devait recevoir en son étroite enceinte que la tribu privilégiée, exclusivement choisie pour vaquer aux soins du culte. Malheur à celui dont la téméraire approche eût souillé un sanctuaire réputé impénétrable ! Symbole de la loi nouvelle, dont il avait pour but de rendre l'application plus parfaite, le tabernacle bénédictin, bien loin d'être exclusif, ouvrait largement ses portes à quiconque s'y présentait. De là, le nombre prodigieux de néophytes qu'il abrita, car appelant à lui, comme l'Église elle-même, et Juifs et Gentils, et Romains et Barbares, il finit bientôt par envelopper de son ombre immense tous les lieux déserts ou habités de l'Europe chrétienne.

Quant aux causes qui firent si rapidement tomber en

---

[1] Si enim hæc omnia fuerint legitime per abbates et monasteria conservata, et numerus monachorum Deo propitio augebitur, et mundus omnis, per eorum orationes assiduas, mali carebit contagiis. — Labbe. *Concil. August.*, cap. xv.

désuétude l'institut de saint Colomban, malgré son apparente vitalité, malgré les nombreux monastères qu'il fonda et les hommes vraiment supérieurs qu'il produisit, il ne faut pas seulement les chercher dans son caractère parfois dur, absolu et entaché d'un étroit individualisme. Il est une autre influence qui vint donner à saint Benoît tout l'empire que saint Colomban avait perdu sur les âmes, et c'est de Rome, de la papauté même qu'elle émana, pour se répandre ensuite sur tout le monde catholique. En effet, l'approbation solennelle que, depuis saint Grégoire le Grand, les papes avaient maintes fois donnée à l'institut bénédictin, avait établi entre cet institut, le saint-siége et les fidèles un rapprochement et une solidarité intimes dont rien ne pouvait briser le faisceau. Après avoir montré, au sujet de cette question, comment adoptée et glorifiée par le souverain pontificat, la règle de saint Benoît vit son ascendant suivre le même progrès que l'Église romaine, l'auteur des *Moines d'Occident* explique ensuite par une belle et juste image le phénomène historique qui, en moins d'un siècle, changea tous les monastères institués par l'apôtre irlandais en autant de communautés bénédictines. « Une de ces grandes rivières, dit-il, telle que la Moselle ou la Saône, qui prennent leur source non loin de Luxeuil même, nous offre un symbole fidèle des destinées de l'œuvre de saint Colomban. On la voit sortir d'abord, obscure et inconnue, de la racine des monts, puis grossir, s'étendre en formant un courant large et fécond, parcourir et arroser de vastes et nombreuses provinces. Elle semble devoir continuer indéfiniment sa marche indépendante et bienfaisante. Vaine illusion! Voilà qu'elle rencontre un fleuve qui arrive en maître d'une autre extrémité de l'horizon, qui l'attire, l'absorbe et l'entraîne, qui engloutit jusqu'à son nom, et qui, redoublant de force et de vie à l'aide de ses ondes conquises, poursuit seul et vainqueur son cours majestueux jusqu'à l'Océan. C'est ainsi que le cours, si longtemps triomphant de l'institut de Colomban, fut réduit à n'être plus que l'affluent oublié du grand fleuve bénédictin, destiné seul désormais à couvrir de son limon régénérateur la Gaule et tout l'Occident [1]. »

[1] *Les Moines d'Occident*, par le comte de Montalembert, t. II, p. 579.

CHAPITRE XIV

PREMIÈRES STATIONS D'UN VOYAGE A SUBIACO

Le monastère et la basilique de Saint-Paul-hors-des-Murs, sur la route d'Ostie. — L'ancienne basilique détruite en 1823, et remplacée par l'église actuelle. — Beau cloître élevé à la fin du douzième siècle et décoré par les frères Cosmati. — Le monastère de Saint-Paul agrandi et réformé successivement par les papes Grégoire II, Jean VIII et Léon VII. — Bulles de Grégoire VII et d'Innocent III en faveur de cette communauté. — Résidences d'été des moines de Saint-Paul au mont Soracte et à Saint-Calixte. — Origine de ce dernier monastère; sa situation dans le quartier Transtévérin à Rome. — École et bibliothèque de Saint-Paul. — La basilique de Saint-Laurent-hors-des-Murs dépendant autrefois d'un monastère bénédictin. — Inscriptions tumulaires de l'église et du cloître. — La messe du matin à Saint-Laurent-hors-des-Murs. — La voie Tiburtine. — Le cippe de la jeune Romaine. — Jugements divers sur la campagne de Rome depuis Montaigne jusqu'à Chateaubriand. — Aspect de Tivoli au soleil couchant.

A la suite de l'excursion historique qui nous a permis de suivre dans ses phases diverses le développement de la règle bénédictine, nous allons revenir vers les lieux consacrés par la première habitation de saint Benoît. Les souvenirs précieux qui s'y rattachent expliquent suffisamment pourquoi, après avoir vu triompher à Bobbio et partout ailleurs la législation monastique fondée au mont Cassin, nous désirons visiter la grotte de Subiaco et les deux monastères construits près de cette demeure justement vénérée. Si un sentiment de curiosité bien naturelle nous porte à remonter aux premières origines des faits historiques, l'intérêt pourrait-il être moindre quand il s'agit d'explorer le berceau où se formèrent à la fois un pieux législateur et une grande institution? En présence des souvenirs que ce berceau retrace à la mémoire, l'esprit s'éveille et s'identifie avec les personnages qui sont comme rendus plus sensibles, plus vivants, par les objets qui nous environnent. Sous ces impressions, le passé s'anime, le récit se colore, et l'histoire prend d'autant mieux le caratère saisissant de la réalité. Mais, pour nous conformer plus fidèlement à cette réalité même, comme avant de nous rendre à Subiaco nous avons visité tour à tour plusieurs églises et monastères dont l'étude nous intéressait, nous commencerons par donner, dans une première esquisse, les résultats de nos explorations aux alentours de Rome.

L'abbaye de Saint-Paul-hors-des-Murs et la célèbre basilique de ce nom nous ayant attiré d'abord, nous rappellerons sommairement ici les principales vicissitudes que l'église et la communauté traversèrent l'une et l'autre. En sortant par la porte d'Ostie, qui, construite sous Honorius, fut restaurée par Bélisaire, on arrive, après avoir franchi un demi-mille environ, à la basilique élevée sur le lieu où la tradition place le tombeau de l'apôtre saint Paul. Se dressant à peu de distance de la rive gauche du Tibre, ce monument aux proportions immenses domine, comme la pyramide du désert, cette autre solitude qu'on appelle la Campagne romaine. Primitivement fondée par Constantin, puis rebâtie par Valentinien II et Théodose, la basilique de Saint-Paul, achevée et ornée avec magnificence sous le règne d'Honorius, était l'une des plus anciennes de la chrétienté. Après avoir été détruite par les Vandales et les Sarrasins, incendiée plusieurs fois et renversée par un tremblement de terre, elle s'était toujours, grâce à la pieuse libéralité des papes, relevée victorieuse de tous ces désastres. La beauté de son architecture, son ornementation intérieure et extérieure, ses anciennes peintures et ses précieuses mosaïques, enfin, la série de portraits représentant, siècle par siècle, l'image fidèle des souverains pontifes, donnaient à cet édifice religieux un caractère unique dans l'histoire de l'art chrétien. De toutes les merveilles dont il se composait, quelques parties à peine ont échappé à l'incendie terrible qui le détruisit en 1823; mais vingt ans après ce nouveau désastre, l'église renaissait encore une fois de ses cendres. Quels que soient pourtant le soin et le luxe déployés dans sa réédification, quelque majestueux que paraisse son intérieur avec ses quatre-vingts colonnes de granit, ses marbres, ses sculptures et ses plafonds richement décorés, ce qui lui manque et ce que rien n'a pu lui rendre, c'est le cachet vénérable de l'ancienne basilique, et l'indicible effet qu'elle produisait comme tout ce qui est consacré par le temps.

Malheureusement, on ne peut avoir aujourd'hui qu'une idée incomplète de la grandeur de cet effet, malgré toute la valeur de certaines parties d'ornementation que le feu a épargnées. Parmi ces précieux débris, on remarque d'abord la grande mosaïque exécutée en l'an 440, sous le pape saint Léon, et représentant le Christ avec les vingt-quatre vieillards de l'Apocalypse et les apôtres saint Pierre et saint Paul. Une autre mosaïque, datant de 1280, et ornant l'abside ou tribune de l'église, nous montre ce qu'était cette branche importante de l'art chrétien au temps de Nicolas III, de même qu'on peut juger de l'état de la sculpture sur métaux à l'époque de Grégoire VII, par la grande porte de bronze, fondue et ciselée à Constantinople en 1070. Outre les fresques de la chapelle du Saint-Sacrement, les peintures murales du sacrarium et un certain nombre d'anciens portraits de papes, on voit encore parmi les objets que respecta l'incendie la vénérable image dite *il Crocifisso*, les statues de saint Paul et de sainte Brigitte, ainsi que la collection si remarquable d'inscriptions païennes et chrétiennes rangées chronologiquement par le savant épigraphiste, M. de Rossi. Citons également le sarcophage antique qui, au douzième siècle, servit de sépulture à l'anti-pape Pier-Leone, et où l'image symbolique d'une autre vie se montre ingénieusement figurée. On y voit un groupe de petits Génies montés sur un navire, qui, sa course terminée, arrive tranquillement au port. Il semble que l'expression de douce quiétude répandue sur cette scène allégorique y soit comme le signe avant-coureur de la paix élyséenne que les anciens rêvaient par delà le tombeau.

Devant ces beaux restes de la vieille église, mêlés aux splendeurs de la nouvelle basilique, une pensée s'offre d'abord à l'esprit de la plupart des visiteurs. Ils se demandent comment le trésor pontifical, épuisé par les embarras que lui ont suscités les événements passés et présents, a pu enfouir des sommes considérables dans la reconstruction d'une église si somptueusement bâtie au milieu d'une campagne déserte, sans cesse exposée au fléau de la mal'aria. A cette question que je m'étais faite à moi-même, en remarquant l'ampleur et la solitude de la basilique de Saint-Paul, question que je crus devoir soumettre ensuite au moine qui me servait obligeamment de cicerone, ce dernier me répondit : « Tout monument, alors même qu'il est élevé dans un siècle aussi positif que le nôtre, ne doit pas exclusivement se distinguer par un but d'utilité pratique. Si l'on a vu et si l'on voit encore des peuples soutenir pour la défense d'une idée une lutte aussi coûteuse que sanglante, pourquoi le gouvernement de l'Église, dont toute la force repose sur un principe, n'appliquerait-il pas aussi ses ressources et ses efforts à relever, au nom d'une idée, un grand édifice religieux ? Une telle entreprise, si éminemment pacifique et réparatrice, ne lui convient-elle pas mieux qu'à tout autre ? Pour honorer la mémoire de leurs souverains, les populations de l'antique Orient bâtissaient à grands frais de gigantesques pyramides que la postérité n'admire que parce qu'elle y reconnaît le consolant et inébranlable symbole du dogme de la vie future. Semblable à ces monuments funèbres édifiés autrefois par une pensée religieuse, notre basilique s'élève, solitaire, au-dessus de la sépulture donnée au glorieux apôtre qui scella par son martyre le triomphe de la foi nouvelle. Ne soyez donc pas surpris du profond isolement qui vous entoure, et qui s'étend à la fois au dedans et au dehors du saint édifice. Voyez ici comme un magnifique tombeau, et rappelez-vous que les tombeaux aiment le silence et le recueillement de la solitude. »

En réfléchissant sur une réponse qui satisfaisait plus

en moi le sentiment que la raison, je suivis mon guide dans le cloître attenant à la basilique. Construit à la fin du douzième siècle, ce cloître élégant montre l'art architectural s'affranchissant des entraves qui, à Rome surtout, le tenaient soumis aux règles inflexibles de la tradition. Plus libre dans la conception de son plan, et n'étant point gêné, comme pour beaucoup d'anciens édifices, par l'emploi nécessaire de vieux matériaux, l'architecte a pu appliquer au cloître de Saint-Paul, comme à celui de Saint-Jean de Latran, le style qui partout avait prévalu à cette époque. Les quatre promenoirs dont il se compose sont formés d'arcades à plein cintre, disposées différemment et retombant sur des colonnettes simples ou accouplées. Les fûts tour à tour unis, cannelés ou se tordant en spirale, sont ornés de chapiteaux à feuillages et à dessins variés qu'une main fort habile a sculptés avec un soin extrême. Des figures d'animaux fantastiques et des têtes plates s'y font çà et là remarquer; mais on y voit partout, notamment aux frises et aux corniches, un nombre prodigieux de marqueteries et de compartiments de diverses couleurs, qui rappellent un goût tout byzantin. Une voûte d'arête surmonte et recouvre chacune des galeries, et les arcs qui s'y rattachent offrent des proportions et une régularité classiques bien rares à l'époque romane.

Commencée sous l'abbé Pierre, deuxième du nom, qui fut élevé au siège abbatial en 1193, la construction du cloître de Saint-Paul fut achevée sous son successeur Jean V. L'inscription en lettres d'or, placée au-dessus de la corniche, rappelle en outre la splendeur du monastère à cette époque, et la nature des devoirs pratiqués par la nombreuse communauté réunie dans son enceinte :

AGMINA SACRA TEGIT LOCVS HIC QVEM SPLENDOR HONORAT :
HIC STVDET ATQVE LEGIT MONACHORVM CŒTVS ET ORAT.

Quant à l'ornementation en pierres dures et en émaux qui décore le cloître, elle nous révèle le genre de talent propre aux membres de la nombreuse famille des Cosmati, qui répandirent tant d'éclat sur l'école de mosaïstes fondée à Rome depuis le onzième siècle. Des documents incontestables ont fait connaître la généalogie de cette famille d'artistes et la série de travaux qu'ils accomplirent à Rome et dans plusieurs villes des États pontificaux [1]. Avec eux on peut suivre ainsi la marche de ce grand art de la mosaïque qui couvrait alors de ses riches décorations les églises et les cloîtres, les chaires et les autels, les statues et les tombeaux, ainsi que la plupart des objets se rattachant au culte. Il y a là tout un sujet d'études archéologiques, et en même temps une source inépuisable d'émotions religieuses. Après avoir examiné les fragments sculptés, les inscriptions et les pierres tumulaires qu'on trouve dans le cloître de Saint-Paul-hors-des-Murs, je transcrivis plusieurs épitaphes qui fixèrent particulièrement mon attention. Ces monuments épigraphiques, dont les uns sont de l'époque chrétienne, les autres appartiennent à l'antiquité profane, ont été placés là, depuis le milieu du siècle dernier, par les soins des savants abbés dom Galletti et

[1] On sait que le chef de la famille des Cosmati, appelé Laurent, donna le jour à Jacques, qui fut le père de Côme, le plus célèbre de toute cette lignée, et dont les quatre fils, Luc, Jacques, Déodat et Jean exercèrent également avec succès la profession paternelle.

4.

dom Constanzo. Les galeries du cloître sont devenues ainsi comme une sorte de musée lapidaire où la pensée de la mort est diversement rappelée, tantôt selon les doctrines païennes, tantôt selon le dogme évangélique.

Lorsque j'eus copié quelques inscriptions, j'allai de là visiter différentes parties du monastère, qui est très-vaste et où vivait autrefois une nombreuse communauté. Je m'arrêtai ensuite dans la bibliothèque, qui me parut abondamment fournie de livres anciens et nouveaux, et j'y recueillis d'utiles indications, grâce à l'entremise d'un bénédictin non moins obligeant que celui auquel j'avais eu d'abord recours. S'il faut en croire plusieurs auteurs, entre autres Panciroli, dans ses *Tesori nascosti di Roma*, la basilique de Saint-Paul-hors-des-Murs aurait été desservie, pendant plusieurs siècles, par des prêtres séculiers. Ce fut en 649 que le pape Martin Ier établit près de cette église une communauté monastique, au temps même où ce pontife réunissait un concile à Saint-Jean-de-Latran, pour combattre l'hérésie des monothélites. Comme beaucoup de moines qui fuyaient les persécutions des hérétiques, s'étaient alors réfugiés à Rome de diverses parties de la chrétienté, le pape crut devoir leur confier un certain nombre d'églises. D'autres écrivains, tels que le Père Onuphre Panvinio, prétendent que des moines de Saint-Benoît ne furent attachés à la basilique de Saint-Paul-hors-des-Murs que vers le commencement du huitième siècle, sous le pontificat de Grégoire II. On lit, en effet, dans la vie de ce pape, qu'ayant vu réduit à un complet abandon le monastère fondé auprès de cette basilique, il le restaura et y mit une communauté de moines dévoués au service de Dieu, « afin que nuit et jour, dit le biographe, les louanges du Seigneur y pussent désormais retentir. » Comme Grégoire II avait été élevé à l'école des bénédictins de Saint-Jean-de-Latran, ce fut naturellement à des religieux de cet ordre qu'il donna l'église de Saint-Paul.

En 872, le pape Jean VIII agrandit considérablement le monastère, et pour le protéger, ainsi que la basilique, contre les déprédations dont il était souvent l'objet, il fit construire autour de son enceinte une ville fortifiée qu'on appela de son nom *Giovannopolis*, mais dont il ne reste plus aujourd'hui aucun vestige. Dans le cours du siècle suivant, Léon VII y releva la discipline en y introduisant la réforme de Cluny. Appelé à Rome par ce pontife, saint Odon contribua fort activement à rétablir une exacte observance dans cette communauté, dont Baudouin, l'un de ses plus zélés disciples, reçut le gouvernement en 943. Parmi les abbés qui administrèrent, durant le onzième siècle, le monastère de Saint-Paul, on distingue le célèbre cardinal Hildebrand. Ce fut lui qui, pendant son ambassade à Constantinople, y fit exécuter les portes de bronze dont nous avons parlé plus haut, et qui, divisées en cinquante-quatre panneaux, sont ornées d'un grand nombre de figures dessinées et ciselées dans le style byzantin. Lorsqu'il fut élevé au souverain pontificat, Grégoire VII ne voulut pas se démettre de ce titre d'abbé de Saint-Paul qui lui rappelait les austères mais touchantes impressions du cloître, et il le garda fidèlement jusqu'à son dernier jour. Plein d'affection et de libéralité pour le monastère, il en augmenta les possessions de nombreux et riches domaines dont on trouve la mention dans une bulle datée de 1074 [1]. A la dernière année du même siècle se rapporte un trait de courageux dévouement qui honore le pape Pascal II, et par lequel ce pontife se signala en délivrant l'église et le monastère de Saint-Paul du péril qui les menaçait. En 1099, le chef de la famille des Corsi, appelé Stefano, se mit à la tête d'une bande de soldats, et ayant pénétré la nuit, à l'aide de fausses clefs, dans l'enceinte de Giovannopolis, il mit le feu à la basilique avec l'intention de la piller. A peine averti de ce sacrilége attentat, le pape s'empressa d'accourir à la tête d'une foule de citoyens armés, et, attaquant aussitôt la troupe des malfaiteurs, il les contraignit à prendre la fuite, après en avoir tué ou blessé un grand nombre. Parmi ceux qui échappèrent se trouvait Stefano lui-même, et encore ne parvint-il à se dérober à un juste châtiment qu'en se sauvant déguisé en moine.

L'époque des croisades, qui conduisit à Rome tant de pèlerins revenant de la Palestine, vit s'accroître encore les richesses et la renommée du monastère bâti près du tombeau d'un saint apôtre. En outre, beaucoup d'abbés de Saint-Paul ayant été décorés de la pourpre romaine, de grands priviléges furent accordés à la communauté aussi bien qu'à ses dignitaires. Dans les cérémonies pontificales, l'abbé de Saint-Paul partageait avec celui de Saint-Laurent-hors-des-Murs l'honneur de marcher à la tête des vingt abbés qui gouvernaient les monastères privilégiés de Rome. Ces distinctions relatives à la préséance, dont il est souvent question dans l'histoire des ordres religieux, et qui jadis étaient recherchées et dé-

---

[1] Cf. *Bullar. Cassinense.* — La seule énumération des biens de l'abbaye de Saint-Paul remplit plusieurs pages dans cette pièce.

fendues avec une égale ardeur, semblent assez peu conformes au principe de l'humilité monastique. Certains esprits rigides s'élevaient parfois, il est vrai, contre des priviléges qui pouvaient dégénérer en abus et enfanter l'orgueil; mais d'autres les excusaient et les soutenaient comme étant moins une satisfaction donnée à la vanité personnelle, qu'un moyen de rehausser l'éclat d'un ordre ou d'une communauté.

A l'exemple de Grégoire VII, un autre grand pape, Innocent III, se montre favorable envers l'abbaye et la basilique de Saint-Paul, ainsi que l'atteste une bulle datée de 1204, et où il est dit que l'observance monastique qu'on y a suivie sous la règle de Saint-Benoît n'a cessé d'y être en vigueur. A la fin du même siècle, Boniface VIII accorda à l'abbé du monastère le droit de célébrer la messe à l'autel pontifical le jour de la fête de la conversion de saint Paul [1]. Comme cet autel privilégié, au-dessous duquel sont placées les reliques de l'apôtre, recevait des fidèles un grand nombre de dons, en 1326 une autre bulle de Jean XXII permit d'appliquer une partie de ces dons à l'achèvement de la mosaïque ornant la façade principale de l'église. Après le grand schisme d'Occident dont le monastère de Saint-Paul, comme la plupart des autres communautés, avait ressenti les funestes influences, le pape Martin V, par sa constitution du 4 septembre 1425, y rétablit une exacte discipline, en même temps qu'il restaura complétement la basilique. L'ab-

[1] Par une disposition particulière, l'abbé ne pouvait faire usage de ce privilége qu'après avoir obtenu chaque année une bulle spéciale qui, pendant la messe, devait être fixée à l'une des colonnes du baldaquin, et cet usage s'est rigoureusement conservé jusqu'à nos jours.

baye fut unie à la congrégation de Sainte-Justine de Padoue, et le soin de veiller à l'établissement de cette réforme fut confié au cardinal Condolmieri de Venise, neveu de Grégoire XII. Ce prince de l'Église, ayant été lui-même élevé au siége pontifical en 1431, sous le nom d'Eugène IV, voulut ajouter encore aux biens, honneurs et priviléges que ses prédécesseurs avaient accordés à l'abbaye. Le même pape, considérant en outre l'insalubrité de cette partie de la campagne romaine, supprima le titre d'abbé de Saint-Clément de Tivoli, et, après avoir uni ce monastère à celui de Saint-Paul, il décréta que les moines de cette dernière communauté iraient à Tivoli, pendant la saison des chaleurs, pour y jouir d'un air plus pur [1].

Les moines de Saint-Paul-hors-des-Murs avaient encore une agréable habitation d'été au monastère de Sant' Oreste, situé sur le penchant du mont Soracte. Sur cette hauteur, qui domine l'ancien territoire de Capène et de Faléries, et où s'élevaient les riches temples de Feronia et d'Apollon, un monastère avait été bâti, dès les temps les plus reculés, sous l'invocation de Saint-Sylvestre. Comme les abbés de Saint-Paul étaient investis du droit de juridiction spirituelle et temporelle sur la petite ville de Sant' Oreste qui occupe une des pentes inférieures de la montagne, les religieux de l'abbaye, en allant passer leur temps de villégiature sous les frais ombrages du Soracte, s'y trouvaient comme au milieu de leurs domaines. Au quinzième siècle, désirant

---

[1] Cf. *Bullar. Cassin.*, ad ann. 1415. — Le monastère de Saint-Clément de Tivoli, bâti sur un lieu appelé *Col sereno*, à cause de sa situation délicieuse, fut, en 1569, cédé par les bénédictins aux religieux u tiers-ordre de Saint-François.

être moins éloignés de leur monastère, ils eurent aussi à Rome une résidence d'été qu'ils établirent primitivement à côté de l'ancienne église de Saint-Chrysogone, dont la restauration moderne a si complétement transformé le caractère. Mais en 1433, le pape Eugène IV voulut assurer aux moines, pour lesquels il avait tant de prédilection, un séjour plus commode et pouvant, en cas de guerre, leur offrir un refuge dans l'intérieur de la ville. En conséquence, il supprima la collégiale des chanoines de Sainte-Marie-in-Cosmedin, afin d'unir cette église et les biens qui en dépendaient au monastère de Saint-Paul-hors-des-Murs.

La vieille basilique de Sainte-Marie-in-Cosmedin, avec ses gracieux ambons et ses colonnes provenant du temple de Cérès, sur les ruines duquel le pape saint Denis la fit construire, fut donc attribuée aux moines de Saint-Benoît. Ils la gardèrent jusqu'au commencement du seizième siècle, époque où ils reçurent du pape Jules II l'église et le monastère de Saint-Saturnin, sur le mont Quirinal. Sous le pontificat de Paul V, ils eurent à subir un nouveau changement de résidence à Rome, car ce pape, qui voulait agrandir le palais du Quirinal, reprit leur maison de Saint-Saturnin, et leur donna en compensation l'église de Saint-Calixte avec le palais du cardinal Moroni, qui s'y trouvait annexé. Pour être convenablement approprié aux besoins d'une communauté, ce palais dut être reconstruit, et alors fut élevé, dans le style italien moderne, le monastère de Saint-Calixte, l'un des plus beaux et des plus vastes de Rome. Sa façade qui se développe sur un côté de la place de Sainte-Marie-in-Trastévere, est à gauche de l'intéressante basilique qui, fondée en 340 sur les ruines d'un modeste oratoire bâti par le pape saint Calixte, fut la première église de Rome dédiée à la vierge Marie. Les distributions intérieures du monastère destiné à servir de résidence d'été aux bénédictins de Saint-Paul-hors-des-Murs sont aussi commodes que spacieuses. Les chambres destinées à l'habitation des religieux sont fort grandes, et les immenses galeries qu'on y parcourt ont une apparence et des proportions vraiment monumentales. Une partie de la maison, disposée en vastes appartements, sert de demeure cardinalice à ceux des membres de l'ordre bénédictin qu'une haute distinction élève au rang des princes de l'Église. C'est là que réside le cardinal Pitra, depuis que la dignité et les fonctions dont il est revêtu ont fixé son séjour à Rome; et c'est là aussi qu'il accueille avec l'affable simplicité d'un fils de saint Benoît tous les compatriotes qui, l'ayant connu dans le monde lettré, viennent le visiter à Saint-Calixte.

L'église attenant à ce monastère est d'un style moderne; mais elle fut primitivement bâtie sur l'emplacement de la maison occupée par saint Calixte, et elle a conservé le puits dans lequel le pontife fut précipité au jour de son martyre. La demeure où l'humble évêque de Rome avait établi sa retraite, et où il donna la consécration à un petit nombre de prêtres et d'évêques, était l'habitation d'un simple légionnaire que saint Calixte avait converti à la foi nouvelle. Mais en l'an 222, pendant la persécution qui eut lieu sous Alexandre-Sévère, des bourreaux envoyés par les magistrats vinrent tout à coup envahir la maison, et, se saisissant du pontife qu'ils torturèrent, ils le jetèrent ensuite dans le puits qui, suivant la tradition, a été pieusement conservé.

Du monastère dépendait aussi un jardin planté d'orangers, où les religieux pouvaient respirer le frais durant la saison des chaleurs, si accablantes sous le climat de Rome[1]. Plus d'une fois je me suis reposé moi-même à l'ombre de ces beaux arbres chargés de fleurs, de fruits et de parfums, en m'entretenant de l'histoire et des destinées de son ordre avec l'aimable bénédictin qui avait remplacé le R. P. dom Bini, en qualité de procureur général de la congrégation. Comme pendant ces longues conversations sur le passé et l'avenir d'une institution déjà vieille de treize siècles, les heures s'écoulaient fugitives ! Après avoir erré de Rome à Subiaco, de Subiaco au mont Cassin, et de là en cent autres lieux divers, notre pensée revenait ensuite vers la vénérable maison sanctifiée par le martyre du pape saint Calixte, reliant ainsi les origines de l'Église latine à celles du monachisme en Occident. Tout d'ailleurs semblait me retenir dans ce monastère, au milieu d'une partie si intéressante de la ville, et avec de si belles perspectives sous les yeux. Quel plaisir j'éprouve à me rappeler surtout la vue donnant sur le Janicule qui, couronné de villas et de jardins, montre d'un côté ses fortifications élevées à la place de l'ancienne *arx* de Servius Tullius, et de l'autre l'église de Saint-Pierre-in-Montorio consacrant le lieu où fut crucifié le prince des apôtres ! Ville singulière et merveilleuse en vérité, où il est impossible de faire un pas sans trouver quelque grand souvenir révélant une double antiquité, ni

---

[1] Les magnifiques plantations de ce jardin furent détruites par les soldats de Garibaldi durant le siège de Rome, et l'emplacement où il s'étendait sert aujourd'hui de champ de manœuvres aux troupes françaises qui occupent une grande partie du monastère.

de jeter un regard sans rencontrer un monument qui en perpétue la mémoire.

C'est du 15 mai au 15 novembre que les bénédictins de Saint-Paul ont l'habitude de résider à Saint-Calixte; mais pendant leur absence, la basilique élevée près de leur monastère est desservie par un certain nombre de religieux qui, conformément à une bulle du pape Innocent XII, doivent s'y rendre chaque jour pour y célébrer l'office selon leur habitude, et remplir les fonctions de pénitenciers. Le reste de l'année ils résident dans le monastère de Saint-Paul-hors-des-Murs, où leur communauté réduite à vingt pères profès, sans compter les novices, se trouve comme perdue au milieu de la solitude. Pour eux cette solitude est un peu animée par la réunion d'un certain nombre de jeunes élèves, dont l'instruction leur est confiée, instruction regardée par quelques familles comme la plus solide qu'on puisse recevoir dans le pays[1]. On se rappelle, du reste, que, d'après les statuts de la règle de saint Benoît, l'éducation de la jeunesse fut toujours l'objet des plus grands soins dans les communautés bénédictines. C'est pour obéir aux mêmes prescriptions que les

---

[1] Outre la communauté composée de religieux profès et de convers, le monastère de Saint-Paul renferme : 1° un noviciat préparatoire à la profession, formé de jeunes gens appelés *novizi in prova;* 2° une réunion d'enfants revêtus de l'habit monastique, ou *alunnato;* 3° un petit séminaire diocésain servant à former des sujets pour les fonctions ecclésiastiques, car l'abbé de Saint-Paul a un diocèse et jouit de la juridiction quasi épiscopale, comme les abbés du Mont-Cassin, de Cava et du Monte Vergine. Quant au monastère de Saint-Calixte, il possédait autrefois le collège de Saint-Anselme, collège central pour toute la congrégation bénédictine d'Italie, et destiné aux études ecclésiastiques supérieures. Cet établissement fut jusqu'en 1834 une sorte d'école normale monastique, où se formèrent encore de nos jours les hommes les plus remarquables de l'ordre, notamment les Pères Tosti et Pescetelli.

élèves du monastère de Saint-Paul, bien que destinés, comme ceux qui fréquentent d'autres colléges en Italie, à vivre un jour dans le monde, revêtent en entrant l'habit bénédictin, c'est-à-dire la robe noire avec le scapulaire. Autrefois des enfants y étaient envoyés de pays étrangers, notamment de l'Angleterre et de l'Irlande. Il faut dire que jusqu'au schisme de Henri VIII, l'abbaye et la basilique de Saint-Paul demeurèrent sous la protection des souverains anglais, comme l'attestent encore leurs armoiries placées en plusieurs endroits du monastère. En souvenir de cette protection, et d'après un ancien usage, Jacques III Stuart, qui acheva sa vie à Rome, envoyait chaque année un cierge, la veille de la fête de la Purification, comme don royal à l'église et au tombeau de l'apôtre.

La bibliothèque du monastère, quoiqu'elle ait subi de grandes pertes, renferme encore, ainsi que nous l'avons dit, beaucoup d'ouvrages excellents, surtout en ce qui concerne la théologie. Au nombre des manuscrits que les bénédictins de Saint-Paul ont eu l'heureuse chance de conserver, figure la célèbre Bible que la tradition a longtemps désignée comme un présent fait par Charlemagne, mais à laquelle des autorités compétentes assignent une date moins ancienne. C'est un gros volume, écrit en beaux caractères, d'un parfait état de conservation, et renfermant tous les livres canoniques de l'Ancien et du Nouveau Testament, précédés de commentaires de saint Jérôme. Les encadrements des marges sont ornés, aussi bien que les lettres initiales, d'ornements d'une variété extrême, et au commencement des principaux livres une série de miniatures représente des sujets empruntés à l'Écriture sainte ou bien aux annales monastiques. Sur le frontispice se dessine la figure d'un empereur avec deux écuyers, et en face on voit l'impératrice, sa femme, accompagnée d'une suivante. Si le prince que le miniaturiste a voulu représenter n'est pas Charlemagne, ce doit être Charles le Chauve, ou son fils Louis le Bègue, et l'expression vulgaire de la physionomie semblerait assez bien s'appliquer à l'un ou à l'autre de ces deux faibles souverains. D'ailleurs toutes les autres figures, d'un dessin fort incorrect, comme celles qu'on peut trouver sur un manuscrit datant de la fin du dixième siècle, ont quelque chose de sombre, d'ascétique, et un certain art ne s'y révèle que dans l'agencement des draperies. Mais quelque inhabile que soit l'exécution des figures, ce manuscrit peint n'en est pas moins aussi précieux que remarquable, et mérite l'éloge qu'en ont fait le Père de Montfaucon et Seroux d'Agincourt.

Parmi les hommes distingués dont le souvenir se rattache au monastère de Saint-Paul, on doit citer d'abord au dix-septième siècle le Père Del Miro, que sa grande érudition, appliquée surtout à l'étude de la langue grecque, fit nommer l'un des bibliothécaires de la Vaticane. Il était, en outre, abbé de Saint-Calixte, et ce fut en cette qualité qu'il y reçut son ami dom Bernard de Montfaucon qui, dans le *Diarium italicum*, rend un juste hommage à son mérite. Dom Léandre Porzia, savant professeur de théologie, fut élu abbé de Saint-Paul en 1722, et nommé bientôt à l'évêché de Bergame, il fut créé cardinal-prêtre par le pape Innocent XIII. Mais la véritable gloire scientifique de ce monastère, pendant le dernier siècle, fut l'abbé François Galletti. Né à Rome en 1724, il consacra sa longue carrière aux recherches les plus étendues sur les antiquités, en même temps que sur l'histoire ecclésiastique et littéraire de l'Italie. La grande variété de ses connaissances nous est attestée par les travaux qu'il composa sur les anciennes villes de Gabies, de Capène et de Capoue, et par ses mémoires concernant les églises de Rieti, la *Badia* de Florence, et l'origine des Pères Hiéronymites. Outre la publication de lettres inédites de saint Basile et de Bède le Vénérable, on doit encore au Père Galletti un recueil considérable d'inscriptions du moyen âge trouvées en Italie, et qu'il fit paraître de 1757 à 1766[1]. Antiquaire plein de sagacité et d'un zèle infatigable, l'abbé du monastère de Saint-Paul fit preuve, dans toutes les questions qu'il traita, de la finesse et de l'ingénieux esprit d'observation propres, en général, aux savants italiens.

De nos jours, l'abbaye est demeurée fidèle aux traditions bénédictines, et elle est une des communautés qui font le plus d'honneur à la congrégation du Mont-Cassin. Malgré les commotions extérieures, la discipline s'y est maintenue et la culture intellectuelle n'y a pas été négligée. Ce double résultat doit être attribué en partie aux exemples et à l'influence personnelle du R. P. Bini, qui fut longtemps abbé du monastère de Saint-Paul, et dont nous aurons occasion de parler encore au sujet des sanctuaires de Subiaco. Auteur de l'histoire de l'université de Pérouse où il professa d'abord avec distinction, le Père Bini rem-

[1] Après ce recueil d'inscriptions composé de cinq volumes in-4°, on peut citer encore du même auteur *Discorso del Vestiario della santa romana Chiesa*, 1758, in-4°; *Del Primicerio della santa Sede apostolica*, 1758, in-12; *Memorie per servire alla storia del Cardin. Domenico Passionei*.

plit tour à tour les plus hautes fonctions de l'ordre, et par son instruction, ses travaux et son commerce aimable, il réalisa les qualités qui distinguent le véritable bénédictin. Actuellement le siége abbatial est occupé par le R. P. dom Angelo Pescetelli, ancien abbé de Saint-Pierre de Modène, et professeur estimé de droit canonique à l'université de cette ville. Il est investi, en outre, de la charge de procureur général de la congrégation du Mont-Cassin auprès de la cour de Rome, charge qui demande beaucoup de tact et de prudence, surtout dans les circonstances périlleuses que traversent maintenant les communautés monastiques. Précédemment l'abbaye de Saint-Paul avait été dignement administrée par Mgr Mariano Falcinelli qui, nommé d'abord à l'évêché de Forli, puis envoyé comme nonce du pape à la cour de Vienne, semble être appelé par ses qualités éminentes aux plus hautes dignités de l'Église. Dans le monastère réside aujourd'hui dom Bernardo Smith, professeur de Dogmatique au collége de la Propagande, et qui antérieurement fut abbé du Mont-Cassin et procureur général de la congrégation à Rome. Au nombre des Pères de l'abbaye qui se livrent à de sérieuses études sur l'exégèse et la haute littérature, citons, avant de finir, dom Anselmo Nickess, auquel on doit un savant travail sur le livre d'*Esther*. Quant à la bibliothèque, elle est entretenue *con amore*, ainsi que disent les Italiens, par dom Bonifacio Oslander, qui, jeune encore, promet déjà un fervent adepte à la science bénédictine.

II

Le lendemain du jour où je visitai l'abbaye qui vient d'être décrite, je voulus, en partant pour Subiaco, revoir encore une fois la basilique de Saint-Laurent-hors-des-Murs, à laquelle autrefois se rattachait également un monastère bénédictin. A ce titre, un édifice religieux contemporain du siècle de saint Benoît suffisait pour m'intéresser vivement, si par lui-même il ne méritait d'ailleurs une attention toute particulière, comme offrant aujourd'hui, depuis l'incendie de Saint-Paul, le type le plus ancien de la basilique chrétienne à Rome. Située à un mille et demi de la porte Saint-Laurent, à laquelle elle a donné son nom, cette basilique s'élève sur le côté droit de la voie Tiburtine, qui part de l'arcade au style sévère, dont la moitié forme la porte en question, l'autre moitié se trouvant enfouie dans le so à une grande profondeur. Comme la basilique placée sur la voie d'Ostie, celle de Saint-Laurent-hors-des-Murs, bâtie sur la première zone de la campagne romaine, semble aussi dominer tristement dans la solitude. J'ignore si c'est par suite de la position exceptionnelle qu'elle occupe, ou bien à cause de la destination primitive qu'elle reçut et qui pendant de longs siècles la fit dépendre de l'ordre de Saint-Benoît, mais j'avouerai que parmi les vieilles basiliques romaines il en est peu qui aient produit sur moi une semblable impression. Certes elle ne peut revendiquer ni la majesté de Saint-

Jean-de-Latran, ni la richesse de Sainte-Marie-Majeure, non plus que les beautés particulières d'ornementation qu'on admire dans les basiliques de Sainte-Praxède, de Saint-Clément et de Sainte-Marie-in-Trastevere. Telle qu'elle est néanmoins, cette église isolée et rejetée en dehors de l'enceinte de la ville, entre l'immense espace couvert de ruines qui fut l'emplacement de l'ancienne capitale du monde, et le commencement de l'*Agro romano* qui déroule au loin ses larges horizons, cette église, dis-je, paraît être là comme placée symboliquement aux confins des deux mondes dont la nouvelle Rome a gardé les ineffaçables vestiges.

A la première vue, le portique de Saint-Laurent vous rappelle ces deux antiquités, l'une sacrée et l'autre profane, car il se compose de six colonnes d'ordre ionique, au sommet desquelles on distingue des frises provenant de monuments anciens et rassemblées d'une façon tout à fait irrégulière. Ce portique donne entrée dans un intérieur simple et austère que divisent en trois nefs deux rangées de colonnes gigantesques. Presque tous les chapiteaux, aussi bien que les colonnes elles-mêmes, sont d'origine antique ; mais quelques-unes laissent voir évidemment l'œuvre d'une main inhabile et barbare. On y remarque notamment celui qui, montrant deux figures d'animaux sous la courbe de ses volutes[1], pourrait être regardé par les archéologues

---

[1] Ces animaux sculptés dans l'œil des volutes, sont un serpent et une grenouille qui, selon l'explication donnée par Pline, seraient le monogramme, ou bien ce que nous appellerions les *Armes parlantes* des architectes ou sculpteurs, Saurus et Batrachus. Comme ces deux artistes étaient esclaves, et que la loi romaine ne permettait pas aux individus de la classe servile de signer leurs œuvres, ils étaient obligés de recourir à une figure symbolique pour représenter leurs noms.

comme le modèle des chapiteaux historiés de l'architecture romane. Dans les colonnes cannelées, à chapiteaux corinthiens, soutenant la tribune, et dans l'entablement formé de fragments antiques dont elles sont surmontées, on retrouve encore un assemblage d'une exécution toute primitive. Cette singulière union d'éléments disparates atteste à la fois une ère de décadence et une époque de transition. Alors l'art chrétien, tout en voulant devenir maître de lui-même et créer des formes qui lui fussent propres, était encore obligé de se servir de matériaux empruntés aux édifices du paganisme.

Au delà du grand arc servant à soutenir et à séparer les deux parties principales du monument, s'élève le chœur garni de chaque côté des deux ambons traditionnels, où le sous-diacre et le diacre se plaçaient tour à tour pour réciter aux fidèles l'Épître ou l'Évangile. Ces ambons, comme la chaire épiscopale qui apparaît au fond de l'abside, sont décorés de sculptures délicates et de gracieuses marqueteries qui méritent d'être étudiées avec soin, ainsi que le ciboire à colonnettes de porphyre égyptien, situé au-dessus de la confession où reposent les ossements des martyrs saint Étienne et saint Laurent. Mais dans l'intérieur de cette église, comme dans toutes les basiliques où l'art nouveau se révèle par ces compositions si originales, si extraordinaires des mosaïstes byzantins, l'attention est surtout attirée vers les figures ornant le grand arc de l'abside. Au-dessus d'une rangée de saints personnages, parmi lesquels on distingue l'apôtre saint Pierre, saint Laurent, patron de l'église, et le pape Pélage II qui la restaura, domine l'image du Sauveur, assis sur

5.

un globe et levant la main pour bénir. La physionomie calme, l'attitude impassible de ces grandes figures encadrées dans une mosaïque datant du sixième siècle, ont je ne sais quoi de solennel et de religieux qui produit une impression vraiment impossible à rendre, comme tout ce qui est silencieux, désert ou immuable. Ces regards fixes qui vous suivent partout, cette roideur extrême de pieuses images qui ont pris comme la dureté de la pierre dont elles sont composées, nous font bien comprendre, surtout à nous autres étrangers venus de l'Occident, un art complétement nouveau, complétement chrétien. En présence de telles œuvres, il nous est facile de voir comment, bien des siècles avant d'arriver à sa plus haute expression, il avait rompu violemment avec les gracieuses, mais profanes traditions de l'art qui, dans les temps antérieurs, avait été inspiré par le polythéisme.

Si du fond de la basilique on revient vers l'entrée principale, on remarque sous le portique des fresques du treizième siècle, dans le style gréco-italien. Les unes représentent la vie et le martyre de saint Laurent, et, entre autres scènes, le baptême conféré à saint Romanus. De la main droite saint Laurent bénit le néophyte, tandis que de la gauche il lui verse sur la tête un vase rempli de l'eau régénératrice, qui se répand sur son corps complétement nu, comme pour le faire participer tout entier aux effets de la purification sacramentelle. Dans les autres fresques on voit le couronnement du Français Pierre de Courtenai, comte d'Auxerre, que le pape Honorius III éleva au trône de Constantinople. A côté de cette représentation rappelant la part glorieuse que la France monarchique et féodale prit aux guerres saintes en Orient, sont figurés divers sujets tirés de la vie du même pontife qui réédifia le portique de saint Laurent-hors-des-Murs. L'esprit parfois excentrique du moyen âge s'y manifeste dans la scène bizarre où les démons disputent la possession des âmes à l'archange saint Michel qui pèse leurs actions dans une balance, tandis que les mauvais esprits cherchent à en fausser les poids. Près de la porte, mais à l'intérieur de l'édifice, on trouve encore un sarcophage antique montrant sur l'une de ses faces l'image sculptée d'une cérémonie nuptiale. Appliqué contre la paroi de la muraille, il est surmonté d'un dais soutenu par quatre colonnettes, sous lesquelles on distingue un ensemble d'ornements formés de peintures à fresque et de mosaïques. Une inscription en vers latins, consacrée à l'éloge des vertus du défunt, apprend que dans ce tombeau est inhumé le cardinal Guillaume Fieschi, de la famille des comtes de Lavagna, neveu du pape Innocent IV, et trépassé en l'an 1256. Après avoir transcrit cette épitaphe, je pris note de la fresque représentant le couronnement de Pierre de Courtenai, en pensant à la destinée singulière et à la fin tragique de ce prince français, dont le nom se rattache à une basilique romaine bâtie primitivement par Constantin, et qui, après des vicissitudes propres seulement aux siècles épiques du moyen âge, était venu revêtir à Rome le manteau impérial des souverains de Byzance.

Rappelant le souvenir d'existences plus modestes, et bien plus anciennes encore, des pierres sépulcrales, consacrées aux chrétiens des premiers âges, se voyaient autrefois dans l'église et dans quelques parties du monastère de Saint-Laurent-hors-des-Murs. Parmi les inscriptions tumulaires extraites des catacombes voisines de l'église, quelques-unes se distinguent par leur extrême simplicité. Telle est celle de l'humble néophyte dont le nom est divisé par le monogramme du Christ, de chaque côté duquel sont placées les deux lettres symboliques A et Ω, pour rappeler que l'amour du Sauveur doit être le principe et la fin de toute vie chrétienne. Aux extrémités de la pierre qui ne porte que ces mots : PETRONIA NEOFITA, se dessinent deux rameaux d'olivier, autre symbole de la paix évangélique, que le Christ est venu apporter sur la terre[1]. Citons aussi une autre épitaphe fort digne d'attention, à cause de sa forme métrique, et qui est dédiée à la mémoire d'une jeune et pieuse femme morte en 382, à l'âge de 21 ans, sous le consulat d'Antonius et de Syagrius. On ne peut lire rien de plus simple et de plus touchant que cette inscription en vers, où la chaste Afrodite est représentée s'élevant vers le ciel, pour recevoir dans le bienheureux séjour du Christ le prix mérité par une foi constante et l'observation des préceptes divins. Là, dit encore l'épitaphe, son âme pure, qui rechercha toujours les choses célestes, respire dans l'attente de Dieu, les délicieux parfums s'exhalant d'une verdure éternelle, tandis que son corps repose au fond d'un tombeau que lui éleva la piété d'un époux. Voici, du reste, cette inscription datant du quatrième siècle de l'ère chrétienne, et qu'une

---

[1] Plusieurs inscriptions en langue grecque s'y faisaient également remarquer, notamment l'épitaphe qui peut être traduite ainsi en latin :
    Requievit Zosimus Christi famulus annorum novemdecim,
    Quarto kalendas Septembris die Jovis.

citation textuelle fera mieux apprécier qu'une froide et incomplète analyse :

AMPLIFICAM SEQVITVR VITAM DVM CASTA AFRODITE,
FECIT AD ASTRA VIAM; CHRISTI MODO GAVDET IN AVLA.
RESTITIT HAEC MVNDO SEMPER CAELESTIA QUAERENS,
OPTIMA SERVATRIX LEGIS FIDEIQVE MAGISTRA
DEDIT EGREGIAM SANCTIS PER SAECVLA MENTEM.
INTER EXIMIOS PARADISI REGNAT ODORES
TEMPORE CONTINVO VERNANT VBI GRAMINA QVAEVIS,
EXPECTATQVE DEVM SVPERAS QVO SVRGAT IN AVRAS.
HOC POSVIT CORPVS TVMVLO, MORTALIA LINQVENS
FVNDAVITQVE LOCVM CONJVX EVA...... ANS [1].

C'est principalement sous le portique donnant entrée de la basilique dans le cloître que furent placées à diverses époques des tombes ayant servi à la sépulture des moines de la communauté, ou bien des inscriptions tumulaires extraites des catacombes de Sainte-Cyriaque, qui touchent au côté septentrional de l'église. Parmi les tombeaux placés en ce lieu, on trouve celui de l'abbé Bonizon, dont le nom est mentionné dans l'*Iter Italicum*, et que le Père Mabillon réclame comme ayant appartenu à son ordre, qui alors était en possession du monastère de Saint-Laurent. Sous le cloître contigu à la basilique, on avait également recueilli un grand nombre de pierres tombales appliquées contre les parois intérieures des murailles. L'usage de placer ainsi des

---

[1] Cette épitaphe n'est pas seulement, par sa forme et par son ancienneté, un curieux monument de l'épigraphie chrétienne ; mais en rappelant les croyances du rédacteur de l'inscription sur la destinée de l'âme après la mort, elle vient aussi montrer sous un aspect particulier la question si grave de la vie future, question fort controversée surtout vers les derniers temps de la lutte entre les doctrines du christianisme et celles de la philosophie païenne.

monuments funèbres sous les promenoirs des cloîtres, ne doit pas surprendre, car il était conforme au principe même du monachisme qui voulait qu'à chaque instant de sa vie, même aux heures de loisir et de délassement, le religieux eût toujours présente la pensée de ses fins dernières. Ce perpétuel memento de la mort, rappelé par des images et des inscriptions devant lesquelles il passait et repassait sans cesse, était moins pour lui un sujet de terreur qu'un motif de consolation et d'espérance. Dans cette suite d'épitaphes consacrant la mémoire de ceux qu'il appelait ses ancêtres, il ne retrouvait pas seulement les titres de sa famille monastique ; mais il voyait aussi retracé l'exemple des devoirs qu'il avait à remplir. Or, par un sentiment de noble émulation, il mettait son honneur à ne pas dévier de cette voie inflexible où tant d'autres l'avaient précédé, et au terme de laquelle il devait aussi bien qu'eux trouver la récompense promise. Grâce à cet échange d'enseignements salutaires reçus et transmis tour à tour, la chaîne des générations éteintes se renouait incessamment sous les cloîtres. Le moine y servait de lien entre la mort et la vie, et rattachant les temps qui n'étaient plus à ceux qui n'étaient pas encore, il satisfaisait ainsi pour sa part à la grande loi morale de la solidarité humaine.

Le monastère de Saint-Laurent appartenait déjà depuis plusieurs siècles à l'ordre bénédictin, quand vers 950, sous le pontificat d'Agapet II, la réforme de Cluny y fut introduite par les soins d'Albéric, seigneur de Rome. Les moines appartenant à cette congrégation s'y maintinrent jusqu'au treizième siècle, et pendant cette période, on vit sortir de leurs rangs plusieurs personnages célèbres, surtout Grégoire VII et Paschal II, qui, selon le témoignage de Panvinio, s'y seraient initiés à la vie monastique. Au temps d'Honorius III les réformés de Cluny furent remplacés par une autre communauté de bénédictins que le pontife appela du monastère de Saint-Sylvestre construit dans l'ancien Champ de Mars. Les moines de Saint-Benoît continuèrent longtemps encore de desservir la basilique de Saint-Laurent, car sous le pape Sixte IV, ils sont portés sur la liste des taxes payées à la Chambre apostolique. Ce fut au seizième siècle que le monastère fut donné à des chanoines réguliers qui le possédaient vers la fin du siècle suivant, à l'époque du voyage des Pères Mabillon et Michel Germain en Italie. D'après la correspondance de ce dernier, il paraît que l'église et l'abbaye restaient abandonnées, comme celle de Saint-Paul, pendant une partie de l'année, à cause de l'insalubrité de la campagne voisine. « Nous allâmes à San Lorenzo hors les murs, écrit Michel Germain à son correspondant de Paris ; ce lieu qui appartenait autrefois à notre ordre est à des chanoines réguliers qui y demeurent en hiver. Pendant tout l'été et l'automne, il n'y a qu'un prêtre normand qui de là nous a menés dans les catacombes[1]. »

Quant au monastère attenant à la basilique, il a passé des chanoines réguliers à des Pères capucins qui l'occupent encore aujourd'hui. C'est le Père gardien qui remplit les fonctions curiales, selon un usage assez fréquent en Italie, par suite duquel on confie à des religieux le service et l'administration d'églises qui sont à la

---

[1] Les catacombes de Sainte-Cyriaque, dont parle ici le bénédictin français, sont creusées sous la basilique, et depuis qu'elles ont été déblayées et explorées avec soin, elles ont fourni, comme d'autres anciens cimetières des siècles primitifs du christianisme, d'intéressants sujets d'étude.

fois paroissiales et conventuelles. Pendant mon séjour à Rome, le Père capucin qui était chargé de desservir la basilique de Saint-Laurent-hors-des-Murs, était non moins prévenant pour les étrangers que le prêtre normand dont Michel Germain se plait à faire l'éloge. Il accueillait avec toute la bonne grâce possible les visiteurs qui se présentaient à lui, leur servait volontiers de guide, et ne manquait pas, l'exploration une fois achevée, de leur offrir le café dans sa modeste cellule.

Le jour où, avant de prendre la route de Subiaco, je voulus donner, en passant, un nouveau souvenir à la basilique de Saint-Laurent-hors-des-Murs, j'avais eu la précaution de partir de grand matin. Le soleil s'élevant au-dessus des montagnes de la Sabine, éclairait à peine de ses premiers rayons le sommet du Capitole, l'arc de Septime-Sévère et la masse imposante du Colisée, lorsque je traversai le *Campo Vaccino*, dans lequel des troupeaux de bœufs ruminaient paisiblement au milieu des grandes herbes qui recouvrent les débris des temples et des palais élevés par les Césars. En mettant pied à terre pour entrer dans l'église, je fus bien surpris de la voir, non plus solitaire et abandonnée comme à mes visites précédentes, mais toute remplie de fidèles qui priaient avec un pieux recueillement. La foule était exclusivement composée de paysans de la campagne romaine, qui venaient vendre leurs produits aux marchés de la ville, et pour lesquels, chaque matin, une messe était célébrée avant le commencement du jour. L'office terminé, je me plus à suivre du regard et à observer tantôt par groupes, tantôt un à un ces rustiques habitants des environs de Rome, qui m'offraient deux types bien différents. Quelques-uns, pâles, chétifs et le corps alangui par la fièvre, présentaient un triste exemple des ravages qu'exerce sur une partie de la population l'*aria cattiva*, c'est-à-dire l'air malsain qu'on respire dans certains cantons et à certaines époques de l'année. La plus grande partie de ces paysans, au contraire, avec leur physionomie mâle, leurs formes robustes et leur regard simple et fier en même temps, me rappelaient assez fidèlement l'idée qu'on peut se faire de la race des vieux Sabins.

Presque tous étaient vêtus du costume pittoresque, mais quelque peu déguenillé, qui distingue les modèles que les artistes, à Rome, vont étudier et choisir sur les marches de la Trinité-du-Mont. Les femmes, pour la plupart remarquables par la pureté sévère de leur profil et les teintes chaudes d'une riche carnation, s'arrêtaient à la porte de l'église, pour y reprendre des paniers ou des vases en tout semblables à des amphores antiques, et qu'elles portaient sur leur tête avec un mouvement harmonieux du cou et des épaules. Après que la foule eut défilé, croyant que l'intérieur de la basilique était redevenu complétement désert, je m'avançai seul jusqu'à l'extrémité de la nef centrale, afin de contempler une dernière fois la mosaïque du grand arc. Là, un tableau saisissant, inattendu, m'arrêta. Sur l'un des degrés qui montent au chœur, une *villana* était agenouillée, et dans cette situation, elle ressemblait de loin à une statue inclinée de la Prière et de la Douleur. Tenant d'une main son chapelet, de l'autre serrant près d'elle un jeune garçon d'environ dix ans, elle récitait ses oraisons, en fixant un regard de supplication et d'amour sur la grande image du Christ qui trône au fond de la basilique. La figure de cette femme, belle et noble comme celle d'une Cornélie, et encore dans la force de l'âge, contrastait avec celle du pauvre enfant tout hâve et tout défait, pour la santé duquel elle implorait Dieu avec tant d'ardeur. Devant ce touchant spectacle d'une mère tremblant et priant pour la vie de son fils, j'avoue que j'oubliai aussitôt mes études sur les mosaïques byzantines. Rappelé d'ailleurs à la réalité par la voix de mon conducteur qui s'impatientait à la porte de l'église, je remontai en voiture pour continuer ma route.

III

L'ancienne voie Tiburtine, partant de la porte Esquilina, mettait autrefois Rome et Tibur en communication directe. Après l'avoir suivie pendant quelques milles, on retrouve encore son énorme pavé formé de dalles en basalte volcanique, et à plusieurs endroits les sillons que les siècles et les générations y ont tracés sont d'une telle profondeur qu'il est plus prudent de suivre à pied les contre-allées ou trottoirs, dont les édiles romains eurent soin de la border. L'Anio est bientôt franchi sur le pont Mammolo, dont la construction est attribuée à la mère d'Alexandre Sévère, et plus loin se développe le site que Gaspard Poussin représenta dans l'admirable paysage qui décore la galerie du palais Sciarra, à Rome. Sur la droite, un chemin qui dévie légèrement conduit ensuite, à travers des massifs de hêtres, d'yeuses et de platanes, aux ruines de la célèbre villa Adriana. Différent de beaucoup d'autres voyageurs par trop enthousiastes, je fus médiocrement intéressé par la vue de cette fantaisie impériale dans laquelle le souverain du monde voulut réunir sous ses yeux tout ce qui avait pu le charmer dans les vastes États dont il se plaisait à parcourir sans cesse les provinces. On a peine à comprendre un tel caprice de la part de ce voyageur couronné qui aimait et cultivait l'art avec passion, se piquait de philosophie, et pouvait, à son gré, se donner le plaisir beaucoup plus intelligent de contempler sur place les chefs-d'œuvre produits par la nature ou par la main de l'homme. De cette fastueuse création d'Adrien, on sait qu'il ne reste plus qu'un amas de débris que recouvre et qu'achève de détruire une végétation luxuriante. Parmi les fleurs que m'offraient les enfants d'un fermier qui habite l'ancienne villa des Césars, je choisis celle d'un arbuste transplanté par Adrien dans ses jardins de plaisance, et qui, dit-on, ne croit nulle part ailleurs en Italie. Le regard fixé sur cette fleur qui a survécu à tant de somptueux édifices, je ne pouvais m'empêcher d'admirer la puissance de la nature, dont les œuvres, perpétuellement renouvelées, survivent à celles de l'homme, et gardent encore son nom et son souvenir, quand les fragiles monuments qu'il éleva cessent eux-mêmes de nous les rappeler.

A quelques milles de Tivoli, les chevaux de notre voiture s'arrêtèrent tout à coup, effrayés par l'approche d'une troupe de bœufs à demi sauvages que poursuivait un pâtre à cheval, en poussant de grands cris. Ce pâtre, portant un sayon de peau de chèvre et des jambières de cuir garnies de plaques en métal, tenait à la main une longue pique armée d'un fer aigu. Il s'en servait pour dompter les farouches animaux qu'il conduisait avec la rudesse cruelle que les Romains, ses ancêtres, mettaient à conduire leurs nombreux troupeaux d'esclaves. Tandis que le voiturin réparait le désordre causé à notre équipage par cette brusque apparition, je m'arrêtai sur le bord de la route où m'attiraient quelques fragments de pierre qu'un paysan occupé à faucher de l'herbe venait de mettre à nu. J'eus bientôt reconnu les débris d'un cippe antique, dont quelques parties ornées indiquaient une bonne époque, mais dont la face antérieure complétement brisée ne permettait plus de rétablir l'inscription tout entière. Deux fragments de cette inscription subsistaient seulement, et gisaient à quelques pas sous une touffe de myrtes sauvages. L'un portait ces lettres, D. M., Diis Manibus, invocation adressée par les anciens à ces pâles divinités dont ils peuplaient les vains royaumes des ombres et le vide silencieux des tombeaux. Sur l'autre fragment on ne lisait plus que ces mots rappelant que le cippe avait été élevé à la mémoire d'une jeune fille : Quæ vixit annis xv. mens. vi. dieb. iv, c'est-à-dire « qui vécut quinze ans, six mois et quatre jours. »

Quelle était donc cette jeune inconnue dont je retrouvais ainsi la pierre sépulcrale au bord d'un grand chemin? A quelle famille appartenait-elle? Sa courte destinée avait-elle été du moins heureuse? Quelle mort soudaine, tranchant ainsi sa vie avant le temps, l'avait fait porter, selon l'expression touchante du poëte latin, « sur ce lit funèbre si triste à contempler pour des parents en deuil? » Telles étaient les questions sur lesquelles, en poursuivant ma route, je laissais involontairement errer ma pensée, et qui intéressaient bien plus ma sensibilité d'homme que mon zèle d'archéologue. Pendant longtemps, cette inscription mystérieuse comme un hiéroglyphe, ne cessa de me revenir à l'esprit. J'aimais à me représenter la douce image de celle dont elle rappelait la vie et la mort, sous la forme indécise de l'une de ces figures qui voltigent, ailées et diaphanes, à la surface des urnes cinéraires qu'on retrouve dans les tombeaux antiques. Si je ne pus emporter la pierre où l'inscription était gravée, ainsi que j'avais fait de la fleur cueillie à la villa Adriana, je répétai souvent en songeant à la jeune romaine : « Elle vécut quinze ans, six mois et quatre jours. » Et j'ajoutais aussitôt la gracieuse invocation formulée dans une autre épitaphe également consacrée à une jeune fille : « Terre, ne pèse point sur elle, puisqu'elle n'a point pesé sur toi ! »

A mesure que l'on s'approche des hauteurs sur l'une desquelles est situé Tivoli, le paysage s'étend et les horizons s'agrandissent. Le regard embrassant à la fois toute la campagne romaine, on peut alors saisir une vue extraordinaire et sans égale au monde. Après tant d'autres voyageurs, je n'essayerai pas de rappeler ici quelles impressions fit naître en moi l'aspect de cette campagne fameuse si souvent parcourue, si souvent décrite, et qui, largement encadrée d'un côté par les Apennins, de l'autre par la mer Tyrrhénienne, montre au fond du tableau Rome couronnée de ses monuments et de ses souvenirs. Toutefois, en me rappelant ce qui a été écrit sur ce sujet, je ne pus m'empêcher de me dire combien différaient par leurs appréciations tous ceux qui, seulement depuis les siècles modernes, avaient tour à tour erré, senti et pensé dans ces mêmes lieux. Je remarquai surtout que la plupart d'entre eux, en exprimant les impressions que la vue de Rome et de ses environs pouvait leur inspirer, étaient bien moins les interprètes de sentiments intimes et personnels, que les échos des croyances et des idées de leur époque.

Il est facile de comprendre d'ailleurs que Montaigne et Brantôme, les bénédictins de Saint-Maur et le président de Brosses, Gœthe et Chateaubriand aient jugé d'une manière bien différente la capitale du monde chrétien et cette campagne romaine aride, solitaire et inculte, où l'on ne trouve qu'une abondante moisson de ruines. Philosophe ou historien, croyant ou sceptique, antiquaire ou poëte, chacun d'eux a considéré au point de vue de l'esprit du temps cette terre étrange que le fer de la charrue cessa de déchirer depuis le passage des peuples barbares, et qui étend comme un désert entre la ville éternelle et le reste du monde. Remarquons en outre que si les écrivains de notre temps offrent des appréciations tout autres que celles de leurs devanciers, ils ont su trouver aussi, avec une véritable intelligence des beautés de la nature et de l'art, un style descriptif capable de bien saisir et de peindre les grands aspects du paysage dont nous parlons. Dans les lettres adressées d'Italie à ses amis Joubert et de Fontanes, on voit notamment se révéler tout entier le futur auteur des *Martyrs*, et ses descriptions ont un éclat, une largeur d'expression en rapport avec l'éclat et la largeur des lignes de l'horizon romain. Nul écrivain n'a mieux senti, ni mieux rendu l'effet de ces éblouissantes perspectives si différentes des aspects sauvages de sa province natale. Nul n'a peint plus fidèlement cette plaine immense, qu'on a justement comparée à une **mer dont les** flots soulevés en mille directions auraient été pétrifiés soudain, et sur laquelle sont jetés, comme des ponts suspendus, de gigantesques fragments d'aqueducs qui semblent de loin, selon la belle image de Chateaubriand, autant d'arcs de triomphe destinés à porter l'eau au peuple-roi.

Tandis que nous gravissions la montée qui précède l'arrivée à Tivoli, mon conducteur m'indiquait avec l'obligeance inépuisable, mais souvent exagérée, du cicerone italien, les points les plus intéressants de la vue qui se déroulait devant nous. Ce vetturino, que j'avais l'habitude d'employer dans mes courses à Rome et aux environs, présentait un singulier mélange des défauts et des qualités des gens de sa classe. Appartenant à la race transtévérine si connue par son caractère original et insoumis, Geronimo était le type de la population de ce quartier qui fut autrefois la cité Léonine, et le théâtre de tant de révolutions pendant les siècles agités du moyen âge. A l'entendre parler, on reconnaissait bien vite en lui un représentant de cette plèbe romaine qui, orgueilleuse de vieux souvenirs passés chez elle à l'état légendaire, avait successivement combattu le pape et l'Empereur, acclamé Crescentius et Arnaud de Brescia, ou porté Rienzi en triomphe au Capitole. Quant à maître Geronimo, faisant remonter bien plus haut que le moyen âge le passé glorieux de ses ancêtres, il se complaisait à reconnaître dans sa personne le descendant des compagnons de Romulus. A quiconque se fût permis d'en douter, il n'eût pas manqué de répondre comme cet autre transtévérin à un hallebardier Suisse qui l'empêchait de se mêler au cortége pontifical : « Barbare! ne sais-tu pas que j'ai du sang romain, et aussi du sang troyen dans les veines? »

Fidèle à ses traditions exclusivement archaïques, mon vetturino n'admettait que les monuments et les souvenirs de l'antiquité. Il rappelait sans cesse avec une certaine emphase que son grand-père avait conduit Winkelmann et Gœthe dans leurs excursions aux alentours de Rome, et que tous deux avaient dû à l'intelligence exercée de leur guide plus d'une découverte intéressante. Une fois en course, Geronimo passait-il devant une église, en sa qualité d'Italien et de bon catholique, il saluait et se signait respectueusement, mais il ne s'arrêtait jamais que sur un ordre positif. Au contraire, un édifice antique et le moindre vestige de la Rome républicaine ou impériale s'offraient-ils de loin aux regards? Le conducteur archéologue le signalait à l'avance du bout de son fouet, et s'effaçait sur son siége pour laisser mieux voir les profils et les perspectives du monument. Un autre trait caractéristique de ce singulier personnage, c'est qu'en politique il avait des idées aussi exclusives qu'en archéologie. Plein de vénération pour le souverain pontife, il eût défendu de tout son sang, disait-il, ce bon pape Grégoire XVI qui ne voulait pas laisser construire de chemins de fer dans ses États, afin de ne point réduire à la mendicité les pauvres vetturini de Rome. Toutefois les sentiments particuliers de Geronimo pour la personne du Saint-Père ne l'empêchaient nullement d'attaquer le gouvernement des cardinaux, et sa conclusion était qu'il n'aimait pas plus l'intervention des prêtres dans la politique qu'il n'admettait dans les monuments le style religieux du moyen âge.

Comme sur les questions d'art, je ne me croyais pas tenu de partager les opinions plus ou moins raisonnées de mon conducteur, j'avais parfois à soutenir des controverses durant les longues montées si fréquentes dans les voyages faits en voiturin. Ces petites discussions m'amusaient en ce sens qu'elles me donnaient l'occasion d'observer d'après nature l'homme du peuple Italien, et de constater l'étonnante vivacité d'esprit et la verve intarissable dont faisait preuve en particulier l'habitant du Transtévère. Pendant que je me livrais à cette étude tout en cheminant sur la route, le soleil commençait à s'incliner vers les côtes d'Ostie et la mer de Toscane, de sorte que la fin du jour approchait lorsque nous arrivâmes à Tivoli. Rien de plus charmant, selon moi, pour le voyageur que de parvenir à un but longtemps désiré, vers cette heure pleine de calme et de recueillement qui achève une belle journée et précède une journée plus belle encore. Les teintes adoucies de la lumière et du ciel, la fraîcheur des brises venant tempérer l'atmosphère, de légères vapeurs qui de loin communiquent aux objets quelque chose de flottant et de diaphane, enfin le silence qui tend à se faire dans la nature comme parmi les habitations de l'homme, tout prédispose à jouir délicieusement d'une première vue jetée sur les lieux qu'on s'apprête à visiter. A ces impressions favorables se joint aussi l'intérêt qui s'attache à comparer l'aspect réel de ces mêmes lieux avec l'idée que nous nous en étions faite à l'avance, soit d'après les descriptions d'autrui, soit d'après les fantaisies créatrices de notre imagination.

Ce double plaisir, je le goûtai aussi largement que possible au moment de mon arrivée à l'ancienne cité de Tibur. Aussi, à peine étions-nous descendus de voiture que, sans vouloir me reposer, je me dirigeai vers le gracieux édifice longtemps appelé le temple de Vesta, et aujourd'hui désigné communément sous le nom de temple de la Sibylle. Quand je me trouvai en face du monument qui se dresse sur la pointe d'un rocher dominant les chutes de l'Anio, le soleil venait de se cacher à l'horizon. Mais les teintes chaudes et empourprées qu'il laissait vers le couchant suffisaient à éclairer les élégantes colonnes de ce temple à forme circulaire, et j'en admirais d'autant plus volontiers les simples et belles proportions, qu'elles se détachaient dans une sorte de demi-jour mystérieux. Au-dessous du temple, et comme pour contraster avec le calme répandu autour de sa charmante colonnade, l'Anio bondissait avec fracas. Ses eaux formaient mille gerbes couronnées d'une blanche écume qui s'élevait, ondoyait et retombait tour à tour, comme tourbillonnent d'épais flocons de neige emportés par le vent. Il était trop tard pous s'aventurer à descendre dans les grottes dites de Neptune et des Sirènes, cavernes retentissantes dont l'écho m'apportait de loin des bruits aussi formidables que ceux que Virgile fait résonner dans les gouffres de Charybde et de Scylla. Je rentrai donc dans l'osteria portant le nom poétique d'*hôtel de la Sibylle*, et bercé par le bruit monotone de la cascade, j'y goûtai les douceurs d'un repos si prolongé que, le lendemain, je ne pus me donner le plaisir décrit par Chateaubriand dans sa troisième lettre à Joubert, celui de contempler la vue de Tivoli au lever du soleil.

CHAPITRE XV

LE PÈRE STEFANO

Les chutes de l'Anio. — Le couvent des Franciscains de Tivoli. — Mes relations avec le Père Stefano. — Caractère de ce religieux. — Ses études sur l'art chrétien. — Scène d'intérieur chez des moines mendiants. — Un ermitage sur l'emplacement de la villa d'Horace. — Controverse des savants au sujet de cette villa. — Églises et autres monuments de Tivoli. — La Sibylle Tiburtine. — La Rocca; maisons construites dans le style ogival. — Ancienne magnificence de la villa d'Este. — La résidence d'été d'un prince de l'Église au temps de la Renaissance. — L'abbé de Lamennais au couvent des Théatins de Frascati. — Révélations sur ses sentiments et ses principes à cette époque — Retour à Tivoli; adieux au Père Stefano.

En faisant une nouvelle station à Tivoli, je ne voulais pas seulement explorer les monuments antiques qui donnent un cachet particulier à cette cité d'origine gréco-latine, aujourd'hui ville épiscopale et industrielle, renfermant plus de vingt églises, outre des forges, une poudrière et de nombreuses fabriques. Une autre intention me dirigeait, et sans oublier le but principal de mon voyage, je désirais visiter en passant quelques communautés monastiques de Tivoli ou de ses environs. Quand je fis part de mes projets à Geronimo, le pauvre homme parut consterné. J'eusse été frappé de vertige à ses yeux, qu'il n'aurait pas montré une stupéfaction plus comique. Comment pouvais-je songer à donner un temps précieux à des couvents, à des *frati*, lorsque j'avais devant moi de si beaux sujets d'exploration dans les anciennes villas des plus illustres patriciens de Rome? Et les restes du temple d Hercule, et les cascatelles si splendides à voir aux rayons d'un soleil étincelant! Pouvait-on surtout ne pas aller admirer les chutes de l'Anio, quand ses eaux, grossies par les derniers orages, étaient plus abondantes, plus impétueuses que jamais?

Cette dernière perspective, bien faite pour me séduire, ébranla, je l'avouerai, mes premières résolutions. Aussi, par une sorte de compromis avec Geronimo, je me décidai à visiter d'abord la grotte des Sirènes, avant de me rendre au couvent des Pères franciscains. Grotte des Sirènes, couvent des Franciscains, quel étrange contraste ces mots, mêlés au nom des lieux chantés par Horace, Properce et Catulle, ne formaient-ils pas dans mes souvenirs du passé et mes impressions du moment? Il n'y a vraiment que la vie accidentée du voyage pour offrir à l'esprit comme à l'oreille de semblables oppositions. Et le voyage lui-même, qu'est-il autre chose, sinon l'image multiple et accélérée de toute notre existence, si féconde en perpétuelles contradictions, si pleine d'événements qui se heurtent, se rapprochent, et semblent ne se fuir que pour mieux se combattre encore? *Vita omnis est in fuga...*

Arrivé devant les cascatelles, je ne regrettai nullement le changement qu'avait subi mon itinéraire. C'était bien là le torrent fougueux, *præceps Anio*, tel que la lecture d'Horace l'avait dépeint à mon imagination, tel que je l'avais entrevu la veille, tel enfin que je l'avais entendu retentir dans le silence de la nuit. En me rappelant la cascade de Terni et les chutes d'eau les plus remarquables des Pyrénées et des Alpes suisses, je ne m'amusai point à faire des comparaisons inopportunes et presque toujours nuisibles à l'effet que doivent produire sur nous les objets placés sous nos yeux. Lorsque nous nous trouvons en face de l'un de ces objets dignes d'exciter notre admiration, nous ne devons songer qu'à en jouir pleinement, au lieu d'opposer des paysages à d'autres paysages, comme des critiques opposent un tableau de Claude Lorrain à une toile de Salvator Rosa. Quant aux chutes de l'Anio, elles ont été si souvent décrites, que je n'ai pas à rappeler ici comment la masse des eaux se précipite une première fois dans l'ouverture appelée la grotte de Neptune, pour retomber de là dans l'autre gouffre qu'un euphémisme assez trompeur a fait surnommer la grotte des Sirènes. L'humidité glaciale de ces profondes cavernes, les scories verdâtres qui en tapissent les parois, l'horrible fracas des eaux se mêlant aux mille bruits des usines du voisinage, tout cela produit un tel ensemble qu'on s'empresse, la curiosité une fois satisfaite, de remonter vers le séjour du soleil et de la lumière. On en jouit d'autant plus volontiers, que le sentier qui vous y ramène, suit les pentes sinueuses d'un ancien cratère volcanique tout tapissé d'arbres et de plantes saxatiles dont le feuillage, agité par la brise, tantôt vous dérobe, tantôt vous laisse apercevoir le gracieux temple antique qui s'élève au-dessus de la cascade.

En repassant près du bassin qui, semblable à une coupe immense, reçoit la première chute de l'Anio, je cherchai vainement quelques-unes des colombes que

6.

l'auteur des *Martyrs* dit avoir vues boire aux eaux du torrent. Sans doute ces charmants oiseaux avaient fui un séjour peu fait pour les retenir, car je ne rencontrai aucun vestige, pas même une plume blanche qui marquât le lieu de leur passage. Bien des siècles avant la disparition de ces colombes, qu'était aussi devenu le souvenir de tant de beautés célèbres chantées dans les mêmes lieux par les poëtes les plus aimables et les plus aimés de l'antiquité latine? Au milieu des restes de ces élégantes villas suspendues aux bords de l'Anio, et aussi rapidement entraînées vers leur ruine que les flots qui passent en courant devant leurs débris, comment aujourd'hui retrouver quelque trace attestant le nom et la présence de ces jeunes femmes, idoles du caprice ou de la passion d'une époque si élégamment sensuelle? A l'exemple de beaucoup d'autres dont notre vieux poëte Villon rappelle la destinée éphémère, elles ont brillé, puis disparu dans cet abîme où, selon le même poëte, va se perdre toute chose de ce monde, y compris *les neiges d'antan*.

Après avoir visité les ruines de la villa de Manlius Vopiscus, que Stace a si bien décrite dans les *Sylves*, pièces charmantes consacrées à la glorification du mérite ou du bonheur de ses amis[1], j'annonçai à mon conducteur qu'il était temps de nous diriger vers le couvent des franciscains, pour nous rendre ensuite à celui de Sant' Antonio. A ces paroles, Geronimo qui ne pouvait souffrir la vue ni d'un couvent ni d'un moine, surtout depuis qu'il avait fait un long voyage avec un jeune lord d'Angleterre, prit l'air de profond dédain que je lui

[1] P. Stat. *Sylv.*, lib. I, § 3.

connaissais. Toutefois, à la suite de quelques observations échangées, il se soumit forcément à mes exigences. Nous nous dirigeâmes donc vers le couvent où je comptais renouveler connaissance avec un religieux aussi modeste que savant, et pour lequel je me sentais une sympathie bien méritée. Je devais, en outre, visiter avec lui le Nymphée d'Horace et tous les monuments que nous aurions le désir d'explorer. Le Père Stefano à qui j'avais donné rendez-vous chez les franciscains de Tivoli était un frère des ordres mineurs, que j'avais eu l'occasion de rencontrer à Rome dans une circonstance qui nous avait bien vite rapprochés.

C'était un jour que j'étais allé revoir la charmante église des Franciscains, si justement appelée *Araceli*, et qui construite à la place du temple de Jupiter Capitolin, domine l'ancienne Rome du haut de l'immense escalier conduisant à son portique. Dans cette église, l'une de celles qui m'attiraient le plus souvent, je m'étais particulièrement attaché à étudier les fresques remarquables où la vie de saint Bernardin a été si naïvement représentée par le Pinturricchio. Comme ces peintures qui sont une des meilleures compositions du maître, venaient d'être restaurées avec soin, j'étais embarrassé quelquefois pour trouver telle ou telle partie de l'œuvre primitive sous des retouches que certaines altérations lui avaient fait subir. Mais pour moi toute incertitude cessa bientôt, grâce aux explications d'un religieux capucin qui s'occupait à dessiner au trait quelques scènes des fresques en question. Ce religieux était le Père Stefano. Après m'avoir montré tout ce qui, dans cette composition si bien sentie, si vraie de caractère, appartenait au vieux peintre pour lequel, malgré sa roideur un peu sèche, je ne lui dissimulai point ma prédilection, frà Stefano, s'abandonnant peu à peu, finit par généraliser la conversation qui bientôt roula tout entière sur l'art chrétien.

Cet entretien, qui se prolongea pendant plusieurs heures, fut pour moi une véritable révélation. En effet, depuis mon séjour en Italie, je n'avais point encore rencontré un esprit qui répondît si bien aux impressions et aux idées que m'avait inspirées la vue de monuments dont les formes et surtout l'ornementation m'offraient des aperçus aussi nouveaux que saisissants. Versé particulièrement dans l'étude de la peinture chrétienne, depuis ses premiers essais sur les murs des catacombes jusqu'à son développement le plus complet avec l'école ombrienne, le Père Stefano parlait des œuvres admirables qu'elle avait produites, avec un tact exquis et un ton pénétré qui donnait un grand charme à sa parole. Une certaine communauté de principes ayant bien vite resserré les liens sympathiques qui d'abord nous avaient rapprochés l'un de l'autre, nous nous donnâmes plusieurs fois rendez-vous sous le cloître d'Araceli, ou dans quelque ancienne basilique. Là, nous nous plaisions à étudier ensemble les mosaïstes byzantins et les peintres du quinzième siècle dont les églises et les couvents de Rome nous offraient de si précieux modèles.

Plus tard, à la suite d'une visite que nous avions faite à l'église des Dominicains *sopra Minerva*, et devant la pierre tumulaire érigée à Frà Angelico de Fiesole[1],

---

[1] Le célèbre peintre, frère Jean-Angélique de Fiesole, mort à Rome en 1465, fut enterré dans cette église attenant au couvent du même nom, et qui renferme une des bibliothèques les plus importantes et les

le religieux capucin m'avait raconté comment s'était décidée sa vocation monastique. A propos du moine de Fiesole, et des artistes qui avaient précédé l'école mystique, je rappelais la sensation profonde que j'avais ressentie, en voyant pour la première fois les fresques du Campo Santo de Pise. « C'est devant des peintures de la même école, me dit fra Stefano, mais dans l'église de Saint-François d'Assise, que mon goût pour l'art chrétien et pour la vie religieuse a été fixé tout d'un coup. Là, bien jeune encore, j'ai dit adieu au monde, et prononcé mon *consummatum est.* » Puis, répondant aux questions que je lui fis, il me raconta simplement son histoire qui peut se résumer dans les faits suivants.

Né aux environs de Pérouse, et fils d'un modeste médecin de campagne, le Père Stefano avait dû suivre d'abord une profession libérale, et il avait fait ses études aux universités de Bologne et de Padoue. Après avoir successivement commencé des cours de droit et de médecine, il hésitait encore sur le choix d'une carrière, quand la mort de son père le rappela vers son pays natal. De fréquentes excursions que des affaires de famille l'entraînaient à renouveler soit à Pérouse, soit à Foligno, développèrent en lui un sens jusqu'alors inconnu, l'intelligence du beau, s'appliquant surtout à l'expression dans la peinture chrétienne. Il semblait que sur cette terre qui avait vu naître Pérugin et se former ses principaux disciples,

---

mieux tenues de Rome. Sur la pierre tombale qui lui est consacrée, le *Beato* est représenté avec l'habit de son ordre, le corps étendu, les mains jointes, et on lit cette inscription :

NON MIHI SIT LAUDI QUOD ERAM VELUT ALTER APELLES,
SED QUOD LUCRA TUIS OMNIA, CHRISTE, DABAM :
ALTERA NAM TERRIS OPERA EXSTANT, ALTERA CŒLO ;
URES ME JOHANNEM FLOS TULIT ETRURLE.

sous l'influence de la nature si calme qui avait inspiré la glorieuse école d'Ombrie, tout rappelât au jeune étudiant les sources traditionnelles où avaient puisé les artistes de cette école.

Un dimanche qu'il avait voulu gravir la montagne au sommet de laquelle se dresse la petite ville d'Assise, si remarquable par son gracieux temple antique, et ses maisons peintes et sculptées du quinzième siècle, il entra dans l'église de Saint-François, au moment où l'office commençait. « La beauté de ce monument, l'effet prodigieux des peintures de Giotto, de Taddeo Gaddi et d'autres artistes non moins bien inspirés par le sentiment religieux, enfin l'air de sérénité répandu sur la figure de ces moines venant se prosterner devant le tombeau de leur saint fondateur, tous ces objets réunis, me dit le Père Stefano, produisirent sur mes sens et sur mon âme une indicible révolution. Comme les anges, les prophètes, les saints en extase, dont l'art chrétien a si bien exprimé les divins ravissements, je me crus soudain transporté dans un autre monde. Resté seul à prier dans l'église souterraine où reposent les reliques de saint François, il me sembla qu'une voix sortait de son tombeau, et me disait : « Détache-toi de ce qui te retient à la terre, pour suivre le chemin que j'ai suivi moi-même, et qui t'est tracé par ma règle. »

« Dès ce moment, poursuivit-il, mon sort fut décidé. Je quittai le couvent d'Assise, et à la suite de plusieurs jours passés dans la méditation, je fis part de mes projets à ma mère. Quoiqu'elle fût sincèrement attachée aux dogmes et aux institutions de l'Église catholique, son cœur se révolta d'abord à la pensée de voir son fils revêtir le froc grossier des moines mendiants.

Comme chrétienne, elle avait eu précédemment à redouter pour moi les égarements de la jeunesse, et comme mère, elle ne s'alarmait pas moins en ce moment de ce qu'elle appelait un excès de zèle religieux. La lutte fut longue, douloureuse, et pour y mettre un terme, il fut convenu que je voyagerais pendant un an, avant de prendre une résolution définitive. Durant cette épreuve, qui devait être une sorte d'initiation à une vie toute nouvelle, je parcourus successivement l'Italie, l'Allemagne et la France. Loin de chercher dans ces voyages les distractions et les plaisirs du monde, je ne m'occupai que d'y poursuivre mes premières études sur l'art chrétien.

« Si l'aspect de nos monuments, ajouta le Père Stefano, vous ouvrit des perspectives inconnues jusque-là, la contemplation des édifices religieux élevés par la foi et le génie de l'Europe occidentale produisit sur moi des impressions non moins vives, non moins inattendues. Je restai saisi de respect et d'admiration devant les profondeurs mystérieuses de vos vieilles églises romanes. Mais quels transports n'éprouvai-je pas, en pénétrant sous les voûtes immenses de ces cathédrales du treizième siècle, qui, symbolisant avec la pierre les aspirations de l'époque, s'élancent vers le ciel, comme pour y prendre possession de l'infini. Je compris, en outre, qu'à nos mosaïques à fond d'or, à nos peintures murales, vous pouviez opposer avec avantage les sculptures merveilleuses ornant les portails de vos églises, et ces vitraux peints dont les couleurs inaltérables luttent et se combinent si bien avec l'éclat du jour. En présence de ces créations diverses, je trouvai de plus en plus large, de plus en plus fécond, l'esprit religieux qui les avait produites. Heureux de voir ainsi l'espace s'étendre devant moi, je remerciai Dieu qui n'avait pas voulu faire éclore sous le même ciel toutes les inspirations du génie, mais les avait, au contraire, répandues partout à pleines mains, pour sa plus grande gloire et pour l'éternel honneur de l'humanité.

« Avec ces nouvelles vues sur l'art chrétien et des intentions bien arrêtées sur ma prochaine entrée en religion, je revins vers la maison maternelle. A mes projets, que je lui déclarai de nouveau, ma mère, reconnaissant cette fois la volonté de la Providence, ne montra qu'une résignation passive qui m'ébranla plus fortement que ne l'eût fait une opposition moins silencieuse. Je me décidai pourtant à me séparer d'elle, et j'allai faire mon temps de noviciat dans le couvent de Saint-François d'Assise où ma vocation m'avait été révélée. Grâce à Dieu, je parvins à triompher de toutes les épreuves, dont la plus rude fut jusqu'à la fin celle que j'eus à soutenir contre mes affections filiales. Souvent, du haut de la terrasse du couvent qui domine notre belle vallée de l'Ombrie, je regardais le point où se trouvait la demeure de ma mère. De loin, je croyais la voir pensive et inconsolable, tantôt priant pour son fils, tantôt pleurant sur son absence. La veille du jour où je devais prononcer mes vœux, elle vint me visiter. Après un dernier entretien, quand le moment de la séparation arriva, il y eut entre nous un cruel déchirement, tel qu'en pareil cas le cœur d'une mère et celui d'un fils peuvent le ressentir et le partager. Pendant la nuit, je fus saisi d'une fièvre ardente, et il fallut reculer l'heure de mon sacrifice. Au bout de plusieurs semaines, je demandai à être transporté au couvent des capucins de

« Padoue, pour y recevoir les soins d'un religieux, fort habile dans la médecine, et dont le zèle intelligent me rendit bientôt à la santé. Par reconnaissance, je m'attachai à cette maison, et me décidai à y prendre l'habit, puisqu'en changeant d'observance, je ne changeais pas d'ordre et demeurais toujours enfant de saint François. Depuis cette époque, malgré des regrets bien légitimes donnés à tout ce que j'aimais en ce monde, je ne me suis pas repenti un seul jour de m'être soumis à une règle qui, avec l'humilité et la pauvreté, prescrit surtout le renoncement à soi-même. »

II

En retrouvant au couvent de Tivoli ce même Père Stefano, dont la connaissance m'avait été si agréable à Rome, j'éprouvai une véritable satisfaction à laquelle le bon religieux fut loin de se montrer insensible. Après une réception toute cordiale et une visite faite au cloître, aux cellules et à l'église de la communauté, la crécelle ayant annoncé l'heure du dîner, le Père gardien m'engagea fort civilement à l'accompagner au réfectoire, pour assister, suivant le désir que j'avais témoigné, au modeste repas des *frati*. Comme ils ne doivent vivre que d'aumônes, leur table se ressent de la libéralité plus ou moins grande des fidèles; mais elle est, en général, d'une extrême frugalité. Ce jour-là, par une chance assez rare, de belles truites, pêchées dans l'Anio, venaient relever un plat de légumes grossièrement accommodés à l'huile. Le dessert, composé de figues, de raisins et de fruits conservés, fut arrosé d'une vieille amphore de vin blanc envoyé aux religieux par un propriétaire du voisinage. Comme le frère cellerier l'avait apportée du fond de la cave, pour fêter dignement, selon son expression, la bienvenue d'un Français, je ne pus décliner l'offre qui me fut faite d'en prendre ma part.

A un signal donné par le Père gardien, le silence observé pendant les repas fut rompu tout à coup. Alors les frères se mirent à causer avec animation; puis, buvant à la santé de leur hôte, ils me remerciaient du regard, et avec une simplicité d'enfants, de la petite récréation qu'ils devaient à ma présence. Quant au vieux vin qu'ils paraissaient savourer avec grand plaisir, je ne sais de quelle année, encore moins de quel consulat il datait; mais ce n'était, à coup sûr, ni du cécube, ni du massique, car je le trouvai des plus médiocres. Il me sembla même, peut-être par entraînement pour la couleur locale, y reconnaître cet âpre et mauvais cru de la Sabine, *vile Sabinum*, que le poëte Horace buvait dans les mêmes lieux, et qu'il s'excusait si finement d'offrir à son patron Mécène[1]. Dissimulant mes souvenirs et mes impressions, je plaignis intérieurement le ministre d'Auguste d'avoir été soumis à un tel régime, à moins qu'il n'eût apporté dans sa litière, selon le conseil de son favori, quelques bouteilles de calès, tirées de ses propres celliers. Quoi qu'il en soit, je n'en vidai pas moins résolûment mon verre, à l'exemple de mes hôtes qui finirent par épuiser la vieille amphore, dont les formes, sinon le contenu, rappelaient

---

[1] Vile potabis modicis Sabinum
Cantharis...
Horat., *Carm*, lib. I, xx.

celle qu'Horace fait naître avec lui sous le consul Manlius.

Le repas terminé, nous allâmes respirer dans le jardin, avant de nous diriger vers les ruines qui, dit-on, marquent la place occupée jadis par la villa du grand lyrique latin. En nous promenant, le Père Stefano me dit avec une bonhomie charmante : « Avouez que je vous ai tendu un véritable piége, en vous condamnant à goûter de mauvais vin en compagnie de pauvres moines, et cela non loin du lieu où vécut l'un des célèbres représentants de l'épicuréisme romain.

— L'hospitalité s'apprécie, lui répondis-je, moins par ce qu'elle donne, que par la manière dont elle offre ses dons. D'ailleurs vous n'ignorez pas, mon Père, que le favori de Mécène, tout en se rangeant parmi les joyeux disciples d'Épicure, était beaucoup moins sensuel dans ses habitudes que dans ses vers. Il vivait simplement, mangeait dans de la vaisselle en terre de Campanie, et préférant l'eau pure des fontaines au falerne tant vanté, se contentait d'une nourriture tout à fait digne d'un pythagoricien.

— Votre observation est juste, répondit frà Stefano, et je sais qu'il ne faut pas plus juger certains auteurs par le rigorisme qu'ils affectent, que d'autres par les principes tout opposés qu'ils mettent en avant. Pour moi, malgré l'habit que je porte et l'austérité de mœurs qu'il me prescrit, je ne saurais lancer l'anathème contre un poëte que défendent secrètement dans mon esprit les admirations classiques de ma jeunesse. J'ignore si c'est l'habitude de vivre familièrement avec tous les personnages de la cour d'Auguste et de fouler chaque jour les ruines de leurs maisons de plaisance, mais j'avoue que ma charité leur pardonne volontiers les fautes auxquelles les entraîna la longue erreur du paganisme. » Et comme à cette déclaration du religieux capucin, je n'avais pu retenir un geste de surprise, il reprit avec une certaine vivacité : « Aussi, dût-on m'accuser d'une tolérance par trop complaisante, je ne puis, à l'exemple de rigides casuistes, réprouver le philosophe aimable qui, sauf certains écarts que condamnent partout et toujours les lois de la morale, enseigna le plus souvent les principes d'une sagesse accessible à tous, et dont le principal mérite était d'aller droit à son but. Comment, d'ailleurs, exigerions-nous des hommes que n'éclaira pas l'Évangile, plus de vertu qu'ils n'étaient capables de concevoir et de pratiquer? Parmi eux, quel écrivain se distingua plus qu'Horace par la supériorité des vues et la délicatesse des sentiments? Quel autre sut, comme lui, montrer ce qu'il y a de vide et d'inconstant dans la vie humaine, surtout après les tragiques enseignements que les guerres civiles avaient donnés à ses contemporains? De là, ces conseils empreints d'une douce philosophie, ces réflexions dont la triste gravité tempère souvent les folles joies du festin, mais qui, devant l'image de la mort, eussent été, il faut le reconnaître, bien autrement salutaires, si le poëte n'avait pas renfermé toutes nos espérances dans les étroites limites du tombeau. Mais laissons là, dit-il en s'interrompant, une question qu'on trouverait peut-être étrange d'entendre ainsi traitée par un humble fils de saint François. D'ailleurs, nous allons nous diriger vers la maison de mon ordre, près de laquelle la tradition place l'emplacement de l'ancienne villa du favori de Mécène. »

En passant devant plusieurs jardins situés aux environs de la ville, je remarquai que les fleurs préférées d'Horace, le myrte, la rose et le lis qui « dure peu, » continuaient de croître en abondance sur cette terre où le poëte était venu les cueillir pour en orner sa table, les jours où il recevait ses amis. Quand nous fûmes arrivés à un endroit où le petit plateau formant la partie supérieure de la colline commence à s'incliner légèrement, frà Stefano, en me montrant les vestiges de la villa, traça devant moi le périmètre de l'emplacement qu'elle devait occuper. Elle était peu étendue, mais bien abritée, et la position était parfaitement choisie pour qu'on pût embrasser de là Tibur avec ses monuments, les chutes de l'Anio et les magnifiques ombrages des villas voisines. Un peu plus bas, sur les pentes inférieures, on voyait le bois sacré, *Tiburni lucus*, et de l'autre, des vergers rafraîchis par des ruisseaux au cours rapide, *uda mobilibus pomaria rivis*. Quant aux débris des anciens bâtiments, ils consistent en fragments de murs dont quelques parties sont encore ornées de stucs et de marbres. Les substructions sont beaucoup plus considérables que ce qui s'élève au-dessus du sol, et un conduit servant à l'écoulement des eaux est dans un bon état de conservation.

Comme le Père Stefano m'expliquait de quelle manière le site où nous étions pouvait s'accorder avec l'orientation qu'Horace lui-même a donnée de sa villa, je lui rappelai quelles objections avaient été faites contre l'emplacement de Tibur, depuis les découvertes de Cluvier, d'Holstenius et de l'abbé de Chaupy. « Je suis loin d'ignorer, répliqua mon obligeant cicerone, qu'à dater du quinzième siècle, les érudits ont longuement discuté sur le lieu occupé par l'ancienne villa d'Horace. En déterminant, d'après les premières indications de Cluvier, le bourg de Licenza comme l'endroit où il fallait définitivement placer la maison de campagne du poëte, Holstenius ouvrit un nouveau sujet de discussion aux antiquaires qui dès lors se partagèrent en deux camps. Les uns, tels que le père Kircher[1], Piazza et Volpi, défendirent l'emplacement de Tibur, pendant que Fabretti, Revilla et Ameti se déclarèrent pour celui de Licenza, en s'appuyant, comme les premiers, sur des textes et sur l'inspection des localités. Peut-être à ce sujet, ajouta le Père Stefano, suis-je moi-même disposé à subir ici l'influence des traditions locales; mais il me semble difficile de ne pas admettre le passage de Suétone qui, dans la vie d'Horace, fixe près de Tibur l'habitation rurale de ce poëte[2].

— Ne serait-il pas possible, lui dis-je à mon tour, que sur ce point, aussi bien que sur tant d'autres, la vérité se trouvât dans une sorte de moyen terme qui accorde-

---

[1] Dans son ouvrage sur le Latium, le P. Kircher formule son opinion en ces termes : « Villa Tyburtina Horatii Flacci, ex propriis suis versibus non alibi extitisse ostenditur, quam in adversa Anienis parte, quo in loco hodie cœnobium Sancti Antonii fratrum minorum Sancti Francisci situm spectamus, ubi porticuum dirutarum multa vestigia comparent, dabaturque ex ea descensus ad ripam Anienis, quemadmodum de se ipse fatetur, lib. IV, II

.......Ego, apis Matinæ
More modoque,
....Circa nemus uvidique
Tiburis ripas, operosa parvus
Carmina fingo. »

[2] « Vixit plurimum in secessu ruris sui Sabini aut Tiburtini, domusque ejus ostenditur circa Tiburni luculum. » — Sueton., *Vita Horat*. Plusieurs passages, tirés d'Horace lui-même, fortifient ce texte de Suétone, en établissant que le poëte avait à Tibur l'une de ses résidences.

rait entre elles des opinions jusqu'alors contradictoires ? Pourquoi, par exemple, le poëte n'aurait-il pas eu sa maison de plaisance à Tibur, près des riches villas de ses amis, et son domaine rural à Digentia, ou Licenza, dans les montagnes de la Sabine?

— Cette solution est peut-être la plus vraisemblable, répondit frà Stéfano, car je suis loin de nier le poids que peuvent avoir dans cette controverse l'inscription lapidaire trouvée à Cantaluppo, le voisinage du mont Lucrétile, et les débris du vieux temple de Vacuna mentionnés spécialement par Horace. »

De là nous visitâmes le couvent de Sant' Antonio et la modeste église qui en dépend. Au milieu de cette rapide exploration, je songeai à l'étrange succession d'événements qui, après tant de siècles, avaient substitué une humble maison de Pères capucins à la retraite bienaimée dont Horace préférait les loisirs à la vie tumultueuse de Rome et aux splendeurs de la cour impériale. Ami des champs, de la solitude et de l'indépendance qu'on y trouve, il s'y était fait, bien avant ces bons religieux de saint François, un ermitage à sa façon où, sans avoir prononcé le vœu de pauvreté, il goûtait le bonheur attaché à cette médiocrité si douce dont luimême a célébré tous les avantages. Sur la rive opposée de l'Anio nous vîmes ensuite, autre contraste non moins singulier! les ruines de la superbe villa de Quintilius Varus, près desquelles se meuvent aujourd'hui les appareils hydrauliques d'une manufacture. Ce général d'Auguste, si malheureusement célèbre par le désastre des légions romaines en Germanie, possédait une maison de campagne, située sur ce coteau que lui-même avait ombragé d'arbres magnifiques, et il n'oublia point sans doute d'y cultiver la vigne, « cette plante sacrée à laquelle, selon le mot d'Horace, convenait si bien le sol léger de Tibur[1]. »

En admirant la position de cette retraite délicieuse d'où la vue s'étend sur l'un des plus beaux paysages qui puissent se rencontrer, ma pensée, comme celle de mon guide, se reportait vers cette sombre forêt de Teutberg où Tacite place le tragique récit de la mort de Varus. Pour me rappeler au temps présent, frà Stefano me fit entrer dans la chapelle dédiée à la Madone de *Quintiliolo*, et qui élevée sur les débris de la villa, tira son nom de celui du général vaincu par Arminius. Cette madone, fort vénérée dans le pays, partage avec une autre image de la Vierge, qui se trouve dans le temple dit *de la Toux*[2], les hommages des populations locales. A propos de ces objets de la dévotion du peuple, le Père Stefano me fit entendre que le clergé italien, accusé plus que tout autre de favoriser des pratiques

---

[1] Les commentateurs d'Horace ne sont pas d'accord sur la question de savoir si l'ode

Nullam, Vare, sacra vite prius severis arborem
Circa mite solum Tiburis...

est adressée à Quintilius Varus, le chef des troupes romaines en Germanie, ou bien à un autre personnage du même nom, qui était poëte et parent de Virgile. Le savant évêque d'Anvers, Van der Beken, se déclare pour la première de ces deux opinions, et s'appuie sur ce fait incontestable que Varus, le général d'Auguste, était aussi l'ami et le voisin de campagne d'Horace, et que sa villa se trouvait située à Tibur. — Voir les remarques du Père Sanadon, dans sa traduction d'Horace, t. I, p. 60.

[2] Ce temple, selon quelques antiquaires, était dédié au Soleil; selon d'autres, c'était un tombeau consacré à la famille Tossia. La singulière dénomination qu'il porte provient, dit-on, de la manière bizarre dont ouvre la bouche la vieille image de la Madone qui passe pour guérir les rhumes et autres affections de poitrine.

dégénérant parfois en superstition, essayerait bien inutilement de s'élever contre certaines croyances populaires. « Ces croyances dont nous sommes loin, me dit-il, de nous dissimuler les inconvénients, sont chez les faibles et les malheureux le fruit d'une foi si naïve et si pleine de consolations, que nous ne nous sentons pas le courage d'y porter atteinte. D'ailleurs que mettre à la place, dans ces esprits simples qui ne comprennent pas les mystérieuses abstractions de nos dogmes, mais qui sentent, dès qu'ils souffrent, l'irrésistible besoin de s'adresser à la Mère des miséricordes? »

Le reste de la journée fut employé par nous à voir les principales églises de Tivoli, et la célèbre villa d'Este, qui est toujours, malgré son état de décadence, le plus bel ornement des environs de cette cité. La cathédrale actuelle, placée sous l'invocation de saint Laurent, s'élève sur l'emplacement d'un ancien temple d'Hercule, divinité à laquelle la ville de Tibur, surnommée l'*herculéenne*, était consacrée particulièrement. A ce temple étaient attachés un oracle et un collége de prêtres qui possédaient un riche trésor et une magnifique bibliothèque[1]. On peut juger de ce qu'était cet édifice par certaines parties bien conservées qui se trouvent sur la place de l'*Olmo*, et qui, outre une série de portiques et d'arcades offrent encore des traces de peintures antiques. Dans l'intérieur, vingt-huit pilastres d'une forme élégante et svelte, et provenant aussi du monument primitif, laissent voir d'autres vestiges de peintures et de mosaïques sur fond noir. Des restes de l'ancienne *cella* qui était circulaire, se remarquent près de l'abside de l'église qui, bâtie d'abord par Constantin, magnifique-

---

[1] Aul. Gell. X, 5.

ment décorée sous le pape Alexandre Ier, fut reconstruite au dix-septième siècle par les soins du cardinal Roma. Un autre temple, celui de la Sibylle tiburtine, a été converti également en une église dédiée à saint Georges. La tradition rapporte que, sous le portique du monument, on voyait autrefois une image de la Sibylle, au-dessus d'une vasque recevant l'eau de l'Anio. Elle y était représentée dans l'attitude d'une prêtresse écoutant les demandes de ceux qui viennent la consulter. Sur cette tradition et sur une autre qui plaçait près de l'Anio un temple consacré à la Sibylle tiburtine, s'est établie la croyance qui a fait donner à cet édifice le nom assez peu justifié qu'il porte aujourd'hui. Cette Sibylle, appelée aussi *Albunea*, était la dixième des prophétesses que l'antiquité honorait sous cette dénomination. Auguste et Tibère, a-t-on dit, la consultaient parfois, et même s'il fallait en croire le témoignage erroné de Martinus Polonius, ce serait d'après sa réponse sur la question de savoir si les Romains devaient adorer Jésus de Nazareth, qu'on aurait élevé au *Primogenitus Dei* l'autel qui fut placé plus tard dans l'église d'Araceli, à Rome [1].

L'église de Sainte-Marie Majeure, dépendant du couvent des Franciscains, renferme un grand nombre d'inscriptions, et plusieurs de ses chapelles sont décorées de tableaux remarquables de l'école du quinzième

---

[1] Ce fait ne repose pas sur un fondement plus solide que l'invention de la prétendue *Virgo paritura* des légendes druidiques. — Consult. Vossius, *De Oracul. Sybillin.* — Mémoire lu à l'Académie des Arcades par Mgr Grasselini, et intitulé *Vestigia della tradizione primitiva*, Rome, 1838. — *Poëmes Sybillins*, recueillis et publiés par le cardinal Angelo Maï. — *Viaggio da Roma a Tivoli*, par Manazzale. — *L'Histoire romaine à Rome*, par M. J. J. Ampère.

siècle. Mon attention se fixa particulièrement sur une Vierge fort belle attribuée au Pérugin, et sur un saint François d'Assise, peint dans le même style, et ornant la première chapelle, à droite de l'entrée. Deux images du Sauveur et de sa mère décorent la porte principale qui est de forme ogivale, et près de laquelle se lit une inscription en caractères gothiques, rappelant les indulgences accordées pour la fête et la procession célèbres dites de l'*Inchinata*. Le château, ou *Rocca*, qui servait autrefois de résidence aux gouverneurs de Tivoli, fut ensuite visité par nous. Commencé au milieu du quinzième siècle, sous le pontificat de Pie II, et achevé au siècle suivant par Pie IV, ce palais, orné dans le goût de la Renaissance, possède de bonnes peintures, notamment un saint Bernardin de Sienne, qui, bien qu'il ne soit pas de Giotto, comme on le prétend, n'en est pas moins digne de remarque. La *Rocca* n'est pas, du reste, le seul monument de la même époque qui puisse, à Tivoli, appeler l'intérêt de l'antiquaire ou de l'artiste. On y voit encore un certain nombre de maisons anciennes, construites dans le style ogival, et dont les façades, les fenêtres et les arcatures présentent une grande variété d'ornementation. Dans la rue *del Trivio*, il en est une qui se distingue surtout par l'élégance de ses formes, la finesse de ses sculptures, et qui peut passer pour un curieux spécimen de l'architecture civile au seizième siècle, en Italie. Un autre caractère particulier de ces maisons, et méritant d'être signalé, c'est qu'elles ont des dispositions différentes et des signes qui leur sont propres, selon que leurs anciens possesseurs appartenaient à la faction guelfe ou au parti gibelin.

III

Au moment où nous sortions de Tivoli, pour nous rendre à la villa d'Este, le Père Stefano me montra le tracé de la vieille enceinte de la ville qui, au temps de Sylla, était déjà une place bien fortifiée, et dont plus tard l'empereur Frédéric Barberousse releva les murailles qu'il fit flanquer de cent tours très-élevées. Cette enceinte était percée de cinq portes; mais la ville moderne n'en possède plus que quatre, dont les deux principales sont celles de Rome et de Saint-Jean. En suivant la belle avenue de cyprès qui conduit à la villa d'Este, mon cicerone, qui connaissait à fond les antiquités de Tivoli, me rappela les événements historiques dont cette ville avait été le théâtre, et les personnages marquants auxquels elle avait donné naissance. Après Munacius Plancus, disciple de Cicéron, favori d'Octave, et fondateur de la ville de Lyon dans les Gaules, il me citait les trois Plautius, décorés de la pourpre consulaire, puis Varius et Tucca, ces deux fidèles amis de Virgile, à qui nous devons en partie la conservation de l'*Énéide*. A une autre époque venaient tour à tour les papes Simplicius et Jean IX, le moine saint Séverin, qui ne doit pas être confondu avec l'apôtre du Norique; Giovanni Cenci, le savant secrétaire de Léon X, et Ottavio Mancini, évêque de Cavaillon et membre de cette famille célèbre dont le nom est inséparable de celui du cardinal Mazarin. J'appris en outre que depuis l'année 1571, Tivoli possédait une académie des belles-lettres, reconstituée de nos jours avec un certain éclat, et portant le titre *degli Arcadi Sibillini*. Fondée par l'archevêque de Sienne, Bandini Piccolomini, et agrégée en 1716 à l'académie des *Arcades* de Rome, elle a compté parmi ses membres les plus distingués, Bulgarini, Fulvio Colonna, et les historiens Marzi et Crocchiante.

Notre arrivée à la villa créée au seizième siècle par le cardinal Hippolyte d'Este, gouverneur de Tivoli sous le pape Jules III, fournit au Père Stefano l'occasion nouvelle de montrer une instruction aussi étendue que variée. En me faisant voir les bâtiments, les jardins et les fontaines tant admirées par Michel-Ange, il parlait de ces objets divers comme s'il eût été architecte, botaniste ou ingénieur hydraulicien. Tout italien qu'il était, son goût toujours sûr ne se laissa point entraîner à faire l'éloge de quelques ornements singuliers qui se trouvent dans cette villa, tels que, par exemple, l'imitation des majestueux monuments de Rome, façonnés en mastic et réduits aux proportions d'une ridicule miniature. Mais là où je le retrouvai tout à fait dans son élément, ce fut lorsqu'il m'expliqua le sujet des belles fresques de Muziano[1], qui décorent la chapelle, et représentent les sibylles et les prophètes. A propos d'autres compositions de l'ancienne école florentine, qui se trouvent dans une salle où nous nous arrêtâmes quelque temps, il me renouvela ses théories sur la peinture chrétienne du quinzième siècle, mise en opposition

[1] Girolamo Muziano, né en 1530 dans la province de Brescia, ce qui lui fit donner le surnom de Bressano, vint s'établir à Rome où il exécuta des peintures fort remarquables dans plusieurs églises. Le tableau qu'il fit pour les Chartreux, représentant une *Troupe d'anachorètes au milieu du désert*, montre combien, malgré le goût de son époque, son talent se prêtait aux sujets religieux et ascétiques.

avec ce qu'elle devint au siècle suivant, lorsqu'elle eût subi les influences toutes différentes de la Renaissance.

Cependant, malgré sa prédilection pour l'art religieux du moyen âge, frà Stefano admirait sincèrement ce qui, dans des œuvres conçues sous des inspirations opposées, portait à ses yeux le cachet du beau et du vrai. Il y apportait autant de sincérité qu'il en montrait à rendre hommage à tout acte qui, dans l'ordre moral, lui semblait marqué de l'empreinte du juste. Ce que j'aimais précisément en lui, c'est qu'il était enthousiaste sans exaltation, passionné sans aveuglement et connaisseur sans esprit de système. Son principe était que l'art, dont la source est toute divine, conservait toujours, au milieu de ses époques de crise et de décadence, certains signes qui rappellent sa sublime origine. Comme la vérité qui se voile parfois aux regards des hommes, mais qui éclaire de quelques rayons furtifs les épaisses ténèbres de l'erreur, l'art avait aussi ses éclipses, ses défaillances, dont il finissait par triompher tôt ou tard. Il en résultait que, dans son éclectisme plein de largeur et de tolérance, le bon religieux ne reculait pour moi devant aucune des créations, souvent peu chastes, du paganisme et de la Renaissance. Aussi, en parcourant la villa d'Este, me montrait-il aussi volontiers le torse gracieux d'une Hébé ou d'une Érigone qu'une vigne folle enlaçait de festons, qu'il m'eût fait voir un tableau du Pérugin ou un groupe sculpté par Nicolas de Pise.

Au sujet de cette magnifique résidence qu'il décrit dans sa lettre, d'ailleurs si intéressante, à de Fontanes, Chateaubriand commet, à l'exemple de Vasi, une erreur à laquelle l'entraîne son penchant pour la comparaison et l'antithèse. « Vous trouverez peut-être assez remarquable, dit-il, que l'Arioste soit venu composer ses *Fables comiques* au même lieu où Horace s'est joué de toutes les choses de la vie. On se demande avec surprise comment il se fait que le chantre de Roland, retiré chez le cardinal d'Este, à Tivoli, ait consacré ses *divines* folies à la France, et à la France demi-barbare, tandis qu'il avait sous les yeux les sévères monuments et les graves souvenirs du peuple le plus sérieux et le plus civilisé de la terre. » Le cardinal Hippolyte II, qui créa la villa d'Este, et qui était le second fils d'Alphonse, duc de Ferrare, ne doit pas être confondu avec le cardinal Hippolyte Ier, ce rude et malveillant patron de l'Arioste, au service duquel le poëte se plaignait d'avoir passé le plus beau temps de sa vie sous une dure oppression[1].

Il y avait, d'ailleurs, dix-huit ans que l'auteur du *Roland Furieux* était mort, quand fut construite la villa qui date de 1551. Mais si l'Arioste n'habita jamais cette demeure princière, on n'en peut pas moins affirmer que les esprits les plus distingués de l'Italie vinrent jouir de la plus noble hospitalité dans une résidence où les cardinaux de la maison d'Este se plurent pendant longtemps à tenir une véritable cour. Au milieu de réunions charmantes où le savoir et le talent étaient non moins appréciés que la naissance, on parlait librement philosophie, littérature et beaux-arts. Durant la belle saison, la villa d'Este devenait une sorte d'académie où les érudits et les archéologues, apportant le fruit de leurs recherches, discutaient sur la valeur d'un

---

[1] .... Aggiungi che dal giogo
Del cardinal da Este oppresso fui.
Ariost. *Sat. VI.*

manuscrit ou d'un fragment d'antiquités par eux découvert. Les hauteurs de Tivoli étaient donc toujours, selon l'expression classique d'un contemporain, « le séjour favori des doctes filles d'Apollon. » Ainsi les ombrages des magnifiques jardins plantés par le cardinal Hippolyte n'avaient rien à envier à ceux de la villa de Mécène.

Du sommet des terrasses d'où se découvre un immense horizon, le Père Stefano me montra la cime lointaine du Soracte s'élevant, au dernier plan, entre deux montagnes de la chaîne plus rapprochée qui encadre le territoire de Tivoli. Puis, ramenant mes regards sur Ostie, sur la mer et les collines boisées de l'ancien Tusculum, il me désigna par d'épais massifs d'arbres les belles maisons de plaisance qui ornent Frascati et ses environs. Près de la villa Mondragone, je cherchai le point vers lequel devait se trouver le paisible monastère des Camaldules, où je comptais m'arrêter plus tard en revenant à Rome. Frà Stefano m'exprima le regret que ses devoirs ne lui permissent pas d'aller avec moi visiter cette pieuse retraite de cénobites. Là je devais trouver réunis des marbres précieux et plus de huit cents inscriptions recueillies par les soins du cardinal Passionei, qui venait se délasser des agitations du monde politique, près des ruines de la villa célèbre où Cicéron écrivit ses *Tusculanes*. Je lui dis à mon tour combien j'eusse désiré voir en sa compagnie la modeste maison que les Théatins possèdent à Frascati, et où l'auteur de l'*Essai sur l'indifférence*, fatigué de ses échecs auprès de la cour de Rome, passa le printemps de 1832, enseveli dans la retraite la plus austère.

« Plus d'un souvenir, me dit frà Stefano, se rattache pour moi à cette maison, alors habitée seulement par un religieux, appelé le Père Bonini, et un frère lai chargé du service intérieur. Ce fut là qu'en sortant du couvent de Sant' Andrea della Valle, où l'avait si bien reçu le Père Ventura, général des Théatins à cette époque, l'abbé de Lamennais recueillit les éléments de son livre sur les *Affaires de Rome*, qui marqua si tristement sa funeste scission avec l'Église catholique. J'eus l'occasion de l'y revoir plus d'une fois, pendant mon séjour passager au couvent de Frascati. Déjà, je m'étais rencontré avec lui à Rome, tandis que j'étais encore dans notre maison située près du palais Barberini, et où il rendait de fréquentes visites à notre illustre Père le cardinal Micara. Il avait la plus haute estime pour les vertus et le talent oratoire de Son Éminence qui, malgré la pourpre et les honneurs, était toujours le plus humble, le plus pauvre des disciples de saint Françoi .

— Et quel était, demandai-je, le sujet ordinaire de vos entretiens ?

— Comme les esprits supérieurs, l'abbé de Lamennais avait l'amour instinctif des grandes choses. Mais ses études ne s'étant point portées spécialement sur l'art antique, ni sur l'art du moyen âge, il sentait, à propos de tous les objets nouveaux qui le frappaient, le besoin de demander des explications que j'étais trop heureux de lui donner. Les splendeurs de Rome, l'aspect de ses monuments, de ses musées et surtout de ses ruines, lui inspiraient encore moins d'admiration que de tristesse, et cette impression était loin de le consoler des ennuis et des déceptions qu'il ressentait depuis son arrivée dans la capitale du monde catho lique[1]. Toutefois, sa répulsion pour les choses du passé était combattue en lui par une vive sympathie pour nos populations qu'il plaignait sincèrement, mais dont il ne démêlait point les véritables aspirations cachées sous des misères qu'il s'exagérait peut-être. Quoi qu'il en soit, dans ces sentiments généreux du prêtre breton, je reconnaissais le caractère dévoué d'une race qui, bravant les forts, prend volontiers le parti des faibles, s'attache aux causes en péril, aux puissances déchues, et meurt au besoin pour les défendre.

— Sur les questions de philosophie et d'histoire, ajoutai-je, l'abbé de Lamennais était-il souvent d'accord avec les savants religieux auprès desquels il venait s'entretenir? Il me semble que cet esprit si puissant par son inflexibilité, mais étroit à force d'être absolu, devait difficilement s'accorder avec l'intelligence souple, la finesse ironique et l'abondante érudition de vos docteurs italiens.

— Lorsque ceux-ci, reprit mon interlocuteur, ne heurtaient pas de front ses idées et avaient soin de dissimuler leurs critiques ou leurs objections sous des

---

[1] La lettre écrite de Rome par l'abbé de Lamennais à Madame la comtesse de Senfft, et datée du 10 février 1832, peint bien les dispositions de son esprit à cette époque. « J'espère, dit-il, que mon séjour à Rome ne se prolongera pas désormais longtemps, et l'un des plus beaux jours de ma vie sera celui où je sortirai de ce grand tombeau où l'on ne trouve plus que des vers et des ossements. Oh! combien je me félicite du parti que j'ai pris, il y a quelques années, de me fixer ailleurs, et que vous m'avez tant reproché! J'aurais traîné, dans ce désert moral, une vie inutile, me consumant d'ennui et de chagrin. Ce n'était pas là ma place. J'ai besoin d'air, de mouvement, de foi, d'amour, de tout ce qu'on cherche vainement au milieu de ces vieilles ruines sur lesquelles rampent comme d'immondes reptiles, dans l'ombre et dans le silence, les plus viles passions humaines. Le pape est pieux et voudrait le bien; mais étranger au monde, il ignore complètement et l'état de l'Église et l'état de la société: immobile dans les ténèbres

éloges adressés à l'ex-apologiste du catholicisme[1], la conversation se bornait à une causerie intime sur des sujets d'un ordre fort élevé, et prenait rarement le caractère net et tranché de la discussion. Mais quand l'abbé de Lamennais avait cru voir ses plans combattus, il s'exaspérait, et malheur alors à quiconque n'était pas de son avis. La parole débordait de ses lèvres, pleine de colère, d'amertume et d'éloquence passionnée. Mis hors de lui-même par la contradiction et l'excès de son emportement, il ne voyait plus dans ses adversaires que des êtres dangereux, qu'il fallait combattre et écraser sans pitié, comme on écrase un reptile venimeux qui nous menace de sa morsure. Dans ces moments terribles, je l'ai vu, lutteur acharné, poursuivre l'invisible ennemi que son imagination lui représentait comme un esprit malfaisant, et l'accabler d'expressions outrageantes. Ces explosions, qui étaient comme une nécessité de son tempérament, montraient jusqu'à quel point cette âme ardente était née pour le combat et quels aliments la passion venait donner à la force entraînante de sa polémique.

qu'on épaissit autour de lui, il pleure et il prie ; son rôle, sa mission est de préparer et de hâter les dernières destructions qui doivent précéder la régénération sociale, et sans lesquelles elle serait impossible ou incomplète. »

[1] On sait avec quelle ardeur l'abbé de Lamennais, même avant de publier son *Essai sur l'Indifférence*, avait soutenu les droits de l'Église romaine, et quelle part active il prit, en 1818, à la rédaction du journal *le Conservateur*. Quand le livre, *Du Pape*, par Joseph de Maistre, fut publié, il témoigna la plus vive admiration pour l'auteur et pour ses principes, comme l'atteste ce passage d'une lettre écrite en 1820 : « Le bien que vous avez fait est immense, il restera. On ne guérit pas certains préjugés dans certaines têtes, et le temps que rien ne supplée, rend à la vérité tous ses droits. Ce que j'admire le plus dans la conduite du saint-siége, c'est la patience avec laquelle il attend. *Patiens quia æternus.* »

— Je sais par d'autres révélations, dis-je à mon tour, que poëte et artiste impressionable à l'excès, bien plus que philosophe méditatif et réfléchi, il avait besoin de pareilles excitations pour mettre en relief ses facultés exclusivement militantes. Tel vous l'avez vu ici s'emportant contre les cardinaux qui n'admettaient point son système de régénération pour l'Église, tel on le vit ensuite, dans sa solitude de la Chesnaie, attaquer ceux des évêques de France qui croyaient devoir protester contre ses erreurs. Mais vous qui l'avez pu suivre et juger dans les diverses phases du combat, comment expliquez-vous la chute déplorable de ce prêtre reniant les autels qu'il avait servis, et devenant l'adversaire déclaré des institutions catholiques dont il avait été le plus zélé défenseur?

— Une transformation semblable, répondit le bon religieux, n'est pas l'œuvre d'un seul jour. Et quand on a été, comme moi, témoin des luttes et des déchirements que souffre un grand esprit, qui se débat au bord du précipice où sa foi doit se perdre, il y a lieu de gémir, je vous assure, sur la faiblesse de la nature humaine. Jusque-là, pour connaître toute l'étendue de cette faiblesse, je n'avais eu qu'à descendre dans mon propre cœur; mais si je savais par moi-même comment l'homme tombe et comment il se relève, l'exemple d'un autre devait m'apprendre qu'il est des chutes, hélas! dont on ne se relève pas. Lorsque l'abbé de Lamennais se présenta devant la cour de Rome, il fut étrangement surpris en découvrant d'abord que le parti dont il s'était déclaré le chef, n'était ni compris, ni accepté par la politique pontificale, qui craignait avant tout de dangereux excès de zèle. Il était pourtant facile de concevoir qu'une politique si connue pour son extrême circonspection, refusât d'accueillir les doctrines et les services d'un esprit ardent, ambitieux, qui, après avoir été, en France, plus royaliste que le roi, aurait voulu être, en Italie, plus catholique que le pape. Une fois aux prises avec ce qu'il appelait l'obstination passive des cardinaux, l'abbé de Lamennais ne manqua point de crier à l'aveuglement et à l'ingratitude. Des abus qu'il avait attaqués chez les hommes, il fut entraîné bientôt à signaler d'autres abus qu'il prétendit avoir découvert jusque dans le fond même des choses. Du jour où il vit que la papauté qui impose la direction aux esprits, mais ne la subit de personne, ne voulait point accepter ce qu'il disait être le salut du catholicisme, il aima mieux résister que fléchir. Alors, au lieu de se soumettre, ainsi que l'y conviaient son devoir et un noble exemple[1], il se jeta, tête baissée, dans le schisme. Sa foi eût triomphé de cette épreuve si, au lieu de se borner à une pure question de morale et de politique, elle se fût appuyée sur les bases inébranlables du dogme et de la science.

Malheureusement, à l'exemple de vos plus grands

[1] Après la lettre du cardinal Pacca déclarant à M. de Lamennais que le pape, tout en reconnaissant ses bonnes intentions, avait vu avec mécontentement les rédacteurs de *l'Avenir* agiter des questions au moins dangereuses, l'abbé Lacordaire fut le premier à comprendre et à soutenir que le seul rôle convenant aux « trois humbles chrétiens » qui avaient entrepris ce pèlerinage de Rome, c'était une soumission sans réserve. « Ou bien il fallait ne pas venir, dit-il, ou bien il faut nous soumettre et nous taire. » « Le silence, » ajouta-t-il ensuite, quand il eut pris le parti de retourner en France et d'attendre, « le silence est, après la parole, la seconde puissance du monde. » « L'obéissance coûte, écrivait-il encore à son retour, mais j'ai appris de l'expérience qu'elle est tôt ou tard récompensée et que Dieu seul sait ce qui nous convient.... La lumière vient à qui se soumet comme à un homme qui ouvre les yeux. » — *Le Père Lacordaire*, par le comte de Montalembert.

écrivains catholiques, tels que Joseph de Maistre, de Bonald et Chateaubriand, l'abbé de Lamennais était loin d'avoir une instruction en rapport avec sa puissance intellectuelle. La conscience exagérée de sa force l'avait porté à chercher bien moins dans l'étude qu'en lui-même le développement de ses hautes facultés : de là son ignorance sur des points capitaux d'histoire, d'exégèse et de philologie. Enfin, à la suite de luttes violentes, de retours inattendus et de nouvelles défaillances, je le vis entraîné peu à peu vers une chute dont plus tard il ne devait plus se relever. Vainement le calme de la retraite qu'il s'était choisie à Frascati, la contemplation d'une nature admirable, et le contact perpétuel que la solitude établit entre l'homme et les œuvres de Dieu, vinrent répandre sur cette âme ulcérée quelques-unes des consolations qui contribuent si puissamment chez d'autres à l'apaisement et au silence de la passion. Le sort en était jeté, et l'abbé de Lamennais, encore catholique à son arrivée à Rome, avait laissé dans cette ville une partie de ses croyances, avec les dernières illusions de son orgueil[1]. Les choses en vin-

---

[1] Par sa correspondance adressée du couvent de Frascati à Madame de Senfft, il est facile de constater quelle transformation s'est opérée en lui, ne serait-ce qu'à la manière dont il répond aux justes alarmes exprimées par son amie sur sa foi religieuse. « Je ne vous cacherai point, lui écrit-il, que votre dernière lettre m'a affecté profondément, parce qu'elle impliquait un doute de mes sentiments, comme catholique. Je sais combien, depuis un temps assez long déjà, il y a des gens occupés à répandre sur mon compte de pareils soupçons.... Je connais tout cela, et tout cela n'inspire que de la pitié, ou, si vous le voulez, du dégoût. Mais encore une fois, en supposant même que nos opinions diffèrent *radicalement*, et sur *tous les points*, vous n'avez pas dû douter du reste, parce que le reste est l'honnête homme, l'homme chrétien.... Tout ce que je puis vous dire, c'est que je me confirme toujours davantage dans les opinions que j'ai soutenues en partie, et je ne doute nullement que ces opinions, non-seulement deviennent l'opinion com-

rent à un point que ceux qui l'approchaient durent s'interdire de toucher à des questions qui amenaient des débats irritants, sans profit pour le triomphe de la vérité religieuse. Le seul sujet sur lequel la communauté des sentiments continuait de nous unir, c'était notre mutuelle sympathie pour les souffrances du peuple, de ce peuple avec qui le saint fondateur de notre ordre nous fait un devoir de vivre, de prier et de mourir. Ce fut, sous l'influence de ces sentiments et de haines mal comprimées par une soumission apparente, que le futur auteur des *Paroles d'un Croyant* devait concevoir, après son retour en France, la pensée première de cet ouvrage qui, plus tard, souleva tant de scandale. Or, vous savez mieux que moi comment l'amour et la colère, l'espoir et le désenchantement, se mêlent en ce livre étrange qui rappelle tantôt les sinistres visions de l'Apocalypse, tantôt la suave tendresse du Cantique des Cantiques[1]. »

Pendant cet entretien qui s'était prolongé bien plus que nous ne l'avions cru d'abord, le soir était venu, et il nous fallut songer à retourner à Tivoli. Nous reprîmes la grande avenue des cyprès qui sous les teintes sombres du crépuscule, et à cette heure si favorable au recueillement, me parut plus belle encore qu'éclairée par les chauds rayons du soleil. Ainsi qu'il arrive souvent à la fin d'une journée laborieuse, nous marchions, le Père Stefano et moi, silencieux, pensifs, et comme appesantis sous le poids de nos impressions et de nos

mune, le sens usuel et pratique des peuples, mais encore le principe régulateur du monde nouveau que la Providence, passez-moi ce mot, *couve* en ce moment sous ses ailes. »

[1] Le livre des *Paroles d'un Croyant*, dont la forme et le souffle inspiré offrent tant d'analogies avec les *Pèlerins Polonais* d'Adam Mickievicz, fut écrit au commencement de 1833, mais ne parut qu'au mois d'avril de l'année suivante.

souvenirs. De gros nuages, que poussait une brise de mer, couraient dans le ciel, et en voilant par intervalles le mince croissant de la lune, produisaient les plus étranges effets d'ombre et de lumière sur les cônes gigantesques des arbres qui bordaient notre route. Vers l'extrémité de l'avenue, le son de la cloche qui annonçait la prière du soir, frappa soudain nos oreilles. Aux premiers tintements, mon compagnon tressaillit, et un soupir s'échappa de sa poitrine.

« A quoi pensez-vous, mon Père ? lui demandai-je aussitôt.

— Je pense, répondit-il, à une soirée semblable à celle-ci, et où je suivais précisément avec l'abbé de Lamennais l'allée ombragée conduisant à la villa Mondragone. Tout à coup, le son d'une cloche vint, comme à l'instant même, nous tirer de notre rêverie, et mon compagnon s'étant arrêté fort ému, je lui fis la même question que vous m'avez adressée tout à l'heure. « Je songe à ceux qui ne sont plus, me dit-il, et je voudrais prier pour eux. » Or, quelques années plus tard, en lisant un extrait d'une nouvelle publication de l'abbé de Lamennais, que mes supérieurs m'avaient permis de recevoir, je fus tout surpris de retrouver l'exacte et saisissante reproduction de la scène dont je viens de vous parler. C'est, si vous vous le rappelez, à l'heure où l'orient se voile, où tous les bruits s'éteignent, et où, dans le silence triste et doux qui enveloppe la terre assoupie, une seule voix, la voix lointaine de la cloche ondule dans l'air calme, et nous dit : Souvenez-vous des morts.

— Oui, répondis-je, je me rappelle l'admirable page à laquelle vous faites allusion. On y trouve un retour soudain de Lamennais vers la foi de ses années premières.

Alors, évoquant ces âmes si chères qui visitent le soir les lieux où s'accomplit leur court pèlerinage, pour y retrouver le souvenir de leurs joies et de leurs douleurs, il s'écrie : « Oh ! parlez-moi des mystères de ce monde que mes désirs pressentent, au sein duquel mon âme, fatiguée des ombres de la terre, aspire à se plonger. Parlez-moi de Celui qui l'a fait et le remplit de lui-même, et seul peut remplir le vide immense qu'il a creusé en moi. Frères, après une attente consolée par la foi, votre heure est venue. La mienne aussi viendra, et d'autres à leur tour, la journée de labeur finie, regagnant leur cabane, prêteront l'oreille à la voix qui dit : Souvenez-vous des morts[1]. »

— Souvenez-vous aussi des vivants, répliqua le Père Stefano, en me pressant affectueusement la main. Nous voici arrivés au point où nous devons nous quitter, et la cloche de notre église m'appelle aussi à l'office du soir. Adieu ; que la Providence veille sur vous pendant le reste de votre voyage.

— Que Dieu vous rende les bénédictions que vous demandez pour moi ! » répondis-je au Père capucin, dont la voix tremblait d'émotion. Et après un instant de silence, nous nous séparâmes pour toujours[2]. Arrêté près du temple de la Sibylle, je suivis du regard, aussi longtemps qu'il me fut possible, l'ombre projetée par la longue robe flottante de frà Stefano, et je ne quittai la place que lorsque le bruit de ses sandales eut cessé de se faire entendre sur le pavé sonore.

---

[1] *Une Voix de prison*, par F. de Lamennais.
[2] Un an après mon entrevue avec le Père Stefano, j'eus le regret d'apprendre que ce bon religieux était mort, victime de son zèle charitable, en prodiguant ses soins à de pauvres paysans atteints de la *mal'aria*.

CHAPITRE XVI

L'ABBAYE DE SAINTE-SCHOLASTIQUE

La voie Valeria. — Vicovaro. — Le pape Jean VIII et l'empereur Charles le Chauve. — Entrevue d'Alexandre VI et d'Alphonse II, roi de Naples. — Monastère de San Cosimato. — Dernier coup d'œil sur la campagne romaine. — Aspect particulier des montagnes voisines de Subiaco. — Fondation de l'abbaye de Sainte-Scholastique. — Caractère monumental de ses cloîtres. — Voyages des souverains pontifes à Subiaco. — Vicissitudes du monastère de Sainte-Scholastique. — La première imprimerie italienne y est établie par Conrad Sweynhem et Arnold Pannartz. — Église, bibliothèque et archives de l'abbaye. — Authenticité du diplôme de saint Grégoire le Grand révoquée en doute par le Père Mabillon.

Avant de quitter Tivoli, je m'étais bien promis de me rappeler avant tout le but spécial de mon voyage, et de ne plus me laisser détourner par la double attraction qu'exerce la puissance des souvenirs se mêlant aux charmes d'une nature admirable. Je devais donc me rendre directement à Subiaco, sans m'arrêter à Licenza, comme j'en avais eu d'abord l'intention, afin d'éclaircir un point archéologique resté douteux dans mon esprit. J'étais d'autant mieux fondé à croire qu'il me serait plus facile que les jours précédents, de résister aux nombreuses distractions de la route, que mon conducteur, ayant pris des engagements pour le retour, désirait terminer promptement notre excursion. Aussi, à peine avions-nous franchi la porte *Cornuta*, que les chevaux, lancés à toute vitesse, nous firent parcourir avec une rapidité insolite l'ancienne voie Valeria qui devait nous conduire d'abord à Vicovaro. Cette petite ville qui, dans mon itinéraire, était marquée comme première étape, m'intéressait surtout parce qu'elle figure parmi les localités dont il est fait mention dans la légende de saint Benoît.

La voie Valeria, que nous suivions pour nous y rendre, tire son nom du censeur Valerius Maximus, qui la fit construire en l'an 447 de la fondation de Rome. La campagne qu'elle traverse présente une suite de paysages délicieux au milieu desquels se détache Tivoli montrant de loin, comme un brillant diadème, ses monuments, ses villas et ses antiquités si justement célèbres. Mais après quelques milles parcourus, l'aspect du pays change et prend peu à peu un caractère plus grave et plus mélancolique. Aux collines couvertes de frais ombrages succèdent des montagnes qui, en se rapprochant, resserrent de plus en plus le paysage. Ici, leurs flancs se montrent complétement dénudés; là, ils sont plantés de petits chênes verts et d'oliviers au feuillage pâle et terne. Malgré tout le charme de la route, j'eus quelque peine à résister au désir de visiter, en passant, les débris des anciennes villas de Catulle et de Faustinus, surtout parce que sur l'emplacement occupé par la seconde de ces maisons de plaisance deux basiliques, datant d'une époque fort ancienne, avaient été construites tour à tour. L'une avait été consacrée à saint Séverin, moine de Tivoli, par le pape Honorius Ier, et l'autre, érigée par le pape Gélase en l'honneur de sainte Euphémie. Non loin de là un monument religieux pouvait m'attirer encore. C'était l'église dédiée à saint Victorin, évêque et martyr, sous l'invocation de qui saint Benoît avait fondé un monastère à Subiaco, et dans laquelle église se trouvaient, m'avait-on dit, de fort belles peintures, représentant la vie de saint François d'Assise.

Quelque puissante que fût l'attraction, je me décidai pourtant à passer outre, et la rapidité continue de notre marche m'ayant aidé à me soumettre plus facilement à ce sacrifice, j'en fus dédommagé bientôt, en entrant dans une vallée étendue et profonde dont l'aspect saisissant me fit moins regretter ce que je laissais derrière moi. Séparée en deux parties par l'Anio dont les eaux limpides entretiennent la fraîcheur sur ses bords, cette vallée est bornée de chaque côté par de hautes montagnes détachées de l'Apennin. Leur ensemble, quand on les considère en masse, a quelque chose de sauvage et d'imposant ; mais elles présentent, pour premiers contre-forts, une série de collines qui viennent égayer par leur riche végétation l'austère sévérité du paysage. Entre deux éminences qu'ils servaient autrefois à unir, des restes d'aqueducs élèvent leurs arches colossales superposées l'une à l'autre. Plus loin, un oratoire ou un ermitage surmontés de la croix annoncent un lieu consacré à la prière, tandis qu'ailleurs de nombreuses métairies, cachées sous des massifs de châtaigniers, décèlent la présence et l'activité de l'homme par les blanches ondulations de la fumée qui s'élève au-dessus des arbres. Après un coup d'œil jeté sur Castel Madama, qui se dessine à merveille dans une situation pittoresque, on franchit le Pisciararo, torrent dont les eaux grossies par les pluies du printemps sont parfois fougueuses et terribles, et l'on arrive à Vicovaro.

Cette ville, située à vingt-sept milles de Rome, ne tire pas son nom de *Vicus Varonis*, comme l'ont prétendu Biondo, Merula et d'autres écrivains. Elle doit certainement son origine, ainsi que le nom qu'elle porte, à l'ancienne *Varia*, ville du pays des Éques, devenue plus tard une cité latine qui faisait partie de la tribu Camilla. Après s'être ressentie des terribles commotions qui agitèrent le centre de l'Italie au moment de la chute de l'empire romain, elle eut encore à subir les ravages des Sarrasins, comme on le voit par les tristes détails que le pape Jean VIII en donne dans sa correspondance avec Charles le Chauve. « Ce qui reste de peuple dans Rome, écrivait alors le pontife au petit-fils de Charlemagne, est accablé de misère et de pauvreté, et au dehors tout est en proie à la dévastation ou réduit en solitude. La campagne est entièrement ruinée par ces cruels ennemis de Dieu ; déjà ils passent à la dérobée le fleuve qui coule de Tibur à Rome ; ils pillent la Sabine, incendient Varia et tous les lieux circonvoisins. Ils ont détruit les églises et les autels, tué les prêtres et les religieuses, et massacré les populations sans défense. Souvenez-vous donc des travaux et des combats que nous avons soutenus pour vous donner l'empire, de peur que si vous nous réduisez au désespoir, nous ne nous décidions peut-être à prendre un autre parti[1]. »

Au douzième siècle, un bourg construit sur les débris de l'ancienne cité reçoit dans les documents con-

---

[1] Johan. VIII *Epist.* 26, 51, *ap.* Duchesne, *Hist. Franc. Script.*

temporains le nom de *Vicus Variæ* ou de *Vicovarius*, et dès 1191 il est indiqué au livre des *Censi* sous son titre moderne de Vicovaro. Vers le même temps, le pape Célestin III donne ce bourg en gage aux Orsini, ses parents, et bientôt ils y élèvent dans le style du treizième siècle, un château fort qui devint l'une des places d'armes les plus importantes des environs de Rome. C'est au cardinal Jacopo Orsini qu'appartenait cette forteresse quand, en 1379, il protesta avec quatorze autres membres du sacré collége contre l'intrusion de l'anti-pape Clément VII. A la fin du quinzième siècle, une entrevue célèbre qui peut être regardée comme l'un des premiers épisodes des guerres entreprises par les rois de France en Italie, eut lieu à Vicovaro. Cette entrevue, qui réunit le pape Alexandre VI et le roi de Naples Alphonse II, avait pour objet la conclusion d'une ligue destinée à repousser la prochaine invasion de Charles VIII au delà des Alpes. Selon le récit du P. Gattico, César Borgia et six cardinaux de la suite du pape allèrent au-devant du roi de Naples, qui fut conduit au milieu d'un magnifique cortége auprès du souverain pontife. Mais telles étaient les mœurs perfides de l'époque, tel le degré de confiance qu'Alexandre VI pouvait avoir dans un prince, son parent et son allié, que le roi et toutes les personnes de sa suite durent déposer leurs épées et leurs autres armes, sans exception, avant de pouvoir entrer dans le château. Plus tard, pendant la guerre que le pape Paul IV eut à soutenir contre la famille des Colonna auxquels le roi d'Espagne Philippe II prêtait son appui, la *Rocca* de Vicovaro est assiégée et prise par le duc d'Albe. En 1557, les troupes pontificales parviennent à l'occuper de nouveau, et par suite de l'intervention française la paix ayant été rétablie dans les États de l'Église, la famille Orsini rentre en possession de la principauté de Vicovaro, qu'elle conserva jusqu'à la fin du dix-septième siècle.

Le château baronal, quoique reconstruit vers la même époque par le comte Bolognetti, a conservé en partie son style primitif et son caractère imposant. Outre de bonnes peintures, on remarque dans l'intérieur des fragments d'antiquités et des inscriptions lapidaires, entre autres celle de *Valeria Maxima*, dont la découverte faite à Cantalupo vint fournir la preuve que ce village était l'ancien *pagus* désigné par Horace sous le nom de Mandela [1]. On sait que ce fut à la suite de cette

---

[1] Voici cette inscription textuellement copiée sur place :

VALER . MAXIMA . MATER
DOMNI . PREDIA . VAL.
DVLCISSIMA FILIA.
QUE VIXIT ANNIS XXX
VI . MENS . II . D . XII . IN PRED
IIS SVIS MASSE MAN
DELANE . SEPRETORVM
HERCULES . QVESQ. N. PACE.

Or, en rapprochant cette épitaphe du passage de la dix-huitième épître où il est dit :

Me quoties reficit gelidus Digentia rivus
Quem Mandela bibit rugosus frigore pagus,

il est facile de comprendre quelle lumière inattendue l'inscription tumulaire conservée dans le palais baronal de Vicovaro est venue répandre sur la question si longuement débattue au sujet de la villa d'Horace. En outre, un autre passage du même poëte rappelle à son métayer que le domaine qu'il cultive envoyait jadis cinq colons au municipe de Varia, pour y exercer leurs droits civils et politiques. Mais quelle que soit la valeur de ces preuves, elles ne sauraient prévaloir contre d'autres textes fort précis d'Horace, lesquels établissent que ce poëte avait une habitation, non pas à plusieurs milles de Tibur, mais près de cette ville même fondée autrefois, selon sa propre expression, par une colonie d'Argiens : *Tibur Argeo positum colono*. La seule opinion admissible, selon nous, est encore une fois celle qui attribuerait à Horace deux propriétés découverte que l'abbé de Chaupy publia, en 1669, un ouvrage ayant pour but de préciser les conjectures d'Holstenius, en déterminant la situation occupée par la villa du célèbre poëte latin. En sortant du palais Bolognetti, j'allai visiter la collégiale et l'église de San Giacomo qui, bâtie tout en marbre et de forme octogone, est ornée de sculptures charmantes dans le goût du quinzième siècle. L'intérieur de cette église, dont le plan est de Simone, l'un des meilleurs élèves de Brunelleschi, renferme un tableau de la Vierge fort célèbre dans le pays, à cause des vertus miraculeuses que lui attribue la piété reconnaissante des fidèles. Dans la ville basse, des restes de la cité antique, tels qu'une partie de l'enceinte primitive où se dessine la configuration d'une porte, et d'énormes massifs de pierres, regardés comme des débris de murs cyclopéens, méritent de fixer l'attention de l'archéologue. Sur un autre point on voit aussi des fragments du magnifique aqueduc de Claudius, ainsi qu'un arc d'une belle exécution, qui peut être attribué à l'époque de l'empereur Trajan.

Près de Vicovaro, je m'occupai ensuite de rechercher ce qui pouvait rester de l'ancien monastère où saint Benoit fit sa première initiation à la vie claustrale. Pour moi, en effet, à partir de cette ville devait commencer

---

différentes, l'une qu'il appelle son domaine rural, *fundus meus*, situé dans la Sabine, et l'autre sa maison construite en pierres blanches, *candens villa*, qu'il possédait à Tibur. En résumé, quand s'adressant aux Muses, il promet de leur être toujours fidèle, « soit que je me transporte, dit-il, sur les cimes escarpées des Sabins, soit que je préfère les hauteurs de Tibur; » n'indique-t-il pas des lieux comme des séjours essentiellement différents, et ne doit-on pas distinguer aujourd'hui ce que le possesseur lui-même a pris soin de ne jamais confondre? — Sur la position et les restes de la villa voisine de Licenza, consulter l'ouvrage de l'abbé de Chaupy et la description donnée par M. Noël des Vergers, dans sa *Vie d'Horace*, publiée en 1855.

une série d'investigations pleines d'intérêt, touchant la jeunesse de ce pieux législateur dont j'ai essayé plus haut de retracer la vie, le caractère et les institutions. Arrivé au lieu que je désirais visiter, c'est-à-dire à San Cosimato, situé sur la droite de la voie Valeria, je me trouvai en face d'une suite de cellules autrefois creusées dans le roc, et ayant servi d'habitations à un certain nombre de moines. Ces grottes, rappelant celles où demeuraient les premiers cénobites de la Thébaïde, furent longtemps occupées par des moines bénédictins ; mais elles appartiennent aujourd'hui à des religieux de Saint François, aussi bien que le couvent de San Cosimato dont elles dépendent. Au onzième siècle, une bulle du pape Grégoire VII fait ainsi mention de cette communauté bénédictine : « *Monasterium Sancti Cosimatis situm in valle Tiburina.* » Ce monastère est décrit par l'auteur des *Annales bénédictines* comme l'un des plus antiques berceaux du monachisme occidental, et le dessin qu'il donne de l'aspect qu'offraient de son temps ces demeures cénobitiques taillées en pleine roche, est conforme à celui qui se trouve dans le *Diarium italicum* de Montfaucon. On y parvient aujourd'hui en traversant le jardin du couvent des franciscains, et après avoir descendu les marches d'un escalier creusé aussi dans le roc, on arrive devant l'entrée de la grotte qui passe pour avoir été la demeure de saint Benoît. La voûte en est soutenue par une colonne brute et massive, et sur les murs d'une autre grotte placée au-dessous, une peinture à fresque rappelle comment le saint abbé y fut sauvé miraculeusement de la criminelle tentative de ses moines.

Quant à l'épisode de la vie de saint Benoît se rapportant à ce monastère de Vicovaro, il est ainsi rapporté par la légende. Le pieux solitaire habitait encore la grotte de Subiaco, quand des moines du voisinage, ne pouvant s'accorder sur le choix d'un supérieur, vinrent offrir au jeune reclus la direction de leur communauté. Cette communauté était celle de Vicovaro. Malgré son éloignement pour toute espèce de distinction, Benoît, qui avait d'abord répondu aux moines que son austérité ne pouvait convenir ni à leur indiscipline, ni à leurs mœurs irrégulières, finit cependant par céder à leurs instances réitérées. En acceptant le titre d'abbé, il avait eu surtout pour but de rétablir dans cette maison l'exacte observance de la règle monastique. Mais tous ses efforts furent inutiles, et les moines, passant bientôt des murmures à l'insubordination, et de la révolte à un complot homicide, résolurent de se débarrasser par le meurtre d'un censeur qui leur était devenu insupportable. Un vin empoisonné est donc, selon le récit légendaire, présenté par eux au vénérable abbé. Benoît impose la main sur le vase pour le bénir, et aussitôt, se brisant, le vase vole en éclats. Averti par ce prodige que la coupe renfermait un breuvage mortel, il se leva, le visage serein et le cœur impassible, puis s'adressant aux moines d'un ton calme : « Mes frères, leur dit-il, Dieu vous pardonne. Ne vous avais-je pas prévenus à l'avance que vos mœurs ne pouvaient s'accorder avec les miennes ? » Après ces courtes paroles, il sortit du monastère, et retourna vers sa chère retraite où il vécut avec lui-même, n'ayant que Dieu pour témoin de ses actions.

Ayant quitté Vicovaro, je repris la voie Valeria, plein du désir d'arriver aussi à cette grotte de Subiaco à laquelle se rattachaient tant de précieux souvenirs. En suivant ma route, je remarquai que si l'antiquaire ne peut fouler le vieux sol du Latium sans trouver un intéressant sujet d'observations, il en est de même pour le géologue qui explore un terrain si profondément bouleversé par les révolutions physiques antérieures à notre époque. On dirait que dans ce petit coin de l'ancien monde où Rome devait s'élever un jour, la nature ait voulu entasser les témoignages sensibles de ses plus prodigieux phénomènes, bien avant que l'histoire vînt, à son tour, en faire le théâtre des événements les plus mémorables. Tantôt ce sont des lacs transformés en prairies, ou des terres d'alluvion érigées par un soulèvement en collines et en montagnes. Tantôt des volcans éteints sont devenus de fertiles vignobles, et leur cratère où le feu et la lave bouillonnaient autrefois, est maintenant un bassin où se précipitent les eaux impétueuses d'un torrent. Comme le terrain sur lequel elles s'épanchent, ces eaux elles-mêmes ont souvent changé de nom, et surtout de direction. Ainsi, le plus capricieux des affluents du Tibre qui, on le sait, était primitivement appelé *Albula*, l'Anio, sur plusieurs points de son cours, a complétement quitté son ancien lit pour se frayer une voie nouvelle. On en trouve les marques les lus visibles, au sortir de Vicovaro, en un lieu où d'énormes gisements de concrétions fluviales attestent qu'à une époque indéterminée, l'Anio passait sur ce point qui est beaucoup plus élevé que le plan du lit actuel.

Plus loin, après avoir passé devant l'église de San Rocco, d'où la vue plonge sur un vaste paysage, on aperçoit les imposants débris d'un château féodal bâti au treizième siècle, et désigné dans les chroniques sous le nom de *castrum Saccomurus*. Du bourg de Roviano on arrive ensuite à Arsoli, dont le principal édifice est le vaste palais du prince Massimo, décoré de belles peintures, et dans lequel on conserve avec un soin religieux l'appartement autrefois occupé par saint Philippe de Néri, fondateur de l'Oratoire. Arsoli, désigné dans l'antiquité sous le nom d'*Arsula*, était une cité du territoire des Èques. Plusieurs fois détruite et rebâtie, cette petite ville fut donnée comme fief au monastère de Subiaco par Rinald, comte des Marses, qui joignit à ce domaine les terres de Roviano et d'Anticoli. Dès 832, le pape Grégoire IV approuva cette donation qui fut confirmée par ses successeurs, et au milieu du onzième siècle, une inscription placée par l'abbé Humbert dans le cloître de Sainte-Scholastique de Subiaco, mentionnait le domaine d'Arsula parmi les possessions de la communauté. Quant à la terre d'Anticoli, située sur une hauteur voisine qui se rattache à la chaîne du mont Rufo, elle passa, comme celle d'Arsoli, des mains des religieux au pouvoir de seigneurs laïcs, et après avoir échu, en 1247, à Conrad d'Antioche, elle devint la propriété de Marc-Antoine Colonna, le héros de Lépante.

Par la voie Néronienne, appelée aussi *Via Sublacensis*, il ne me restait plus que quatre milles à franchir pour arriver au terme d'une excursion bien moins longue en étendue qu'intéressante en observations de toute nature. N'étant plus pressé par l'impatience de Geronimo, que je venais de quitter, je pris un cheval afin de pouvoir, à l'occasion, m'écarter du grand chemin, et jouir plus à l'aise de la vue de cette belle partie de l'Apennin qui entoure Subiaco. Je ne sais si, sous ce rapport, mes impressions personnelles seront partagées par ceux qui, ayant exploré les grandes chaînes de montagnes de l'Europe, en ont fait la comparaison avec celle qui traverse l'Italie dans toute sa longueur. Sans nul doute, les Alpes et les Pyrénées, par exemple, ont un caractère imposant qu'il est impossible de ne pas reconnaître, et, comme tant d'autres, j'ai salué, avec le poëte, ces pics inaccessibles

Dont le front est de glace, et les pieds de gazon.

Mais sans offrir des contrastes aussi extraordinaires, sans avoir ni cette altitude extrême, ni ces précipices effrayants qui saisissent et donnent le vertige, les Apennins se distinguent par une beauté qui leur est particulière, et provenant d'une harmonie tout exceptionnelle entre l'ensemble et les détails de leur configuration. Grandeur d'aspect, pureté de contours, grâce incomparable dans les formes, végétation tantôt rare, tantôt surabondante, tels sont les traits généraux sous lesquels se présentent les montagnes de la chaîne italique. Le rameau détaché qui encadre la campagne de Rome et couvre en partie la Sabine, offre surtout une réunion de sites dont le charme et la majesté sont inexprimables. Est-ce le résultat de la merveilleuse transparence de la lumière qui les baigne? Est-ce l'heureux concours de dispositions d'un ordre purement physique, comme la grandeur des lignes de l'horizon romain, et l'effet pittoresque des ruines se mariant aux plantations et à l'efflorescence d'une nature admirable? Ou bien encore, le prestige des souvenirs historiques, agissant sur les impressions des sens, vient-il prêter à ces lieux les charmes dont l'imagination embellit tout ce qu'elle touche? On ne saurait dire au juste quelle est la cause de l'effet produit; mais cet effet existe; on le sent, et il est d'une puissance si grande, qu'on ne l'oublie jamais. Non; il est impossible, quand on l'a contemplé une fois, de ne point se rappeler toujours la vue de ce cirque immense, qui a pour gradins les plans superposés des montagnes de la Sabine, pour arène les champs fameux du Latium, avec le ciel et sa sérénité, la mer et ses flots mouvants pour décors. Afin de compléter le tableau, ajoutons, au centre de la scène, Rome donnant le spectacle du drame perpétuel dont le monde jusqu'à présent n'a cessé d'être le témoin.

Quand après un dernier regard jeté en arrière sur cette perspective, on pénètre plus avant dans le chaînon des Apennins qui, sous le nom de monts Simbruini, entoure Subiaco, là vous attendent des impressions toutes différentes. A la place d'un paysage aux horizons indéfinis, les montagnes plus rapprochées forment une suite de vallées étroites et singulièrement accidentées où, à chaque détour du chemin, le charme saisissant de l'imprévu vous découvre une source toujours nouvelle d'émotions. La nature des terrains ayant également changé, la végétation, dans ces vieux bois où la cognée pénètre difficilement, prend un caractère de fougueuse exubérance qui sied bien à la grandeur sauvage des lieux où elle se développe sans contrainte. Sous la voûte épaisse de ces bois, au milieu des gorges profondes de ces montagnes, on croit errer dans les forêts primitives que les anciennes traditions nous représentent pleines de ténèbres, de mystère et d'horreur, et qui couvraient le pays, quand les colons sicules et pélasges vinrent s'y établir longtemps avant la période romaine. L'analogie est d'autant plus frappante que dans les flancs de ces monts tout hérissés de roches, sont creusées de vastes excavations qui rappellent la caverne du brigand Cacus, ou cet antre lupercal, asile de la louve qui, dit-on, servit de nourrice aux deux fils jumeaux de Rhea Sylvia.

Le silence de ces retraites inhabitées n'est troublé que par le murmure de ruisseaux nombreux qui, roulant sur des pentes rapides, y forment des cascades et se précipitent ensuite dans l'Anio, dont les chutes retentissantes dominent çà et là tous les autres bruits. C'est toujours le même cours d'eau impétueux, aux ondes froides et transparentes[1], comme le peint saint Grégoire le Grand, en décrivant la contrée montagneuse où le jeune Benoît trouva une solitude si bien appropriée à ses désirs. Aujourd'hui encore la nature vivante n'y décèle sa présence qu'à de rares intervalles. Parfois seulement un troupeau de chèvres à demi sauvages apparaît suspendu sur la crête d'un mamelon recouvert de broussailles. Au vêtement grossier, à la figure étrange du pâtre qui les conduit, il semble qu'on retrouve quelque berger arcadien, descendant des compagnons du bon roi Évandre. Assis sur la pointe du roc d'où il paraît écouter la bruyante harmonie produite par les chutes de l'Anio, ce berger rappelle assez fidèlement celui que Virgile dépeint, dans une altitude semblable[2], prêtant l'oreille aux bruits sinistres qui

---

[1] Frigidas atque pespicuas emanat aquas. — S. Gregor., *Dialog.*

[2] . . . . Stupet inscius alto
Accipiens sonitum saxi de vertice pastor.
    Virgil., *Æneid.*, lib. II.

s'élèvent d'une campagne dévastée par l'inondation d'un torrent.

Que l'on ne s'y trompe point cependant, cette contrée, si déserte qu'elle soit, garde toujours l'ineffaçable empreinte du passage et de l'action de l'homme. Près du tronc d'un chêne ou d'un pin séculaires qui sont tombés de vétusté, le pied heurte d'autres objets recouverts de mousse et de saxifrages. C'est une base ou un chapiteau de colonne, un débris d'entablement, une première assise de pierres, le tout provenant d'un édifice inconnu, bâti en un lieu non moins ignoré. Dans ces ruines inattendues que le voyageur était loin de supposer sous cette végétation si fraîche, si luxuriante, tous les styles, aussi bien que toutes les époques, ont apporté leur tribut. Un fragment de sculpture de la décadence s'y rencontre non loin d'un torse rappelant la plus belle période de l'art, et des restes de constructions étrusco-romaines se distinguent, par leur appareil régulier, des polyèdres et des blocs énormes qui font reconnaître les murailles d'origine pélasgique[1].

Quelque singulier qu'il soit, au premier abord, de rencontrer sur des points aujourd'hui sans habitants,

---

[1] Malgré les négations d'une école historique qui voudrait supprimer, avec toute une période des annales romaines, les traditions relatives à l'établissement de certaines tribus étrangères en Italie, il est impossible de ne pas admettre le séjour des Pélasges dans cette contrée, quand leurs stations diverses, des rivages de la Troade aux plaines de l'Étrurie, sont marquées par une série de monuments indestructibles. Telle est l'opinion des antiquaires les plus sérieux, et elle a été fort bien résumée, dans un chapitre spécial de l'*Histoire romaine à Rome*, par Ampère: « On retrouve surtout les murs pélasgiques, dit-il, dans tous les pays occupés par les Sabins, depuis les hauteurs d'Amiternum jusqu'à Falère, aux confins de l'Étrurie. On a compté dans ce pays les ruines de vingt-cinq villes pélasgiques... Mais de tous les murs construits en Italie par

des vestiges de civilisations si diverses, nous ne devons pas néanmoins en être trop surpris. La biographie de saint Benoît nous apprend que lorsqu'il vint ensevelir dans l'horrible solitude de Subiaco la fleur virginale d'une jeunesse que n'avait pu flétrir la corruption romaine, le fils d'Euprobus trouva près des lacs artificiels creusés au-dessous de sa grotte, les restes de l'ancienne villa de Néron. Six siècles s'étaient à peine écoulés, et déjà le silence du désert s'était fait là où avait retenti le tumulte de ces orgies impériales dans l'une desquelles, selon le récit de Tacite, un coup de foudre qui éclata soudain, fit tomber des mains du fils d'Agrippine la coupe qu'il portait à ses lèvres impures. Or, avant comme depuis l'époque où vivait le fondateur de l'ordre bénédictin, bien des ruines, dans les mêmes lieux, se sont entassées sur d'autres ruines, et à notre tour, nous les retrouvons aujourd'hui, mêlées à la poussière de générations qui ont succédé à des générations antérieures.

Remarquons-le toutefois, à force de contempler tant de débris, l'œil se lasse, la mémoire se trouble, et le cœur y devient presque indifférent. L'aspect continu de choses qui furent autrefois et qui maintenant ne

---

les Pélasges, les plus remarquables sont ceux d'Alatri, dans le pays des Herniques : ils atteignent une hauteur de quarante pieds au-dessus du sol, par la superposition de quinze pierres seulement ; un de ces blocs a neuf pieds de longueur. Le faîte d'une des portes de la ville est formé par trois pierres posées l'une à côté de l'autre, et la largeur de ce faîte est de dix-huit pieds... Ces murs ne sont point de construction barbare, car les masses qui les composent sont ajustées avec art et le joint des pierres est parfait. Ils sont le produit d'un système inventé pour obtenir par l'habile agencement des angles saillants et rentrants une solidité plus grande. Il eût été moins difficile de superposer des blocs taillés régulièrement : les murs d'Alatri sont une œuvre de géants, mais de géants adroits. »

sont plus, finit par irriter notre orgueil. Dans la chute de ces édifices, construits par nos semblables, mais dont certaines parties, demeurées indestructibles, semblent défier le temps, nous voyons bien moins un témoignage de notre force qu'une preuve irrécusable de notre faiblesse. Si les anciens élevaient le long des voies publiques leurs monuments funèbres, c'était, d'après l'explication toute philosophique de Varron, pour rappeler aux passants qu'ils étaient mortels aussi bien que ceux dont ils voulaient honorer le souvenir[1]. Une telle commémoration, faite dans le but de représenter à l'homme que sans cesse il marche vers son dernier jour, peut être un enseignement aussi utile que moral; mais répétée trop souvent, elle nous blesse, car la vie en nous est toujours prête à protester contre la mort. C'est ce qui fait que si nous sommes placés entre le spectacle des ruines et celui des beautés de la nature, nous passons si volontiers des unes à la contemplation des autres. Après avoir eu sous les yeux l'image toujours pénible de la destruction, nous nous rattachons avec bonheur à ce qui peut réveiller dans notre esprit des idées tout à fait contraires.

J'éprouvai cette impression, dans toute sa pléni-

---

[1] Monumenta secundum viam, quo prætereuntes admonerent et illos fuisse et se mortales esse.— Terent. Varr., *de Lingua latin.* lib. V. — Cette intention d'obliger les vivants à donner un souvenir aux morts et de recevoir d'eux une leçon profitable, ressort notamment de la célèbre épitaphe du poëte Pacuvius, qui arrête le passant pour lui dire : « Ici gisent les os du poëte Marcus Pacuvius. Voilà ce que je voulais t'apprendre. Adieu. » Aussi, afin qu'on pût lire facilement, et sans s'arrêter, les inscriptions sépulcrales, les anciens prenaient-ils la précaution de les faire très-courtes, selon l'observation de Properce :

Hic carmen media dignum me scribe columna,
Sed breve quod currens vector ab urbe legat.

tude, en m'enfonçant à travers les sites agrestes des monts Simbruini. A la suite de tant de souvenirs donnés au passé, le sentiment de l'existence présente se ravivait en moi, au contact de cette force créatrice, perpétuellement vivace, perpétuellement féconde, et dont les harmonies se révélaient dans l'épanchement des sources comme dans la senteur des plantes, dans les murmures de la brise comme dans le silence des grands bois. Par une illusion qui m'était douce, j'aimais d'abord à supposer qu'au milieu de ces pentes abruptes, je retrouvais les traces du pieux législateur dont je venais surprendre, pour ainsi dire, les premiers pas dans les voies de l'ascétisme. De plus, la vie circulant à flots parmi cette riche et vigoureuse nature, retrempait tout mon être, tandis que le rafraîchissement salutaire qu'on puise au sein de la solitude, fortifiait et relevait mon âme. Enfin, si la vue continuelle des ruines m'avait tristement dévoilé le caractère périssable et le néant de la puissance humaine, l'aspect des œuvres de Dieu, transformées et rajeunies par une incessante rénovation, me faisait, au contraire, sentir instinctivement que tout en nous ne doit pas mourir.

II

Il arrive souvent que le voyageur, après avoir, sur sa route, joui de la vue de sites admirables, éprouve en approchant des villes cette déception que nous cause presque toujours quelque fâcheux contraste. Telle n'est point l'impression qu'on ressent, lorsque à l'extrémité de la vallée charmante, dite *Valle Santa*, on arrive près de Subiaco. S'élevant en amphithéâtre sur une éminence que domine, au nord, le cercle majestueux des monts Simbruini, cette ville se dresse de loin comme une énorme pyramide, servant de centre et d'appui aux établissements monastiques situés près d'elle, ainsi qu'aux seize châteaux et domaines qui en dépendent. Du côté de Rome, l'entrée s'annonce bien surtout, en offrant pour porte l'arc de triomphe élevé en commémoration du voyage de Pie VI, que rappelle cette inscription :

OB ADVENTUM OPTIMI PRINCIPIS
ORDO ET POPULUS SUBLAQUENSIUM.

Quelques débris d'antiquités, notamment les restes de l'hippodrome construit par Néron, viennent fixer d'abord l'attention de l'historien et de l'archéologue. Mais ces vestiges de monuments antiques ne peuvent nullement éclaircir les difficultés soulevées par les diverses opinions émises sur l'origine et l'époque de la fondation de Subiaco. Selon Nibby, cette ville, située sur le territoire des Eques, aurait reçu le nom de *Sublaqueum* et de *Villa Sublacensis*, après que l'empereur Néron eut réuni, en cet endroit, les eaux de l'Anio dans plusieurs lacs superposés l'un à l'autre, et destinés à embellir la perspective de sa maison de plaisance. C'est ainsi qu'en parlent Pline et Tacite, et Frontin, dans son traité *de Aquæductibus*, semble faire entendre que la ville était placée au-dessous, mais non, comme on l'a dit, au-dessus des lacs. D'autres savants voudraient faire remonter l'origine de Subiaco à une période bien antérieure, tandis qu'une troisième opinion ne ferait dater sa fondation que du sixième siècle de l'ère chrétienne. Au milieu de ce conflit, on peut conclure avec le chanoine Jannuccelli que nulle preuve n'établit que Subiaco ait été fondée ni par des colonies étrangères, ni à aucune époque de la république romaine; mais ce bourg existant déjà depuis longtemps à l'arrivée de saint Benoît, l'origine peut en être fixée au premier siècle de l'ère vulgaire[1]. Cette conclusion ne s'appuie pas seulement sur le témoignage des anciens auteurs cités plus haut; elle se fonde encore sur un passage des *Dialogues* de saint Grégoire, auquel se joignent, en outre, les vieilles chroniques de l'abbaye de Sainte-Scholastique, et enfin des inscriptions conservées dans le cloître de cette même abbaye.

Parmi les édifices de la fin du moyen âge, on distingue à Subiaco le vieux château, ou *Rocca*, bâti pour servir d'habitation aux abbés commendataires. La première construction de cette forteresse, placée sur une hauteur commandant toute la ville, date du pontificat de Grégoire VII. Mais elle fut réédifiée, dans un style moins sévère, par le cardinal Rodéric Borgia, depuis pape sous le nom d'Alexandre VI, et alors abbé commendataire de Sainte-Scholastique. Plus tard, le pape Pie VI y fit exécuter, pour en rendre le séjour plus habitable, des restaurations importantes. Ce fut aussi par les soins de ce pontife que fut reconstruite,

---

[1] *Dissertazione sopra l'origine di Subiaco*, dal canonico Jannucelli. — Ces mémoires, d'abord publiés à part, ont été réimprimés en 1856, au commencement d'un ouvrage plus important du même auteur, et intitulé : *Memorie di Subiaco e sua Badia*. Composé à la suite de studieuses recherches, le livre du chanoine Jannucelli se divise en deux parties, l'une consacrée à l'histoire des abbés du monastère de Subiaco, l'autre à la description de la ville, de ses monuments et de ses environs.

sur l'emplacement de l'ancienne église, la collégiale actuelle, qui est dédiée à saint André. Après une rapide visite faite au séminaire de la ville, je pris la route conduisant au monastère de Sainte-Scholastique, route qui va toujours en montant, mais par une pente assez douce, et qui offre une vue fort belle sur la vallée. Quand on a passé devant la chapelle élevée à l'endroit où, d'après la tradition, saint Maur. sauva miraculeusement la vie à son compagnon Placide, un sentier qu'on prend à droite du chemin conduit vers des restes de constructions antiques, découvertes en 1824. Selon toute vraisemblance, il faut y voir les débris des bains d'eau froide alimentés par l'Anio, et dépendant de la villa de Néron. Près de là on retrouve aussi l'orifice, aujourd'hui obstrué, du second aqueduc élevé par Trajan, pour soutenir celui qui antérieurement avait été construit sur des proportions si monumentales.

D'autres vestiges de l'antiquité païenne apparaissent encore dans ces lieux consacrés par tant de souvenirs religieux des premiers âges chrétiens. Ainsi, sur la rive opposée du fleuve, et au pied du mont Carpineto, se montrent les ruines d'un *Nymphæum*, dont l'une des faces présente une grande niche de forme cintrée, avec deux autres niches rectilignes de chaque côté. Cependant, en reprenant la route de l'abbaye, qui offre, à mesure que l'on monte, des perspectives de plus en plus pittoresques, on arrive enfin au proto-monastère dont les traditions locales font remonter la naissance à l'année 520. Fondé dans la vallée Puceja, environ à un mille au-dessous de la grotte habitée par saint Benoît, ce monastère fut, dès l'an 528, doté de biens considérables. Il les reçut de la munificence des patriciens romains Tertullus et Equitius, pères des deux plus jeunes disciples du pieux solitaire de Subiaco. Ces premières donations s'accrurent rapidement de domaines nombreux, ainsi que l'atteste l'inscription énumérant les terres possédées par l'abbaye en 1052, et que l'abbé Humbert fit alors graver dans le vieux cloître. Avec le temps, de nouveaux actes de libéralité vinrent tellement augmenter les possessions territoriales de Sainte-Scholastique, qu'elles finirent par comprendre une étendue de cinquante milles de circonférence, sur laquelle l'abbé de ce monastère exerçait un droit de juridiction temporelle et spirituelle.

Au premier aspect, l'abbaye se présente sous les apparences d'un de ces vastes palais seigneuriaux, tels que l'architecture moderne en a semé aux environs de Rome, avec une large façade décorée de pilastres, et percée d'ouvertures ou d'arcades symétriques. En pénétrant dans l'intérieur, on rencontre une longue série de cloîtres, de cours et de bâtiments fort étendus, primitivement destinés à servir de dortoirs. Le premier cloître, de style moderne, ainsi que la plus grande partie du monastère, est comme un musée de sculpture renfermant un certain nombre de fragments d'antiquités découverts dans les fouilles faites aux alentours. Je remarquai particulièrement un très-beau sarcophage représentant avec leurs détails les différentes scènes des fêtes dionysiaques. Il est assez curieux de retrouver dans le couvent consacré à la chaste sœur de saint Benoît ce tableau tout mythologique de Bacchanales, avec le dieu Liber, Ariane et Silène, et leur joyeux cortége de bacchantes, de dryades et de sylvains. On y voit également de beaux spécimens de colonnes antiques en porphyre ou en marbre de Numidie, qui ornaient la villa impériale de Sublaqueum. De là, on passe dans un autre cloître fort ancien, puisqu'il date du dixième siècle, et qui est d'ailleurs un monument fort intéressant à étudier pour l'histoire de l'architecture religieuse en Italie. Les arcades dont il se compose, retouchées vraisemblablement deux siècles plus tard, présentent à leur sommet un commencement de forme un peu aiguë, annonçant la naissance de l'ogive. Au-dessus de l'une de ces arcades, une image de la Vierge est assise sur un trône encadré de riches bas-reliefs, et auprès duquel sont sculptés deux lions.

On remarque encore sous les galeries formant le promenoir du cloître deux autres monuments du moyen âge, propres à éclairer les annales de l'abbaye. Le premier, sur lequel est inscrite la date de 981, époque où fut réédifiée l'église du monastère, se compose d'un bas-relief représentant un loup et un agneau qui boivent dans un même vase, symbole de l'esprit de concorde dont ce cloître devait être l'asile. Près du corps de l'un de ces animaux, une inscription, également de l'époque, rappelle, d'une manière précise, la reconstruction et la consécration de l'église dédiée à Sainte-Scholastique. Le second monument, curieux au point de vue épigraphique, est la pierre dont nous avons déjà parlé, et sur laquelle est gravée la liste des domaines possédés par l'abbaye en 1052. L'inscription commence par rappeler que dans la quatrième année du pontificat de Léon IX, l'abbé Humbert éleva, en l'honneur de saint Benoît et de Sainte-Scholastique, la tour de l'église, remarquable par la perfection de son travail¹. Enfin, on arrive à un troisième cloître d'un grand style, d'un effet saisissant, et qui par ses formes architecturales, ouvrage de la fin du douzième siècle, offre un digne pendant aux beaux cloîtres de Saint-Paul-hors-des-murs et de Saint-Jean de Latran, à Rome.

Ce n'est jamais, je l'avouerai, sans une véritable émotion que je parcours l'une de ces galeries claustrales, construites dans les monastères, ou près des anciennes églises, à l'époque la plus remarquable de l'art chrétien et qui abritèrent sous leurs arceaux séculaires tant de générations de moines et de prêtres. Pour ces hommes, qui représentaient en partie l'élément moral et intellectuel de la société au moyen âge, le cloître était une sorte de petit forum intérieur, où venaient parfois se débattre les affaires les plus compliquées du siècle et de l'Église. Là, les moines, avant de se réunir à la salle capitulaire, discutaient sur la prochaine élection d'un abbé, ou proposaient les moyens de résister aux usurpations des seigneurs du voisinage. Ils y traitaient des points d'histoire et de controverse religieuse, se rappelaient entre eux les faits mémorables dignes d'être consignés dans les chroniques et s'initiaient par la discussion à l'exercice de cette éloquence animée, popu-

---

¹ ANNO IV PONTIFICATVS DOMINI LEONIS PAPAE IX
HVMBERTVS VENERABILIS ABBAS ÆDIFICAVIT HOC OPVS EGREGIAE TVRRIS
AD HONOREM CHRISTI CONFESSORIS BENEDICTI EJVSQVE SORORIS
SANCTAE SCHOLASTICAE VIRGINIS ;
VBI BREVITER ANNOTAVIT EA QUAE CONTINENTVR IN PRAECEPTIS EJVS MONASTERII :
SACRVM SPECVM ; DVOS LACUS ;
FLVMINIS DECVRSVM CVM MOLIS ET PISCARIIS SVIS ;
SVBLACVM, GENNAM, PVCEJVM, OPINIANVM, AVGVSTAM, CERVARIAM, MARANVM,
ANTICOLVM, RVVIANVM, ARSOLVM, CARSOLVM, CANTORANVM, ROCCAM SARACENISCVM
SVMBICVLVM, BISILIANVM, MASSAM, S. VALERII ROCCAM DE ILICE,
JVVENTIANVM, APOLLONIVM, COLLEMALVM.

laire, qui alors entraînait les masses à la défense des intérêts chrétiens. Là aussi, les chanoines des églises cathédrales, constitués pour la plupart en chapitres réguliers[1], s'occupaient de tout ce qui pouvait intéresser leur église ou leur diocèse. Sans cesse mis en rapport avec les communes et même avec l'État, ils se trouvaient, par position, appelés plus encore que les moines à prendre une part active au mouvement social. Comme lieu habituel de réunion, le cloître était donc pour les uns et les autres l'arène tantôt paisible, tantôt agitée, où se produisaient, avec leurs phases diverses, les intérêts, les passions et les luttes de la vie cléricale et monastique.

Mais d'autres souvenirs, d'une nature plus intime, sont encore rappelés par les mêmes lieux, et ceux-là me touchent peut-être plus vivement que les premiers, par la raison qu'ils se rapportent à l'histoire morale de l'homme. Si dans l'enceinte des cloîtres se manifestait, durant les âges essentiellement chrétiens, la puissante activité de la société religieuse, l'esprit intérieur, ou si l'on veut, la pensée de cette même époque y trouvait un champ toujours ouvert à ses rêves infinis, aussi bien qu'à ses plus hautes inspirations. Oui, c'est au milieu

---

Ce fut en 763 que Chrodegang, évêque de Metz, composa pour les chanoines de son église une règle particulière qui se répandit au loin, et fut adoptée par un grand nombre de chapitres attachés aux cathédrales ou aux collégiales. Du reste, en se soumettant au régime de la communauté, les chanoines rentraient dans l'esprit même de leur institution, rappelée par le nom qu'ils portent, *canonici*, et qui veut dire *soumis à des règles* ou *canons*. Plus tard le pape Alexandre II, en instituant les *chanoines réguliers*, exclut les séculiers de ces sortes de communautés ; mais les prêtres attachés aux chapitres des cathédrales n'en continuèrent pas moins, pendant longtemps, de vivre rapprochés les uns des autres, et d'avoir leurs demeures et leur cloître à l'ombre, pour ainsi dire, et sous l'abri de l'église épiscopale.

du silence claustral, si favorable aux grandes conceptions de l'intelligence, que se préparaient, que s'élaboraient lentement ces ouvrages de théologie, de philosophie et d'exégèse, qui forment les plus belles pages de la littérature sacrée. Sous les mêmes voûtes venaient réfléchir et méditer les auteurs, presque tous anonymes, de ces livres ascétiques dans lesquels des âmes tendres, mais lasses des vaines affections de la terre, épanchaient librement les saintes ardeurs d'un amour tout mystique. Quelle que soit la main qui ait écrit, par exemple, le livre de *l'Imitation*, cette main demeurée inconnue et inutilement cherchée jusque aujourd'hui, était évidemment celle d'un moine qui n'eut jamais d'autres inspirations que celles du cloître. Aussi, en visitant cette partie maintenant déserte des anciens monastères, il m'est arrivé souvent de dire : Ici se sont passés bien des drames mystérieux dont Dieu seul a le secret ; ici bien des cœurs ont gémi sur leurs déceptions, ou tressailli de joie et d'espérance. Ici peut-être, ajoutai-je encore, l'auteur du plus beau livre qui ait été composé après l'Évangile, a conçu la pensée première du détachement absolu, perpétuel, qui est le fondement de tout son ouvrage. Alors il me semblait voir, à la tombée de la nuit, cet humble et incomparable moine, avec sa figure pâle, son front incliné, passer lentement dans la sombre galerie, en répétant, au milieu des ombres du crépuscule, cette parole du divin modèle gravée au frontispice de son livre : « Celui-là qui me suit, ne marche point dans les ténèbres[1]. »

Voilà pourquoi, en présence de tant de souvenirs

---

[1] *De Imit. Christi*, lib. I, cap. 1.

différents révélés par ces vieux murs, j'aime à errer sous les cloîtres dont les pierres, inanimées pour les uns, sont vivantes, au contraire, pour qui sait leur prêter le sentiment et la parole. Je me plais surtout à lire les inscriptions tumulaires rappelant simplement les noms des religieux dont les corps reposent dans le préau intérieur, ordinairement consacré aux sépultures. Soulevant les dalles qui recouvrent les tombes, je ranime par la pensée ceux qui ne sont plus, et quand j'ai ainsi repeuplé de leurs anciens habitants ces demeures abandonnées, je crois de nouveau sentir palpiter la vie là où je n'avais trouvé que le froid de la mort. Au centre du préau se montre, usée par la pluie et le temps, la margelle du puits qu'un usage traditionnel a fait partout creuser à cette place, et dont la source intarissable alimentait la communauté : image symbolique de cette « eau vive » dont parle l'Écriture, et qui, selon l'apôtre, rejaillit dans la vie éternelle. Autour de ce puits, assez souvent bordé de buis et d'asphodèles, se dressent des ifs et des cyprès, ou bien trois peupliers, plantés dans une intention visiblement allégorique, lèvent leurs rameaux vers le ciel, comme des bras tendus pour la prière. Là, je m'arrête de préférence, je me pénètre de tout ce que j'ai appris des lieux qui m'entourent, et remontant bien loin dans le passé, selon le mot du poëte, je songe et me souviens.

La première fois que j'entrai dans le grand cloître de l'abbaye de Subiaco, je m'y trouvai complétement seul, le religieux qui me servait obligeamment de cicerone m'ayant quitté pour rejoindre les autres moines à l'office. Je n'eus point sujet de regretter son absence, car dans certaines situations données, rien ne nous convient mieux que la solitude, rien ne parle plus à notre cœur que le silence. Quoi qu'il en soit, la vue de ce cloître, ainsi que je l'ai dit plus haut, produisit en moi un effet saisissant, et me rappela l'impression que j'avais ressentie à l'aspect de celui que je visitais le plus volontiers à Rome. On sait que le cloître de Saint-Jean de Latran, heureusement préservé de l'incendie qui, en 1300, dévasta cette basilique, en est encore aujourd'hui une des plus remarquables annexes. Formé de quatre galeries se composant d'arcades à plein cintre, disposées en nombre inégal, comme on l'a vu à Saint-Paul-hors-des-murs, il se distingue par l'extrême variété des fûts, des chapiteaux et des frises, que décorent des marqueteries polychromes en pierres dures, en bronze et en émail.

Sans avoir cette richesse d'ornementation qui rappelle à Rome la libérale influence des souverains pontifes, le cloître de Sainte-Scholastique peut offrir néanmoins un intéressant sujet d'étude. On y reconnaît d'abord la main exercée des Cosmati, ces artistes marbriers et émailleurs qui, du douzième au treizième siècle, ornèrent de leurs travaux non-seulement la capitale du monde chrétien, mais encore un certain nombre de monuments que l'on admire à Anagni, à Citta-Castellana et à Subiaco. Déjà le père de ces quatre générations de sculpteurs s'était fait connaître par les ornements dont il avait décoré les ambons de l'église d'Araceli à Rome, lorsque Jacques, son fils, fut appelé à l'abbaye de Sainte-Scholastique pour y travailler à l'ornementation du grand cloître. Après lui, et sous l'administration de l'abbé de Landi ou Landon, qui gouverna le monastère jusqu'en l'année 1260, Côme dont la réputation surpassait alors celle de son père et de son aïeul, reçut la mission de poursuivre les travaux commencés précédemment. Secondé de ses fils Luc et Jacques, il acheva la décoration du cloître et y déploya une élégance et une grâce qu'on ne saurait trop louer. Si le système décoratif employé à Subiaco par Côme et ses fils est moins riche, moins varié que celui dont ils firent l'application à Saint-Jean de Latran, en revanche, il porte l'empreinte d'un goût plus sévère et mieux approprié à l'austérité d'un cloître bénédictin. Les artistes italiens qui eurent la gloire de terminer, à leur honneur, le cloître de Sainte-Scholastique, furent loin de méconnaître la valeur de leur œuvre, car ils voulurent la signer de leur nom. Moins modestes que tant d'autres architectes et sculpteurs de la même époque qui, en Occident, bâtirent ou décorèrent nos plus magnifiques cathédrales, sans songer à se faire connaître de la postérité, Côme et ses fils gravèrent au-dessus des arcades, situées à l'ouest du préau, l'inscription suivante, où ils se donnent la qualification de citoyens romains et d'artistes habiles dans l'art de travailler le marbre :

COSMVS ET FILII ET JAC. ALT. ROMANI CIVES IN MARMORIS ARTE PERITI
HOC OPVS EXPLERVNT ABBATIS T. DE LANDI [1].

Si les travaux de sculpture ont été bien conservés dans le grand cloître de Sainte-Scholastique, il est à

---

[1] Chargé plus tard par Nicolas III de reconstruire à Rome la chapelle particulière des papes, Côme fut à la fois l'architecte, le sculpteur et le mosaïste de ce gracieux monument, le dernier et le plus achevé de ses ouvrages. Il y mit cette inscription, qui atteste que l'âge et l'expérience avaient rendu plus modeste son amour-propre d'artiste :

MAGISTER COSMATVS FECIT HOC OPVS.

regretter qu'il n'en soit pas de même pour les fresques qui en couvraient autrefois les parois intérieures. L'aspect de ces galeries devait être fort animé, surtout lorsqu'elles montraient encore dans tout leur éclat les peintures représentant les papes, les empereurs, les princes et autres personnages qui avaient été les bienfaiteurs de l'abbaye. Une image de la Vierge, peinte au quinzième siècle, et remarquable par l'expression et le style, fixa seule mon attention[1]. Enfin, après avoir parcouru ce cloître plusieurs fois, je revins dans le préau m'asseoir sur un fragment de pierre sculptée. Les ombres du soir, tombant des montagnes voisines, commençaient à envelopper l'église et les bâtiments claustraux qu'elles remplissaient de recueillement. Tandis qu'on entendait au loin résonner le chant vague et uniforme des psaumes, deux palombes perchées sur la corniche de l'une des arcades du cloître, faisaient entendre des gémissements prolongés que l'écho des galeries rendait plus tristes en les répétant. On eût dit la plainte de quelque vieux moine qui, rap-

---

[1] Depuis plusieurs années on a essayé de découvrir les anciennes peintures de ce beau cloître, et on est parvenu à en faire revivre quelques fragments, dont le plus précieux est une figure de saint Benoît peint en pied à l'extrémité de l'une des galeries. Il tient d'une main un faisceau de verges, et de l'autre il commande le silence en portant le doigt à ses lèvres. Au-dessus de sa tête, dans un encadrement dont le style rappelle la fin du treizième siècle ou le commencement du quatorzième, le roi David est représenté à mi-corps et faisant le même geste que le pieux législateur des moines d'Occident. De l'autre main le roi-prophète tient un phylactère qui descend jusqu'à la bouche de saint Benoît et porte ces mots : POSVI ORI MEO CVSTODIAM : FACIAMVS SECVNDVM VERBVM EJVS, paroles rappelant un passage de la règle bénédictine au sujet de l'observation du silence. (S. Bened.,-Regul., cap. VI, De taciturnitate.) Cette peinture, qui est d'un grand style et d'un puissant effet, a été gravée pour la collection des images religieuses de Düsseldorf, et sur le même modèle l'abbé Casaretto a fait exécuter à Milan un assez bon vitrail ornant aujourd'hui l'une des chapelles du *Sacro Speco*.

pelé à la vie, et voyant son ancien cloître désert, sa maison vide de religieux et déchue de sa splendeur, eût regretté de se retrouver dans un siècle si peu favorable aux institutions monastiques. Sous l'influence des impressions que je venais de ressentir, je rentrai dans la chambre qu'une cordiale hospitalité m'avait offerte. Là, grâce aux documents manuscrits et imprimés qu'on mit libéralement à ma disposition, je pus recueillir sur l'histoire du monastère et du *Sacro Speco* tous les renseignements qui m'étaient nécessaires.

III

Avant d'être consacrée à sainte Scholastique, l'abbaye avait été dédiée aux saints Côme et Damien par saint Benoît lui-même, et c'est sous ce titre que cette communauté fit partie des douze monastères qu'il dirigeait aux environs de Subiaco. La modeste église qui en dépendait primitivement, fut convertie en une salle capitulaire par Honorat, premier abbé après saint Benoît, et depuis ce temps elle n'a cessé d'être affectée à la même destination. Bien digne par ses vertus de succéder à saint Benoît, saint Honorat ne gouverna pas seulement le monastère des saints Côme et Damien, mais il eut aussi la direction des nombreuses communautés monastiques établies dans le voisinage. Il s'appliqua sans cesse à prendre son prédécesseur pour modèle, et comme saint Maur, autre disciple de saint Benoît, il eut, selon la chronique de l'abbaye, le privilége d'être averti par une soudaine révélation que son maître venait de passer dans un monde meilleur[1]. Quand ses moines eurent à leur tour la douleur de le perdre, après une administration de soixante-dix ans, ils inhumèrent pieusement son corps dans l'église du monastère supérieur, et commencèrent aussitôt à l'honorer comme saint. Retrouvés de nos jours par le R. P. abbé Casaretto, ses restes mortels, dont les témoignages les plus sérieux établissaient l'authenticité, furent déposés dans l'église souterraine de Sainte-Scholastique, sous un autel consacré à sa mémoire.

Ce fut donc saint Honorat qui, près de la première église du monastère, fit construire une autre basilique qu'il plaça sous l'invocation de saint Benoît et de sainte Scholastique. Une ancienne tradition rapporte qu'elle fut consacrée par le pape Grégoire le Grand; fait matériellement impossible, car des preuves irréfutables attestent que ce pape ne quitta point le séjour de Rome pendant toute la durée de son pontificat. Si l'on s'en rapporte, ce qui est beaucoup plus certain, à l'inscription gravée dans le vieux cloître, on voit qu'en 981, la réédification complète de l'église ayant été achevée, le pape Benoît VII en fit la dédicace sous le vocable de sainte Scholastique. Quant au motif pour lequel le titre de saint Benoît ne lui fut point alors conservé, il s'explique par la raison que déjà depuis un siècle, une église avait été particulièrement consacrée au saint patriarche, dans la grotte même qu'il avait habitée. L'abbaye de Sainte-Scholastique fut donc celle qui

---

[1] Ce fait légendaire est rappelé par l'inscription suivante, placée sous une image de saint Honorat dans l'abbaye de sainte Scholastique :

SCANDENTEM HIC ALTER BENEDICTVM VIDIT IN ASTRA;
PRIMVS ET HAS ÆDES ILLO ADEVNTE REGIT.

demeura comme la première des douze communautés fondées d'abord par saint Benoît[1], et c'est pourquoi elle fut gratifiée de nombreux priviléges par les papes, les empereurs et les princes, ainsi que le prouvent les diplômes et les mentions que conservent ses archives.

Ce monastère reçut notamment de la part des souverains pontifes de nombreuses visites qui s'expliquent, et par la juste célébrité du lieu, et par sa proximité de la capitale du monde chrétien. On peut dire que la série de ces voyages pontificaux constitue une partie importante des annales de l'abbaye, car presque tous coïncident avec les faits les plus intéressants de son histoire. En 853, par exemple, on voit le pape Léon IV venir, sur la demande de l'abbé Pierre, sixième abbé après saint Benoit, consacrer deux autels près de l'ancien sanctuaire élevé sur le *Sacro Speco*. Au siècle suivant, c'est Jean XII qui se rend, à son tour, à Subiaco, pour replacer sous l'obéissance de l'abbé de Sainte-Scholastique les popu-

---

[1] Voici les noms de ces douze monastères dont saint Benoît était comme l'archimandrite : 1° *Saint-Clément*, connu sous la dénomination de *Vigna Colombaria*, peu éloigné de Sainte-Scholastique, et sur la rive de l'un des anciens lacs. C'est dans ce monastère, où résida plus particulièrement saint Benoît, que les jeunes Maur et Placide lui furent amenés par leurs parents. La maison fut détruite par suite du tremblement de terre qui dévasta toute l'Italie en l'année 1216. 2° *Saints-Côme-et-Damien*, invocation sous laquelle l'abbaye de Sainte-Scholastique fut d'abord érigée, comme on l'a vu dans le texte précédent. 3° *San Biagio*, monastère habité par le moine Romanus, le compagnon de saint Benoît, et qui était bâti au-dessus de la Sainte Grotte. Comme il était trop petit pour renfermer douze moines, saint Benoît le rebâtit sur un plan plus étendu. Ce n'est plus qu'une sorte d'ermitage où, deux fois l'an, la communauté du *Sacro Speco* va chanter la messe dans la petite église qui, selon une inscription lapidaire, fut consacrée en 1100, par Manfred, évêque de Tivoli. 4° *Saint-Jean-Baptiste*, ou *San Giovanni dell'aqua*, ainsi nommé parce que, selon la tradition légendaire, saint Benoît fit jaillir en ce lieu une source d'eau dont les moines avaient grand besoin. 5° *Santa Maria de Morrebotta*, appelé aussi *San Lorenzo*, à cause du pénitent de ce nom, le bienheureux Lo-

lations des domaines de l'abbaye qui voulaient s'y soustraire. Dans le même siècle, en 991, le monastère reçoit aussi Benoît VII, qui consacre solennellement, comme on l'a dit, la nouvelle basilique. Pour éviter le retour des troubles précédents, il confirme de nouveau à l'abbé et aux religieux la possession des terres de Rabiono, d'Arsoli, de Giovenzano, d'Anticoli et autres lieux.

Mais en 1052, ce n'est plus pour faire rentrer dans le devoir des vassaux rebelles à la domination des moines, que le pape Léon IX est appelé à se rendre de sa personne à l'abbaye de Sainte-Scholastique. Il y vint, cette fois, pour apaiser les troubles soulevés dans l'intérieur même du monastère par la mauvaise administration d'un abbé, nommé Othon, qui, en 1044, à la mort de Jean, quatrième du nom, s'était emparé du siége abbatial. Comme Othon s'était rendu coupable de dilapidations et qu'il craignait les justes reproches

---

renzo, qui y vécut dans la plus grande austérité, de 1209 à 1243. 6° *Sant' Angelo*, monastère habité par le religieux que saint Benoît punit comme coupable d'inattention dans la prière. 7° *Saint-Victorin*, situé sur le mont Porcaro, et dans lequel demeurait le prêtre qui, chargé de fonctions curiales, visita saint Benoît le jour de Pâques 8° *Sant' Andrea di vita eterna*, ruiné au temps des invasions lombardes. 9° *San Michel Archangelo*, construit par saint Benoît au-dessous du *Sacro Speco*, et sur le bord du lac voisin. 10° *Sant' Angelo di Trevi*, dont il reste des débris assez importants, et qui fut changé par le pape Sixte IV en une communauté de religieuses, unie au monastère de Sainte-Scholastique en 1477. 11° *San Girolamo*, qui, abandonné quelque temps par les moines, fut relevé de ses ruines en 1387, conformément à une bulle spéciale du pape Urbain VI. 12° *Sant' Andrea*, aujourd'hui *Rocca di Botte*, que certains historiens excluent du nombre de ces douze monastères, et qu'ils remplacent par *San Donato*. Du reste, il est bien difficile, après tant de siècles écoulés, de suivre exactement les diverses vicissitudes de communautés monastiques, détruites pour la plupart depuis longtemps, et dont il ne reste plus que quelques souvenirs épars dans les archives de Sainte-Scholastique. De là les différences qui existent dans l'ouvrage du R. P. Bini, et ceux de Wion et de l'abbé Angelo della Noce.

du souverain pontife, il prit la fuite avant l'arrivée de Léon IX à Subiaco, et se retira en Campanie où il mourut misérablement. Le pape ayant fait ensuite une enquête fort sévère sur les diverses causes d'agitation qui remuaient la communauté, s'empressa de rétablir l'esprit de concorde parmi les moines, et leur imposa la direction intelligente et ferme de l'abbé Humbert, qui était Français de nation. Instruit en même temps que le prédécesseur d'Humbert s'était servi d'actes supposés pour maintenir de prétendus droits, et que d'autres pièces également fausses se trouvaient dans les archives du monastère, Léon IX ordonna que le tout fût apporté en sa présence et jeté immédiatement au feu. Cette exécution accomplie, il confirma par une bulle spéciale les possessions et priviléges du monastère qu'il appelle, par une distinction fort honorable, le premier des monastères constitués en Italie : *Caput omnium monasteriorum per Italiam constitutorum.*

Le nouvel abbé de Subiaco appliqua ses efforts à maintenir l'ordre dans sa communauté, à y faire d'importants travaux de construction, et à en défendre les domaines contre toute usurpation étrangère. Le zèle vigilant dont il fit preuve pour conserver intact le patrimoine confié à sa garde, ne manqua point de lui susciter l'inimitié de quelques seigneurs du voisinage, et l'un d'eux ourdit contre lui une odieuse machination qui peint bien les mœurs perfides et violentes de l'époque. En 1057, Landon de Civitella, qui voulait se venger de l'abbé Humbert, profita d'un voyage de ce dernier pour l'assaillir en route avec une troupe d'hommes armés, et après l'avoir chargé de chaînes, il le retint prisonnier dans son château. En vain les moines s'empressèrent de venir réclamer la délivrance de leur abbé : Landon se montra inflexible, et sur leur insistance, il les chassa rudement de son manoir. Comme ils ne pouvaient laisser leur communauté sans chef, ils se décidèrent à offrir le bâton pastoral à Jean, moine de Farfa, fils d'Odon, sénateur de Rome et comte de Sabine.

L'élection inattendue de cet abbé, qui par sa naissance se rattachait à l'ancienne et puissante famille des Crescenzi, contraria vivement Landon, car elle lui faisait redouter une prochaine répression de ses actes d'injustice et de violence. Devenu plus traitable par nécessité, il se rendit au monastère et engagea les moines à se replacer sous le gouvernement d'Humbert, auquel il était prêt, disait-il, à rendre aussitôt la liberté. Rétabli par suite de cet arrangement dans ses anciennes fonctions, Humbert eut encore à soutenir des luttes si longues et si pénibles contre ses ennemis extérieurs ou intérieurs, que le monastère se trouva réduit aux plus fâcheuses extrémités. Pour mettre un terme à cet état de choses, le pape Alexandre II crut devoir députer à Subiaco le cardinal Hildebrand qui, accompagné de son ami Didier, abbé du Mont-Cassin, fit procéder régulièrement à l'élection d'un nouvel abbé. Humbert s'étant démis volontairement de sa charge, la communauté réunie en chapitre nomma le moine Jean qui avait déjà obtenu ses suffrages, et le cardinal Hildebrand, après lui avoir remis en grande pompe les insignes de sa dignité, lui donna les plus sages conseils sur les nouveaux devoirs qu'il aurait à remplir.

L'administration de Jean V, qui s'étend de 1060 à 1121, fut une des plus remarquables que l'on trouve dans les Annales du monastère. Cet abbé poursuivit les travaux commencés par son prédécesseur, ne cessa de montrer une grande sagesse dans l'exercice de ses droits temporels et spirituels, et mérita par ses vertus et ses talents d'être décoré de la pourpre romaine. Les papes Grégoire VII, Victor III et Urbain II l'honorèrent de leur amitié, et l'aidèrent à défendre les domaines de Sainte-Scholastique contre les entreprises de ses puissants voisins. Sous le gouvernement de Jean V, un autre pontife, ancien moine de Cluny, puis abbé de Saint-Paul-hors-des-murs, Pascal II intervient encore dans les affaires contentieuses du monastère, pour soumettre à la juridiction abbatiale les châteaux de Ponza et d'Afile dont s'était emparé un seigneur, nommé Ildemond. Plus tard, en 1202, le célèbre Innocent III, si zélé pour le maintien de la discipline et des mœurs ecclésiastiques, introduit une salutaire réforme dans l'abbaye, et afin d'empêcher des conflits qui s'étaient trop souvent manifestés, il établit une nouvelle communauté de moines près du *Sacro Speco*, avec un prieur distinct de celui de Sainte-Scholastique.

Dans le cours du treizième siècle, il est encore fait mention des visites successives de Grégoire IX, l'inflexible adversaire de Frédéric II, et d'Alexandre IV qui, dans sa reconnaissance pour l'abbaye où il avait été simple religieux, confirme et augmente les priviléges dont elle était dotée. Il paraît que la réforme introduite précédemment par Innocent III continuait de porter ses fruits, car le pontife, dans son diplôme, déclare que les autres communautés bénédictines n'ont qu'à lever les regards vers celle de Sainte-Scholastique, pour avoir le parfait modèle de l'observance qu'elles doivent suivre. Malheureusement il en est des réformes monastiques comme de bien d'autres institutions humaines. Souvent elles arrivent tard, et plus souvent elles durent peu, selon les témoignages que fournit l'histoire des congrégations religieuses. Dès la fin du treizième siècle, de nouvelles luttes se produisent entre le monastère de Sainte-Scholastique et celui de San Benedetto, au sujet de leur juridiction et de leurs droits respectifs. Le cardinal Jacques Colonna, du titre de *Santa Maria in via lata*, est envoyé par le souverain pontife pour rétablir la paix entre les deux communautés rivales.

D'autres démêlés également regrettables éclatent encore en 1312, et comme ils se prolongent pendant plusieurs années, le pape Jean XXII, voulant apaiser les parties belligérantes, impose aux religieux de Subiaco un nouvel abbé, choisi parmi les moines du Mont-Cassin. Dans un cercle d'action plus restreint, les discordes intérieures ne sont pas moins funestes aux sociétés monastiques qu'aux États. Pour les membres d'une même corporation, aussi bien que pour les enfants d'une même patrie, elles amènent inévitablement à leur suite le désordre, la misère et la ruine. Quand l'abbé Bartolomeo prit, au nom du pape Jean XXII, la direction de ce monastère de San Benedetto qui venait de lutter si longtemps contre celui de Sainte-Scholastique, il le trouva dans une si fâcheuse situation qu'on pouvait, dit énergiquement la chronique, « l'appeler plutôt une étable d'animaux qu'une habitation de moines[1]. » Malgré la précaution qu'il prit, pour éviter le retour des dissensions, d'y établir une colonie de religieux venus de l'étranger,

---

[1] Ut monasterium specuense potius stabulum animalium quam monachorum domicilium potuerit appellari.

l'esprit de discorde, passant de la communauté de San Benedetto dans l'abbaye de Sainte-Scholastique, y fut suivi de résultats non moins déplorables. Ainsi, au quatorzième siècle, après de longs troubles occasionnés par l'élection des abbés, Urbain VI est contraint de venir interposer son autorité suprême, et il décrète que la nomination de leur supérieur, qui alors appartenait aux moines, serait soumise à l'approbation du saint-siége.

Quelques années auparavant, Urbain V qui se rappelait avoir porté l'habit de saint Benoît, et conservait pour le berceau de l'ordre bénédictin la plus vive sollicitude, avait envoyé au monastère de Sainte-Scholastique un certain nombre de moines allemands, dans le but d'y maintenir une plus exacte discipline. Cette nouvelle communauté, d'origine germanique, resta en possession de l'abbaye, et même du *Sacro Speco*, pendant un siècle et demi. Or, le long séjour de ces religieux allemands à Subiaco explique comment plus tard, en 1465, sous Paul II, des imprimeurs de leur nation trouvèrent auprès d'eux une généreuse hospitalité, et, en compensation, firent connaître à l'Italie la pratique et les bienfaits d'un art qui, né à peine, allait bientôt remuer et éclairer le monde. Ces typographes étaient Conrad Sweynhem et Arnold Pannartz, tous deux élèves immédiats de Fust et de Gutenberg. Ayant établi une presse dans le monastère, ils imprimèrent d'abord le *Donatus pro puerulis*, ouvrage qui fut suivi d'un *Lactance* en caractères romains sous la date du 30 octobre 1465, et deux ans après, au mois de juin 1467, ils publièrent la *Cité de Dieu*, de saint Augustin.

Dans le courant de la même année, Sweynhem et

Pannartz furent appelés de Subiaco à Rome, où ils jetèrent les bases de la *Stamparia Camerale*, établissement qui, sous leur active impulsion, produisit en sept ans plus de 7,000 volumes de différents ouvrages, dont le premier, sans date, fut l'*Orateur*, de Cicéron[1]. A l'exemple de Rome, les principales villes de l'Italie s'empressèrent de suivre le mouvement dont l'abbaye bénédictine de Subiaco eut l'insigne honneur de donner le premier signal[2]. Quatre ans après l'arrivée des élèves de Fust et de Gutenberg au monastère de Sainte-Scholastique, Venise et Milan entraient aussi dans la carrière que leurs savants imprimeurs devaient, pour le plus grand avantage des lettres, parcourir avec

---

[1] Cette première imprimerie fut fondée à Rome, dans une maison dépendante du palais Massimi, — *in domo Petri de Maximis*, — palais qui passe pour le chef-d'œuvre de Balthasar Peruzzi, et où l'on admire le *Discobole* grec, l'une des statues antiques les plus remarquables et les mieux conservées. Les livres imprimés à Rome par Sweynheim et Pannartz sont déjà d'une bonne exécution. Contrairement à l'opinion de Tiraboschi, quelques bibliographes pensent que ce fut dans cette ville, et non au monastère de Subiaco, que fut édité le *Donatus pro puerulis*, dont on ne retrouve plus aucun exemplaire. Quoi qu'il en soit, l'imprimerie romaine continua de soutenir sa renommée, surtout au seizième siècle, en produisant de belles éditions, telles que l'*Homère* d'Eustathe, celui de Bladus, et la *Bible* latine d'Alde Manuce.

[2] Au sujet des livres imprimés en caractères *romains* par Sweynheim et Pannartz, il est bon de rappeler que la forme des premiers caractères fondus en métal, et employés pour les anciennes éditions, dites incunables, était la forme *gothique*. Quant aux caractères romains, soit qu'ils aient été introduits pour la première fois en Italie dans l'impression du *Lactance* de Subiaco, soient qu'ils aient été inventés, comme d'autres le prétendent, par Nicolas Jenson, imprimeur à Venise, et appliqués par lui à son édition du *Decor Puellarum*, ils dominèrent bientôt partout, mais nulle part autant que dans les livres sortis des presses italiennes. Des caractères grecs on trouve aussi les premiers spécimens dans le *Lactance* de Subiaco, et dans quelques mots gravés sur bois du livre de Cicéron *De Officiis*, imprimé à Mayence à la date de cette même année 1465. — Consult. Laire, *Specimen hist. typog. roman. XV sæculi*, Rome 1778; J. B. Audiffredi, *Catal. hist. critic. roman. editionum sæculi XV*, Rome, 1783.

tant de gloire. A son tour, en 1471, Naples avait un établissement typographique, dirigé par un Allemand venu de Strasbourg, et, l'année suivante, un imprimeur d'Anvers passait le détroit de Messine, pour introduire son art à Monreale, en Sicile. Ces faits, sur lesquels nous avons insisté avec intention, ne démontrent-ils pas suffisamment que si le reproche d'ignorantisme a été souvent lancé contre les moines, il ne peut du moins être appliqué aux religieux de saint Benoît, puisque au moyen âge, comme aux temps modernes, on les vit toujours, dans la marche progressive des idées et des faits, prendre le rôle d'une intelligente initiative?

A l'époque où, sous l'influence des moines allemands, le mouvement intellectuel que devait seconder la presse, se manifestait à Subiaco, le savant Pie II voulut visiter le premier berceau de la famille bénédictine. Avant d'aller mourir sur ce rivage d'Ancône, où s'étaient faits les immenses armements de la croisade prêchée par lui contre les Turcs, il désirait sans doute retremper ses forces et son courage près du lieu vénéré où saint Benoît avait préparé aussi sa grande entreprise. Par un sentiment qui honore la délicatesse de ce pontife, il signala son séjour à Subiaco, en y décrétant que l'entrée de la Sainte Grotte, interdite sévèrement aux femmes, serait ouverte désormais à celles qui s'y rendraient en pèlerinage. Il trouva d'ailleurs les deux monastères de Subiaco dans une situation fort satisfaisante, grâce à la réforme que l'un de ses prédécesseurs y avait introduite, en confiant l'autorité abbatiale à son vicaire apostolique Matteo de Carreto. Après cet abbé qui sut répondre dignement à la confiance du souverain pontife et obtint de nouveaux priviléges en faveur du monastère de Sainte-Scholastique, les moines de cette abbaye avaient encore reçu du pape Eugène IV un diplôme ordonnant que les terres et châteaux indûment occupés par Giordano Colonna, prince de Salerne, seraient replacés sous leur juridiction. Enfin, sous le gouvernement de Guillaume, élu en 1446, et le dernier des abbés réguliers dont l'administration précéda l'établissement de la Commende, d'autres faveurs leur avaient été également accordées par le pape Nicolas V et le roi des Deux-Siciles, Alphonse d'Aragon.

Avec l'année 1455 commence à Subiaco le régime des abbés commendataires, qui fut établi par le pape Calixte III dont l'intention, d'après les considérants énoncés dans la bulle pontificale, était de donner un nouveau lustre à l'abbaye, en plaçant à sa tête un prince de l'Église. Le premier qui la reçut en commende fut le cardinal Torrecremata, Espagnol d'origine, qui, après avoir assisté au concile de Constance, et brillé à Paris par les thèses soutenues en Sorbonne, avait été nommé maître du sacré-palais à Rome. Envoyé au concile de Bâle par le pape Eugène IV qui avait une grande estime pour son zèle et sa science profonde, il dédia plus tard à ce pontife un recueil de commentaires sur les *Décrétales*, et composa, outre un traité des droits du saint-siége, une analyse de la règle de saint Benoît. Il fit aussi rédiger un code de lois et de coutumes locales, destinées à régir les vassaux des domaines de l'abbaye et à déterminer leurs obligations envers leurs seigneurs ecclésiastiques. A l'administration du cardinal Torrecremata, mort en 1471, succéda celle du trop célèbre Roderic Borgia, qui devait ensuite ceindre la tiare sous le nom d'Alexandre VI. En récompense de l'habileté que le cardinal abbé de Sainte-Scholastique avait montrée dans une mission qu'il venait de remplir en Espagne, le pape Sixte IV fit don au monastère du château de Trevi qui, en 1473, augmenta d'une terre importante des possessions déjà fort étendues. Fastueux dans ses habitudes, ne marchant qu'avec un cortége digne d'un souverain, le cardinal Borgia tenait une véritable cour à Subiaco et y faisait des dépenses considérables qui lui donnaient une certaine popularité. Comme chef des troupes pontificales, il mit un soin particulier à restaurer et à munir la forteresse abbatiale qui lui servait de demeure; il en arma les remparts de nombreuses pièces d'artillerie et bâtit la tour du levant, appelée de son nom la *Borgiana*.

Quelque temps après avoir été investi de ce riche bénéfice, le cardinal Roderic Borgia s'entendit avec le cardinal Orsini, qui, de son côté, avait obtenu le titre d'abbé commendataire de Farfa, pour unir à cette dernière communauté les deux monastères de Subiaco. Cette union, approuvée par Sixte IV, fut annulée sous son successeur Innocent VIII; mais le préjudice causé à la discipline intérieure par ces changements de direction, trouva bientôt sa compensation dans les salutaires effets de la réforme générale qui allait s'accomplir pour les monastères bénédictins de l'Italie. Quand, au commencement du seizième siècle, l'établissement de la congrégation dite de Sainte-Justine de Padoue rallia tous ces monastères sous une seule et même observance dont le Mont-Cassin devint ensuite le centre et le modèle, les deux abbayes de Subiaco durent, en 1514, s'unir à la nouvelle congrégation, en vertu d'un bref du pape Léon X. Mais les religieux d'origine allemande, mécontents d'une union qu'ils supposaient contraire à leur indépendance, refusèrent de l'accepter, et douze de ces moines se rendirent successivement auprès des empereurs Maximilien Ier et Charles-Quint, pour présenter leurs réclamations. Les documents assez curieux qui se rapportent à cette députation, tout en montrant l'influence étendue que la maison d'Autriche exerçait déjà sur les affaires religieuses et politiques de l'Italie, établissent également que les griefs des réclamants étaient peu fondés, car les religieux de Subiaco n'avaient que tout avantage à se soumettre à l'observance qui régissait les autres maisons de l'ordre.

Vers le milieu du seizième siècle, aux troubles excités de nouveau par l'obligation imposée à l'un des deux monastères de subir l'autorité de l'autre, se joignent les désordres résultant des guerres que soutiennent, sous les pontificats de Clément VII et de Paul IV, les puissants seigneurs de la famille Colonna. Comme leurs troupes commettaient toutes sortes d'excès aux environs de Subiaco, les populations effrayées s'empressaient de fuir vers l'abbaye où, selon une coutume datant des plus tristes jours du moyen âge, elles croyaient trouver un asile inviolable. A la suite de ces événements, la communauté chargée de desservir le *Sacro Speco* fut frappée des plus funestes atteintes, et après avoir langui quelque temps, elle finit par se dissoudre tout à fait. Plus tard, pour remédier à un tel abandon, le pape Clément X obligea l'abbé de Sainte-Scholastique d'entretenir près de la Sainte Grotte deux religieux bénédictins qui, chargés des fonctions de pénitenciers, pourraient satisfaire aux besoins religieux des fidèles et des pèlerins. De toutes parts, en effet, de nombreux visiteurs continuaient d'affluer vers la sainte montagne de Subiaco, soit pour y accomplir des actes de dévotion, soit pour y explorer l'un des plus anciens sanctuaires de la science bénédictine. Cependant, grâce au zèle religieux des abbés de Sainte-Scholastique, la discipline refleurit dans ce monastère durant la seconde partie du dix-septième siècle. Ce fut en cet état favorable que la trouvèrent, à la fin de l'année 1685, nos savants bénédictins de Saint-Maur, dom Jean Mabillon et dom Michel Germain. En quittant le Mont-Cassin, pour retourner à Rome, ils s'arrêtèrent tous deux à Subiaco, et le premier, dans son *Iter Italicum*, le second, dans sa correspondance avec dom Claude Bretagne, nous ont laissé quelques détails sur la situation des lieux qu'ils étaient venus visiter.

« Après avoir vu, dit Mabillon, les sources de l'Anio, qui se précipite d'une roche avec une abondance d'eaux remarquable, nous suivîmes la vallée, et arrivâmes au monastère de Sainte-Scholastique, situé non loin de la Sainte Grotte, et dédié précédemment à saint Benoît. Il est bâti à mi-côte de la montagne, entre la Sainte Grotte et la ville de Subiaco. Douze religieux y vivent sous un abbé régulier, avec un revenu assez médiocre, la mense abbatiale appartenant, comme celle de Farfa, au cardinal Barberini. Cette maison a passé successivement par trois régimes différents, sous l'administration de ses abbés. Durant la première période, depuis sa fondation jusqu'à Urbain VI, l'élection de l'abbé était faite par les moines et confirmée, selon l'usage, par le souverain pontife. Le pape Urbain VI ayant enlevé aux abbés l'administration à vie, rendit leur pouvoir temporaire, et en subordonna la durée à la décision du saint-siége, mais en statuant que l'élection continuerait d'avoir lieu selon les règles monastiques. Ce second régime dura jusqu'au pontificat de Calixte III, lequel substitua aux abbés réguliers des abbés commendataires revêtus d'une autorité perpétuelle. A dater du pape Alexandre VI, le titre d'abbés commendataires de Sainte-Scholastique fut attribué aux Colonna qui le gardèrent cent soixante ans, et passa ensuite aux membres de la famille Barberini qui en jouissent encore maintenant. Quant à la direction de la communauté, elle est confiée à un abbé régulier, et cette charge est actuellement remplie par le T. R. P. Michel-Ange Invrea, d'une noble famille de Gênes[1]. »

Après Mabillon, Michel Germain rappelle d'abord, dans sa lettre à son correspondant de Saint-Germain des Prés, quelle complaisance charitable ils ont trouvée, pour leurs recherches, auprès des moines de Subiaco qui, dit-il, possédaient autrefois plus de deux mille cinq cents manuscrits. Puis il ajoute : « Le Père abbé de Sublac est un saint homme; s'il y en avait beaucoup de semblables, cette congrégation, qui a de fort bons sujets, florirait plus qu'aucune autre d'Italie. Il est frère du doge de Gênes qui a précédé celui qui est venu en France[2]. Outre le monastère de Sainte-Scholastique, assez agréable, où est la communauté, il y en a un autre à la Sainte Grotte. Il n'y a qu'un Père et un Frère qui y demeurent pour la satisfaction des pèlerins qui y abordent

---

[1] J. Mabill., *Iter Italic.*, p. 127 et seq.
[2] Ce fut en 1684, après le bombardement de Gênes par la flotte française, que le doge fut contraint, malgré la loi qui lui interdisait de sortir du territoire de la ville, de se rendre personnellement à Versailles pour apporter à Louis XIV la soumission de la république.

en grand nombre. Il y a pourtant des bâtiments assez vastes pour loger commodément une communauté de vingt moines ; mais soit que le commendataire absorbe tous les revenus, soit qu'une si affreuse solitude épouvante les Italiens, ce lieu saint est désert. L'église en est pourtant fort belle et bien entretenue. Il y a quinze autels. La Grotte perd beaucoup de son horreur par la belle figure de marbre de notre Bienheureux Père, qui est assise comme en contemplation. On ne peut se prosterner sur le rocher de ce saint antre, sans jeter des larmes en abondance[1]. »

IV

Pendant le siècle qui suivit le voyage de nos bénédictins français au delà des Alpes, de nouveaux changements survinrent dans la situation respective des deux monastères de Subiaco. L'état d'abandon où était trop longtemps resté celui qui était le plus voisin du *Sacro Speco*, toucha tellement un ancien religieux de saint Benoît, devenu archevêque d'Apamée, qu'il résolut d'en entreprendre la complète réorganisation. Il s'appelait Nicolas Tedeschi, et remplissait alors les fonctions de secrétaire de la congrégation des Rites. Avec les fonds qu'il prit sur sa fortune privée, et les dons volontaires de plusieurs communautés bénédictines, il fit restaurer les dortoirs, ainsi que les lieux claustraux, et rendit le monastère parfaitement habitable. Puis, il obtint du

---

[1] Dom Michel Germain à dom Claude Bretagne. Rome, 6 décembre 1685. *Ms. de la Biblioth. Impér. Résid. Saint-Germain des Prés.*

pape Clément XII un bref, conservé dans les archives, et portant qu'à l'avenir la communauté serait indépendante de celle de Sainte-Scholastique, que ses religieux seraient unis à la congrégation bénédictine d'Italie, et qu'on choisirait parmi eux un abbé et un prieur, lorsqu'ils seraient au nombre de douze moines ayant fait profession. Le jour de la Visitation de l'année 1732, l'archevêque Tedeschi vint inaugurer solennellement, avec six moines prêtres, la reconstitution de la nouvelle communauté. Appelé ensuite auprès du pape Benoit XIV, qui voulait l'élever à la pourpre romaine, il mourut en 1741, en laissant tous ses biens au monastère, dans l'église duquel ses restes furent inhumés.

Depuis cette époque, la maison n'a cessé d'être soumise au régime de la discipline régulière à l'intérieur, mais en conservant, aussi bien que l'abbaye de Sainte-Scholastique, des abbés commendataires, dont le titre fut porté plus tard par les souverains pontifes eux-mêmes. Toutefois, à dater de 1753, un changement important se produit dans l'administration supérieure des deux monastères, au moment où l'abbé Banchieri, ex-secrétaire d'État sous Clément XII, est appelé à succéder au cardinal Spinola. Comme à la fin du gouvernement de ce dernier, des actes de rébellion s'étaient plusieurs fois manifestés parmi la population du territoire de Subiaco, le pape Benoit XIV, jugeant que l'autorité des abbés commendataires n'était pas assez puissante pour maintenir l'ordre dans leurs domaines, leur retira la juridiction temporelle qu'il unit pour toujours au siége apostolique. Les abbés commendataires de Subiaco n'eurent donc plus que l'exercice du pouvoir spirituel qui, après l'abbé Banchieri, passa du cardinal

Severio Canale au cardinal Angelo Braschi, depuis élu pape sous le nom de Pie VI. Investi de cette commende, en 1775, c'est-à-dire deux années avant son avènement, il voulut la conserver pendant toute la durée de son pontificat. Il combla de ses bienfaits la ville et les établissements monastiques de Subiaco, termina les vastes constructions du séminaire abbatial, et le dota d'une riche bibliothèque, qui pût fournir au clergé de la localité tous les éléments possibles d'instruction. Outre ces témoignages d'une bienveillance qui ne se démentit jamais, des lettres écrites par ce pontife et gardées aux archives de l'abbaye, montrent quelle affection il portait aux sanctuaires de Subiaco[1].

Le pape signalait ainsi son zèle pour les ordres religieux, au moment même où la Révolution française supprimait par un décret toutes les communautés monastiques, et fermait, du même coup, tant de pieux asiles ouverts à cette érudition bénédictine dont les immenses travaux méritaient plus de justice et de reconnaissance. Quand les armées républicaines portèrent ensuite au delà des monts les principes de la révolution, en même temps que la gloire de notre drapeau national, les monastères de Subiaco eurent le privilége d'échapper aux mesures violentes qui atteignirent alors la plupart des établissements monastiques. Ils ne furent donc, pendant l'occupation de 1798, ni dépouillés de leurs biens, ni privés de leurs religieux ; mais la seconde occupation de 1810 ayant été suivie d'un décret impérial qui prononçait la suppression des couvents de l'un et de l'autre sexe, les abbayes de Subiaco durent se soumettre à la loi commune. À cette époque, l'abbé

---

[1] *V.* Pièces justificatives B.

commendataire était le cardinal Francesco Galeffi qui, depuis 1803, avait remplacé le cardinal Michel-Angelo Luchi, nommé précédemment à cette même charge, à la mort du pape Pie VI. Sincèrement attaché à la personne du pape Pie VII, le cardinal Galeffi l'avait suivi en France, avec d'autres membres du sacré collège, au moment où le pontife fut transféré de Savone à Fontainebleau. Après avoir subi plusieurs exils à Sedan et à Lodève, en punition de sa résistance aux volontés impériales, l'abbé commendataire de Subiaço revit enfin son monastère en 1814, et s'occupa immédiatement de le réorganiser.

Par une heureuse chance dont il fut en grande partie redevable au zèle d'un pieux bénédictin, le *Sacro Speco* ne souffrit pas de la crise qu'on venait de traverser. Le Père dom Francesco Cavalli, qui était, au moment de la suppression, prieur de San Benedetto, eut le bon esprit de ne point abandonner son poste, tout contraint qu'il fût de se dépouiller de ses insignes monastiques. Aussi, lorsque des jours meilleurs se levèrent pour les ordres religieux, il parvint facilement, avec l'autorisation de Pie VII, à relever son monastère, et à y recevoir des moines qui continuèrent d'y résider jusqu'à l'époque où furent ouvertes les autres abbayes de la congrégation bénédictine. Bientôt le régime de la commende fut rétabli à Subiaco, et quoique ce système d'administration ait été généralement funeste aux communautés monastiques, il faut reconnaître que les abbés commendataires auxquels le chef de l'Église confia les monastères voisins du *Sacro Speco*, se montrèrent le plus souvent aussi zélés pour leur prospérité, que pleins de respect pour leurs antiques priviléges. L'un des der-

niers abbés, le cardinal Pietro Spinola, se fit un devoir
de marcher sur les traces de ses prédécesseurs. Dévoué
complétement aux maisons bénédictines de Subiaco,
habile et indulgent à la fois dans la répression des abus,
il s'appliqua, en outre, à relever les études de son séminaire
abbatial, qu'il regardait avec raison comme une
pépinière de bons prêtres et de bons religieux.

Son successeur, le cardinal Polidori, était un savant
prélat qui, après avoir rempli les fonctions de secrétaire
des Lettres latines auprès du saint-siége, avait été récompensé
de ses services par la pourpre romaine, puis
nommé, en 1842, au siége abbatial de Subiaco. Il fit
exécuter d'importants travaux de restauration à la collégiale,
donna une nouvelle impulsion aux études du
séminaire dépendant de l'abbaye, où fut poursuivi avec
succès l'enseignement de la philosophie et des sciences
naturelles, et en même temps il ne cessa de montrer
la charité la pus vive pour les pauvres de son diocèse.
A sa mort, arrivée en 1847, le pape Pie IX, auquel une
constante amitié l'avait uni, voulut témoigner son respect
pour la première demeure de saint Benoit et le
bienveillant intérêt qu'il portait à l'ordre bénédictin,
en prenant le titre d'abbé commendataire de Subiaco[1].
Depuis cette époque les monastères dont ce pontife s'était
réservé la haute direction, ont ressenti plus d'une
fois les effets d'un si puissant patronage. Dès la première
année de son pontificat, le pape voulut visiter le
Sacro Speco, et il pria longtemps dans cette demeure
vénérée où il venait, disait-il, chercher les inspirations
dont il avait besoin pour bien remplir sa haute et difficile
mission. Cette visite pontificale, accomplie au

[1] *V.* Pièces justificatives C.

moment où Pie IX inaugurait avec tant d'éclat le gouvernement de l'Église, fut une véritable ovation pour le nouveau pape. Désirant, en retour de l'accueil qu'il reçut, signaler son affection pour les sanctuaires de Subiaco, il en nomma l'administrateur, Mgr Bighi, à la dignité épiscopale, faveur bien méritée par ce savant théologien qui avait été consulteur des congrégations des Rites et des Affaires ecclésiastiques.

Pendant la retraite forcée du pape à Gaëte, la tranquillité habituelle de Subiaco fut troublée par des scènes qui suivirent la proclamation de la République romaine et la plantation d'un arbre de la liberté sur la place de la Collégiale. La singularité de cette double cérémonie s'accomplissant non loin de l'antique séjour de saint Benoît, devant un piquet de soldats du gouvernement mazzinien, n'eut d'égale que l'étrange véhémence du discours prononcé en même temps par un prêtre, fougueux partisan du général Garibaldi. Comme les habitants, restés fidèles à l'autorité pontificale, ne prirent aucune part à la fête officielle, et que le vice-recteur du séminaire abbatial refusa de faire illuminer la façade de sa maison, une troupe de soldats y pénétra de force pendant la nuit, et contraignit les élèves aussi bien que les professeurs à prendre la fuite. Ajoutons que ces actes de violence, inséparables des temps de révolution, ne s'étendirent pas aux monastères de Subiaco. Leur calme intérieur et la régularité claustrale ne souffrirent aucune atteinte jusqu'au jour où l'intervention française eut ramené le souverain pontife à Rome [1].

---

[1] Il résulte d'informations que nous avons prises, qu'il y a quelques années déjà le pape Pie IX s'est démis de son titre d'abbé commendataire de Subiaco, pour le céder au cardinal Andrea.

Le lendemain de mon arrivée à Sainte-Scholastique, je voulus, avant de visiter le *Sacro speco*, entendre l'office du matin dans l'église de l'abbaye. Au moment où j'entrai, les moines se partageant, selon l'usage, en deux chœurs, chantaient ces beaux psaumes de David qui, traduits dans la langue simple et grave de saint Jérôme, résonnaient sous les voûtes en versets harmonieusement alternés. Malgré les distractions fort excusables auxquelles sont entraînés des religieux par l'habitude de répéter uniformément les mêmes paroles sur les mêmes notes, je remarquai que les bénédictins de Subiaco avaient tous l'air fort recueilli, et semblaient pénétrés de ce qu'ils exprimaient dans leur psalmodie. En les entendant, je sentis une fois de plus avec quel art saint Ambroise, et après lui saint Grégoire le Grand avaient adapté à la liturgie chrétienne ces chants de la Grèce antique, dont la douce mélodie, le mode lent et majestueux convenaient si bien au génie du nouveau culte. Il faut dire aussi que l'aube commençant à éclairer les profondeurs de l'édifice, le moment était favorable pour apprécier par son côté poétique cette récitation de l'office matinal. Si, dans l'enceinte d'une église, les premières heures du soir prédisposent au recueillement et à la méditation, les premières heures du jour ne sont pas moins propices à l'effusion de la prière chantée et au libre essor de l'âme vers Dieu. Après une nuit étoilée et sereine, rien de frais, rien de suave comme le réveil de la nature, sous le ciel privilégié de l'Italie, et par une belle journée de printemps. Quand tout s'anime, quand tout renaît et s'unit dans un hymne universel, l'homme pourrait-il seul garder le silence? N'est-il pas porté, au contraire, à élever aussi la voix, pour chanter et bénir celui que chante et bénit chaque créature en son langage? D'ailleurs, à l'instant où, délivré des embûches de la nuit, il se sent le corps délassé, le cœur rafraîchi par un repos salutaire, n'éprouve-t-il pas le besoin de témoigner sa reconnaissance, et de demander en même temps les forces qui lui sont nécessaires pour bien remplir sa tâche quotidienne? Or, c'est afin d'accomplir strictement ce devoir et de remplacer les voix absentes dans le chœur religieux auquel elles refusent de s'adjoindre, que la psalmodie a été prescrite, pour les différentes heures de la nuit et du jour, par les statuts de la règle bénédictine.

L'église de Sainte-Scholastique, où je me plaisais à entendre ces chants d'un office invariablement répété depuis treize siècles, a subi bien des transformations, comme la plupart des édifices conventuels. Reconstruite à des époques et dans des styles fort différents, elle a fini par être complétement réédifiée selon les principes de l'architecture moderne. L'ordre ionique y domine et les colonnes de marbre qui en décorent l'intérieur sont remarquables par leur beauté. Sur la voûte principale une peinture à fresque représente sainte Scholastique, et dans les huit chapelles des bas-côtés de l'église, on voit un grand nombre d'autres peintures; mais elles sont, en général, assez médiocres. La voûte de la sacristie, érigée en 1578, a été peinte par Frédéric Zucchari; le meilleur tableau est la *Vierge* placée au-dessus de l'autel, et il est de Carle Maratte. La salle capitulaire est fort belle et d'un aspect imposant, ainsi que le grand réfectoire qui est orné d'un tableau représentant le pape saint Grégoire le Grand assis à une table et occupé à distribuer de la nourriture à de pauvres pèlerins, au milieu desquels figure un ange portant le costume de voyageur. Un corridor spacieux conduit ensuite à la bibliothèque élégamment construite et située près du jardin. Autrefois fort riche, cette bibliothèque ne renfermait plus, dès l'époque où le Père Mabillon la visita, qu'un petit nombre d'anciennes éditions[1]. Les archives de l'abbaye, qui possédaient également des pièces d'une haute antiquité, ont perdu la plus grande partie de leurs trésors, par suite des ravages que causa un désastreux incendie.

Toutefois, les collections imprimées et manuscrites de Sainte-Scholastique conservent encore de belles éditions princeps[2], notamment des ouvrages publiés par Sweynheim et Pannartz, sans compter d'importants palimpsestes et plusieurs exemplaires d'anciennes chroniques. Parmi ces chroniques, on distingue d'abord celle que composa en 1575, Guillaume Capisacchi, religieux du monastère, en se servant de documents originaux déposés dans les archives, et surtout d'un ancien *Regestum* en parchemin dont la date remonte à l'année 1130. Comme l'écriture du Père Capisacchi était fort difficile à lire, à cause des nombreuses abréviations en usage au seizième siècle, son manuscrit autographe fut recopié plus tard

---

[1] Bibliotheca olim pluribus referta libris, nunc ad paucas editiones veteres redacta est. — J. Mabill., *Iter Italicum*, p. 128.

[2] Les plus anciennes éditions de la bibliothèque de Sainte-Scholastique sont : 1° *Opera* Lactantii Firmiani, 1465 ; 2° *De Civitate Dei* S. Augustini, 1467 ; 3° *Epistolæ* divi Hieronymi, 1468 ; 4° *Glossa* D. Thomæ Aquinatis, 1470 ; 5° *Epistola* D. Cypriani, 1471 ; 6° *Sermones* Fr. Roberti de Litio, 1472 ; 7° Strabo *in Geographiam*, 1473 ; 8° Joseph Hebræus, *De Bello Judaico*, 1475 ; 9° Eusebius Cæsariensis, *Historiæ ecclesiasticæ*, 1476 ; 10° *Biblia sacra*, 1479 ; 11° Cassianus, *De Institutione Cœnobiorum*, 1491 ; 12° Boetius, *De Consolatione et ejus reliqua opera*, 1492

avec beaucoup de soin par dom Antonio Enriquez. Une autre chronique plus importante fut aussi rédigée d'après les sources primitives par un moine d'origine allemande, appelé dom Mirtius ou Mirzio, et qui, en 1628, avait fait sa profession au monastère de Sainte-Scholastique. Écrites avec intelligence et bonne foi par des religieux qui avaient à leur disposition les documents nécessaires, ces deux compilations offrent les plus utiles renseignements pour l'histoire locale. Quant au *Chronicon Sublacense*, composé par un moine anonyme de l'abbaye, et s'étendant de l'année 595 à l'année 1390, il a paru assez intéressant à Muratori, pour qu'il le publiât successivement dans ses deux recueils des *Scriptores rerum italicarum* et des *Antiquitates italicæ medii ævi*.

Au nombre des manuscrits, je remarquai une Bible sur vélin magnifique, ornée de belles miniatures; le livre des *Morales* de saint Jérôme, avec lettres majuscules richement encadrées d'arabesques; les *Sentences*, de Pierre Lombard, ainsi qu'un *Codex diplomaticus* du dixième siècle, précieux à consulter pour ses indications sur la première période du moyen âge. Un recueil de *Vies des Saints*, du onzième siècle, un autre recueil d'hymnes inédites datant du treizième siècle et un *Sacramentaire* du pape saint Grégoire le Grand, de la même époque, méritent aussi de fixer l'attention. Il faut citer encore plusieurs autres manuscrits indiqués dans l'*Iter Italicum* de Mabillon. Tels sont le traité *de Rebus moralibus*, de l'évêque Adalger, le *Linea salutis monachorum*, d'Ambroise le Camaldule, et la version latine des livres de Denys sur la *Théologie mystique*, précédée d'un prologue écrit par Jean *le Sar-*

rasin[1]. Cette traduction est adressée à Odon, abbé de Saint-Denis, par l'auteur qui lui déclare s'être transporté en Grèce, pour y chercher le manuscrit original de son ouvrage. Il y fait mention d'un voyage semblable entrepris pour le même motif, sous les auspices d'Odon, par le moine Guillaume, religieux de son monastère. De telles communications échangées, malgré la distance des lieux, montrent comment au treizième siècle, à la suite du mouvement des Croisades, des moines bénédictins s'en allaient d'Occident en Orient remplir des missions littéraires et y faisaient de pacifiques conquêtes, en recueillant de précieux manuscrits. Se mêlant quelquefois aux événements politiques et militaires de leur époque, ces moines y apportaient leur part d'active coopération. Ainsi, ce religieux français que son abbé avait envoyé en Grèce, et qui lui succéda sur le siège abbatial de Saint-Denis, est le même personnage qui, en 1252, selon le témoignage de Guillaume de Nangis, expédia au roi saint Louis, alors retenu en Orient, un navire chargé de vêtements, de subsistances et de provisions de toute nature. Quant au traducteur de la *Théologie mystique*, appelé sans doute Jean *le Sarrasin*, à cause de ses voyages dans les pays habités par les infidèles, il fut abbé du monastère de Verceil, si l'on s'en rap-

---

[1] La *Théologie mystique* a été faussement attribuée à Denys l'Aréopagite, ainsi que les traités de la *Hiérarchie céleste*, de la *Hiérarchie ecclésiastique* et des *Noms divins*. Ces ouvrages mystiques, composés probablement au cinquième siècle, mais dont l'auteur est inconnu, furent envoyés à Louis le Débonnaire par un empereur d'Orient, et ne tardèrent pas à devenir, dans les écoles occidentales, l'une des bases de la philosophie scolastique. Outre la version latine de Jean le Sarrasin, qui vient d'être mentionnée, on a celles de Denys le Chartreux, de Perion, du P. Halloix et de Corder. En 1844, M. l'abbé Darboy, aujourd'hui archevêque de Paris, en a donné une traduction française fort estimée.

porte à une inscription placée au dos du manuscrit.

Parmi les diplômes pontificaux et autres pièces longtemps conservés avec soin dans les archives de l'abbaye, nous indiquerons enfin l'approbation de la règle bénédictine attribuée à saint Grégoire le Grand. Par un sentiment de convenance facile à expliquer, le Père Mabillon ne cite, ni dans l'*Iter Italicum*, ni dans sa correspondance particulière, ce document, objet de tant de controverses, et qui lui suscita personnellement de si injustes, de si violentes attaques. Ce fut au sujet de sa préface sur le quatrième siècle bénédictin, que l'auteur des *Actes des saints* de l'ordre de saint Benoît, fut accusé par ses confrères les Pères Mège et Bastide, d'avoir énoncé dans cette préface des faits non moins contraires à l'édification des religieux, qu'à la vérité historique. Mis en demeure de répondre, devant le chapitre général de Fleury-sur-Loire, aux reproches dirigés contre son honneur et sa sincérité, le Père Mabillon présenta lui-même sa défense avec toute la force de son érudition, et avec la confiance qu'il puisait dans la bonté de sa cause, qui était celle de la vérité. Après avoir répondu victorieusement à ses adversaires, il ne voulut point, par esprit de charité, remporter sur eux un triomphe public qui les eût couverts de confusion. Il se contenta donc d'adresser aux supérieurs de l'ordre un mémoire secret destiné à compléter sa défense, en démontrant que le décret attribué au pape saint Grégoire et conservé dans les archives de Subiaco, était une pièce visiblement supposée. Tout, selon lui, venait en faire ressortir la fausseté, et il en trouvait les preuves dans le style, la substance, la suite des choses, le silence des conciles et celui des écrivains. Enfin, ayant établi dans un autre passage par quels procédés un auteur qui écrit d'après les sources doit savoir distinguer une pièce authentique de celle qui ne l'est pas, Mabillon rappelle cette belle maxime de l'abbé Trithème à tout homme qui veut remplir dignement la haute mission d'historien : « Celui qui écrit l'histoire doit dire avant tout la vérité, pour ne point paraître tromper ses lecteurs sur ce qui lui est personnel, ou dénaturer ce qui lui est étranger [1]. » Ce principe, l'illustre religieux de Saint-Maur ne cessa de le pratiquer avec la plus scrupuleuse exactitude, et il le laissa comme un noble exemple à suivre aux continuateurs de ses grands travaux [2].

[1] Scribenti historiam veritas summe custodienda est, ne aut deceptor appareat in propriis, aut depravator in alienis. — Trithem.
[2] Sur cette longue et importante discussion nous avons cité des pièces originales et inédites, dans nos mémoires relatifs à la *Correspondance des Bénédictins de Saint-Maur*, mémoires qui ne sont qu'une sorte de programme et de spécimen d'un recueil considérable de lettres que nous comptons publier ultérieurement sur le même sujet. — Consult. le tome VI des *Archives des Missions scientifiques et littéraires*, éditées sous les auspices du ministère de l'instruction publique.

CHAPITRE XVII

LE SACRO SPECO ET SES PEINTURES MURALES

Sanctuaire primitif élevé près du *Sacro Speco*. — Anciennes peintures qui le décoraient. — Église supérieure ou abbatiale. — Travaux ordonnés par l'abbé Jean Crescenzi. — Visite de l'impératrice Agnès d'Aquitaine à la Sainte Grotte. — Nouvelles fresques exécutées sous l'abbé Jean de Tagliacozzo. — La peinture chrétienne dans les monastères bénédictins avant l'époque de Giotto. — Fresques de Concioli. — Beau caractère des peintures de Stamatico Greco. — La Mort et le Couronnement de la Vierge. — Représentation de la légende des Trois Vifs et des Trois Morts. — Crypte inférieure, chapelle et bâtiments claustraux se rattachant à la Sainte Grotte. — Impressions éprouvées en quittant le sanctuaire de Subiaco.

Après avoir exploré la bibliothèque et les archives du monastère de Sainte-Scholastique, je me mis en mesure d'accomplir la dernière et principale station de mon pèlerinage. Pour se rendre de cette abbaye au *Sacro Speco*, il faut suivre, pendant l'espace d'un mille, un chemin toujours montant et ombragé de chênes verts comptant plusieurs siècles d'existence[1]. Durant tout le

---

[1] Le chemin étant parfois difficile, on a construit, à peu de distance de Sainte-Scholastique, une chapelle où les vieillards et les infirmes, qui n'ont pas la force de gravir toute la montée jusqu'au *Sacro Speco*

trajet, on a sous les yeux le cours de l'Anio qui bondit sur les rochers, et au delà le mont Carpineto dressant dans les airs sa masse sombre et imposante. En parcourant ce chemin si souvent battu par saint Benoît, et, après lui, par tant de saints personnages, il est impossible, comme le dit le Père Mabillon dans le récit de son excursion à la Sainte Grotte, de ne pas sentir son cœur pénétré d'une douce et religieuse émotion[1]. L'impression devient plus vive encore quand on arrive devant l'entrée de cette caverne qui, creusée dans les flancs du mont Taleo, abrita sous ses rudes parois la jeunesse du fondateur de l'ordre bénédictin. Là, se dit-on, victime volontaire et pieusement résignée au plus absolu des sacrifices, le descendant d'une famille patricienne vint ensevelir toutes les espérances d'une vie à laquelle les avantages de la naissance, de la fortune et du talent ouvraient les plus brillantes perspectives. Là, il médita, dans le recueillement de la solitude, cette grande institution monastique qui, au moyen âge et jusque dans les temps modernes, contribua si puissamment au progrès de la civilisation chrétienne et au développement des sciences profanes et sacrées. En se représentant ce que devait être cette retraite sauvage, avant que l'art et l'industrie de l'homme ne fussent parvenus à la

peuvent accomplir leurs dévotions. A l'extérieur de la chapelle qui a été restaurée en 1828, on lit l'inscription suivante :

SI MONTIS SUPERASSE JUGUM NEGAT ÆGRA SENECTUS,
NEC DETUR AD SACROS PROCUBUISSE SPECUS,
SISTE, TIBI CŒLI HÆC ÆDES ÆRARIA PANDET,
HÆC TIBI CŒLESTES PRODIGA FUNDET OPES.

[1] Sacram specum, quæ mille passibus inde abest, conscendimus non sine gestientis animi gaudio, dum tritam a Beatissimo patre atque sanctis hominibus viam incederemus. — J. Mabill., *Iter italicum* p. 129.

transformer complétement, on comprend quelle force de volonté, quelle puissance d'abnégation il fallut au jeune Benoît pour persévérer, en un tel lieu, dans ses projets de vie solitaire et ascétique. De là, ressort aussi cette vérité, que c'est surtout par le caractère que les esprits supérieurs arrivent au but qu'ils doivent atteindre, et deviennent non moins grands devant Dieu que devant leurs semblables.

La montagne où la Sainte Grotte se trouve taillée à vif dans le roc, n'est séparée d'une autre montagne qui se dresse en face, vers le midi, que par une gorge étroite et profonde. La nature n'avait donc laissé qu'un espace bien peu étendu en cet endroit pour y établir une demeure convenable ; mais à force de travail et de persévérance, on finit par y fonder un oratoire, avec un monastère contenant vingt cellules de moines et un petit enclos servant de jardin. L'oratoire, ou l'église, se divise en trois parties superposées l'une à l'autre, dont la disposition et l'ornementation intérieure vont être décrites ici, selon l'ordre des temps auxquelles elles se rapportent. En remontant d'abord jusqu'au siècle même de saint Benoît, nous voyons que l'abbé Honorat, qui le remplaça dans la direction du monastère des Saints Côme et Damien, voulut élever une petite église sur la partie du rocher formant retraite, où le pieux solitaire avait établi son oratoire. Plus tard, dans la grotte même que le patriarche des moines occidentaux avait sanctifiée en y demeurant, on fonda une autre église qu'on réunit à l'oratoire sous l'abbé Pierre, le sixième qui gouverna le monastère après saint Benoît. En 853, le pape Léon IV y consacra deux autels qu'il dédia, l'un à saint Sylvestre, l'autre à saint Benoît et à sainte Scholastique, et pendant deux siècles, ce modeste sanctuaire, tout en gardant sa simplicité primitive, n'en fut pas moins fréquenté par un nombreux concours de fidèles. La piété d'un autre pape, portant le même nom, devait au onzième siècle contribuer à agrandir l'église de la grotte de Subiaco. Sous le pontificat de Léon IX, l'abbé Humbert fut encouragé par le pape dans la pensée qu'il avait conçue d'élever un édifice plus vaste sur l'une et l'autre crypte. Par cette expression « l'une et l'autre crypte, » — *utramque cryptam*, — employée dans les anciennes chroniques, il faut entendre la grotte où était l'oratoire, et celle qui, désignée sous le nom de *Sacro Speco*, avait servi d'habitation à saint Benoît. La nouvelle église construite à cette époque n'avait pas sans doute des proportions fort étendues; mais elle suffisait aux besoins du culte, et son entrée principale s'ouvrait alors sur la partie de la montagne où croissaient des buissons de ronces sauvages convertis ensuite en un jardin de roses.

Le successeur de l'abbé Humbert, l'abbé Jean V voulut augmenter encore l'étendue de l'église du *Sacro Speco*. Issu de la famille Crescenzi, et ancien religieux de l'abbaye de Farfa, il avait des relations suivies avec le célèbre cardinal Hildebrand, et il était du voyage que ce dernier avait fait à Subiaco, pour y établir la réforme ordonnée par Alexandre II. Après avoir été placé, en 1062, à la tête de l'administration du monastère, l'abbé Jean fut nommé cardinal par le pape Grégoire VII ; mais bien que promu à la dignité de prince de l'Église, il n'en conserva pas moins l'abbaye de Sainte-Scholastique alors unie à celle du *Sacro Speco*. Le cardinal Crescenzi employa tous ses soins à poursuivre la construction de l'église de ce dernier monastère, et il l'acheva telle qu'elle est restée jusqu'à présent. Quel que soit l'aspect sous lequel on le considère, ce monument est vraiment digne d'être étudié par l'antiquaire et par l'artiste, surtout si l'on se reporte au temps où il fut élevé et aux difficultés qu'il fallut vaincre pour le construire. Dans cette réédification, on fut obligé de démolir les deux autels consacrés par Léon IV, et qui étaient fort endommagés par l'humidité; puis on pratiqua un escalier composé de deux parties, et conduisant de l'ancien oratoire de saint Benoît à la Grotte Sainte proprement dite.

Vers le même temps, les peintres les plus habiles furent appelés de Rome pour décorer la voûte de fresques monumentales, car tout porte à croire que cette partie de l'édifice fut ornée de peintures avant les parois latérales. Les figures gigantesques des anges et des saints représentés sur la voûte rappelaient par le style et l'expression ces mosaïques byzantines qu'on admire dans les anciennes basiliques de l'Italie, et qui indiquent en même temps la main et les procédés d'artistes formés à l'école des Grecs. Le goût moderne, qui s'attache surtout à l'effet extérieur et à la perfection matérielle, peut aujourd'hui regarder d'un œil dédaigneux ces types étranges mais singulièrement expressifs qui, pendant plusieurs siècles, furent invariablement reproduits par la piété autant que par le génie tout symbolique des premiers peintres chrétiens. Or, bien différent était sur ces questions le jugement des hommes du moyen âge. Animés du sentiment profondément religieux qui avait inspiré les œuvres des artistes, leurs contemporains, ils regardaient ces pieuses représentations avec les yeux de la foi, et n'y cherchaient qu'un nouvel aliment à la ferveur dont leur âme était remplie. Ouvrons, par exemple, celle des chroniques de Subiaco, qui a été rédigée par le plus ancien compilateur, et nous verrons en quels termes admiratifs l'écrivain parle de ces peintures exécutées sous le pontificat de Grégoire VII. « Les voûtes de l'église, dit-il, furent alors décorées de peintures dans lesquelles la main d'artistes excellents sut combiner avec une rare perfection les couleurs les plus variées. Là, les regards sont frappés de la vivacité du coloris, de la disposition harmonieuse et, je dirai, de la convenance parfaite des figures, de sorte que les spectateurs charmés ne peuvent détacher les yeux de ces tableaux[1]. »

Comme on l'apprend encore par les chroniques locales, les travaux d'ornementation faits à l'église de Subiaco furent poussés assez avant par le cardinal Jean Crescenzi, pour qu'il y pût recevoir l'impératrice Agnès d'Aquitaine, veuve de l'empereur Henri III. Après avoir visité, ainsi que nous l'avons vu, le tombeau de saint Benoît à l'abbaye du mont Cassin, cette princesse avait voulu faire un pèlerinage à la première habitation du saint qu'elle vénérait particulièrement. C'était en 1077, époque où l'Italie et l'Allemagne étaient vivement agitées par la récente explosion de la guerre des Investitures. Mécontente de la conduite de l'Empereur, son fils, que sa violente rupture avec l'Église romaine avait fait frapper d'excommunication, l'impératrice Agnès était venue chercher au delà des Alpes des consolations

---

[1] « Concamerationes coloribus perfectissimis multa pictorum arte præcellentium pictura decorantur. Ibi spectare est colorum et figurarum tam venustatem quam ordinem, et, ut ita dicam, decentiam ; quod oculi inspectantium facile et cum delectatione teneantur. » — *Chronic. Sublac.*

religieuses qui pussent adoucir l'amertume des chagrins dont elle avait été abreuvée. Au moment où sa piété la portait à s'incliner et à prier humblement devant l'antique berceau du monachisme occidental, le fier Henri IV, placé sous le coup des foudres du saint-siége et de l'insurrection de la noblesse germanique, passait aussi les monts pour aller, en suppliant, solliciter son pardon aux portes du château de Canossa. Singulière différence entre la situation et les sentiments de la mère et du fils, et les conséquences dont les actes de chacun d'eux devaient être suivis.! Ranimée par la force morale que la prière communique toujours aux cœurs sincèrement religieux, Agnès d'Aquitaine avait oublié, en partie, ses douleurs passées, et se sentait le courage nécessaire pour supporter celles que l'avenir réservait à ses derniers jours. L'adversaire de Grégoire VII, au contraire, irrité de l'humiliation que le pape lui avait imposée à Canossa, quittait cette forteresse avec un implacable désir de vengeance, et tout prêt à rompre sa réconciliation forcée avec le chef de l'Église.

Les travaux d'embellissement, commencés sous l'administration de Jean V à l'église et au monastère de San Benedetto furent repris activement par Jean VI, l'un de ses successeurs. Nommé d'abord prieur du *Sacro Speco*, quand le pape Innocent III voulut établir une communauté de moines indépendante du monastère de Sainte-Scholastique, il avait été ensuite élevé à la dignité abbatiale, en 1217. Après avoir fait achever la route conduisant de l'oratoire de Santa Crocella à la grotte de Subiaco, il établit dans l'église une communication nouvelle qui permettait aux religieux de se rendre directement de leurs cellules dans le chœur. Désirant, en outre, témoigner sa reconnaissance pour les bienfaits d'Innocent III, il en consacra publiquement le souvenir, en plaçant près de l'escalier du *Sacro Speco* l'effigie de ce grand pape, au-dessus du diplôme pontifical renfermant les concessions et priviléges attribués à l'abbaye[1]. Dans ce monument de l'art du treizième siècle, curieux à étudier surtout pour les costumes, on remarque une figure de religieux qu'on doit supposer être celle de l'abbé Jean VI, qui se trouve représenté là en sa qualité de prieur du monastère de San Benedetto, titre sous lequel il est alors désigné dans l'acte pontifical. Les chroniques de l'abbaye nous apprennent que ce même abbé Jean, dit de Tagliacozzo, fit exécuter de nombreuses peintures dans l'église, pendant les dix années que dura son administration, c'est-à-dire, de 1217 à 1227. D'autres fresques, qui ornent la crypte du milieu, sont également de la première moitié du treizième siècle, époque antérieure à Giotto, et même à son maître Cimabue, dont la célébrité ne s'établit qu'à la fin de ce même siècle[2]. Remarquons, à ce sujet, que tout en reconnaissant les éclatants services rendus à l'art par ces deux rénovateurs de la peinture en Italie, il faut pourtant admettre que longtemps avant eux, un certain nombre de peintres italiens s'étaient distingués par des travaux qui sont loin d'être indignes d'attention. Pour ne citer qu'un exemple parmi tous ceux que pourrait nous fournir l'histoire d'autres monastères, n'avons-nous pas vu déjà, au onzième siècle,

---

[1] Ce diplôme porte la date de 1213, quinzième année du pontificat d'Innocent III.

[2] Giovanni Cimabue, né en 1240 et mort en 1310, ne fut dans tout l'éclat de son talent et de sa réputation qu'à dater de 1280.

l'abbé Jean Crescenzi faire orner la voûte du *Sacro Speco* de peintures dont la perfection relative prouve que, dès cette époque, l'art était cultivé avec succès dans l'Italie centrale?

Quant aux anciennes fresques de l'église de San Benedetto, il convient de faire observer encore que, selon toute vraisemblance, elles ne doivent pas être considérées comme étant exclusivement l'ouvrage d'artistes byzantins. En effet, les peintres d'origine grecque ne furent pas les seuls qui apportèrent à l'Italie du moyen âge le secours de leur art et les productions d'une école toute hiératique. Rome, Florence et d'autres villes de la Péninsule avaient des peintres déjà nombreux à cette époque reculée, et Cimabue, Giotto, en s'éloignant des règles fixes d'un art conventionnel, pour se rapprocher de la nature plus fidèlement étudiée, ne firent que perfectionner l'œuvre commencée par leurs prédécesseurs. Que l'on consulte les recherches faites sur les peintres et les sculpteurs italiens qui vécurent de l'an 1000 à l'an 1300, on verra notamment que, dans la magnifique église du monastère de Saint-Paul hors les Murs, se trouvait, ainsi que nous avons eu l'occasion de le rappeler, une série de portraits de tous les papes jusqu'à saint Léon[1]. Ils avaient été exécutés par ordre de ce dernier pontife, afin d'établir d'une manière sensible la succession des chefs de l'Église sur le siége de saint Pierre.

Dans une autre basilique de Rome, à Saint-Urbain, on remarque aussi des peintures, portant la date de

---

[1] Cette série de portraits fut continuée de siècle en siècle, jusqu'à l'époque du dernier incendie de la basilique de Saint-Paul hors les Murs.

1001, et représentant, outre des sujets évangéliques, différents traits de la vie de sainte Cécile. « Ce travail, dit Lanzi, n'a rien de grec ni dans les figures, ni dans les draperies, et doit être attribué plutôt à un pinceau italien[1]. » Moreni cite également un artiste du nom de Rustico, qui peignait à Florence en l'an 1068[2]. Dans les cryptes de la cathédrale d'Aquilée et à Santa Maria Primerana de Fiesole, on remarque aussi des peintures remontant à la seconde partie du onzième siècle. Rappelons enfin, pour bien établir, au sujet du monastère de Subiaco, les premières origines de la peinture en Italie, qu'au temps où l'abbé Stefano vint relever ce monastère qui avait été ruiné par les Lombards, il fit orner de fresques l'église conventuelle, ainsi que le rapporte l'ancienne chronique de l'abbaye. Or, c'est en 705 qu'eut lieu la restauration dont il s'agit ; mais rien ne vient indiquer si c'étaient des artistes italiens ou grecs qui, à cette époque, furent chargés de l'exécution de ces travaux. Quelle que soit la nationalité des artistes, la date de leurs œuvres doit être notée avec soin. Elle pourra éclairer du moins la filiation historique de cette école italo-byzantine, qui remplit de ses Madones, de ses peintures austères les églises et les couvents de la Sabine et du Picenum, et dont l'art reproduisant les mêmes sujets avec une sorte de mécanisme inflexible, ne créa pour ce motif ni des noms, ni des ouvrages dignes de caractériser un siècle.

---

[1] Lanzi, *Storia pittorica della Italia*, t. I.
[2] Moreni, pl. IV.

II

Si poursuivant l'étude des fresques de San Benedetto, nous nous reportons à une époque moins ancienne, nous remarquerons d'abord que celles qui ornent l'église supérieure, dite l'église abbatiale, paraissent être également antérieures à Giotto, autant qu'on peut en juger par les documents tirés des archives. Cette observation est d'autant plus importante pour l'histoire de l'art, que plusieurs de ces peintures dont la description va suivre, sont vraiment admirables d'expression. Lorsqu'on entre dans l'église abbatiale, qui est formée de deux travées et surmontée d'une voûte en ogive, on est frappé par le grand effet que produisent les fresques peintes sur fond d'azur, et venant si bien se fondre dans le système ogival qu'on regrette de voir trop rarement appliqué à la construction des édifices religieux en Italie. Le grand arc, faisant face à l'entrée, est placé au-dessus de l'enfoncement où s'élève l'autel qui est en marbre incrusté de mosaïques et d'émaux. Sur la partie de la voûte qui se présente la première, et qui n'est pas de la même hauteur que celle qui recouvre le chevet du monument, apparaissent d'abord quatre principaux docteurs de l'Église. Puis, du côté du nord sont rangées quatorze figures de prophètes annonçant la venue du Sauveur.

La naissance du Christ et différents traits de sa vie mortelle sont représentés sur la paroi méridionale, tandis que la scène du crucifiement est figurée, au contraire, du côté de l'Occident. Est-ce dans une intention symbolique que l'artiste a voulu que le drame de la Passion se dénouàt vers le point où finit le jour? On pourrait le supposer, en se rappelant que cette intention, clairement indiquée ailleurs par la sculpture et la peinture sur verre, était conforme aux idées contemporaines, dont saint Thomas d'Aquin s'est fait, en poésie, l'interprète si éloquent? N'est-ce pas, en effet, dans une de ses plus belles hymnes que le docteur Angélique dit du Verbe éternel « qu'il parvint au soir de sa vie, au moment d'accomplir la consommation de son œuvre[1]? » Cette œuvre est consommée : le Christ, dans la fresque de Subiaco, est étendu sur la croix; de ses plaies jaillissent des flots de sang que des anges recueillent dans des coupes, pendant qu'au ciel d'autres anges saluent de leurs chants l'Agneau divin qu'ils remercient d'avoir racheté le monde. Une particularité à signaler encore dans ce tableau du Crucifiement, c'est que l'âme du bon larron, appelé saint Dismas, est emportée au paradis par un esprit céleste, et celle de Gesmas, le mauvais larron, devient la proie d'un démon tout noir[2]. Ici se montre dans sa crédule simplicité l'esprit

[1]
> Ad opus suum exiens,
> Venit ad vitæ vesperam,
>
> Hymn. in Offic. *festi Corp. Christi.*

[2] Un recueil de litanies, datant du onzième siècle, et conservé à l'abbaye de Sainte-Scholastique, renferme cette étrange invocation : *Sancte Dismas, latro de cruce.* Quant à l'autre nom, celui de Gesmas, il se trouve dans un évangéliaire de la bibliothèque d'Angers, remontant également au onzième siècle. Outre l'image des deux larrons qui, sur la miniature de ce dernier manuscrit, sont attachés à deux petites croix occupant un plan bien inférieur à celle du Christ, on voit représentés les soldats désignés par la légende sous les noms de Longinus et de Stefanus, dont le premier perce le Sauveur de sa lance, et le second lui offre l'éponge imbibée de vinaigre. De chaque côté, d'autres personnages se partagent les vêtements du Crucifié que le miniaturiste a représenté avec un visage sévère, des yeux d'une grandeur démesurée, ainsi qu'une longue chevelure et une barbe divisée en deux parties. En ce qui concerne personnellement le bon larron, on sait

du treizième siècle, dont l'art chrétien reproduit fidèlement les croyances les plus naïves, comme il a su en représenter ailleurs les idées les plus élevées. Quoi qu'il en soit, cette fresque de la Passion, bien que la couleur en ait été un peu détériorée, n'en est pas moins remarquable par l'ensemble harmonieux des groupes, la vérité des attitudes, et la variété des costumes et des draperies.

S'il était convenable que la vie du Christ remplît les compartiments supérieurs de l'église, il ne l'était pas moins que saint Benoît, placé au-dessous de son divin modèle, décorât de sa légende les parties inférieures de l'édifice qui lui est consacré. Pour retracer les principaux traits de cette légende, l'artiste s'est naturellement inspiré des Dialogues de saint Grégoire, et souvent le charme poétique du récit semble avoir passé dans quelques-unes des scènes représentées par le peintre. Quant au saint pontife lui-même, qui fut l'admirateur et le biographe de saint Benoît, il devait avoir aussi son sanctuaire et son autel près du *Sacro Speco*. Cette chapelle, qui se trouve faire suite à l'ancienne entrée de la

---

qu'il reçut autrefois, dans quelques parties de l'Espagne et du midi de la France, un culte officiel, comme étant le premier des élus auquel Jésus-Christ lui-même avait ouvert la porte du ciel. Au tome V de l'ouvrage espagnol *Historia de Fray Gerundio de Campazas*, l'auteur, parlant des deux larrons, appelle le bon *Dimas*, et le mauvais *Gestas*, contrairement à une autre opinion exprimée dans les vers suivants :

> Imparibus meritis tria pendent corpora ramis;
> Dimas, Gestas; in medio est Divina Potestas;
> Dimas damnatur, Gestas super astra vocatur.

Dans le discours terminant le chapitre de l'ouvrage espagnol qui vient d'être cité, l'orateur, après avoir interpellé saint Augustin et saint Jérôme, reçoit d'eux en réponse un texte venant à l'appui de la tradition qu'il prétend être la meilleure. — Consult. sur les deux larrons l'*Évangile* (apocryphe) de Nicodème et le *Codex apocryphus Novi Testamenti* de Fabricius.

Sainte Grotte, offre également un intéressant spécimen de la peinture pendant la première moitié du treizième siècle. Entre autres tableaux, on y a représenté la consécration de ce sanctuaire dédié par Grégoire IX au pape saint Grégoire le Grand. Ce pontife y est représenté avec une tunique blanche, recouverte d'une dalmatique rouge, et les mains étendues sur l'autel qu'on lui dédie, il prononce ces mots : VERE LOCVS ISTE SANCTVS EST IN QVO ORANT.

Parmi les figures de cette fresque, on remarque aussi celle de saint Benoît auquel le peintre, selon les traditions de l'école byzantine, a donné cette physionomie austère, ces yeux fixes et rigides qui, là, ne sont pas trop en désaccord avec l'idée qu'on se fait du rude ascète de Subiaco. En outre, deux portraits de personnages contemporains ont été introduits dans cette œuvre du treizième siècle. L'un est saint François d'Assise, près duquel le peintre, afin qu'on ne s'y méprît pas, a eu le soin d'ajouter l'inscription : FR. FRANCISCVS. Vêtu d'un froc de laine, la tête à demi couverte d'un capuchon à extrémité fort pointue, le saint paraît être en contemplation, et sa figure pâle et amaigrie laisse voir les traces de ses longues macérations. Le second portrait est celui de Frère Oddo, ou Eudes, moine de Subiaco, qui s'est représenté lui-même, dans cette fresque peinte de sa main, au moment où tendant les bras vers le ciel, il reçoit la bénédiction d'un ange qu'il invoque. Il est probable que ce frère Eudes avait eu l'occasion de voir saint François d'Assise, dans le pèlerinage que ce dernier avait fait au *Sacro Speco*, et qu'il put ainsi reproduire, peu de temps après, l'expression d'une physionomie qu'il était impossible d'oublier. Or, le fondateur des Franciscains, mort en 1226, fut canonisé en 1228, par le pape Grégoire IX, qui dans le même temps, et pour rendre un nouvel hommage à ses hautes vertus dont il avait été le témoin, voulut qu'il eût sa place près d'un autel récemment consacré. Du reste, l'époque de la dédicace et de l'ornementation de la chapelle est rappelée par l'inscription suivante, qui mentionne également le séjour de deux mois que Grégoire IX fit dans le monastère :

PONTIFICIS SVMMI FVIT ANNO PICTA SECVNDO
HÆC DOMVS : HIC PRIMO QVO SVMMO FVLSIT HONORE,
MANSERAT ET VITAM CŒLESTEM DVXERAT IDEM,
PERQVE DVOS MENSES MACERAVERAT ARTVS.
IVLIVS EST VNVS, AVGVSTVS FERVIDVS ALTER [1].

De cette inscription faisaient encore partie trois vers presque entièrement effacés, et dont les fragments à peine lisibles semblent indiquer que le peintre place son œuvre et le monastère sous la protection de l'ar-

---

[1] Dans l'ouvrage intitulé *Memorie storiche della S. Grotta e del monastero di San Benedetto sopra Subiaco*, ouvrage auquel nous avons emprunté d'utiles renseignements, le R. P. dom Vincenzo Bini fixe à l'année 1228 le voyage et le séjour du pape Grégoire IX au monastère du *Sacro Speco*. Cette date est d'abord contredite par le texte même de l'inscription qui, si elle établit que les peintures furent exécutées la seconde année du pontificat de ce pape, dit aussi que son voyage eut lieu la première année qu'il fut élevé au saint-siège, c'est-à-dire en 1227. En outre, comme dans l'été de 1228, le pontife, chassé de Rome par les partisans de l'empereur Frédéric II, se rendit plusieurs fois de Pérouse à Assise pour la canonisation de saint François, laquelle fut prononcée dans cette dernière ville, en présence même du pape, le 16 juillet 1228, il n'est pas possible que Grégoire IX, qui de là revint à Pérouse, ait été passer à Subiaco les deux mois indiqués dans l'inscription. Ce n'est que du mois de juin au mois de septembre 1227, époque qui suivit son intronisation, et pendant laquelle le pape se trouvait être encore en bonne intelligence avec Frédéric II, qu'on peut admettre qu'il se soit retiré à Subiaco, pour se livrer à des exercices de piété. D'un autre côté, comme un voyage de Grégoire IX à cette

change saint Michel dont l'image se dessine à côté. Enfin, près de l'autel, se déroule cette autre légende en prose rappelant la consécration de la chapelle par le pape Grégoire IX, autrefois cardinal évêque d'Ostie :

> HIC EST PAPA GREGORIVS, OLIM EPISCOPVS OSTIENSIS
> QVI HANC CONSECRAVIT ECCLESIAM.

En résumé, les fresques de cette partie du *Sacro Speco* présentent un curieux sujet d'observations au point de vue de l'histoire et de l'iconographie chrétienne. C'est l'art italo-byzantin, avec son caractère propre, ses procédés systématiques et immuables comme un dogme, mais aussi portant l'empreinte d'une certaine grandeur farouche qui ne messied point aux personnages du temps de Frédéric Barberousse et de Richard Cœur de Lion.

En passant de cette œuvre à une autre qui décore la crypte supérieure, nous allons voir un progrès s'accomplir, et des différences se manifester, moins dans l'esprit de la composition que dans les procédés et le

---

abbaye est positivement rapporté par l'auteur de la vie de ce pape, au mois de juillet de l'année 1232 (Muratori, *Script. rer. Ital.* t. III), il est vraisemblable que si le pontife y eût séjourné précédemment à la même date, l'annaliste en eût fait la mention. On doit plutôt croire, en donnant un sens adverbial au mot *primo* employé dans l'inscription que ce fut avant son élévation au saint-siège que Grégoire IX, alors cardinal évêque d'Ostie, fit une retraite de deux mois au *Sacro Speco*, ce qui plus tard eût été difficilement compatible avec les devoirs du pontificat et surtout avec les difficultés de sa situation. Ajoutons que ce voyage de Grégoire IX à Subiaco a donné lieu à une erreur plus grave, qui se trouve dans une étude, d'ailleurs aussi bien faite qu'intéressante, et insérée au tome XIX° des *Annales archéologiques*. L'auteur, M. Barbier de Montault, dit que c'est en 1223, la première année de son pontificat, que le pape Grégoire IX se rendit à Subiaco, pour implorer saint Benoît en faveur de la ville de Rome, alors désolée par la peste et les tremblements de terre. Or, ainsi que nous l'avons rappelé plus haut, ce pape ne fut élu au siège pontifical qu'en 1227, après la mort d'Honorius III, arrivée la même année.

faire de l'artiste. Ces peintures, signées du nom de leur auteur, représentent tout un ensemble de sujets servant à orner deux nouvelles enceintes consacrées à saint Benoît, et placées, la première au-dessus, la seconde en avant de la Sainte Grotte. La première, formée de trois travées ogivales et recouverte d'une voûte parsemée d'étoiles sur fond bleu, montre une série de fresques où sont peints les différents traits de la légende du législateur des moines occidentaux, depuis son enfance jusqu'à sa béatification. C'est d'abord l'image du Christ qui ouvre le cycle de ces peintures, en indiquant, dans le livre de sa vie, ce passage dont le texte a été si fidèlement suivi par l'auteur de la règle bénédictine : EGO SVM VIA, VERITAS ET VITA. Par un harmonieux rapprochement qui fait honneur à la pensée de l'artiste, de même que le Sauveur y est entouré de ses principaux apôtres, de même saint Benoît y rassemble auprès de sa personne ses disciples bien-aimés, auxquels il recommande de bénir incessamment le Seigneur, et d'avoir toujours ses louanges sur leurs lèvres :

BENEDICAM DOMINVM IN OMNI TEMPORE :
SEMPER LAVS IN ORE MEO.

En effet, à l'entour figurent saint Romain, saint Placide, saint Maur et saint Honorat, occupés à méditer les sages préceptes de leur maître. Puis, on voit saint Grégoire ayant à ses côtés le diacre Pierre, son confident habituel, et tous deux placés en face du pape saint Sylvestre et du diacre saint Laurent. Plus loin, sous la dernière travée, apparaissent les images à demi symboliques des quatre évangélistes, dont le corps, qui a la forme humaine, est surmonté de la tête de chacun des animaux qui leur sert ordinairement d'emblème distinctif. Au-dessous des évangélistes, le pape Innocent III est représenté offrant à saint Benoît le diplôme qui renferme les importants priviléges accordés à Jean de Tagliacozzo, prieur du monastère, dont le portrait figure aussi dans le tableau. Ce diplôme, écrit en caractères gothiques alternativement rouges ou noirs, et portant la date du 24 juin 1215, n'est pas seulement intéressant pour l'histoire du monastère de San Benedetto. Il peut servir, en outre, à déterminer approximativement l'époque où furent exécutées les fresques, c'est-à-dire fort peu de temps après la concession du diplôme. Sur la gauche, près de l'escalier, se détache une image de la Vierge que deux anges vénèrent à genoux, et sous la protection de laquelle l'auteur des peintures semble avoir placé son œuvre, en y inscrivant les caractères suivants : MAGISTER CONXOLVS PIXIT HOC OPVS.

Lanzi, dans son Histoire de la peinture, et après lui, les traducteurs de la *Vie des Peintres*, de Vasari, ont cité, en passant, l'œuvre de Concioli[1], ainsi que l'inscription qu'ils ont tronquée, mais à laquelle ils ont ajouté la date précise de 1219. Je n'ai point retrouvé cette date à la place où elle est indiquée ; mais le chiffre qu'elle mentionne n'est en désaccord que de quelques années avec les traditions locales et les données historiques. En tout cas, ce qu'on peut affirmer, c'est que l'ouvrage de Concioli, de cet artiste dont ne parle aucune biographie spéciale, n'en mérite pas moins d'être étudié sous plusieurs rapports. Se dégageant des habi-

---

[1] Ces écrivains lui donnent le nom de Conciolo ; mais nous préférons celui de Concioli qui lui a été conservé traditionnellement au monastère de San Benedetto.

tudes de l'école grecque, Concioli peut être regardé comme l'un des lointains précurseurs de la renaissance qui, au quatorzième siècle, devait se produire dans la peinture en Italie. Les premières fresques italo-byzantines que nous avons vues, par exemple, à la chapelle de Saint-Grégoire, se renferment dans un type de convention qui exclut tout sentiment d'animation expressive, aussi bien que tout caractère distinct de personnalité. Dans celles de Concioli, une certaine tentative d'émancipation semble, au contraire, vouloir affranchir l'art des règles étroites du style hiératique et conventionnel. Déjà se montre un caractère plus libre et en même temps plus spiritualiste. L'expression change de nature; les personnages se meuvent; les figures s'animent, et les yeux, naguère si fixes, commencent à luire et à parler.

Vienne un artiste plus intelligent, plus audacieux encore, et comme nous allons le constater avec d'autres peintures, le progrès va se poursuivre, en se frayant une voie plus large.

S'il est intéressant de voir dans les ouvrages de Concioli un peintre italien cherchant à s'affranchir des procédés du byzantinisme dont, en quelques points, il subit toujours l'influence, il n'est pas moins curieux de retrouver dans l'œuvre d'un peintre, grec par sa famille, sinon par le lieu de sa naissance, les caractères distinctifs de l'école florentine, telle qu'elle s'offre à nous au temps de Giotto. Sur la patrie de l'auteur de ces fresques qui ornent le couloir de la Sainte Grotte et la chapelle consacrée à la mort et au couronnement de la Vierge, il n'est guère permis d'élever un doute, puisque lui-même nous révèle ainsi son nom et son origine : STAMATICO GRECO PICTOR P. Devant cette inscription, le doute n'est possible qu'en admettant, contrairement à la tradition, que le mot *Greco* est un nom patronymique porté par les membres d'une famille byzantine établie depuis un certain temps en Italie.

Quant aux sujets de cette composition fort étendue, ils se développent dans plusieurs compartiments de grande dimension, couvrant les murs de la chapelle où se célèbre le service en l'honneur des religieux défunts et qu'on a placée sous l'invocation de Marie s'endormant dans la mort, pour s'élever ensuite au ciel. L'artiste y a représenté les différentes scènes qui précèdent ou qui suivent la naissance du Sauveur, telles que l'Annonciation, l'Apparition des anges aux bergers, l'Adoration des mages et la Fuite en Égypte. On remarque ensuite plusieurs épisodes de la légende de saint Benoît et sur la voûte des traits empruntés à la vie de ses principaux disciples et de quelques docteurs de l'Église.

Les peintures ornant le pourtour des arcades sont consacrées aux miracles de sainte Scholastique et de saint Placide, l'élève bien-aimé de saint Benoît, tandis que sur les parois de l'escalier sont figurées, avec le Baptême du Christ, des scènes allégoriques sur la mort des martyrs et des fondateurs d'ordres religieux. De toutes ces fresques, celles qui décorent la chapelle de la Vierge, sont les plus remarquables par l'ordonnance des détails, l'art des groupes et l'expression des personnages. Après les tableaux relatifs à l'enfance du Sauveur, se présentent trois autres scènes qui nous montrent la Mère du Dieu fait homme servant de refuge aux pécheurs, puis la Mort de Marie et sa Glorification dans le ciel. Enfin, à l'une des extrémités de la chapelle et près de l'escalier conduisant au jardin des roses, tout cet ensemble de peintures décoratives se trouve complété par une image de saint Grégoire le Grand, exécutée à la fin du quinzième siècle. En effet, à droite, sur un pilier voisin on lit l'inscription : An. D. m°ccccLxxxix, qui semble indiquer que cette figure fut peinte un siècle environ après Stamatico, pour remplacer une œuvre de cet artiste, qui sans doute avait été détériorée.

En présence des travaux si remarquables dont nous venons de parler, on peut difficilement comprendre que ni Vasari, ni Lanzi ne fassent mention de ce peintre qui, byzantin ou non de naissance, se fit à Subiaco l'intelligent précurseur des grandes traditions de l'école florentine. L'auteur de l'*Histoire de la peinture en Italie*, qui nomme Concioli en passant, aurait dû faire, au moins, le même honneur à Stamatico dont le talent supérieur en était bien autrement digne. Mais le Père Lanzi vivait et écrivait à une époque où le caractère profondément religieux des artistes du quatorzième siècle était loin d'être apprécié à sa juste valeur, et chez lui, les préoccupations classiques de l'archéologue, jointes aux idées de son temps, comprimèrent le sentiment vrai de l'art chrétien. C'est le seul motif qui puisse expliquer comment le savant jésuite, qui avait étudié de si nombreux monuments, et réuni, au Musée de Florence, de si précieux objets d'art, a passé sous silence les peintures les plus belles qui ornent la grotte de Subiaco.

Et pourtant de Concioli qu'il cite, à Stamatico qu'il ne daigne pas nommer, quelle distance a été franchie! Avec le premier nous avons vu, il est vrai, l'art faire un pas en avant, et brisant les vieilles entraves de l'école byzantine, produire des figures qui semblent naître à la vie, pareilles à des momies qui auraient se-

coué les bandelettes et la poussière de leur sépulcre.
Mais les personnages de Stamatico ne sont plus des
morts qui ont l'air de ressusciter, et qui, avec quelques
symptômes d'animation, gardent encore la froide roideur du tombeau. Ce sont, au contraire, des êtres qui
sentent et qui vivent, qui agissent et qui parlent. Un
même sentiment les anime tous ; la foi rayonne sur
leurs fronts ; l'espérance illumine leurs regards. A voir
l'expression de ces physionomies diverses, mais se ressemblant toutes, on reconnaît les enfants de la grande
famille chrétienne, et on les dirait nés le même jour et
d'un même souffle, comme ce peuple qui, dans la vision allégorique du prophète, sortit tout d'un coup
vivant des ombres de la mort.

Ce que j'aime, ce que j'admire surtout dans ces personnages, types expressifs de l'art chrétien au quatorzième siècle, c'est l'ardeur vraiment ineffable de la charité évangélique et de l'amour divin qui respire en eux
et constitue l'objet unique de leurs pensées et de leurs
actes. Aimer Dieu, aimer les hommes, voilà le but de leur
vie, et dans cette double loi de la suprême sagesse, pour
eux se renferme tout le drame humain. Si vif, si profond
même est le sentiment de fraternité chrétienne qui de
l'âme du peintre a passé dans la figure de ses personnages,
que ce sentiment se reflète jusque sur la physionomie de
ceux qui n'ont pas encore le bonheur d'être éclairés
de la lumière de l'Évangile. Ainsi, quand la Vierge a
rendu le dernier soupir, et que son corps est porté par
les apôtres vers le lieu de sa sépulture, les Juifs, accourant au chant de l'*In exitu*, s'apprêtent à disperser
violemment le cortége funèbre ; mais ils sont frappés
d'une cécité soudaine. Plus audacieux que les autres,

le prince des prêtres, qui a voulu porter sur le cercueil une main sacrilége, est renversé à terre, lorsque saint Pierre qu'il invoque le relève, et par là détermine sa conversion. A son exemple, les Juifs qui ont recouvré la vue, sont disposés à croire également à la divinité du Messie. Seulement, parmi ces incroyants, les uns ferment encore les yeux, comme éblouis par la foi qui les vient surprendre, tandis que les autres les entr'ouvrent à demi aux rayons surnaturels qu'elle fait luire à leurs regards.

Il faudrait pouvoir s'arrêter plus longtemps sur cette partie des peintures de Stamatico, pour bien faire ressortir l'étonnant caractère de vérité que respirent tous ces personnages groupés autour du lit de mort de la Vierge[1]. Quel naturel dans leurs poses! quelle muette éloquence dans leurs gestes! Comme tous contemplent avec un saisissement douloureux la mère du Rédempteur, dont l'âme vient de quitter le corps, à l'appel de son divin fils, et quelle lumineuse intelligence du grand mystère dont ils sont les témoins! Tout vous attire et vous intéresse dans ce tableau, tout jusqu'à cet apôtre que l'artiste a naïvement représenté tenant un livre d'une main, et de l'autre un aspersoir, comme pour réciter les oraisons dernières et accomplir les lustrations sacrées. Et la figure de la Vierge, quelle admi-

---

[1] Ce sujet de la mort de la Vierge figure souvent dans les anciennes peintures qui ornent les églises et les communautés grecques, et l'on en voit notamment une représentation au monastère de Sainte-Laure, sur le mont Athos. Du reste, un assez grand nombre d'édifices religieux sont dédiés en Grèce, non pas à l'*Assomption*, mais à la *Mort de Marie*, désignée sous le nom de *Kimisis*. Quant à la légende racontant les derniers moments de la Vierge, elle est extraite d'un poëme attribué à saint Jean Damascène, poëme dont Jacques de Voragine a tiré le récit inséré dans sa *Légende dorée*.

rable expression elle laisse voir! Ce n'est plus la vie, ce n'est pas la mort qui se révèle sur ce pâle et noble visage. C'est l'éclair avant-coureur de la béatitude céleste dans laquelle le tableau de la Glorification va bientôt faire entrer la mère du Sauveur. Dans le compartiment supérieur, en effet, le peintre a retracé le Couronnement de la Vierge. Tandis que du trône où elle a été reconnue reine du ciel, elle s'incline pour appuyer sa tête sur l'épaule du Christ, les chœurs des anges et des séraphins saluent son intronisation par le chant des hymnes et le son des instruments.

Ici, dans l'expression des figures évangéliques et dans celle des saints personnages que l'extase où les plonge le triomphe de la Vierge, paraît avoir ravis de la terre au ciel, l'artiste annonce véritablement l'école de Giotto, et même l'école mystique postérieure à celle-ci. Un très-beau caractère distingue également une Entrée du Messie à Jérusalem, et l'on ne sait ce que l'on doit admirer le plus de l'art avec lequel le peintre y a groupé un nombre prodigieux de personnages, ou de la pieuse allégresse que leur inspire à tous la venue du Rédempteur. Au même artiste on doit attribuer aussi un Saint Jean-Baptiste, d'un style élevé, et de chaque côté duquel sont placées sainte Agnès et sainte Marguerite, tenant l'une un agneau nimbé, l'autre la roue, instrument de son martyre. Au sommet du tableau, apparaît dans la nue l'image symbolique de Dieu, figurée par une main qui bénit le monde. D'autres peintures de Stamatico mériteraient de nous arrêter encore; mais le défaut d'espace nous permet à peine de signaler, après les importants travaux de ce peintre, ceux qui furent exécutés au siècle suivant.

Parmi les artistes qui contribuèrent encore à l'ornementation du *Sacro Speco*, un seul a marqué d'une date précise, de 1486, l'œuvre dont il fut l'auteur. C'est une peinture représentant le Martyre de saint Sébastien, et en complet rapport avec le style de l'époque. Puis, on voit une scène du Crucifiement, une Descente de croix, et une représentation des quatre évangélistes qui, avec une Sainte famille, décorent la salle dite du parloir, précédant l'entrée de la Sainte Grotte. Le tableau de la Passion, ornant le couloir par lequel on descend à la crypte, représente l'Agneau de Dieu, qui, dans la pensée de l'Éternel, s'est immolé dès l'origine du monde, pour la rédemption du genre humain. C'est la grande idée, si magnifiquement développée par l'auteur du *Paradis perdu*, au moment solennel où la création vient de s'accomplir. Par un trait de génie, le poëte nous montre alors le Verbe divin s'offrant comme victime à son Père qui a prévu la chute prochaine de l'homme, de sorte que ce dernier est racheté de sa faute, avant même de l'avoir commise[1].

Pour compléter l'unité du sujet, quatre prophètes, figurant dans les pendentifs, annoncent, chacun avec des circonstances indiquées par une légende biblique, les détails de la mort du Christ. Ainsi, David prédit que les chefs des nations se ligueront contre l'envoyé du Seigneur, tandis qu'Isaïe fait ressortir la grandeur du sacrifice, par l'oblation volontaire de la victime. De

[1] Telles sont les paroles que Milton, dès le troisième livre de son poëme, place dans la bouche du Fils demandant au Père tout-puissant la faveur de pouvoir un jour se dévouer pour l'homme : « Me voici! moi pour lui, vie pour vie, je me présente. Que ta colère tombe sur moi; prends-moi pour l'homme. Afin de le sauver, je quitterai ton sein; j'abandonnerai librement la gloire dont je jouis auprès de toi; pour lui je mourrai satisfait : que la mort exerce sur moi sa fureur! »

l'autre côté, Daniel ayant à ses côtés le lion qui respecta sa vie, compte les soixante-dix semaines d'années devant s'écouler jusqu'à la mort du Messie, et le vieil Amos, caressant un jeune agneau, déplore à l'avance les ténèbres qui couvriront la terre, à l'heure où se consommera l'acte suprême de la Passion. Ces diverses peintures, surtout les prophètes et les évangélistes, rappellent le beau caractère qui distingue l'école d'Ombrie, et montrent quels nouveaux progrès se sont accomplis dans l'art depuis le quatorzième siècle jusqu'au temps du Pérugin. A une époque plus ancienne se rattachent d'autres fresques à demi effacées et qui se sont pétrifiées, pour ainsi dire, avec la roche nue, dans cette mystérieuse partie de la grotte où saint Benoît avait d'abord consacré un oratoire au pape saint Sylvestre. Lorsqu'on passe ensuite du parloir dans le *Sacro Speco*, quatre personnages peints sur la voûte attirent particulièrement l'attention. C'est le fondateur de l'ordre bénédictin, entouré de trois souverains pontifes sortis de ce même ordre, à savoir Grégoire le Grand, Agathon Ier et Léon III. Le premier de ces papes est représenté priant, avec les mains jointes ; le second tient une croix et un livre ouvert sur lequel on lit ces mots :

PAX HVIC DOMI ET OMNIBVS HABITANTIBVS IN EA.

Quant à Léon III, il porte également un livre, mais qui est fermé, et une croix processionnelle, l'un des emblèmes distinctifs du premier pasteur de l'Église. Si nous relevons ces simples et minutieux détails, c'est que rien n'est à négliger, selon nous, dans l'histoire de l'art comme dans celle du symbolisme chrétien.

Outre les parties principales du *Sacro Speco* dont

nous venons de parler, plusieurs chapelles particulières offrent aussi un ensemble de peintures décoratives qui méritent d'être signalées. Dans l'oratoire consacré à saint Érasme, des fresques représentent sainte Catherine et d'autres vierges martyres qui, rangées en file, se déroulent comme une théorie antique, en tenant la palme immortelle, symbole de leur courage et de leur triomphe. A ces fresques datant du quatorzième siècle succède le tableau du Jugement dernier, exécuté au siècle suivant, et ornant la chapelle de sainte Chélidone. Au centre du tableau se détache d'abord l'imposante figure du Christ siégeant sur le trône formé, selon l'Apocalypse, par l'arc-en-ciel dont les vives couleurs étincellent comme l'émeraude. Les plaies du Crucifié devenu le souverain juge, ces plaies qui s'ouvrirent pour le salut des uns et la damnation des autres, sont encore rouges de sang. Du côté droit de sa bouche, sort un lis, symbole de la pureté des élus, et du côté gauche, le glaive à deux tranchants dont parle aussi la Vision apocalyptique, et qui est réservé au châtiment des coupables. Puis, comme pour rappeler que c'est au nom de la Passion qu'elle a soufferte pour les hommes, que la céleste victime s'apprête à les juger tous, quatre anges tiennent devant le trône de l'Agneau les instruments de son supplice, à savoir les cordes de la flagellation, la couronne d'épines, les clous, la lance et la croix. Plus loin, un cinquième ange fait résonner la trompette du jugement, et appelle les morts qui, soulevant la pierre de leur sépulcre, écoutent les paroles que le Christ leur adresse. Aux élus, il dit ces mots inscrits dans un phylactère :

VENITE, BENEDICTI PATRIS MEI,
PERCIPITE REGNVM MVNDI VOBIS PARATVM.

Quant aux réprouvés, ils entendent la fatale sentence :

ITE, MALEDICTI IN IGNEM ETERNVM
QVI PARATVS EST DIABOLO ET ANGELIS EJVS.

Saisi d'une sainte frayeur devant ce spectacle terrifiant mais salutaire, saint Jérôme semble chercher un appui auprès du lion familier qu'il délivra d'une épine, et qui s'attacha ensuite à son service. Pendant que d'un œil morne il contemple la scène dont il est le témoin, sa bouche profère cette parole tristement menaçante :

QVOTIENS DIEM ILLVM CONSIDERO, MORTVI
VENIENT AD JVDICIVM.

Résumant plus loin les douloureuses pensées qui agitent le saint docteur, une autre inscription rappelle tout ce que la Prose des morts a de plus sombre et de plus pathétique. En lisant ces paroles pleines de désolation, on croit entendre un lointain écho du *Dies iræ*, qui retentit comme un glas funèbre bien propre à servir d'accompagnement à un pareil tableau. Afin de le compléter d'une autre façon, l'artiste a cru devoir y faire figurer le monastère de San Benedetto qu'il a placé sous le patronage de la Vierge et de saint Jean-Baptiste. Ces deux dernières figures supplient, à genoux et les mains jointes, la miséricorde du souverain juge en faveur de la communauté qui s'est mise à l'abri de leur protection[1].

---

[1] Les inscriptions en prose, placées dans le tableau du Jugement dernier, étaient complétées autrefois par une inscription en vers dont on ne retrouve plus que quelques vestiges sur la fresque. Nous rétablissons ici les vers en question, conservés dans un manuscrit de la bibliothèque de Sainte-Scholastique, et où se trouvent rappelées les

Sans avoir le grand caractère des peintures si renommées que l'on admire au Campo Santo de Pise et où André Orgagna peignit le triomphe de la mort et le jugement dernier, la fresque de Subiaco, qui porte la date ᴍcccclxvɪ, doit être étudiée avec soin. C'est une page de plus ajoutée à ces formidables compositions qui, en peinture aussi bien qu'en poésie, constituent un véritable cycle dantesque, et dont les sources inspiratrices furent d'une part la Divine Comédie, de l'autre la Vision de saint Jean dans l'île de Pathmos. Le Jugement dernier du *Sacro Speco* nous apprend comment, au quinzième siècle, à cette époque de transition où les croyances religieuses du moyen âge commençaient à réagir contre les premières expansions de l'esprit moderne, l'idée, toujours si redoutable, de la destruction de la race humaine et de son avenir ultérieur, était conçue et traitée dans un tableau servant à décorer l'austère demeure du patriarche des moines d'Occident. A ce souvenir de saint Benoît, on comprend pourquoi saint Jérôme, le propagateur des institutions monastiques en Orient, figure dans cette représentation faite pour rappeler à des moines la nécessité où ils sont de renouveler chaque jour leur sacrifice, afin d'assurer leur salut éternel[1]. De la grotte qui fut témoin des ma-

vertus de saint Jérôme, ainsi que les merveilleux effets produits par la vue et la pensée du jugement dernier:

> Hieronimi virtus est tam miranda beati,
> Possit non etiam picturæ Dæmon ut ullus
> Apparere suæ, tanto tremit ipse pavore.
> Obsessum fuerit nam si quod Dæmone corpus,
> Hunc mox intuitus depellit imaginis almæ:
> Hæc Augustino describit scripta Cirillus.

[1] Le chapitre IV de la règle bénédictine, intitulé *Quæ sint instrumenta bonorum operum*, prescrit aux religieux, en termes aussi

cérations de saint Benoît, une pente insensible nous fait remonter à la grotte de Bethléem où, loin des séductions de la société romaine, saint Jérôme éteignit dans les austérités les dernières étincelles des passions violentes qui avaient embrasé ses sens et son cœur. Les rapports existant entre ces deux saints personnages ont été fort bien compris par l'artiste, et voilà sans doute pour quel motif il a voulu, par sa fresque, en perpétuer la concordance et le souvenir.

Ce n'est pas seulement dans le tableau du Jugement dernier que revit, à Subiaco, la lugubre pensée de la mort, accompagnée des enseignements qu'une telle pensée porte avec soi. Quand on a franchi l'escalier de la crypte, sur les murs duquel sont représentées les figures de saint Augustin, de saint Bernard, de saint Dominique et de saint François, on arrive à un autre escalier conduisant au cimetière destiné à la sépulture des religieux. Dans ce passage par lequel défilaient lentement les moines, en accompagnant chacun de leurs frères à sa dernière demeure, se trouve une série de fresques composées sur la légende allégorique appelée, au moyen âge, le *Dict des Trois Vifs et des Trois Morts*. En voici le sujet. Par une belle journée qui promet une chasse abondante, trois jeunes cavaliers se mettent en route, l'épervier au poing, et, avec la folle insouciance de leur âge, ils traversent un cimetière, en échangeant les plus joyeux devis. Tout à coup, ils sont arrêtés par un vieil ermite qui, sortant de sa cellule,

---

courts qu'expressifs, d'avoir sans cesse devant eux la pensée et l'image de la mort : « Diem judicii timere. Gehennam expavescere. Vitam æternam omni concupiscentia spirituali desiderare. Mortem quotidie ante oculos suspectam habere. »

leur barre le chemin et les oblige à reporter leurs regards en arrière sur trois tombes entr'ouvertes qu'il leur désigne d'un geste menaçant. La première tombe renferme le corps d'une princesse emportée par la maladie à la fleur de l'âge, et dont la mort a flétri la beauté qui, naguère encore, faisait tout son orgueil. Dans la seconde tombe, on voit le cadavre d'un roi que les vers sont en train de dévorer, et dans la troisième, un hideux squelette présente l'image du dernier degré auquel arrive la dissolution de notre être. En même temps qu'il leur montre ce spectacle, le vieillard fait entendre aux jeunes cavaliers les paroles suivantes :

> VIDE QUID ERIS; QUOMODO GAVDIA QUÆRIS?
> PER NVLLAM SORTEM POTERIS EVADERE MORTEM.
> NEC MODO LÆTERIS, QVIA FORSAN CRAS MORIERIS.

A peine a-t-il fini de parler, que du fond des trois tombes, et de la bouche des trois défunts s'échappe comme un concert d'avertissements non moins lamentables. « Pourquoi vous enorgueillir, malheureux? dit une de ces voix sortant du tombeau. Pensez à ce que vous êtes, et rappelez-vous bien que ce que je suis, vous-même vous le serez bientôt. » Et les autres voix ajoutent l'une après l'autre : « A chacun son tour ; aujourd'hui pour moi, demain pour vous. La mort n'épargne personne, ni le riche ni le pauvre, et si nous sommes maintenant tels que vous deviendrez, autrefois nous avons été tels que vous êtes. » Touché de ce qu'il vient de voir et d'entendre, un seul des trois jeunes gens demeure auprès du solitaire, en se montrant disposé à suivre ses pieux exemples. Quant à ses camarades, entraînés comme le féroce chasseur de la ballade allemande, par l'amour insensé du plaisir, ils s'apprêtent, au contraire, à poursuivre gaiement leur chemin. Mais à peine commencent-ils à chevaucher, que la cruelle mort vient les saisir et les percer de son glaive, en accompagnant de ces mots ironiques les coups qu'elle leur porte: « Je suis celle qui occis subitement toutes personnes, les jeunes aussi bien que les vieilles[1]! »

Outre les peintures précédentes qui sont, en général, d'un beau style, on en voit d'autres également remarquables dans ce qu'on appelle les salles de saint Benoît. Il faut s'arrêter devant le tableau représentant ce saint au moment où il prescrit à son jeune disciple de sauver Placide sur le point de périr dans les eaux du lac de Subiaco. Mais on devra s'arrêter plus longtemps encore en face d'une autre peinture, qui semble couronner une vie dont nous avons vu se dérouler les diverses phases. C'est celle qui nous montre le même saint Benoît quittant la terre, et aspirant aux joies du ciel, avec toute la puissance expansive d'une âme heureuse d'avoir enfin rompu ses attaches corporelles. Un fait assez curieux à noter, c'est que la joie ressentie dans le séjour des bienheureux par l'arrivée du nouvel élu, éclate dans les mille feux d'une immense illumination dont l'effet est des plus frappants. Enfin, pour achever l'analyse de cette longue série de travaux exécutés à Subiaco par des artistes d'époques et d'écoles différentes, il y aurait lieu de citer encore les peintures de la sacristie et du réfectoire, qui ne sont pas moins dignes d'intérêt. Dans la sacristie notamment on remarque une

---

[1] SO COLEI C'OCIDO OMNE PERSONA
GIOVENE E VECCHIE... SUBITO.

sainte Famille de Serti, et une Madone avec l'enfant Jésus et sainte Catherine, attribuée par les uns au Corrége, par les autres au Parmesan[1].

Avant de quitter l'étude de ces œuvres dont nous avons peine à nous détacher, et dont le souvenir, toujours vivant, resplendit en nous, comme le rayonnement d'un beau jour qui n'est plus, déduisons les conséquences à tirer de nos observations. Si les deux églises supérieure et inférieure de saint François d'Assise offrent les plus beaux spécimens de la peinture religieuse au temps de Cimabue, de Giotto et des meilleurs disciples de ces illustres maîtres, les deux édifices superposés formant le *Sacro Speco*, bien qu'ils ne présentent pas des ouvrages d'une valeur aussi haute, n'en renferment pas moins des compositions excellentes à consulter pour l'histoire progressive de l'art. Trois époques et trois manières distinctes, si l'on se rappelle la description qui précède, viennent caractériser cette suite continue de travaux exécutés du douzième au quinzième siècle. Les ouvrages de Conciòli marquent la première période servant de transition entre l'école byzantine et l'école italienne, laquelle tend dès

---

[1] Près de la sacristie se trouve une petite cour où l'on remarque un cippe antique récemment découvert et portant cette inscription:

STO SILVANO VOTVM EX VISO
OB LIBERTATEM
SEXTATIVS DII
JVXSIVS-SIC CUM
BASE D. P.

De ce monument autrefois consacré à une divinité païenne les moines du *Sacro Speco* ont fait le piédestal d'une croix, et une inscription nouvelle explique ainsi cette transformation:

QUI QUONDAM CIPPUS SILVANI SIMULACHRUM
PER S. BENEDICTI FILIOS CRUCEM SUSTENTAVIT.

lors à se frayer de nouvelles voies. Concioli précède Cimabue, de même que Stamatico, l'artiste éminent qui représente si bien les travaux de la seconde période, sert de digne précurseur à Giotto. Après les œuvres exécutées au quatorzième siècle par ce peintre trop peu connu, viennent les fresques du parloir se rattachant à la troisième époque, et qui, au quinzième siècle, annoncent la prochaine apparition des œuvres impérissables du Pérugin et de Raphaël. Ajoutons qu'à chacun de ces trois degrés par lesquels passe tour à tour la rénovation de la peinture en Italie, correspond un progrès sensible, non-seulement dans les procédés matériels de l'art, mais encore dans la manière de concevoir et de rendre le sentiment chrétien. Il semble qu'à mesure que le talent des artistes s'élève, leur foi s'épure, leurs conceptions se spiritualisent de plus en plus. Ainsi, à Subiaco comme ailleurs, la peinture religieuse va toujours grandissant, durant les derniers siècles du moyen âge[1]. De même, pendant cette période, on la voit à Assise, à Bologne, à Florence et à Rome, atteindre ce beau idéal de l'expression que ne remplaceront point, à partir de la Renaissance, ni la correction plus achevée du dessin, ni la brillante perfection du coloris.

[1] Sur les peintures du *Sacro Speco* consulter l'ouvrage dédié à S. S. Pie IX, par J. S. Renier (de Viviers), pensionnaire d'architecture à Rome. Cet ouvrage, composé d'un texte et de planches gravées, et intitulé : *Imagerie di Sacro Speco*, a été imprimé à Rome en 1855, dans le format grand in-folio.

III

En considérant les peintures si nombreuses qui couvrent et rendent vivantes les murailles du *Sacro Speco*, il est difficile de ne pas regretter que la sculpture ne soit pas venue y répandre un autre genre d'ornement et d'animation. La situation exceptionnelle de cet édifice sacré, l'accumulation des obstacles qu'il a fallu vaincre pour en achever la construction, empêchèrent sans doute qu'on y employât l'art du statuaire, surtout à une époque où cet art, essentiellement architectural, taillait, dans la pierre vive des monuments, tout un monde de statues, de bas-reliefs et de symboles religieux. Il est d'autant plus fâcheux que des difficultés que nous ne connaissons pas aient rebuté la main du sculpteur, qu'à l'époque où a peinture marquait ses premiers progrès à Subiaco, la sculpture décorait déjà d'œuvres incomparables les églises du centre et du sud de l'Italie. On sait comment, et avec quel éclat, les travaux de Nicolas et de Jean de Pise, inaugurèrent, dès le treizième siècle, la renaissance de l'art en Italie. Les statues, les chaires, les tombes et les cuves baptismales sculptées par ces grands artistes dans les édifices que souvent eux-mêmes avaient construits, faisaient présager, par les sévères beautés de la forme, ce qu'allaient bientôt produire les effets encore plus expressifs de la couleur. Pourquoi faut-il que des obstacles d'un ordre tout matériel n'aient pas permis aux abbés de Subiaco d'appeler à la décoration de leur église l'un de ces artistes de l'école pisane, si intelligents, si religieux, si profondément pénétrés du véritable esprit chrétien ? Pourquoi Nicolas de Pise, par exemple, à son retour de Naples où l'avait emmené Frédéric II, ne fut-il pas conduit, par un heureux hasard, au *Sacro Speco*, pour y laisser, comme souvenir de son passage, quelque groupe sculpté, au milieu duquel se fût détachée l'image de saint Benoît ? J'aime à me figurer cette image du reclus de Subiaco, telle que l'artiste l'eût conçue et représentée, dans l'attitude recueillie et sous la tunique grossière de l'ascète, avec cette physionomie inspirée qu'on prête à un Élie ou bien à un saint Jean dans le désert.

Au lieu de cette représentation, digne de celui à qui elle eût été consacrée, la Grotte Sainte offre à l'admiration des visiteurs une statue de saint Benoît, attribuée au Bernin, mais qui est d'Antoine Raggi, l'un de ses meilleurs élèves[1]. Cette statue, objet d'un concert de louanges répétées depuis plus de deux siècles, n'a pas produit sur moi l'impression à laquelle je m'étais attendu. Placée sur le banc de pierre qui, selon la tradition locale, servait de lit à saint Benoît, elle représente le jeune solitaire, priant, les mains levées, et comme dans l'extase de la contemplation. L'exécution, en rapport avec le goût du temps, peut sans doute faire honneur

---

[1] Antonio Raggi, surnommé le *Lombard*, et qui avec Hercule Ferrata, étudia sous la direction du Bernin, fut chargé par son maître de sculpter, à la fontaine de la place Navone, la figure colossale du Danube, la plus remarquable de celles qui décorent ce monument. Il est l'auteur d'un grand nombre de statues qu'on voit à Rome, notamment de l'un des anges qui ornent le pont du *Castello*. Il sculpta également les statues de sainte Catherine et de saint Bernardin, qui se trouvent dans la magnifique chapelle *del Voto*, dont le pape Alexandre VII voulut embellir la cathédrale de Sienne.

au talent d'un artiste formé à l'école du cavalier Bernin. Mais j'avoue que sous ce costume de convention, enveloppant de ses fastueux plis de marbre le corps d'un saint en prière, je reconnais bien moins un rigide anachorète, qu'un élégant patricien de Rome, laissant flotter les pans de sa toge sous les portiques du Capitole. Voilà où en était venu l'art chrétien, en Italie, au temps d'Urbain VIII et d'Innocent X, les zélés protecteurs de ce même Bernin[1], qu'on ne craignait pas d'appeler alors le *second Michel-Ange*. Avec ce chef d'école et les élèves qui outrèrent ses défauts, la sculpture, comme les autres arts, était tombée dans un genre prétentieux et maniéré qui, à peine acceptable pour les sujets profanes, devient un véritable contre-sens, lorsqu'il s'applique à des sujets religieux. Aussi, la statue de saint Benoît, bien que montrant certaines beautés de détail incontestables, fait complétement disparate avec le style simple et noblement sévère des anciennes peintures au milieu desquelles elle est comme égarée[2]. Le contraste est d'autant plus sensible,

---

[1] Avant d'être pape sous le nom d'Urbain VIII, le cardinal Maffeo Barberini avait accordé son patronage au jeune Bernin qui venait de sculpter pour la villa Borghèse la statue de David, ainsi que le groupe fort connu d'Apollon et Daphné. C'est sur le piédestal de ce groupe, où le dieu de la poésie se trouve représenté sous les traits d'un berger à la fois plein de grâce et de passion, que le cardinal Barberini qui se piquait d'être un élève des muses, fit graver ce distique de sa composition :

Quisquis amans sequitur fugitivæ gaudia formæ,
Fronde manus implet, baccas seu carpit amaras.

[2] Ce fut en 1657 que la statue sculptée par Antoine Raggi vint remplacer une ancienne image de saint Benoît, qui, selon les documents contemporains, reproduits par le Père Bini, n'avait aucune valeur. Or, n'est-il pas permis de supposer, à ce sujet, que les religieux de l'abbaye, jugeant du mérite de cette statue d'après le goût de leur époque,

que, par une exception bien rare, surtout dans les édifices religieux de l'Italie, l'église du *Sacro Speco*, sauf quelques modifications qui n'ont point altéré son caractère, est restée jusqu'aujourd'hui ce qu'elle était il y a six siècles.

On n'en peut dire autant du monastère voisin de la Sainte Grotte, qui, comme nous l'avons vu, passa par bien des vicissitudes et des transformations successives. Ce monastère, dont il a été question à propos de celui de Sainte-Scholastique, avec lequel il confondit souvent ses destinées, est pourtant moins ancien que cette dernière abbaye. Quoiqu'on ait voulu en faire remonter la fondation au temps même de saint Benoît, il est impossible de lui attribuer une si haute antiquité. En effet, quand le pape Jean VII releva, en 705, le monastère de Sainte-Scholastique, il ne se préoccupa nullement d'établir des religieux près du *Sacro Speco*, dont le modeste oratoire dépendait alors de l'abbaye qu'il venait de restaurer. Ce ne fut qu'au onzième siècle qu'un moine, appelé Palumbo, demanda à l'abbé de Sainte-Scholastique la permission de se retirer près de la Sainte Grotte, et il y vécut seul, dans une petite cellule, — *in cellula quadam exigua*, — durant l'espace de vingt-cinq ans. Peu de temps après, quand l'abbé Jean Crescenzi eut achevé l'église que son prédécesseur avait commencé à bâtir sur le *Sacro Speco*, il voulut élever en même temps un monastère, pourvu de tout ce qui était nécessaire à une maison religieuse. Mais aucune communauté régulière n'y fut encore établie, et jusqu'au

---

n'aient rejeté avec le dédain qui frappait alors tout objet d'art provenant du moyen âge, une œuvre peut-être remarquable du treizième et du quatorzième siècle.

treizième siècle, dit le chroniqueur Mirzius, deux ou trois moines seulement avaient l'habitude de demeurer en ce lieu, pour y mener une vie plus austère, selon leur volonté propre, et sans être soumis à l'autorité d'un supérieur[1]. Le pape Innocent III fut le premier souverain pontife qui établit définitivement une communauté de religieux bénédictins dans le monastère élevé près de la Sainte Grotte, et qui prit le nom de *San Benedetto*. Pour cette fondation, il affecta un revenu provenant de la Chambre apostolique, fixa à six le nombre des moines qui ensuite fut porté à douze par le pape Alexandre IV, et décréta que la nouvelle communauté, dirigée par un prieur, serait indépendante de l'abbaye de Sainte-Scholastique.

Comme, depuis cette époque, l'histoire de chacune de ces deux maisons est, pour ainsi dire, inséparable, soit qu'elles entrent en lutte pour la défense de leurs priviléges, soit qu'elles se trouvent unies sous la même autorité, nous avons cru devoir, en résumant plus haut les annales de l'une[2], mentionner ce qui était relatif à l'autre. On se rappelle comment, après avoir été plusieurs fois abandonné, le monastère de San Benedetto fut relevé de sa chute au dix-huitième siècle, et restauré complétement par l'archevêque d'Apamée, Nicolas Tedeschi. Préservé des atteintes qui, à la suite de la Révolution française, frappèrent en Italie les congrégations monastiques, il s'est maintenu jusqu'à présent, protégé peut-être par le respect séculaire attaché à la

---

[1] « Antea duo vel tres ibi solebant fratres demorari, raro in quatuor ibidem habitasse scribit senior chronista, qui sponte sua nullaque eos adstringente obedientia, sed arctioris vitæ agendæ gratia se conferebant. »

[2] Voir le chapitre précédent.

première demeure de saint Benoît. Mais, on doit le reconnaître, ni ce sentiment de vénération, ni même la protection toute spéciale du pape actuel, naguère encore abbé commendataire de San Benedetto, ne peuvent rendre à cette maison le puissant souffle de vie qui autrefois peuplait et animait les communautés bénédictines. Là, comme ailleurs, malgré la résistance des hommes, malgré le prestige tutélaire du passé, une grande institution chancelle et se débat contre les germes de destruction qu'elle porte en elle-même, ou qui lui viennent du dehors.

A ces funestes influences, les religieux qui desservent l'abbaye du *Sacro Speco* ne peuvent opposer que la force passive qu'on puise dans la résignation et la conscience d'une tâche régulièrement accomplie. Comme ceux de Sainte-Scholastique, ils semblent être bien moins préoccupés de travaux intellectuels que du soin de remplir avec exactitude leurs devoirs monastiques. Personne n'a le droit de les en blâmer, sans doute, car, après tout, des moines ne sont pas absolument tenus, même quand ils se rattachent à l'ordre bénédictin, d'être des savants, des lettrés, puisque ce n'est point pour ce but accessoire qu'ils ont prononcé leurs vœux. Cependant, comme en un siècle aussi pratique, aussi peu contemplatif que le nôtre, la société réclame de tous ses membres, quels qu'ils soient, une part d'activité personnelle, on se demande si ce n'est pas un devoir imposé aux religieux d'un ordre qui, par ses impérissables travaux, a bien mérité de la civilisation, d'apporter sans relâche leur tribut à l'œuvre commune. C'est en continuant de marcher dans cette voie studieuse, en se rendant utiles à ce monde dont ils s'éloignent, mais auquel ils ne doivent rester ni étrangers ni indifférents, que les corps monastiques pourront être assurés de vivre, et conjureront peut-être les dangers du présent aussi bien que ceux de l'avenir.

Pour être juste, empressons-nous d'ajouter qu'une telle tâche, dévolue plus particulièrement que jamais aux moines de Saint-Benoît, a été fort bien comprise par le R. P. Bini, abbé régulier du monastère de San Benedetto. D'abord professeur à l'Université de Pérouse, dont il a écrit l'histoire, puis nommé aux fonctions de procureur général des bénédictins à Rome, le Père Bini a résidé plusieurs années dans cette ville, au monastère de Saint-Calixte. La juste appréciation de son mérite et de ses connaissances étendues le fit appeler à l'administration supérieure de l'abbaye du *Sacro Speco*. En y composant, d'après les sources, ses *Notices historiques* sur cette communauté, il a donné à ceux qui sont placés sous sa direction un exemple parfaitement conforme à l'esprit bénédictin. Puisse cet exemple être suivi à Subiaco, aussi bien qu'ailleurs, ne fût-ce que comme préservatif des périls qui menacent l'ordre tout entier[1]!

---

[1] Depuis l'époque où ces pages ont été écrites, le R. P. Bini, avec lequel j'avais eu l'avantage d'établir les meilleures relations, a terminé sa laborieuse carrière. L'administration des monastères de Sainte-Scholastique et de San Benedetto a passé ensuite entre les mains du R. P. Casaretto qui, après y avoir établi la réforme dont il est le promoteur, a constitué les deux abbayes en une province monastique aujourd'hui distincte de la congrégation du Mont-Cassin. Il a fait exécuter, en outre, des réparations importantes dans chacune de ces communautés, et obtenu du pape Pie IX la cession du monastère de Saint-Ambroise, à Rome, où les jeunes religieux de Subiaco peuvent se rendre pour suivre un cours d'études supérieures. Le R. P. Casaretto, avant tout administrateur habile, n'est pas un lettré, mais s'il n'a pas le goût de l'érudition bénédictine, il se distingue par beaucoup de tact, de savoir faire, et une connaissance parfaite des hommes. Aujourd'hui,

Sur ces périls, du reste, les moines de Saint-Benoît, que j'ai connus, ne se font point d'illusion, car ils les voient, ils les pressentent mieux que personne. Je dirai même que la sérénité d'âme qu'ils montrent devant une perspective si peu rassurante est l'un des motifs qui doivent porter les cœurs généreux à s'intéresser plus vivement à leur cause. Ainsi je me rappelle qu'en sortant du *Sacro Speco*, je me rendis sur la terrasse, dite le Jardin des roses, accompagné du religieux qui m'avait conduit et obligeamment aidé de ses renseignements dans ma visite au monastère de San Benedetto. C'était un homme au regard profond, à la figure ascétique, et qui déjà était parvenu, selon le mot du poëte florentin, au milieu du chemin de la vie. D'abord il avait gardé envers moi cette réserve polie et grave que donne l'expérience, et qui est assez habituelle aux religieux dans leurs rapports avec les gens du siècle. Ma prédilection bien marquée pour son ordre et la spécialité même de mes études sur l'histoire monastique l'ayant peu à peu rendu plus confiant, il finit par s'enhardir à parler d'un autre sujet que des peintures monumentales qu'il venait d'offrir à mon admiration. Comme je regardais les vieilles souches des rosiers que la tradition prétend avoir remplacé les ronces où saint Benoît était venu éteindre les voluptueuses ardeurs de sa jeunesse, le religieux bénédictin me dit : « Ces plantes, vénérées depuis tant de siècles, et que saint François lui-même, dans son pèlerinage à Subiaco, voulut faire germer au lieu où avait triomphé la vertu de notre

---

c'est le R. P. Testa qui l'a remplacé comme abbé de Sainte-Scholastique et de San Benedetto, et sous sa direction, une observance assez rigide s'y trouve maintenue.

saint fondateur, offrent une image, hélas! trop fidèle des deux grands ordres nés sur les hauteurs d'Assise et du mont Cassin. Se rattachant à notre vieux sol italien par leurs racines plusieurs fois séculaires, leur tronc languissant ne porte plus que de faibles rejetons, et leurs fleurs suffisent à peine à parfumer la solitude où elles croissent.

— Qu'importe, répondis-je, si cette solitude est aussi calme que belle, et comme celle-ci, parfaitement assurée contre l'orage? » Et m'approchant de l'extrémité de l'oasis triangulaire formée par le jardin, je lui montrai de là le site grandiose qui, entre la montagne et ses rochers à pic, ne laisse apercevoir que le vide du désert et l'immensité du ciel.

« C'est vrai, dit le moine, dont l'œil cave laissa jaillir un éclair, la retraite qui abrita saint Benoît contre la barbare impiété de son temps, pourra bien protéger ses fils dégénérés contre l'indifférence ou l'hostilité de leur siècle. J'espère que cette roche vive aux flancs de laquelle notre ordre prit naissance, sera toujours pour lui un rempart inébranlable; mais cet espoir ne m'empêche ni de sentir, ni de craindre les coups qui nous sont portés. Souvent, la nuit, quand je veille dans ma cellule, et que les tourbillons du vent s'engouffrent dans les profondes anfractuosités de la montagne, je crois entendre comme les sourds battements d'un bélier qui saperait et les murs de notre monastère et le rocher sur lequel il est assis. A ce bruit formidable, une voix secrète semble me dire : « Écoute, c'est le flot du siècle qui monte jusqu'à vous, et bat en brèche votre vieille maison, avec les croyances, les principes et les institutions qui s'y sont réfugiés.

Paroles bien tristes, je vous assure, pour un moine sincèrement dévoué à son ordre, et à l'influence desquelles on n'échappe qu'en se consolant dans la prière. Elle seule relève notre confiance en Dieu; elle seule nous permet d'appliquer à notre maison et à la Sainte Grotte ce qui a été dit de la pierre angulaire servant de base à l'Église, et contre laquelle aucune force humaine ne saurait prévaloir. »

A ces dernières et pénibles réflexions, je crus devoir n'opposer que le silence, car je ne me sentais pas plus le courage d'ajouter aux légitimes alarmes du bon religieux, que de le tromper en lui donnant une assurance que j'étais loin d'éprouver moi-même. Bientôt, après avoir pris congé de nos hôtes, je redescendis les pentes du mont Taleo, et suivant le sentier qui longe la rive opposée du torrent, je revis sous un nouvel aspect ce paysage dont j'avais peine à me détacher. Formés par la vaporisation des eaux bondissantes de l'Anio, de légers flocons de brume, tantôt miroitaient aux rayons du soleil, tantôt, s'accumulant au point où l'ombre dominait déjà, enveloppaient les objets d'alentour d'une teinte crépusculaire. Ici la nature souriait, là elle apparaissait sombre et presque menaçante. Se dégageant du milieu des vapeurs qui cernaient la plus grande partie de la montagne, le monastère de San Benedetto, se tenait suspendu, comme une arche tutélaire, au-dessus des eaux du torrent. De loin, cette masse de bâtiments, faisant saillie sur les flancs du mont Taleo, ressemblait à la pointe d'un cap, qui domine, immobile et majestueux, les brumes s'élevant de la mer et l'assaut livré par ses vagues. Je jetai enfin un dernier regard sur cette retraite où je venais de recevoir une courte mais bienveillante hospitalité, et je souhaitai du fond du cœur qu'elle pût longtemps encore servir d'abri à ceux qu'une vocation sincère y avait fait entrer.

Comme je me rapprochais de Subiaco, je fus distrait des réflexions que m'inspirait mon pèlerinage, à la vue d'une double scène d'un caractère bien différent. Un groupe d'hommes et de femmes, appartenant à la classe villageoise, montaient en se dirigeant vers le *Sacro Speco*, pour présenter à saint Benoît un enfant nouveau-né, qui avait été baptisé quelques jours auparavant [1]. La mère de cet enfant, toute jeune encore, marchait lentement, appuyée sur le bras du parrain, tandis que le père, d'un pied leste et dégagé, conduisait la marraine qui portait fièrement son plus riche costume. Ces deux couples, accompagnés d'un cortége assez nombreux rappelaient, par la pureté des traits et l'énergique expression des physionomies, ces beaux types italiens, popularisés chez nous, grâce aux admirables représentations qu'en a données Léopold Robert. Pour compléter le tableau, un *pifferaro* vêtu, comme les autres, de ses plus beaux habits, s'avançait en tête de la troupe et l'égayait par les sons plus ou moins harmonieux de la zampogne qu'il pressait sous son bras. Conformément aux mœurs du pays où le sacré se mêle si souvent au profane, le cortége, bien que s'apprêtant à remplir un devoir religieux, répétait à pleine voix une espèce de chant d'hyménée que certaines figures mythologiques et des expressions poétiquement passionnées auraient pu faire pren-

[1] A l'exposition de peinture de cette année, on a pu remarquer un charmant petit tableau dont le sujet est un *Pélerinage au Sacro Speco*, et dans lequel, par une coïncidence toute fortuite, l'auteur, M. Louis Joseph Lefebvre, a représenté la fin d'une scène dont nous avions vu et décrit le commencement.

dre pour un épithalame antique. Par un rapprochement qui m'étonna, je remarquai dans cette canzone une stance à peu près semblable à l'une des strophes de la dernière improvisation de Corinne : « Comme le feu, l'amour crée le monde et le consume; il brûle nos cœurs, mais il les purifie. » Venaient ensuite des vœux pour la félicité future de l'enfant né de l'union des deux jeunes époux, dont le chant célébrait les vertus et le bonheur. Un refrain, répété en chœur, entrecoupait chaque stance, et fournissait à la joie de tous le prétexte de la plus bruyante explosion [1].

Mais voici que tout à coup, au milieu de cette allégresse, les voix se taisent, les fronts se découvrent, et chacun des assistants, un genou en terre, incline la tête, en se signant avec dévotion. C'était au bruit d'une clochette et à l'aspect d'un vieux franciscain que ce

---

[1] Les étrangers, surtout ceux qui viennent des froides contrées du Nord, sont souvent étonnés de l'originalité des conceptions, de la vivacité des images et de l'élévation des sentiments qui se rencontrent dans les chants populaires de l'Italie. Ces chants, qui retentissent d'une extrémité à l'autre de la Péninsule, ont tous une variété de ton qui les distingue, selon la région, l'époque et le dialecte auxquels ils appartiennent; mais, comme la plupart des produits de la muse du peuple, ils sont anonymes et ils se renouvellent de temps en temps, sans que les auteurs en soient connus. Dans l'Italie méridionale, là où le caractère italien est plus gai, plus expansif, et disons-le, plus facilement porté à la licence, les chants populaires, par un contraste digne de remarque, ont parfois une gravité de ton, une certaine portée philosophique et morale, qui se manifestent en continuelles réflexions sur les devoirs de l'homme, la fragilité de sa vie et l'inconsistance des choses humaines. Quant au rhythme, il a quelque chose de pénétrant et de mélancolique, et il a pu fournir des inspirations à quelques-uns des plus célèbres compositeurs de notre époque, notamment à Rossini, dans un chœur du *Moïse*. Nous rappellerons, en terminant cette note, que de nos jours l'abbé Parzanese, ce Béranger chrétien des classes populaires en Italie, a su donner une forme pleine de grâce et d'élévation à des chants dont les poétiques légendes de la Calabre lui ont en partie fourni les sujets. Trois recueils de ces chants ont été publiés sous les titres de *Il Viggianese, Canti popolari* et *Canti del povero.*

brusque changement de scène s'était opéré. Le religieux dont la couronne monacale était blanchie par l'âge, portait les derniers sacrements à un autre vieillard habitant une métairie voisine, et il s'apprêtait à gravir un sentier tortueux, suivi du fils et des petits-fils du moribond. Ce second cortége traversa le premier qui, s'étant rangé pour lui faire place, poursuivit son chemin, après quelques instants donnés au recueillement et à la prière. En entendant alors ces hommes, si joyeux tout à l'heure, répéter sur un ton grave quelques stances fort touchantes, célébrant les vertus d'un bon pasteur, je me rappelai une autre canzone dont l'auteur des *Chants du pauvre* a reproduit ainsi les traits les plus frappants :

« Silence! Cessez le bruit. Ne voyez-vous pas venir notre bon pasteur? Il s'avance à pas lents le vénérable vieillard ; ôtez votre chapeau.

« Le pauvre ! Il a les cheveux rares et blancs ; il vient de loin, fatigué, épuisé. Toute la nuit, il a veillé avec les anges près de la couche d'un malade.

« Courez, petits enfants, allez lui baiser les mains, ces mains qui vous ont faits chrétiens au jour de votre naissance, ces mains qui essuient la sueur sur le visage du pauvre qui va mourir. »

Cependant, la petite troupe qui accompagnait le Père franciscain se grossissait, à mesure qu'elle approchait de son but, d'un certain nombre de paysans empressés d'abandonner leur travail pour marcher à la suite du saint viatique. Le religieux, qui semblait être connu d'eux tous, accueillait d'un regard paternel ces gens au cœur simple, venant adorer un Dieu caché sous des voiles symboliques que leur foi vénérait, sans en bien concevoir le mystère. Après avoir observé avec quelle respectueuse sympathie ils se rangeaient autour de ce vieux moine, vêtu d'une robe grossière qu'une corde à nœuds ceignait autour de ses reins, je constatai une fois de plus quels liens intimes et profonds unissent toujours les religieux mendiants aux classes inférieures de la société italienne. Se recrutant parmi elles, et pour elles se dévouant tout entiers, ils président aux différents actes de leur laborieuse existence, et, du berceau à la tombe, ils les guident incessamment dans le rude chemin dont ils leur adoucissent les aspérités et les fatigues. C'est surtout des religieux de cet ordre qu'on a eu raison de dire que le vrai moine est peuple, et ne peut être que peuple, ne fût-ce qu'à cause de sa pauvreté au moins individuelle. Quoi qu'il en soit, témoin de ces deux scènes qui venaient de m'offrir un si étrange contraste, je rentrai à Subiaco, en réfléchissant à ce mouvement continuel des générations humaines qui, pareil au flux et au reflux des eaux de la mer, les pousse en sens inverse, et fait que l'une entre dans la vie au moment même où une autre est sur le point d'en sortir.

CHAPITRE XVIII

LA RÉFORME DE CLUNY ET LE MONASTÈRE DE CAVA

Salutaire influence des réformes monastiques. — Caractère et résultats de la réforme opérée dans l'ordre bénédictin par saint Benoît d'Aniane. — L'anarchie et l'état d'ignorance de la société au dixième siècle réagissent dans l'intérieur des monastères. — Nécessité d'une nouvelle réforme. — La congrégation de Cluny s'étend de la France dans les autres États chrétiens, notamment en Italie. — Description du monastère de la Trinité de Cava. — Richesses de sa bibliothèque et de ses archives. — Ancien recueil manuscrit des lois lombardes. — Bible remarquable du huitième siècle. — Belles éditions *di prima stampa*. — Légende de saint Alfère, fondateur de l'abbaye, et de ses premiers successeurs. — Vicissitudes du monastère de la Trinité. — L'abbé de Rozan et le cardinal Maury. — Activité littéraire des anciens religieux de Cava. — Dernière vue jetée sur l'abbaye.

C'est le privilége de l'Église et des grandes institutions venant s'y rattacher de posséder en soi la puissance créatrice qui fonde, la force virtuelle qui conserve, et, à l'heure du péril, le remède héroïque qui sauve et vivifie. Alors, comme par un jeu de la Providence, le salut semble sortir du danger lui-même, et, au moment où une institution était près de périr, elle renaît soudainement, grâce à la puissante intervention de l'un de ces hommes qu'on appelle réformateurs. Quand le souffle de Dieu et non l'orgueil humain les dirige, ces hommes sont des révolutionnaires pacifiques, qui sauvent au lieu de détruire, sans craindre néanmoins d'attaquer le mal au vif et de le trancher dans sa racine. Cette glorieuse mission que Grégoire VII remplit pour toute l'Église, nous l'avons déjà vue accomplie par saint Benoît de Nursia pour le monachisme occidental, et, après lui, elle devait être successivement donnée à saint Benoît d'Aniane, à saint Odon et à saint Bernard, ces trois grands réformateurs de l'ordre bénédictin. Le premier fut l'auteur de la réforme générale décrétée par le concile de 817 ; les deux autres continuèrent celles qui, au dixième siècle et au douzième, firent naître les célèbres congrégations de Cluny et de Cîteaux.

Fils d'un seigneur goth de la Septimanie, et né en 751, Benoît d'Aniane ne reçut point au baptême, mais prit volontairement le nom du vénérable fondateur de l'ordre dont il devint lui-même le second législateur. Après avoir porté les armes dans les guerres de Pépin le Bref et de Charlemagne, il quitta tout à coup le monde pour obéir à un vœu fait au moment où, entraîné par les eaux d'un fleuve, il avait failli périr en sauvant la vie de son frère. La première retraite qu'il choisit fut le monastère que saint Seine, à la suite des circonstances les plus merveilleuses et les plus touchantes, avait fondé au sixième siècle, au milieu d'une forêt solitaire de la Bourgogne. Là, malgré le relâchement dont il était le témoin, le nouveau moine donna l'exemple de la plus rigide austérité. Aussi, édifiés des vertus qu'ils n'avaient pas la force d'imiter, les religieux du monastère voulurent, après la mort de leur abbé, élire Benoît à sa place. Mais il s'y refusa, parce qu'ils n'étaient, selon lui, ni assez dociles, ni assez réguliers, et, fuyant un contact dangereux, il alla bien loin, dans le diocèse de Maguelone, se cacher en un lieu arrosé par le ruisseau de l'Aniane.

Cette fuite de saint Benoît, qui eut lieu en l'an 780, est l'ère d'où il convient de faire dater son œuvre comme réformateur. Sa célébrité, qui bientôt grandit dans toute la Gaule méridionale, lui attira une foule de disciples pour lesquels il éleva un monastère fort vaste, mais bâti d'abord avec une extrême simplicité. La règle qu'il y établit était un retour aux institutions primitives du code bénédictin, avec quelques préceptes empruntés au cénobitisme oriental. Ayant reconnu d'ailleurs que la règle de saint Benoît était la seule qui, dans son esprit et dans sa pratique, fût applicable en Occident, il la fit retranscrire avec toutes celles qui avaient été précédemment composées, et il en publia le recueil sous le nom de *Codex regularum*[1]. Tandis que la nouvelle réforme se propageait dans les provinces du Midi, notamment à Gellone, où le duc Guillaume d'Aquitaine s'était solennellement consacré à Dieu, Alcuin, chef de l'école palatine, Leidrade, archevêque de Lyon, et Théodulfe, évêque d'Orléans, demandaient au réformateur quelques-uns de ses disciples pour les monas-

---

[1] Outre le *Codex regularum*, qui est divisé en trois parties renfermant les règles des moines d'Orient, celles des moines d'Occident, enfin celles des monastères de femmes, saint Benoît d'Aniane composa un autre recueil intitulé *Concordia regularum*. Ce livre, où les différentes règles monastiques sont mises en concordance avec les chapitres correspondants de la règle de saint Benoît, à laquelle elles servent de commentaire, a été publié d'après un manuscrit de la bibliothèque de Fleury-sur-Loire par dom Hugues Ménard, bénédictin de la congrégation de Saint-Maur. Paris, in-4°, 1638.

tères de Cormery, de l'Ile-Barbe et de Saint-Mesmin. Après avoir pris part à plusieurs conciles réunis sous Charlemagne, l'abbé d'Aniane fut, dès le commencement du règne suivant, appelé aux conseils de Louis le Débonnaire, qui lui confia la direction de tous les monastères de son empire, afin que la réforme, si heureusement commencée en Aquitaine, fût sans retard appliquée dans les autres provinces.

Associé dès lors aux projets de l'empereur, qui depuis longtemps étaient les siens, Benoît d'Aniane en poursuivit la réalisation avec ardeur, et, par ses soins, le concile d'Aix-la-Chapelle, auquel assistaient un grand nombre d'abbés[1], sanctionna le principe et rédigea le programme de la nouvelle constitution monastique. Ce règlement, qui était imposé à tous les monastères, contenait quatre-vingts articles, et avait pour objet de remettre en vigueur les anciens statuts de saint Benoît, mais avec certaines prescriptions particulières sur les offices, la nourriture et les vêtements. Le travail des mains était expressément recommandé, et l'abbé, qui devait se vêtir et se nourrir comme les simples frères, n'était point dispensé de cette obligation, à moins qu'il ne fût retenu par d'autres devoirs. Un article indique que peu de prêtres se trouvaient alors dans les monastères ; nul séculier ne pouvait y demeurer s'il ne voulait se faire moine, et, dans l'admission des postulants, on devait considérer le mérite seul et non pas ce qu'ils apportaient avec eux. Quant aux novices offerts tout jeunes par leurs parents, ils devaient, à l'âge de raison,

[1] Parmi les abbés on remarquait Gisulfe, du mont Cassin; Josué, de Saint-Vincent, près de Capoue; Arnoul, de Noirmoutier; Alveus, de Saint-Hubert, en Ardenne; Apollinaire, de Flavigny, et Smaragde, de Saint-Mihiel.

confirmer leur oblation par des vœux volontaires, et l'instruction leur était donnée dans une école intérieure, entièrement distincte de l'école publique établie près de chaque communauté importante [1].

Le nouveau code monastique, à peine promulgué, reçut son application, non-seulement en France, en Italie, en Allemagne, mais encore dans d'autres parties de la chrétienté [2]. Pendant les quatre années qu'il vécut encore, saint Benoît d'Aniane ne cessa de le faire pratiquer exactement dans le monastère d'Inde, que Louis le Débonnaire avait fondé près d'Aix-la-Chapelle, et appuyée des exemples et de l'autorité de son promoteur, la réforme de 817 obtint un véritable succès. Jugée diversement par les historiens modernes, et mise en parallèle avec la première règle bénédictine, elle a été accusée surtout de n'en avoir point gardé le caractère large, l'enthousiasme religieux et la noble gravité. On lui a reproché, en outre, d'avoir placé la lettre au-dessus de l'esprit, en descendant à de minutieux détails, et sacrifié ce qu'il y a de grand et de fort dans la nature humaine à ce qu'elle peut avoir de faible et de servile. Sans doute, le règlement, décrété à Aix-la-Chapelle, renferme de nouveaux articles, où se trouvent des prescriptions d'un ordre qui, aujourd'hui, ne

[1] J. Mabill., *Annal. Ord. S. Bened.*, t. V, Præf., n° 150.
[2] On lit dans un diplôme de Louis le Débonnaire : « Unde ad monasticæ institutionis formam corrigendam duos religiosos et venerabilis vitæ abbates Benedictum et Arnulphum constituimus, qui per nostrum a Deo gubernandum et conservandum imperium seduli huic negocio studiose insisterent. » — La chronique d'Aimoin dit également : « Itidem constituit idem Deo amabilis Imperator Benedictum, et cum eo monachos strenuæ per omnia vitæ, qui per omnia monachorum euntes redeuntesque monasteria uniformem cunctis monasteriis, tam viris, quam sanctimonialibus fœminis, vivendi secundum regulam sancti Benedicti incommutabilem morem. » — Aimoin., *De gest. Francor.*, l. V, c. 10.

semble pas aussi important qu'au neuvième siècle ; mais ces additions ne détruisent en rien les principes fondamentaux de la règle bénédictine, puisque saint Benoît d'Aniane, dans les deux recueils qu'il composa pour ses moines, leur donne le texte original de cette même règle comme le modèle le plus parfait à suivre. Quant à la minutie des détails et des pratiques, elle s'explique par l'expérience personnelle de l'abbé d'Aniane, qui avait appris que, pour les religieux, l'observation des petites choses conduit seule à une grande perfection, et qu'on s'expose, en les négligeant, à des chutes inévitables, car, dans la chaîne indissoluble des devoirs, un seul anneau rompu entraîne nécessairement la rupture de tous les autres.

D'ailleurs, si une institution, quelle qu'elle soit, se juge moins d'après un texte que par son opportunité et les résultats dont elle est suivie, sous ce double rapport, la réforme de saint Benoît d'Aniane est complétement justifiée. Venue en son temps, elle rendit aux monastères, avec l'ordre et les bonnes mœurs, une force de vitalité qui leur permit de résister à l'influence pernicieuse des mauvais jours. Sous la sauve-garde d'une discipline sévère, les écoles monastiques, relevées de nouveau, continuèrent de fleurir, et, malgré les troubles qui agitèrent les règnes des faibles successeurs de Charlemagne, elles répandirent un certain éclat sur la littérature contemporaine [1]. Héritiers, à défaut de son

---

[1] Sous les règnes de Louis le Débonnaire et de Charles le Chauve, trois conciles, tenus en 829, 855 et 859, s'occupèrent de relever dans les écoles épiscopales et monastiques l'étude des lettres sacrées et profanes. — « Ut de scholis tam divinæ quam humanæ litteraturæ juxta exemplum prædecessorum nostrorum aliquid inter nos tractetur... Constituantur undique scholæ, scilicet ut utriusque eruditionis in ecclesia Dei valeat accrescere. » — Launoy, *De scholis*, t. IV, p. 19.

génie, des traditions religieuses et littéraires du héros
de leur famille, les Carlovingiens entretinrent avec les
moines les plus distingués des divers États de l'empire
frank des relations toutes favorables à la science et aux
lettres [1]. Ainsi que nous le verrons ailleurs, l'activité
intellectuelle des monastères se manifeste alors par la
composition de nombreuses chroniques et d'autres ouvrages auxquels, sans compter les anonymes, se rattachent les noms des écrivains les plus remarquables de
l'époque. Les grandes communautés de la France, de
la Suisse et de l'Allemagne, rivalisent d'ardeur avec
celles de l'Italie. Ici, comme à la Nouvelle-Corbie, en
Saxe, les moines écrivaient pour la postérité l'histoire
de Witikind et d'autres personnages importants des
vieilles annales germaniques[2]. Ailleurs, comme à Fulde,
une somme était prélevée sur les revenus annuels de
l'abbaye pour les travaux de ciselure sur métaux, de
sculpture sur pierre et sur bois, aussi bien que pour la
transcription des manuscrits, et, sur la porte même de
la bibliothèque, une sentence en vers rappelait aux copistes quels devoirs ils avaient à remplir. Tel était le
culte de quelques moines pour les auteurs de l'antiquité, qu'ils changeaient pour des noms latins leurs
noms franks, lombards ou germaniques, et que l'un
d'eux était accusé malignement de placer parmi les
saints Virgile et Cicéron. C'est aussi dans l'une des écoles monastiques de la Saxe que ce même amour de l'antiquité latine parvint à sauver de la destruction les cinq
premiers livres des *Annales* de Tacite. Par un usage

---

[1] Consulter Paschase Ratbert et Héric, moine d'Auxerre, sur le cortége d'hommes érudits dont Charles le Chauve aimait à s'entourer.
[2] Meibom., *Script. rer. german.*

emprunté sans doute aux souvenirs classiques d'Athènes et d'Alexandrie, une sorte d'académie était formée, dans plusieurs monastères, par les moines les plus studieux et les plus instruits, et se réunissait sous la présidence du plus éminent d'entre eux, qu'on appelait le Scholastique [1].

A la même époque, les moines occidentaux, à l'exemple de leurs frères d'Orient, protestent par leurs œuvres d'art, comme par leurs écrits théologiques ou littéraires, contre le fanatisme destructeur de la secte iconoclaste. Pendant la renaissance à laquelle les princes carlovingiens donnèrent l'impulsion, on vit s'élever un grand nombre d'églises et d'abbayes, dont les constructeurs appartenaient pour la plupart au clergé monastique. Presque tous les monuments de cette période ont péri; mais, d'après les descriptions écrites et les rares modèles qui en restent, il est impossible de ne pas reconnaître le caractère éminemment religieux qui respire dans ces simples basiliques romanes, dans ces cloîtres austères, où l'art byzantin, répandu en Italie et transplanté par Charlemagne au delà des Alpes, commence à mêler ses ornements étrangers et gracieux. Parfois, dans leurs œuvres monumentales, ainsi que d'autres au milieu de leurs travaux littéraires, ces moines architectes ont des réminiscences tout à fait classiques. Selon le témoignage de Mabillon, Eginhard, essayant d'appliquer les principes de Vitruve, avait tracé le plan de la nouvelle abbaye de Saint-Gall, et sur les bords du Rhin, mais surtout dans le midi de la France et les différentes provinces de l'Italie, plusieurs monuments de l'ère carlovingienne attestent ce retour

---

[1] J. Trithem., *Chron. Hirsaug.*

passager vers le style antique. Les mosaïques byzantines viennent aussi décorer l'intérieur des monastères d'Occident, où beaucoup de religieux et d'artistes séculiers, persécutés en Orient comme idolâtres, reçoivent une hospitalité qu'ils payent par de précieux travaux. Comme nous l'avons constaté au *Sacro Speco* et en d'autres sanctuaires, les murs des églises conventuelles et des cloîtres commencent à se couvrir de fresques, inspirées le plus souvent par les légendes monastiques. En même temps la calligraphie et la miniature, cette délicate efflorescence de la peinture au moyen âge, ornent les manuscrits copiés avec tant de soin dans les bibliothèques, et enfin, sous les voûtes des basiliques romanes, le chant grave et harmonieux des moines se mêle aux sons puissants de l'orgue, dont l'usage avait été nouvellement importé de Constantinople [1].

Ce mouvement si réel, si puissant, ne devait pas tarder à subir un temps d'arrêt. Quand la seconde invasion barbare arriva, ni la protection des souverains, ni le zèle des religieux, ni même l'image si souvent tutélaire de la croix ne purent protéger les monastères contre les Normands, les Hongrois et les Sarrasins dont les ravages s'étendaient de la Baltique à la mer de Sicile.

---

[1] D'après Eginhard, le premier orgue connu en France fut offert à Pépin le Bref par l'empereur Constantin, et placé dans l'église de l'abbaye de Saint-Corneille, à Compiègne. Bientôt l'usage de l'orgue se répandit parmi les monastères de France, d'Italie et d'Angleterre, et dans la Vie en vers de saint Swithun, Wolstan loue l'évêque Elphège d'avoir doté une abbaye de l'un de ces harmonieux instruments :

> Talia et auxistis hic organa, qualia nusquam
> Cernuntur, gemino constabilita sono.
> Flatibus alternis spiracula maxima reddunt
> Quos agitant validi septuaginta viri.

Les églises incendiées, les écoles détruites, les trésors des chartriers et des bibliothèques dévastés, les moines massacrés ou mis en fuite, voilà les fléaux qu'apportèrent avec eux les hordes sauvages qui, du neuvième au dixième siècle, vinrent tant de fois dans les monastères chanter ce qu'ils appelaient « la messe des lances. » Au milieu de calamités semblables, auxquelles des communautés sans défense étaient bien plus exposées encore que des villes et des châteaux fortifiés, il était difficile qu'une exacte discipline fût toujours observée, que les travaux de l'art ou de la science fussent poursuivis avec zèle. Comment de pauvres moines qui, sous une menace continuelle de pillage et de mort n'étaient jamais assurés du lendemain, auraient-ils pu se renfermer dans la stricte observance des devoirs prescrits par la règle et les traditions littéraires de leur ordre? Aussi, une fois les barrières de la clôture monastique renversées, l'enseignement des écoles suspendu, le désordre et l'oisiveté pénétrèrent dans les cloîtres, et à leur suite l'ignorance avec son triste cortége. Il ne faut donc pas s'étonner des mille plaintes que font entendre les auteurs contemporains en déplorant la décadence des mœurs et des études, et en montrant partout la nuit la plus sombre succédant à un jour lumineux. Ces plaintes, du reste, remarquons-le bien, ne s'appliquent pas seulement à l'état particulier du monachisme, mais à la situation générale de la société qui, livrée à la tyrannie féodale et à l'invasion étrangère, tombait comme épuisée de lassitude pendant cette triste halte que forme le dixième siècle.

Alors l'Église pouvait s'unir au peuple pour s'élever contre une double oppression qui, en introduisant dans le sanctuaire l'anarchie régnant au dehors, attaquait dans leurs bases les institutions qu'elle avait droit et mission de protéger. Ainsi, dans la plupart des communautés, l'élection des abbés réguliers, principe éminemment conservateur de la discipline monastique, avait cessé de recevoir son application, malgré la recommandation expresse du concile de 817. Par suite de cet abus, un grand nombre d'abbayes tombèrent bientôt entre les mains des séculiers. Les plus grasses étaient livrées par les rois à leurs favoris, qui gardaient pour eux les revenus destinés à l'entretien de toute la maison, et apportaient dans les cloîtres les mœurs brutales et souvent scandaleuses du siècle. Dans cette extrémité, les moines étaient contraints de quitter leurs couvents réduits à la misère, car, ainsi que le dit dans sa rude indignation le chroniqueur de Fontenelle, « là où les soldats du Christ prenaient leur subsistance, maintenant les chiens de chasse reçoivent la nourriture, et dans cette même église où la lampe avait coutume de briller devant l'autel du Seigneur, on fabrique aujourd'hui des colliers, des armes et des éperons. »

Cette protestation universelle contre les maux et les abus de l'époque est fort légitime sans doute, et quoique venant de loin elle mérite d'être écoutée. Toutefois, quelque sincère qu'elle puisse être, quelque fidèle écho qu'elle ait trouvé dans la conscience des historiens, il faut reconnaître que ce dixième siècle, flétri des épithètes d'âge de fer et d'âge de plomb, ne fut pas aussi pervers, aussi ignorant qu'on s'est plu à le représenter. En dépit des systèmes qui voudraient assujettir le sort des nations à certaines lois qui les font aujourd'hui fatalement glorieuses, et demain fatalement misérables, l'histoire, en se bornant à recueillir les faits, constate, d'une manière formelle, qu'à aucune époque il n'y a ni complète barbarie, ni absence absolue de lumières. Au milieu des tourmentes sociales et des épaisses ténèbres qu'elles soulèvent, la flamme de l'esprit humain peut trembler, peut pâlir, mais s'éteindre, jamais; car, immortelle de sa nature, elle descend de Dieu et doit un jour remonter à lui!

Gardons-nous donc, d'après un tableau de douleurs respectables, mais exagérées, gardons-nous de voir, sous des couleurs aussi sombres, une période historique qui a été mal comprise et trop sévèrement jugée. Il ne fut ni si stérile, ni si ténébreux, le siècle qui produisit Gerbert, le génie le plus universel du moyen âge! De Charlemagne à Gerbert le fil des saines traditions se poursuit, malgré le malheur des temps, puisque Remy, moine de Saint-Germain-d'Auxerre, et l'un des plus savants docteurs de son époque, avait reçu les leçons d'Héric, religieux de la même abbaye, et disciple de Loup de Ferrières, qui par Raban Maur, son maître, se rattachait à l'école d'Alcuin. Cette filiation, cette parenté intellectuelle d'hommes pieux et érudits se forment dans les monastères qui, plus heureux que d'autres, ont pu garder le dépôt sacré des connaissances divines et humaines. En France, les écoles de Fleury, de Reims et de Lyon; en Allemagne, celles de Fulde, d'Utrecht et de Paderborn continuent de se faire remarquer, comme leurs sœurs d'Italie, par le noble amour de l'étude. Les communautés de femmes s'associent même alors à cette culture des lettres, car c'est le temps où Hroswita, religieuse de Gandersheim, s'illustrait par ses poëmes et ses comédies latines[1]. Il est vrai que par une tendance opposée, quelques esprits mystiques s'unissaient alors aux regrets qu'avait autrefois témoignés Alcuin qui, devenu vieux, se reprochait comme un péché d'avoir dans sa jeunesse, préféré aux chants de David le beau récit des malheurs de Didon. Ainsi, à son exemple, saint Odon renonçait à la lecture de Virgile, après le songe où il avait vu un superbe vase antique tout rempli de serpents, symbole des dangers de la littérature profane. Mais ces scrupules étaient loin d'être partagés par Abbon et Flodoard qui citent sans cesse les auteurs anciens, et par le moine Gunzan, auteur d'une lettre pleine d'érudition, écrite pour se disculper d'une faute de quantité.

Comme conclusion, voulons-nous avoir une juste idée de ce que fut cette époque tant décriée? Rappelons ici la belle et brillante image qu'en trace un littérateur éminent dans les lignes suivantes : « Le dixième siècle est comme une de ces matinées brumeuses d'automne qui suivent un éclatant lever de soleil. La nature est attristée par un brouillard que le vent chassera vers le midi ; mais, à travers le brouillard, on suit la marche du soleil ; il a perdu ses rayons, et cependant on sait où il est, et en montrant un point du firmament, on peut dire : C'est là ! De même, en traversant la nuit du dixième siècle, nous apercevrons toujours, sinon le soleil lui-même, du moins sa place dans le ciel der-

---

[1] Les ouvrages de Hroswita, tous écrits en latin, et où se rencontrent parfois des beautés d'un ordre supérieur et d'un caractère plein d'originalité, sont 1° ses poëmes sur la *Vierge Marie*. sur l'*Ascension du Sauveur*, la *Passion de saint Pélage*, celle de *saint Denis* et la *Conversion de Théophile*; 2° des *Comédies religieuses*; 3° le *Panégyrique des Othons*, princes de la dynastie saxonne. Ses œuvres ont été publiées à Nuremberg, en 1501, et à Wittenberg en 1705; son théâtre a été traduit par M. Charles Magnin. Paris, 1845.

rière les nuages qui pourront le voiler, mais qui ne l'éteindront pas. Il finira par se dégager de ces nuages, et au onzième siècle il reparaîtra, pour ne plus s'obscurcir, dans le ciel épuré et toujours plus radieux de la civilisation moderne[1]. »

Cette aurore de jours meilleurs promis à une autre époque, l'ordre bénédictin la vit se lever pour lui avant le milieu du dixième siècle. Tandis que l'humanité, perdant sa voie dans les ténèbres, déjà s'acheminait avec terreur vers le fatal an 1000, le monde monastique, secouant la crainte universelle, faisait un nouvel effort pour ressaisir avec la vie l'espoir d'un plus heureux avenir. Le signal de cette régénération était parti d'un monastère qui, dans la décadence générale des mœurs et de la discipline, avait seul accompli sa réforme. Ce monastère était celui de Cluny, en Bourgogne. Fondé en 910 par l'abbé Bernon, grâce aux libéralités de Guillaume-le-Pieux, duc d'Aquitaine, il avait été placé, en 930, sous le gouvernement de l'illustre Odon qui, après y avoir poursuivi la réforme heureusement commencée par son prédécesseur, conçut la grande pensée dont la réalisation devait porter si loin, dans toute la chrétienté, le nom et l'influence de Cluny. Cette pensée n'était rien moins que de réunir sous son autorité toutes les communautés que l'abbaye fonderait ou rattacherait à son observance, de manière à donner l'unité de constitution, de gouvernement et de discipline à cette association de monastères, dont un seul, celui de Cluny, deviendrait le centre, le chef et le modèle. Gardant toujours la règle de saint Benoît, chaque communauté se trouvait placée sous la direction, non plus

---

[1] Ampère, *Hist. littér. de la France*, t. III, p. 257.

d'un abbé, mais d'un prieur, et se rattachait par les liens d'une vaste hiérarchie à cette sorte de fédéralisme monastique qui prit le nom de congrégation.

Pour étendre à un plus grand nombre de monastères la réforme dont Cluny venait de donner l'exemple, la première condition était que cette abbaye, en observant la plus exacte discipline, continuât de servir de modèle aux autres communautés. Aussi, pendant son gouvernement, Odon s'appliqua-t-il à maintenir et à perfectionner l'œuvre que son prédécesseur et lui-même avaient si courageusement entreprise. Il fit terminer l'église dont la dédicace eut lieu avec un grand appareil, et après avoir pourvu à la restauration matérielle de la maison, il appliqua ses efforts à y relever surtout l'édifice spirituel. Comme il avait pu constater lui-même, avant d'entrer à Cluny, quels préjudices avaient pu porter à la régularité claustrale soixante ans de guerres intestines et d'invasions étrangères, il s'occupa principalement, à l'exemple de saint Benoît d'Aniane, de rétablir la stricte observance de la règle bénédictine, à laquelle s'ajoutaient des prescriptions particulières. Ainsi, au commencement de la réforme de Cluny, deux messes solennelles étaient célébrées tous les jours dans l'église du monastère, et chaque religieux de l'un des chœurs formés par la communauté, offrait deux hosties, bien qu'un petit nombre de moines fussent appelés seulement à y communier tour à tour. Les autres mangeaient avant les repas et par forme d'eulogies, les hosties non consacrées qu'on n'avait fait que bénir; mais à certaines fêtes de l'année, comme aux trois jours précédant la solennité de Pâques, la communion était donnée à tous les religieux.

Quant aux exercices réguliers, ils étaient suivis avec une scrupuleuse exactitude. Le silence était étroitement gardé, durant le jour et la nuit, aux heures marquées par la Règle, et nul, avant prime, n'aurait osé le rompre. Tandis que les anciens restaient au chœur, après les matines, les plus jeunes se rendaient au chapitre pour étudier le chant. Pendant le travail, les religieux avaient l'habitude de réciter les psaumes, et la proclamation des coulpes, ou fautes personnelles de chacun, était aussi en usage parmi eux. Après les repas, les restes du pain et du vin que l'on desservait au réfectoire étaient donnés aux pauvres pèlerins qui se présentaient au monastère, et la charité s'y faisait sur de si larges proportions qu'en une année, au commencement du carême, sept mille indigents reçurent une distribution de viande salée et d'objets dont ils pouvaient avoir besoin. Les jeunes gens étaient élevés, instruits à l'école de la maison avec un soin particulier, et telle était leur éducation que d'après un témoignage contemporain, les enfants des princes ne pouvaient en recevoir une meilleure dans le palais de leurs pères.

Afin de mieux assurer la pratique régulière de l'ordre qu'il avait établi, l'abbé avait pour l'aider un grand prieur, des doyens, un prieur claustral, des chantres, un préchantre et des maîtres chargés de l'instruction des enfants. Parmi ceux qui le secondaient encore, figuraient le cellerier, le maître des hôtes, l'aumônier, l'infirmier ; puis l'apocrisiaire qui avait la garde du trésor de l'église, l'armarier chargé de garder dans une armoire du cloître les livres servant aux offices, et le chambrier auquel était confiée la surveillance du vestiaire. Grâce à cette organisation intérieure et au zèle infatigable de saint Odon, la discipline la plus sévère était maintenue parmi la foule de religieux qui ne cessaient d'affluer à Cluny, et bientôt la réputation de ce monastère se répandit dans les pays les plus éloignés. De toutes parts on appelait d'une communauté si florissante des colonies de moines qui allaient fonder de nouveaux établissements, ou réformer ceux où l'ancienne observance n'était plus exactement suivie. Par là l'influence de la maison-mère se propagea rapidement et le nombre considérable d'abbayes qui s'unirent au nouveau chef d'ordre montre suffisamment quel puissant esprit de vitalité la congrégation dont Cluny était le siége principal reçut de saint Odon et des abbés, ses premiers successeurs.

Ce système, qui centralisait les forces éparses de l'ordre, et en laissant à chacun des membres de l'association son activité propre, lui permettait de participer à la puissance de tous, fit le salut et la gloire des bénédictins. Sur le premier modèle qui leur était ainsi donné, beaucoup d'autres congrégations se formèrent en effet dans la suite, et le plus souvent leur naissance fut marquée par une réforme particulière, leur développement, par un surcroît d'émulation, leurs travaux enfin, par de nouveaux succès. En attendant, la congrégation de Cluny était à peine établie sur les bases que saint Odon venait de lui donner, que déjà elle avait rallié à cette nouvelle organisation un grand nombre de monastères de France, d'Allemagne, d'Espagne et d'Italie. Dans cette dernière contrée, Odon soumit lui-même à sa réforme la célèbre abbaye de Saint-Paul-hors-des-Murs à Rome, et celle de Saint-Augustin de

Pavie. Après la mort de saint Odon, que ses nobles efforts firent justement surnommer le réparateur de la discipline monastique, ses successeurs, Aymard, Mayeul et Odilon continuèrent son œuvre. Au nombre des monastères italiens qui se rattachèrent alors à la congrégation de Cluny, on voit ceux de Classe, près de Ravenne, de Saint-Jean-l'Évangéliste, à Parme, de Saint-Pierre-au-Ciel-d'Or et de Saint-Sauveur à Pavie, et de Farfa, dans le diocèse de Sabine. Par suite de ses fréquentes relations avec les papes, saint Odilon passa plusieurs fois les Alpes, alla de Rome visiter le Mont-Cassin, et ce fut au retour de l'un de ces voyages qu'il rencontra au monastère de Cluse, en Piémont, un jeune seigneur bénéventin, que le prince de Salerne avait envoyé en mission auprès du roi de Germanie. Une maladie grave, mais surtout l'influence exercée par Odilon, fixèrent la vocation jusqu'alors indécise du jeune homme qui, après avoir pris l'habit religieux à Cluny, vint fonder l'ordre bénédictin au monastère de Cava, où il nous reste à introduire nos lecteurs à sa suite.

II

L'abbaye de la Trinité de Cava est, après le Mont-Cassin, le monastère le plus célèbre du royaume de Naples, et même on peut ajouter de toute l'Italie. Située dans la principauté Citérieure, à cinq milles environ de Salerne, elle occupe une gorge étroite et profonde, que forment à leur point d'intersection un prolongement de la chaîne des Apennins et le rameau particulier désigné sous le nom de montagnes de Cava. La vallée qui conduit de Viétri au monastère est vraiment charmante, avec ses horizons changeants, ses perspectives déroulant un nouveau site à chaque détour, et ses gracieux ombrages, dont la fraîcheur est entretenue par les eaux vives et murmurantes du Sélano. Sorti des flancs de l'une des montagnes voisines, ce cours d'eau, qui passe rapide comme un trait au pied des hautes murailles du monastère, s'enfuit ensuite à travers les pentes plus douces de la vallée, baignant ici des haies de grenadiers aux fleurs de pourpre, là, de folles guirlandes de pampres sauvages. A l'abri des côteaux regardant le midi, quelques bosquets d'orangers semblent se chauffer au soleil en montrant leurs beaux fruits d'or au voyageur, toujours tenté de s'arrêter dans ce jardin des Hespérides. Ailleurs s'étendent des champs de vigne assez bien cultivés, du milieu desquels se détachent des oliviers au feuillage pâle, tandis que, plus loin, des massifs de châtaigniers viennent, par leurs formes robustes, leurs ombrages touffus, relever et compléter le paysage.

A l'extrémité de la vallée et avant d'arriver à l'abbaye, se trouve la ville de la Cava [1], siége d'un ancien évêché, qui, au temps du voyage de Mabillon en Italie, c'est-à-dire en 1685, possédait trente-six paroisses sous sa dépendance [2]. Non loin de l'emplacement qu'elle occupe, une cité antique, appelée Marcina, avait été fondée par les Étrusques, selon le témoignage de Strabon. Prise par Genséric, au moment où ce roi des Van-

---

[1] Nous nous conformons ici à l'usage qui, dans le pays, fait donne au monastère le nom de Cava, et celui de la Cava à la ville qui en est voisine.

[2] J. Mabill., *Museum seu Iter Italicum*, t. I, p. 117.

dales marchait sur Rome, appelé par l'impératrice Eudoxie, Marcina fut détruite de fond en comble. A l'approche des Barbares, les habitants s'étaient enfuis vers les montagnes voisines, cherchant un refuge dans la profondeur des cavernes, ce qui fit, dit-on, donner à ce lieu retiré le nom de *Cava*. Plus de six siècles s'étaient écoulés, et le souvenir de la petite colonie étrusque avait disparu de la mémoire des hommes, lorsqu'en 1080, le troisième abbé de Cava rendit la vie à cette antique cité, en réunissant les habitations éparses dans la vallée, et en les munissant d'une enceinte de remparts. Soumise à la juridiction des abbés de Cava, la nouvelle ville leur devait, en outre, le service militaire pour la défense des domaines et des châteaux de l'abbaye, parmi lesquels se distinguait surtout celui de Saint-Adjuteur, qui était comme la forteresse du monastère. Malgré cette dépendance, confirmée par les priviléges de Grégoire VII, d'Urbain II et de plusieurs autres souverains pontifes, les habitants de la Cava se révoltèrent plus d'une fois contre l'autorité abbatiale, qu'ils ne craignirent même pas de venir attaquer jusque dans l'enceinte du monastère. Ce fut pour mettre un terme à des conflits souvent scandaleux que le pape Léon X crut devoir en 1514, séparer les fonctions d'évêque de celles de l'abbé, et transférer le siége épiscopal du monastère dans la ville elle-même. Possédant encore son évêché, et quoique déchue, ayant conservé une population assez nombreuse, la Cava ne donne à l'étranger qui passe d'autre signe de vie que le bruit de quelques métiers d'étoffes de soie ou de coton. Elle n'offre, du reste, rien de remarquable, et personne ne se détournerait pour la visiter, si elle n'était sur le passage de la route conduisant à l'abbaye dont elle porte le nom.

De là, pour arriver au monastère, la distance à parcourir est encore de deux milles. Au milieu des continuelles sinuosités du chemin, on s'arrête volontiers à l'oratoire consacré à saint Pierre, et célèbre par la station qu'y fit le pontife illustre, français de naissance et de cœur, qui prêcha la première croisade. A mesure qu'on approche de l'abbaye, l'aspect des lieux change. La vallée, naguère si coquette et si riante, se transforme en une gorge abrupte, et le paysage borné par une muraille de rochers, prend un air morne, qui, au premier abord, serre le cœur, en arrêtant partout les regards. Mais bientôt l'âme, un instant oppressée, se dégage et s'élève vers le ciel avec les hautes montagnes que l'on voit sur la gauche. Au pied de ces montagnes qui dressent à pic leurs cimes couvertes de bois et de rochers, un petit village, dépendant du monastère et appelé *Corpo di Cava*, occupe sur une éminence une situation des plus pittoresques. Des tours croulantes et une porte en ruines attestent que ce village était autrefois défendu par un système de fortifications du côté où il est seulement accessible.

En descendant de là vers l'abbaye, on est frappé de l'aspect saisissant, extraordinaire qu'elle offre dans son ensemble. C'est un entassement confus de murs, de bâtiments qui semblent faire corps avec les flancs rocheux de la montagne, et dont les détails n'apparaissent bien distincts que devant la plate-forme où s'élève la façade de l'église et du monastère. A la vue de cette austère demeure et du site grandiose qui lui sert d'encadrement, on dirait que la nature s'est plu à

15.

réunir en un même lieu tout ce qui peut convenir à une retraite monastique, tout ce qui est capable d'élever l'âme, de la porter à la contemplation, et de lui inspirer un pieux enthousiasme. L'effet est tel que vous ne pouvez y échapper, et que l'esprit et les sens subissent à la fois une puissante et indicible attraction. Le Selano bondit sous vos yeux, et remplit de ses mille voix la solitude qui vous entoure. L'oiseau, accompagnant cet éternel murmure du torrent, chante gaiement sous la feuillée voisine, et la cloche du monastère, qui semble appeler le voyageur, mêle un son religieux à ces diverses harmonies de la nature. On arrive enfin à la porte hospitalière de l'abbaye, et le bon accueil qu'on y trouve achève de dissiper une impression de mélancolie toute passagère.

Pour l'étranger qui vient de subir les mille petites misères attachées à la vie de voyage, en Italie plus que partout ailleurs, c'est une douce chose que cette réception bienveillante et désintéressée qui l'attend à son arrivée dans toute communauté bénédictine. Jusqu'alors inconnu aux habitants de la maison, à peine en a-t-il franchi le seuil qu'il est accueilli et traité comme un frère. Si, selon les prescriptions de la règle *de Hospitibus suscipiendis*, les usages actuels ne permettent plus au prieur de venir humblement lui laver les pieds, il est sûr de trouver là tous les soins délicats que peut inspirer à la charité de bons religieux l'esprit d'hospitalité antique d'accord avec les convenances modernes. Dans un pays où l'intérieur des habitations privées ne s'ouvre que rarement à l'étranger, ce commerce intime, établi par la vie de la communauté, lui rappelle sa patrie, sa famille, ses affections, et ce je ne sais quoi du pays natal qu'on est si heureux de retrouver sur la terre étrangère. A ce sujet, nous croyons inutile de répéter ici des détails que nous avons déjà donnés sur la bienveillante réception qui nous a été faite au Mont-Cassin et en beaucoup d'autres abbayes bénédictines. Qu'il nous suffise de rappeler, une fois pour toutes, que les vertus hospitalières sont essentiellement des vertus de famille dans l'ordre de Saint-Benoît, et que, dans nos pérégrinations diverses, il n'est point une maison de cet ordre où nous ne les ayons vues pratiquées avec toute la largeur de la sociabilité chrétienne.

Quant à l'observance et à la discipline intérieure de l'abbaye, elles sont semblables à celles du Mont-Cassin. Depuis le seizième siècle, en effet, les deux communautés se rattachent à la même congrégation, bien que jusqu'à cette époque le monastère de Cava, soumis primitivement à la règle de Cluny, eût été le chef d'une congrégation particulière. Mais si les deux maisons se rapprochent par les habitudes de la vie pratique, elles diffèrent singulièrement par leur position, leur aspect et le genre de trésors qu'elles sont fières de posséder. Au sommet de la montagne, d'où elle découvre presque les deux mers entre lesquelles l'Italie semble mollement étendue, l'antique abbaye fondée par saint Benoît jouit de la vue d'un immense horizon, tel qu'on est loin de le retrouver dans le val Marcine, où est située l'abbaye de Cava. En outre, le Mont-Cassin, avec ses cloîtres, ses portiques, ses colonnades et son église toute resplendissante de marbres, de tableaux et de dorures, produit un grand effet, qu'on ne peut ressentir à la vue des constructions beaucoup plus simples ou des détails intérieurs du monastère que nous décrivons en ce moment. Ici, on le voit, l'architecture a été contrainte de se subordonner à la situation et aux caprices du terrain, et, pour attacher un édifice aux flancs mêmes de la montagne, il a fallu superposer les étages, étendre ou raccourcir les galeries, et se renfermer dans un système de construction qui n'a rien de monumental ni de régulier.

Mais, pour les esprits sérieux, tout monastère ne doit pas nécessairement ressembler à un palais ou à un musée. Dans la retraite un peu bornée où elle est ensevelie, l'abbaye de Cava jouit du moins de la paix, du recueillement, si favorables aux travaux de l'esprit et à la sérénité du cœur. Si, avec ses hautes murailles et ses terrasses hérissées de contre-forts, elle ne brille point par le luxe architectural, en compensation, elle peut offrir à l'admiration de l'artiste quelques tableaux remarquables des différentes écoles italiennes. À des circonstances particulières qui seront expliquées plus loin, elle est surtout redevable d'avoir conservé une riche bibliothèque et la plus précieuse collection d'archives qu'il soit possible de trouver dans une communauté religieuse. C'est là son véritable titre de gloire, et aux yeux de l'historien ou du bibliographe, il est assez beau pour qu'elle puisse s'en contenter. Pour nous qui, sans préoccupation exclusive, trouvons parfois autant de charme à feuilleter des chartes ou des manuscrits qu'à contempler des œuvres d'art, nous allons essayer d'abord de bien établir le rang important que l'abbaye de la Trinité doit occuper parmi les monastères d'Italie, en décrivant les richesses particulières qu'elle possède.

Les archives de Cava, non moins complètes que bien tenues, occupent plusieurs salles fort vastes auxquelles la bibliothèque sert comme d'introduction. Ce qui rend cette collection si nombreuse et tout à la fois si importante, c'est que les titres des plus grandes familles du royaume de Naples y ont été déposés depuis bien des siècles. Entre autres noms des plus célèbres, on y voit, par exemple, figurer ceux des Cicala, des Francesco et des Fasanella. Là se trouvent donc réunis sous la main les éléments principaux d'une histoire généalogique de l'ancienne noblesse des Deux-Siciles. Mais pour les annales particulières de l'abbaye, on peut y consulter un nombre considérable de diplômes, d'actes de donations et de priviléges concédés par les souverains pontifes, les rois de Naples, et les princes de Salerne, de Capoue et de Bénévent. Ce recueil de pièces diplomatiques, convenablement étudié, pourrait éclairer beaucoup de points obscurs ou difficiles de l'histoire de l'Italie méridionale pendant les quatre derniers siècles du moyen âge. En 1781, l'ouvrage publié par le savant archiviste dom Salvadore de Blasi donna toute la série des chartes octroyées par les princes lombards, de 804 à 1077. Selon Mabillon, qui, lors de sa visite à Cava, trouva les archives dans un parfait état de tenue et de conservation, dès le commencement du dix-septième siècle, un religieux appelé dom Agostino Venereo avait dressé déjà un catalogue en quatre volumes, renfermant l'indication des documents les plus importants, avec une notice explicative[1]. Seulement, par un sentiment de modestie bien digne d'un bénédictin, il s'était abstenu de mettre

---

[1] Cavensis monasterii archivium integerrimum est, atque ante annos quinquaginta optime ordinatum per Augustinum monachum, qui totum opus in quatuor volumina distribuit, cum prævia præfatione; in qua nomen suum auctor modestiæ causa reticuit. — J. Mabill., *Museum Italicum*, p. 118.

sur ce recueil son nom, que nous a fait connaître l'illustre auteur de l'*Iter Italicum*.

Quant aux circonstances toutes favorables qui, jusqu'à nos jours, ont préservé l'*archivium* du monastère des accidents et des spoliations qu'ont subis tant d'autres collections de même nature, elles sont indiquées dans une lettre fort intéressante sur laquelle nous reviendrons plus loin, et que M. l'abbé de Rozan écrivit en 1800 au Conservateur de la bibliothèque royale de Naples. « Les archives de la Trinité de Cava, dit le savant émigré français, ont eu l'avantage inestimable de n'avoir jamais été exposées aux disgrâces qui ont dissipé ou altéré les richesses de tant d'autres cartulaires. Placé au sein des montagnes, environné de bois, privé longtemps de route praticable qui y conduisît, le monastère de Cava, a été, je ne dirai pas respecté, mais négligé par les peuples qui ont successivement dévasté ou dominé la belle Italie. Ses archives sont donc restées pures et vierges, si je puis me servir de cette expression. Le grand nombre de titres qui y sont rassemblés, l'ordre dans lequel ils sont distribués, et plus que tout cela leur sincérité, leur véracité intacte, leur ont mérité l'hommage de tous les savants que la curiosité a conduits dans cette solitude. »

La quantité des pièces que renferme cette riche collection est si grande, qu'on peut compter environ 60,000 contrats ou donations, 40,000 actes divers écrits sur parchemin, et 1,600 bulles ou diplômes. Le document qui remonte le plus haut est daté de 840, et signé de Radelgise, prince de Bénévent, lequel accorde à l'abbé d'un autre monastère bénédictin les biens d'un seigneur lombard qui s'était rendu coupable de félonie.

Parmi les chartes, la plus ancienne qui soit relative à l'histoire de l'abbaye est l'acte de la donation faite à saint Alfère, de l'église et du domaine de Cava, par les princes Guaimar de Salerne. Ce diplôme original, écrit sur parchemin en caractères lombards, porte la date de 1025, ce qui fixe l'époque de la fondation du monastère au commencement du onzième siècle, et non à l'an 980, comme le prétendaient les religieux de Cava, contre l'opinion de l'auteur des *Annales bénédictines*. Le sceau qui est attaché à l'acte se distingue par une double effigie. D'un côté, on voit la figure du prince représenté à mi-corps, avec le sceptre à la main droite, la couronne fermée sur la tête, et l'inscription : *Waimarius princeps*. Au revers, une main ouverte avec un doigt replié sur le pouce, est entourée de branches, de lis, et encadrée de la même légende. On trouve aussi dans les archives un diplôme curieux du roi Roger, avec un sceau en or et une inscription grecque dont voici la traduction latine : *Rogerius in Christo Domino pius, potentissimus rex, et christianorum adjutor*. Enfin, en passant bien d'autres pièces remarquables qui se rapportent à différents siècles, citons encore une charte d'Alphonse Ier, comme exemple de la générosité d'un prince et de la modération de ses sujets. Ce roi de Naples ayant adressé à la ville de la Cava un parchemin signé en blanc, pour que les habitants y inscrivissent les priviléges qu'ils désiraient obtenir, ceux-ci se montrèrent si discrets dans leurs demandes, qu'Alphonse leur renvoya une nouvelle charte, avec des concessions bien plus étendues que celles qui avaient été d'abord réclamées.

Si des archives nous passons aux manuscrits, nous

aurons à signaler à l'attention des amateurs de paléographie une collection, sinon très-nombreuse, du moins aussi précieuse qu'estimée. Cette collection était autrefois fort étendue, et dès le dix-septième siècle elle avait déjà subi des pertes considérables, puisque Mabillon déclare que lorsqu'il la visita, il n'y restait plus qu'une petite quantité de manuscrits[1]. Toutefois, il ne faut pas prendre dans un sens trop absolu l'affirmation du savant bénédictin de Saint-Maur; mais on doit plutôt penser que le court séjour qu'il fit à Cava ne lui permit pas de constater toutes les richesses que la bibliothèque de ce monastère possédait encore à cette époque. Ce qui est certain, c'est que, malgré des pertes plus récentes et non moins regrettables, le chiffre des manuscrits s'élève encore à soixante environ. Les plus anciens sont le livre des *Étymologies* d'Isidore de Séville, du neuvième siècle; celui de Bède, *de Temporibus*, avec deux lettres de Charlemagne et un opuscule d'Alcuin, remontant à l'année 904. On y trouve aussi des *Tables pascales* fort curieuses, parce qu'en marge sont écrites des notes sur les événements contemporains, événements dont la série commence à 910, et qui peuvent jeter un véritable intérêt sur l'histoire d'Italie[2]. Un exemplaire du vocabulaire latin, dont la composition est attribuée à Papias[3], et dans lequel Du Cange a puisé les principaux

---

[1] In Bibliotheca pauci supersunt codices. — J. Mabill., *Museum seu Iter Italicum*, p. 118.

[2] Muratori a publié ce manuscrit dans le t. VII du *Scriptores rerum Italicarum*; mais la copie sur laquelle cette édition a été faite est remplie de fautes, d'incorrections et d'erreurs de dates.

[3] Papias, qu'on suppose avoir vécu au onzième siècle, était un grammairien lombard qui rédigea un *Vocabularium latinum* dont une grande partie est empruntée aux *Étymologies* d'Isidore de Séville, excepté ce qui concerne la géographie de l'Italie, sur laquelle l'auteur donne

éléments de son Glossaire, paraît dater des premières années du douzième siècle, car l'auteur de la transcription y rappelle le troisième voyage que l'empereur Henri V fit à Rome en 1118, et donne dans ce même passage le monogramme du prince allemand. Au nombre des plus vieux manuscrits, on peut placer également un Commentaire de saint Grégoire sur le Livre de Job, auquel on assigne neuf cents ans d'existence, et un Office de saint Loup, évêque de Troyes, dont le mode de notation semble résoudre une question importante pour l'histoire de l'art musical[1].

D'autres manuscrits du monastère de la Sainte-Trinité présentent un intérêt non moins grand, en ce qu'ils ont servi à rectifier une grave erreur accréditée

---

des détails assez étendus. Des vers fort anciennement composés en l'honneur de Papias, et cités par Mabillon, nous font savoir qu'il employa dix ans à écrire son ouvrage. La première des éditions de ce vocabulaire, qui toutes sont fort rares, a été imprimée à Milan, en 1476, in-folio.

[1] On pense généralement qu'en 1350, le Français Jean de Meurs substitua le système des notes actuelles aux points inventés par Gui d'Arezzo, et que ce dernier avait substitués lui-même aux lettres de l'alphabet, dont on se servait encore du temps de Charlemagne pour désigner l'intervalle des tons. Or, le manuscrit dont nous parlons, et dans lequel on trouve les notes déjà employées, paraît être de la fin du douzième siècle, et par conséquent antérieur de plus de cent cinquante ans à l'invention qu'on attribue à Jean de Meurs. Quant à cet Office de saint Loup, dont la fête ne s'est guère célébrée qu'en France, il ne faut point s'étonner s'il a été transporté dans un monastère situé à l'extrémité de l'Italie, quand on se rappelle que le premier et le troisième abbé de Cava ont pris l'habit religieux au monastère de Cluny. Quoi qu'il en soit, l'Office du saint évêque de Troyes renferme, outre des Leçons fort intéressantes, une Hymne qui compte plus de quatre-vingts vers hexamètres et pentamètres, et montre un véritable mérite de difficulté vaincue. Les mots terminant le vers pentamètre, par exemple, sont toujours ceux qui commencent l'hexamètre précédent, ainsi qu'on en pourra juger par les deux premiers vers :

Præsulis ecce Lupi roboant præconia sancti;
Alma dies colitur præsulis ecce Lupi.

dans les traités de diplomatique. On avait cru à tort que l'écriture lombarde, née au septième siècle, avait cessé d'être employée au douzième, tandis que Mabillon à la première inspection de deux manuscrits de Cava, fut obligé de reconnaître qu'il s'était trompé, et que cette écriture avait eu cours pendant un siècle et demi après l'époque qu'il avait d'abord fixée[1]. Mais un examen plus attentif aurait pu montrer au savant bénédictin qu'il fallait encore reculer cette limite, car l'un des deux manuscrits en caractères lombards, intitulé *Vitæ patrum Cavensium*, est évidemment du commencement du quatorzième siècle. Ce livre, renfermant la vie des premiers abbés de Cava, et si précieux à tous égards, fut signalé par Bacchini à Muratori, qui, lorsqu'il le publia, en fit ressortir l'importance en ces termes : « J'ai cru devoir tirer cet ouvrage de l'oubli, autant parce qu'il contribuera à illustrer l'histoire d'une abbaye aussi célèbre, que parce qu'il peut jeter de la lumière sur l'étude de ces temps anciens[2]. » Un manuscrit également intéressant, mais qui n'a pas, comme le précédent, reçu les honneurs de la publication, est le livre *de Septem sigillis*, contenant en trois cent

---

[1] Voici comment s'expriment à ce sujet les bénédictins, auteurs du *Traité de diplomatique* : « Le P. Mabillon, qui, dans sa Diplomatique, avait borné la durée de l'écriture lombarde au douzième siècle, a prouvé depuis, par deux manuscrits, qu'elle a été en usage jusque vers l'an 1227. Dans son voyage d'Italie, il vit ces manuscrits à la bibliothèque de Cava. » — *Traité de diplomat.*, t. III, p. 276.

[2] Muratori suppose que la *Vie des Pères du monastère de Cava* a dû être composée par un moine qui vivait au milieu du douzième siècle. Mais comme l'auteur anonyme de cet ouvrage donne la liste des abbés du monastère, depuis sa fondation jusqu'à Léon II, dont les nécrologes placent la mort en 1296, il est certain que le manuscrit en question est de quelques années postérieur à cette date de 1296, et par conséquent moins ancien qu'on ne le croyait.

soixante-un chapitres l'explication des passages les plus
obscurs de la Bible, et composé vers 1213 par le moine
Benoît de Bari. Il est orné d'une miniature qui représente l'auteur offrant son ouvrage à l'abbé Balsamon,
et il nous fait ainsi connaître la forme et la couleur de
l'habit bénédictin à cette époque.

Mais de tous les trésors que possède la bibliothèque
de Cava, les deux joyaux les plus précieux sont certainement son *Codex legum Longobardorum* et sa vénérable
Bible du huitième siècle. Quoique les lois des Lombards
aient été en vigueur longtemps après la destruction
de ce peuple, cependant il ne reste aujourd'hui que
trois exemplaires connus de ces lois : l'*Estense* recopié
en 1496; le *Mutinense*, qui date de sept siècles, et le
Cavense, le plus vieux et le plus respectable des trois,
puisqu'il compte plus de huit cents ans d'existence. Outre
le mérite de l'antiquité, il a encore celui de renfermer
des pièces fort curieuses qu'on ne trouve pas dans les
autres. L'écriture en est massive et lourde, et n'a point
la forme élégante des caractères de la fin du huitième
siècle. Comme ornements, on y trouve des lettres initiales formées d'animaux bizarrement entrelacés, et en
tête de chaque recueil des miniatures représentent les
princes lombards, auteurs des lois publiées à la suite.
Parmi ces figures si curieuses à examiner on désirerait
trouver surtout celle de Charlemagne qui, après Didier,
ceignit la couronne de Lombardie ; mais par une exception regrettable, elle est la seule qui manque dans
la collection, soit qu'elle en ait été enlevée, soit que la
main timide ou inhabile du peintre se soit arrêtée devant
la représentation d'un tel personnage. A la suite des
lois données aux Lombards par le vainqueur de Didier,

lois qui sont au nombre de 128, viennent celles de Louis le Débonnaire et de ses fils Pépin et Lothaire, qu'il n'est pas indifférent de consulter pour l'histoire des institutions législatives à cette époque de la domination franke en Italie [1].

Quant à la Bible conservée près du *Codex Longobardorum*, pour juger de son inestimable valeur, il faut avoir vu, touché avec respect ce vieux manuscrit qui est âgé de onze cents ans, et dont l'écriture est aussi belle, aussi correcte, que son état de conservation est parfait. Le texte est en minuscules romaines; mais cinq caractères divers, notamment la grande et la petite onciale, y sont employés pour les titres, les prologues et les arguments, de même qu'on y trouve cinq sortes d'encres de couleurs différentes, appliquées sur un vélin blanc, pourpré ou teinté de bleu. A ceux qui s'occupent d'exégèse, cette Bible peut offrir des variantes et des leçons pleines d'intérêt. Ils remarqueront d'abord que les livres de l'Ancien et du Nouveau Testament ne sont pas toujours distribués selon l'ordre suivi dans la Vul-

---

[1] Il est fâcheux que ce manuscrit des lois lombardes, le plus ancien et le plus précieux qu'on possède maintenant, ait échappé à la connaissance de Muratori, qui eût trouvé dans ce recueil beaucoup de variantes et même plusieurs pièces que ne contiennent point d'autres exemplaires de ces lois. Une très-courte notice sur le Code lombard du monastère de Cava est donnée par Camillo Pellegrini dans l'*Historia principum Longobardorum*, et Giannone le cite également au tome Ier de son *Istoria civile del regno di Napoli*. Mais le passage où ce dernier auteur en parle peut laisser croire, et à tort, que la fin du manuscrit dont il est question renferme les lois de tous les princes carlovingiens qui régnèrent sur l'Italie, tandis que le recueil s'arrête aux capitulaires promulgués par Lothaire comme roi et comme empereur. Ces capitulaires sont au nombre de cinquante-quatre, et le texte commence par ces mots d'une latinité peu correcte : « In nomine Domini. Incipit Capitula quod Domnus Lottharius imperator, tempore Eugenii papæ, instituit ad liminaria beati Petri apostoli. »

gate[1]; que les Psaumes offrent beaucoup de leçons conservées de l'ancienne version italique, et qu'après le recueil des 150 psaumes en succède un dernier, mis par l'Église au rang des apocryphes, bien que plusieurs Pères l'aient regardé comme un chant composé par David lui-même pour célébrer sa victoire sur Goliath[2]. Ils verront aussi que la première Épître de Saint Jean renferme le célèbre passage : *Et hi tres unum sunt*, mais qu'il se trouve des différences dans l'ordre des versets et même des variantes dans les paroles du texte. Pour nous, nous avons admiré surtout ce vénérable manuscrit à cause de son âge, de sa perfection calligraphique et de sa noble simplicité qui n'admet pour tout ornement que des encadrements dessinés avec élégance et placés aux titres des livres. Telle est enfin la beauté de ce monument écrit, dont l'exécution remonte au huitième siècle[3], qu'il peut soutenir la comparaison avec

---

[1] Le livre de Job, par exemple, est placé après le deuxième des Paralipomènes, et celui d'Esdras à la suite des Prophètes. Les Épîtres canoniques précèdent les Actes des Apôtres, qui se trouvent avant l'Apocalypse, à la suite de laquelle est la traduction que saint Jérôme fit des Psaumes sur le texte hébreu, pour répondre aux objections des Juifs.

[2] Ce psaume qui, dans la Bible du monastère de Cava, est sans numéro d'ordre, et comme étranger au Psautier, commence par ces deux versets dont nous conservons l'orthographe et la ponctuation textuelles :

Pusillus heram inter fratres meos. et hadulescentior inter fratres meos.

Pascebam hoves patris mei. manus meae fecerunt horganum. digit mei abtaverunt psalterium.

[3] Les signes caractéristiques de la haute antiquité de ce manuscrit sont : sa forme presque carrée ; la rayure des lignes, faite, non pas au crayon, mais avec la pointe d'un stylet ; la place des lettres initiales toutes mises hors de ligne et écrites en onciales ; l'emploi de l'encre rouge pour les quatre ou cinq premières lignes de chacun des livres de l'Écriture sainte ; la division des chapitres en parties plus ou moins longues, et non en versets ; les titres des livres placés au haut des pages, et la séparation des mots indiquée seulement aux endroits où se trouvent des points.

une autre Bible, moins ancienne, puisqu'elle ne date que du quinzième siècle, mais remarquable par la blancheur du vélin et l'exquise délicatesse de ses miniatures.

Comme les manuscrits, les livres imprimés formant la bibliothèque de l'abbaye brillent moins par le nombre que par le choix. On y voit d'abord les belles éditions des Pères de l'Église, sorties des presses de Froben, d'Episcopius, de Henricus Petri, de Quintell, de Novezianus et de Birckmann. Une édition *princeps* des *OEuvres* de saint Ephrem, du Vatican, l'*Arnobius* de Fr. Priscillianensis, le *Justinus* de Dupuys, le *Dionysius* de Leucho, inconnu à Cave, le *Richard de Saint-Victor*, de Paterius, méritent de fixer l'attention des bibliophiles. Ils pourront admirer également le *Saint Léon* de Scotti, le *Salvien*, le *Sulpice-Sévère* et les *Actes* du concile de Trente, imprimés par Alde Manuce; l'édition *princeps* des *OEuvres de Laurent Giustiniani*, premier patriarche de Venise; le *Cicéron* en petits caractères de Gryphius, et l'*Homère* de 1540, publié avec les commentaires d'Eustathe. Nous voudrions pouvoir mentionner encore d'autres éditions remarquables de Robert Etienne, de Charlotte Guillard, qui mêle un nom de femme à celui des plus célèbres imprimeurs, et les principaux ouvrages édités par les frères Giunti, dont les presses, travaillant à la fois à Venise, à Florence, à Lyon et à Salamanque, produisirent tant de chefs-d'œuvre typographiques. Toutefois, en terminant, nous ne pouvons nous empêcher de citer ici un précieux recueil de cent soixante volumes, nommés *di prima stampa*, parce qu'ils furent publiés depuis l'origine de l'imprimerie jusqu'à l'an 1500, et au nombre desquels figurent les premières éditions du livre de l'*Imitation*, des *Sermons* d'Albert le Grand, des *Lettres* d'Æneas Sylvius, ainsi qu'un *Thucydide*, un *Eusèbe de Césarée*, de 1476, et la belle Bible de Hailbrun, de la même année. Mentionnons encore une collection de quatre cents volumes imprimés en caractères gothiques. Cette collection, dont on ne trouve la pareille dans aucune bibliothèque particulière, permet de suivre les variations diverses d'un système d'impression qui, né en Allemagne en 1471, cessa seulement d'être appliqué en Italie au commencement du dix-septième siècle[1].

De la bibliothèque, allons maintenant visiter l'église : transition toute naturelle dans une abbaye bénédictine où la science est toujours la compagne de la piété. L'aspect extérieur de cette église n'offre rien de bien saillant au point de vue architectural. Sa façade, construite dans le style moderne, ressemble à tous les portails construits pendant les deux derniers siècles, et ne présente aucun des caractères qui rappellent l'art véritablement chrétien. De l'ancienne église il reste seulement le campanile, élevé en 1358, et d'une hauteur remarquable pour l'époque. Mais pénétrons dans l'intérieur de l'édifice, et nous y trouverons de quoi satisfaire les sentiments de l'homme pieux, la curiosité de l'historien et le goût de l'artiste. A droite de l'autel, s'offre à la vénération des fidèles le tombeau de saint Alfère, fondateur de l'abbaye, et qui, dans tout le pays, est depuis bien des siècles le but de nombreux pèlerinages. Pour rendre ce tombeau et l'église où il se trouve encore plus

---

[1] En France, où l'usage des caractères gothiques dura moins qu'en Angleterre ou en Allemagne, le dernier spécimen imprimé en lettres de ce genre est le *Manuale sacerdotum* de Karvel, publié à Paris en 1574.

dignes de respect, l'architecte a encadré à dessein, dans une chapelle ornée de fresques, le flanc de la montagne donnant entrée sur la grotte qui servit de retraite au premier abbé du monastère.

D'autres sarcophages recouverts de marbre renferment aussi les restes de trois pieux abbés successeurs immédiats de saint Alfère, et dont l'un fut précisément celui qui releva de ses ruines la ville de la Cava. En résumé, le principal intérêt que l'archéologue puisse trouver aujourd'hui dans sa visite à l'église du monastère, doit s'appliquer surtout à la crypte qui n'est autre que l'église primitive au-dessus de laquelle l'édifice actuel a été construit. On y descend par une série de degrés et à la lueur des torches qui, en répandant sous ces sombres voûtes un jour mystérieux, font encore mieux ressortir le beau caractère d'un style appartenant à la première période de l'architecture gothique. Sur un plan supérieur à celui de l'église souterraine, et à ciel ouvert, se voit un petit cloître datant aussi du moyen âge et comme suspendu au bord d'un précipice menaçant. Malgré son état de ruine, il mérite d'être étudié, et l'administration de l'abbaye, qui en comprend la valeur, s'est occupée récemment d'en faire exécuter la restauration.

Mais quelle est dans une partie de l'église cette pierre tumulaire sur laquelle on aperçoit une mitre renversée, et dont le religieux qui accompagne l'étranger dans sa visite à l'église ne parle qu'avec une certaine réserve ? S'il faut en croire la tradition, cette pierre recouvre la dépouille mortelle de l'anti-pape Grégoire VIII, qui, fait prisonnier à Sutri par Calixte II, vint expier dans une retraite forcée au monastère de

Cava l'intrusion dont il s'était rendu coupable. C'était en l'année 1118, à l'époque où la querelle des investitures, mal éteinte par la mort de Grégoire VII et de Henri IV, agitait encore violemment l'Allemagne et l'Italie. Pascal II venait de mourir, après avoir vu le concile de Saint-Jean de Latran révoquer, comme attentoires aux droits de l'Église, les concessions que l'empereur Henri V avait arrachées au souverain pontife sous le coup de la violence et de la captivité. Gélase II, ayant été élevé au siége pontifical, Henri V le chassa de Rome, fit élire à sa place, sous le nom de Grégoire VIII, Maurice Bourdin, archevêque de Braga, et en échange reçut de lui la couronne impériale. Mais bientôt abandonné par son protecteur, l'anti-pape, faillit être tué par le peuple, et ne dut la vie qu'à l'intervention du successeur de Gélase, Calixte II, qui l'envoya au monastère de Cava, où, dit-on, il finit ses jours en 1122[1]. Peut-être cette tradition, contestée par Muratori, s'applique-t-elle à un autre anti-pape nommé Théodoric, qui, quelques années auparavant, opposé aussi à Pascal II, avait été contraint de cacher dans la Campanie sa chute et sa honte. Retiré dans cette même abbaye, qui semble alors comme la maison de refuge des prétendants à la papauté, il y mourut sous l'habit de moine, selon les témoignages de plusieurs écrivains[2]. Ainsi s'expliquerait également le mystère de la mitre renversée, gravée sur la pierre qui a donné lieu à cette digression histo-

---

[1] La chronique de saint Antoine, souvent inexacte, il est vrai, rapporte que cet anti-pape y prit l'habit monastique, et l'auteur de la *Vie de Calixte II* affirme qu'il y mourut, mais dans l'impénitence.

[2] Consulter Pandulphus Pisanus, Ciaconius et surtout Platina, *in Vitas Summorum Pontificum* : « Sacerdotio privatus, in monasterium Sanctæ Trinitatis traditur, ubi monachus factus, anachoreticam vitam diu duxit. »

rique. Ce qui prouve, du reste, que l'abbaye de la Trinité fut à cette époque une sorte de pénitencier religieux, c'est qu'un troisième anti-pape, du nom d'Innocent, y fut détenu par les ordres d'Alexandre III. Enfin, plusieurs bulles de Grégoire IX attestent qu'au siècle suivant le monastère servait de prison aux hérétiques qui, condamnés par l'inquisition, mais non livrés au bras séculier, étaient admis à faire pénitence de leurs erreurs.

L'église de la Trinité est ornée de plusieurs tableaux des premiers maîtres italiens, dont nous avions déjà reconnu les œuvres dans différentes salles du monastère, notamment dans celle du réfectoire. Nous citerons d'abord une Sainte Famille attribuée à Raphaël, et qui, si elle n'est pas de la main de ce grand peintre, dût être exécutée sous sa direction, et par l'un de ses meilleurs élèves. Le dessin, le coloris et le caractère d'idéalisme donné à la Madone, tout rappelle la touche magistrale, ou du moins les plus pures traditions du chef de l'école romaine. Une Adoration des Mages et une Résurrection, du Pérugin, montrent aussi les grandes qualités de ce maître de Raphaël, chez qui le sentiment de l'art chrétien s'éleva, selon nous, à la plus haute puissance. On y voit encore une Vierge au front serein, à l'œil limpide et doux, de Carlo Dolce, tableau dont l'expression fait contraste avec les tons cadavériques et la pâle figure d'un Christ mis au tombeau; de Bassano. L'école napolitaine, représentée par une Assomption, d'André Sabatini, et par plusieurs tableaux du Calabrèse, y montre ses qualités comme ses défauts accoutumés : facilité nonchalante et désordonnée dans les lignes, mais éclat et profusion de couleurs qui rappellent ces teintes lumineuses, splendides, dont le soleil inonde toute la campagne de Naples. A côté de ces brillantes productions de l'art indigène, figurent quelques tableaux remarquables de peintres étrangers, parmi lesquels on distingue, si nous avons bonne mémoire, une Judith, de Gérard Honthorst, et surtout un précieux Albert Dürer, dont le sujet est un Jugement de saint Benoît.

Après cette description intérieure de l'abbaye, achevons notre visite par une station à l'entrée de cette grotte vénérable qui servit de retraite au fondateur du monastère : simple et austère demeure que la piété des siècles entoure d'un respect presque égal à celui qu'inspire la caverne de Subiaco, et où nous voulons relire encore la vie de saint Alfère et de ses successeurs, afin d'en donner ici une plus fidèle analyse.

III

L'histoire des premiers abbés de Cava est comme l'époque héroïque, l'âge d'or des annales de ce monastère. Dans cette curieuse biographie tout est simple et primitif, et il semble qu'on respire un air des anciens jours, quand on étudie la vie de ces abbés dans le vieux manuscrit en caractères lombards, que l'abbaye conserve comme son plus beau titre de noblesse. Là, le merveilleux se mêle sans cesse à la réalité des faits, et y répand un charme poétique qui, comme à la lecture de toute légende, séduit l'imagination et entraîne le cœur. « On y trouve à la vérité, dit Muratori, un grand nombre de miracles dont le récit est en rapport avec la crédulité d'un siècle encore rude et grossier ; mais il s'y rencontre aussi des faits qu'une foi plus éclairée peut attribuer à la puissante intervention de Dieu. » Quoi qu'il en soit, désarmé par la sincérité inaltérable de la chronique, le scepticisme s'efface et tombe, et laisse le lecteur partager quelquefois les naïves croyances de l'écrivain.

L'an 1000 venait de finir. La terreur universelle causée par l'approche de la prétendue fin du monde avait disparu, et l'humanité, certaine de vivre, respirait comme on respire dans le calme profond qui suit une violente tempête. Chacun s'empressait d'acquitter les vœux faits pour apaiser la colère divine, soit en partant pour de lointains pèlerinages, soit en accomplissant de pieuses fondations. Partout des monastères étaient construits, des basiliques s'élevaient dans les airs, et, selon l'expression d'un contemporain, on eût dit que la terre se secouait, et dépouillant sa vieillesse, voulût revêtir la robe blanche des églises. C'était au milieu de ces circonstances que devait être fondée l'abbaye de Cava. On se rappelle que précédemment nous avons parlé d'un jeune Lombard-Bénéventin qui s'était rencontré par hasard, dans un cloître, au pied des Alpes, avec saint Odilon, abbé de Cluny. Né à Salerne, de la noble famille des Pappa Carbone, qui elle-même se prétendait issue de souche royale, il avait reçu au baptême le nom d'Alfère. L'instruction solide qu'il acquit dans cette ville où plus tard devait fleurir l'une des plus célèbres écoles du moyen âge, son esprit et ses bonnes mœurs le firent admettre, tout jeune encore, dans l'intimité du prince Guaimar III, qui lui confia une mission auprès du roi de Germanie. Othon III régnait alors sur l'Allemagne où il venait de rentrer, après avoir, dans une dernière expédition à Rome, rétabli l'autorité du pape Grégoire V, et fait trancher la tête au tribun Crescentius.

Quel était le but de la mission qu'Alfère avait reçue du prince de Salerne? C'est ce que la chronique n'explique nullement, bien qu'elle dise qu'il avait pour instruction de passer par la France avant de se rendre en Allemagne. Selon toute vraisemblance, il allait, au nom de Guaimar, réclamer le secours de l'Empereur contre les Sarrasins, car on sait que vers ce temps Othon III repassa encore une fois les Alpes, et chassa les infidèles de l'Italie, avant de revenir mourir à Vérone, empoisonné, dit-on, par la veuve de Crescentius. Arrivé à quelque distance de Suse d'où il comptait se rendre en France, Alfère s'arrêta au Mont-Epicare, dans le monastère de Saint-Michel de Cluse, que Hugues de Montboissier avait fondé en 966, pour y établir des religieux de saint Benoît[1]. Les desseins cachés de la Providence avaient sans doute conduit le jeune seigneur bénéventin dans cette pieuse retraite, placée au milieu des montagnes, pour offrir aux voyageurs les secours d'une charitable hospitalité. A peine y était-il arrivé, ainsi qu'on se le rappelle, qu'il tomba dangereusement malade, et ne dut la vie qu'à la force de l'âge et aux soins des bons religieux.

Après avoir vu la mort de si près, Alfère, éclairé par cette lumière intérieure qui se révèle à l'heure d'un

---

[1] Anno igitur DCCCLXVI incarnationis Dominicæ, constructis, ut fertur, in eodem loco feliciter officinis cœnobialibus, cum ille vir Hugo, strenuus in armis, sed in Dei rebus circa finem magis devotus, locum quem sibi ut proprium vindicaverat, et apostolica auctoritate seu præceptis regalibus munierat, abbati dumtaxat ac monachis habendum tradidisset. — Willelmi monach. Clusiac. *Chronic.*

grand péril, ne voulut plus s'occuper que de son salut, et renonça entièrement aux affaires du monde pour embrasser le service de Dieu. Dans la première ardeur de sa conversion, il désira recevoir l'habit religieux des mains de saint Odilon qui, en revenant d'un voyage à Rome, s'était aussi arrêté au monastère de Cluse. Mais le saint abbé résista, et pour éprouver une vocation encore toute récente, il crut devoir emmener Alfère à Cluny, où il reçut enfin ses vœux, après un noviciat dans lequel le jeune Lombard avait été le modèle de la communauté. Plus tard Alfère étant retourné à Salerne, le prince, pénétré de respect pour ses vertus, lui confia la direction de tous les monastères de la ville et de la province ; mais soit que le nouvel abbé rencontrât trop d'obstacles pour ses projets de réforme, soit qu'il eût le désir d'échapper à une pesante responsabilité, comme saint Benoît il ne tarda pas à résigner ces fonctions pour aller se cacher dans une profonde solitude.

Au-dessus du val Marcine, et sur le flanc oriental du mont Fenestra, qu'on appelle aujourd'hui Saint-Elie, était creusée une caverne qui avait déjà servi de retraite à un pieux ermite. Ce solitaire, dont le nom est Luitius, était un moine du Mont-Cassin qui, au temps de l'abbé Manson, avait fait un pèlerinage à Jérusalem, et, son voyage terminé, s'était arrêté dans ce lieu désert. Revenu ensuite au Mont-Cassin, il y bâtit, à quelque distance de l'abbaye, une cellule et un oratoire qui donnèrent naissance au monastère de l'Albanetta, où plus tard Ignace de Loyola et Pierre Ortiz devaient faire une retraite célèbre dans les annales de leur ordre. Quant à Alfère, content d'avoir trouvé un endroit si sauvage, il voulut d'abord se construire une demeure sur le versant opposé de la montagne ; mais tel en était l'escarpement, que l'ouvrage de chaque jour tombait chaque nuit au fond des ravins. Passant alors de l'autre côté qui donne sur la gorge étroite où se plonge le Selano, il résolut de se fixer dans la caverne que Luitius avait laissée libre, et qu'il avait comme sanctifiée par sa présence. Là, selon les paroles de son biographe, seul en présence de Dieu, il ne s'occupait que de plaire à Dieu seul ; mais plus il cherchait à fuir les vanités du monde, plus la renommée de ses vertus courait de bouche en bouche dans toutes les villes du voisinage[1].

Comme il arrivait le plus souvent en pareille circonstance, un grand nombre de disciples ne tardèrent pas à se réunir autour du solitaire, et entre les plus zélés on distinguait Léon de Lucques et le jeune Didier qui, né d'une famille princière, devait ensuite illustrer le siége abbatial du Mont-Cassin avant d'être pape, sous le nom de Victor III. Pour abriter les religieux dont l'affluence augmentait tous les jours, Alfère fit alors construire, près de la caverne qu'il habitait, un monastère et une église qu'il plaça sous l'invocation de la Sainte-Trinité. L'époque de cette fondation ne peut être fixée d'une manière précise, mais tout porte à croire qu'elle eut lieu entre les années 1006 et 1015. Ce qui le fait supposer avec raison, c'est le diplôme authentique de Guaimar III et de son fils, portant donation de la grotte et du domaine de Cava, et se rapportant, d'après les années du règne des deux princes, à la date certaine de 1025. Or, la charte parlant de la fondation de l'Église comme

---

[1] Solus soli Deo vacans, solique placere desiderans, dum mundi gloriam fugit, ad laudis suæ præconium vicinarum urbium omnium linguas movet. — Anonym., *Vitæ Patrum Cavensium.*

d'un fait récent, il est impossible de lui assigner une époque qui remonte bien au delà de celle que nous venons d'indiquer[1].

Après avoir obtenu ces importantes concessions en faveur de son monastère, Alfère continua de le gouverner avec autant de sagesse que de piété. L'exemple de ses vertus, ses jeûnes, ses austérités, édifiaient les moines placés sous sa direction, tandis que certains faits merveilleux de sa vie l'entouraient de ce prestige qui est la véritable auréole des saints. Un jour qu'il se rendait à Salerne, le cheval qui le portait roula du sommet de la montagne, entraînant son maître jusqu'au bord de la mer où l'animal arriva brisé et sans vie.

---

[1] Une chronique anonyme de l'abbaye et l'auteur de l'*Italia sacra* fixent à l'an 980 la date de la fondation de Cava. Cette opinion fut longtemps partagée par les religieux du monastère, notamment par dom Philippe della Pace; mais, malgré le mémoire de ce dernier, envoyé par Gattola à Mabillon, celui-ci n'en persista pas moins à soutenir, avec toute raison, que l'abbaye de Cava avait dû être fondée peu de temps avant l'an 1025, et non quarante-cinq années avant l'acte de donation des princes de Salerne. Voici, au reste, la partie la plus importante de cet acte de donation que nous avons déjà mentionné, et dont nous donnons la traduction : « Au nom de notre Seigneur Jésus-Christ, nous, Guaimar le père et Guaimar le fils, par le secours de la clémence divine, princes de la nation lombarde, à la sollicitation de la sérénissime et glorieuse princesse Gaitelgrime, notre chère épouse et notre chère mère, tant pour la rédemption de notre âme que pour le salut de notre peuple, concédons à toi, noble Alfère, vénérable abbé et père spirituel qui prie pour nous, l'illustre église et l'illustre grotte sur l'emplacement de laquelle tu as fait récemment construire à tes frais, en l'honneur de la sainte et indivisible Trinité, la dite église en dehors de notre ville de Salerne, dans le territoire de Metelliana, laquelle grotte est appelée Arsicza, avec les biens situés au-dessous et au-dessus de la dite église et de ladite grotte, et consistant en terres, vignes, plantations de bois, châtaigniers, arbres fruitiers..... A toi, Alfère, noble abbé, nous avons fait le don de cette illustre église pour que désormais, et toujours toi, et ceux qui te succéderont dans le gouvernement de ladite église, vous ayez le droit de l'occuper, de la régir, de la posséder, d'en disposer selon votre volonté, et d'augmenter aussi, selon votre volonté, la congrégation de moines que tu as commencé d'y établir. »

Témoins de cette chute horrible, les disciples du vénérable abbé se précipitèrent vers le rivage croyant n'y recueillir qu'un cadavre; mais quelle ne fut pas leur surprise de trouver Alfère sain et sauf qui, la sérénité sur le front, les yeux levés vers le ciel, les engageait à remercier Dieu ensemble de l'avoir sauvé d'un aussi grand péril. D'autres fois, vivement préoccupé des futures destinées de son monastère, le saint fondateur recevait du ciel des révélations intérieures qui dissipaient à ses yeux les voiles de l'avenir. Il put ainsi annoncer les principales vicissitudes réservées à l'abbaye de la Trinité. Presque toujours ses prédictions étaient enveloppées d'une forme parabolique qui rappelait le génie oriental de la Bible. « Après ma mort, disait-il par exemple à ses religieux, un loup ravisseur entrera dans ce bercail, et s'efforcera d'en troubler la paix ; mais ne craignez pas, ô mes frères, de revenir à la bergerie après en avoir été chassés, car la puissance de votre persécuteur s'évanouira comme le souffle d'une ombre, et il tombera du soir au matin. » Prophétie qui s'accomplit, en effet, par l'injuste agression d'un seigneur du voisinage qui, ayant pris l'abbaye de vive force et en ayant expulsé les moines, succomba presque aussitôt victime de ses propres excès.

Cependant, après de longues années d'austérités, le saint abbé fut prévenu que sa fin était proche par une lumineuse apparition, dans laquelle le Sauveur semblait l'appeler en lui disant : « Au jour de ma cène tu monteras vers moi. » La fête du Jeudi-Saint étant arrivée, Alfère célébra les saints offices, lava les pieds à tous ses frères, fit d'abondantes distributions aux pauvres, mais il ne prit point part au repas où la communauté entière se réunissait en mémoire de la cène, car il voulait, par une dernière pensée de mortification, s'abstenir de toute nourriture au moment où il allait quitter la terre. Tandis que les moines s'assemblaient au réfectoire avec le nouvel abbé, qu'Alfère venait d'instituer à sa place, celui-ci se dirigea seul, et pour la dernière fois, vers la grotte qui lui avait toujours servi de demeure, et il y resta en oraison jusqu'au soir. A l'instant où le soleil, avant de se plonger dans la mer, éclairait d'un dernier rayon les montagnes de Cava, le saint, les bras tendus vers le ciel, rendait son âme à Dieu, et quand ses disciples vinrent pour le retrouver, ils crurent qu'il priait toujours, car son corps n'avait point changé d'attitude. Alfère mourut ainsi, plein de jours, à l'âge de cent vingt ans, ayant conservé, dans une mâle vieillesse, toute l'ardeur de son zèle et le complet exercice de ses belles facultés.

Le successeur du premier abbé de Cava fut Léon, Toscan d'origine, et qui, de Lucques, sa ville natale, avait été attiré auprès d'Alfère par la renommée des vertus de ce saint personnage. Ses propres mérites le désignèrent plus tard au choix de la communauté, et il justifia cette confiance par une administration pleine de sagesse et de fermeté. Sa charité surtout était sans bornes. Pendant les heures qu'il pouvait dérober aux devoirs de sa charge, il se livrait au travail, et distribuait ensuite aux malheureux le pain qu'il avait gagné à la sueur de son front. Se trouvant à Salerne, où il était occupé à faire ses distributions habituelles, il vit passer Gisulfe, prince de la ville et lui offrit un morceau du pain destiné aux indigents. Gisulfe repoussa d'abord l'offre avec dédain, puis se repentant de son refus, il revint sur ses pas, prit le pain, en mangea, et pria le vénérable abbé de le visiter souvent dans son palais. Léon profita de son intimité avec le prince pour modérer, autant que possible, la violence de ses passions, et jamais, dans les conseils qu'il eut à lui donner, il ne dévia de la ligne inflexible de son devoir.

Dans cette lutte incessante contre l'avarice et la cruauté de Gisulfe, l'abbé de Cava nous est représenté par la chronique comme ayant recours aux moyens les plus singuliers pour combattre cette mauvaise nature qu'il voulait, mais en vain, réfréner. Une fois le prince ayant appris qu'un riche citoyen d'Amalfi avait déposé un trésor dans une église dépendant du monastère de Cava, conçut aussitôt le désir de s'en emparer. Ayant été prévenu de son dessein, Léon se rend en même temps que lui dans cette église, s'approche du lieu où était placé le trésor, et chaque fois que Gisulfe faisait le geste de porter la main sur le coffre qui le renfermait, l'abbé, comme en se jouant, frappait cette main de l'extrémité de son bâton. Irrité de cette résistance imprévue, Gisulfe à la fin s'emporte et veut se faire livrer de force les richesses que convoite sa cupidité. Alors Léon, cessant son badinage pour prendre un tout autre rôle, adresse au prince une sévère réprimande, lui rappelle l'exemple de l'impie Héliodore, et par la fermeté de son attitude et de ses paroles, il l'oblige à se retirer plein de confusion.

Une guerre qui vers le même temps s'éleva entre Salerne et Amalfi fournit à l'abbé de Cava une nouvelle occasion de signaler son zèle charitable. Un certain nombre d'Amalfitains, tombés au pouvoir de Gisulfe, allaient être impitoyablement massacrés par ses ordres, quand Léon se présente, réclame leur grâce au nom. d'un Dieu de paix, et non content d'avoir sauvé la vie de ces prisonniers, il va les reconduire lui-même jusqu'à l'entrée de leur ville. Quelques jours après, comme il prenait son repas avec les religieux du monastère, un messager vint lui apprendre que trois malheureux, condamnés par Gisulfe, étaient sur le point d'être conduits au dernier supplice. Aussitôt, le vénérable abbé se lève de table, court à Salerne, rencontre les condamnés qui marchaient à la mort, et obtient un sursis du bourreau. Chargé des fers de l'un des prisonniers, il se présente devant le prince, offre sa tête pour prix de celles qu'il vient racheter, et cette fois encore il parvient à désarmer la vengeance de Gisulfe. Moins heureux dans d'autres circonstances, Léon vit son dévouement infatigable échouer devant l'obstination et la cruauté de celui qu'il aurait voulu ramener dans une voie meilleure. Alors, comme les anciens prophètes, il crut devoir lui montrer la main de Dieu qui allait le frapper, et un jour, dans une sainte indignation, il ne put s'empêcher de lui dire : « Puisque tu continues de verser le sang, avant peu de temps tu ne seras plus seigneur de cette terre. » Cette sentence portée contre le dernier prince lombard qui devait régner sur Salerne, ce fut le beau-frère et l'allié de Gisulfe, le Normand Robert Guiscard, qui se chargea bientôt de l'exécuter.

Depuis longtemps les villes de Salerne et d'Amalfi étaient divisées par une rivalité sanglante, à la suite de laquelle les Amalfitains avaient été forcés de subir la domination de Guaimar IV, père de Gisulfe. Mais ce prince ayant fait peser une odieuse tyrannie sur la république dont il avait promis de respecter les privilèges, un complot fut bientôt tramé pour lui enlever le pouvoir et la vie. Surpris dans une des gorges qui avoisinent Vietri, Guaimar tomba sous le poignard et la hache des conjurés, et son corps auquel ils s'attelèrent fut traîné par eux jusqu'aux portes de Salerne. Amalfi se crut libre par la mort de son oppresseur; mais le fils de Guaimar lui fit expier par de cruelles représailles le meurtre de son père. Las de voir leur territoire envahi, leur port bloqué et leurs galères saisies par les troupes de Gisulfe, les Amalfitains invoquèrent le secours de Robert Guiscard qui, suivi de leur flotte, vint assiéger Salerne. Après huit mois de résistance, cette ville, qui la première avait accueilli les Normands en Italie, tombait au pouvoir de ses anciens alliés. Quant à Gisulfe, détrôné par son beau-frère Guiscard, il fut confiné au Mont-Cassin où, pendant le reste de ses jours, il ne cessa de regretter de n'avoir point suivi les sages conseils de l'abbé de Cava.

Après Léon, l'abbé Pierre de Salerne, neveu de saint Alfère, gouverna le monastère de la Trinité. A l'exemple de son oncle, il avait voulu se rendre à Cluny pour s'y former aux vertus monastiques, et s'était mis en route, accompagné de quelques autres religieux. Arrivés à Gênes, les pauvres serviteurs de Dieu se trouvèrent avoir épuisé leurs modiques ressources, et par suite, réduits à l'impossibilité de poursuivre leur chemin. Comme ils erraient tristes et pensifs aux bords de la mer, Pierre, qui invoquait ardemment le secours de la Providence, trouva sur le sable un anneau orné d'une pierre d'un grand prix, ce qui leur fournit les moyens d'atteindre le but de leur voyage. Après avoir demeuré quelques années sous la direction de Hugues de Cluny, Pierre revint dans son pays natal, où il fut tout d'abord porté par la voix unanime du clergé et du peuple au siège épiscopal de Policastro. Mais il préféra retourner à sa chère solitude de Cava, et Léon ne tarda pas à se démettre en sa faveur de la dignité abbatiale. Malgré les obstacles qu'il rencontra, il fit suivre dans toute sa rigueur l'observance qu'il avait vu pratiquer à Cluny, et sous son administration le nombre des religieux s'accrut tellement qu'il fallut, pour les recevoir, construire un nouveau monastère. Tout y était bien disposé, dit le chroniqueur de l'abbaye, pour la parfaite application de la Règle. Il y avait de vastes salles, spécialement destinées à chaque exercice, de sorte que partout où l'on passait, on trouvait les moines se livrant, selon l'heure du jour, à la prière, à la psalmodie, au travail ou à la lecture. En même temps une église s'élevait près du monastère, et quand elle fut achevée, le pape lui-même voulut la consacrer dans une cérémonie solennelle dont un document précieux nous a conservé la relation.

Le souverain pontife qui, dans ces temps si difficiles, tenait le gouvernail de l'Église, était Urbain II, successeur de Victor III, qui, dès sa jeunesse, avait été initié à la vie religieuse par le fondateur du monastère de Cava. Élevé à Cluny, Urbain lui-même avait étudié sous l'abbé Pierre, pendant le séjour de ce dernier dans cette abbaye, et au milieu des hautes fonctions auxquelles il fut ensuite appelé, il conserva toujours un vif attachement pour son ancien maître. Quand devenu chef suprême de l'Église, il crut devoir reprendre l'œuvre de Grégoire VII dans la lutte du Sacerdoce contre l'Empire, il trouva de nouveau auprès des Normands d'Italie, de zélés défenseurs des droits du saint-siége. Quittant donc le séjour souvent dangereux de Rome, il vint momentanément résider à Salerne, auprès du duc Roger Bursa, fils de Robert Guiscard qui, dans cette même ville, avait accueilli l'héroïque infortune du pape Grégoire VII. De sa nouvelle résidence, il lui fut facile de renouer des relations avec l'abbé de Cava, dont il se glorifiait d'être le disciple : aussi déféra-t-il volontiers aux vœux de ce saint abbé, en faisant la dédicace de l'église et de l'abbaye récemment édifiées par ses soins.

Accompagné du duc Roger et d'un nombreux cortége de cardinaux, d'évêques et de seigneurs, Urbain II se mit en marche vers le monastère, et avant d'y arriver, il s'arrêta tout à coup dans le lieu où plus tard, en mémoire de cet événement, on bâtit un oratoire. Là, dit le narrateur, le pontife, considérant la sainteté de l'endroit, les mérites de celui qui avait élevé sa jeunesse et les vertus justement renommées des moines de l'abbaye, se tourna vers le prince normand et les personnes de sa suite en disant : « Est-il digne, ô mes fils, que nous, humbles pécheurs, traversions autrement qu'à pied cette terre que des hommes si parfaits foulent chaque jour sous leurs pas? » Ces paroles prononcées, le pape descendit de sa monture, et tous suivirent son exemple. A quelque distance de là, le cortége rencontra l'abbé Pierre qui, entouré de ses religieux dont il se distinguait par son front noble et sa couronne de cheveux blancs, vint se prosterner devant le souverain pontife. Urbain le releva, l'embrassa avec effusion, et conduit par lui près du tombeau de saint Alfère, il y resta longtemps dans une pieuse méditation. Le lende=

main, jour des nones de septembre de l'année 1092, le pontife s'avança en grande pompe vers la nouvelle basilique, en bénit l'autel et les murs, fit aussi l'onction sainte sur une magnifique croix, sculptée à Constantinople, et dédia l'église et tout le monastère à la sainte et indivisible Trinité.

« L'éclat de cette consécration fut tel, ajoute la relation, si suave fut l'odeur des parfums qu'on y brûla, si doux les chants qui s'y entendirent, enfin le son mélodieux des orgues y élevait si bien les cœurs vers la piété, que tous les assistants se croyaient transportés loin de la terre. » Quant au duc Roger, sous l'influence de ces impressions religieuses, il voulut, en présence du pape, des cardinaux, des seigneurs et du peuple, octroyer à l'abbé du monastère de Cava les plus larges priviléges. Avec de nouveaux droits sur les domaines qu'il possédait déjà, il lui fit donation d'autres terres considérables, en y ajoutant la franchise de tout impôt, la juridiction civile et criminelle, enfin le privilége particulier, désigné sous le nom de *maris dominium*. La munificence du souverain pontife ne resta pas au-dessous de la générosité du prince normand. Par un privilége particulier, il donna à l'abbé Pierre, ainsi qu'à ses successeurs, les droits de juridiction épiscopale sur tous les monastères, villes, châteaux forts et domaines relevant de l'abbaye de Cava. En même temps il accorda de nombreuses faveurs spirituelles à l'église qu'il venait de consacrer[1].

Tant de priviléges accordés à l'abbé Pierre ne firent que le rendre plus zélé à remplir les devoirs imposés par une responsabilité devenue plus grande. Protecteur

---

[1] V. Pièces justificatives D.

des faibles et des opprimés, il prenait toujours leur défense contre l'injustice et la brutalité des hommes du siècle. Quelquefois même, après avoir résisté aux plus puissants seigneurs du voisinage, il leur inspirait un salutaire repentir, et les amenait, après toute une vie de crimes, à venir, pénétrés de remords, lui demander la consécration monastique. En même temps, plein de charité envers ses religieux, l'abbé de Cava les soutenait dans leurs épreuves, les soignait de ses mains dans leurs maladies, et à leur dernière heure, comme saint Colomban, il les aidait à franchir le terrible passage de la terre au ciel. Une légende rapporte qu'au moment où lui-même était près de mourir, un de ses moines eut une étrange révélation : il vit en songe trois montagnes qui tout d'un coup se mettaient en mouvement, et par l'énormité de leur masse ébranlaient la terre. A cette vue, le moine effrayé s'enfuit vers l'église, et là une voix d'en haut lui apprend que ces trois montagnes figurent les trois abbés de Cluny, Odon, Mayeul et Odilon, qui viennent chercher l'abbé Pierre. Celui-ci alla bientôt, en effet, recevoir la récompense de ses vertus, après avoir désigné Constabilis, le plus cher de ses disciples, pour le remplacer dans la direction du monastère[1].

---

[1] Outre la Vie de l'abbé Pierre, contenue dans le manuscrit *Vitæ Patrum Cavensium*, on a encore un éloge en vers composé sur ce même personnage. Cet éloge, qui forme un poëme assez étendu, commence ainsi :

Tu quoque protervo devotis Petre labore
Carminibus celebratus eris, etc.

IV

La vie de l'abbé Constabilis, telle qu'elle est racontée dans la chronique qui nous sert de guide, est pleine de détails curieux, ayant surtout pour objet de faire ressortir son esprit de simplicité et de mansuétude évangélique. Son administration fut courte et justifia complétement l'éloge que lui adresse le moine Jean de Capoue dans sa biographie en vers des abbés du monastère de Cava[1]. Ce fut cet abbé qui, le premier, usant du privilége accordé à son prédécesseur par le fils de Robert Guiscard, fit équiper un vaisseau dont la destination particulière était d'établir des relations commerciales entre l'abbaye et les principales villes de l'Orient. Ce fait peut au premier abord paraître singulier; mais il cessera de surprendre, si l'on se rappelle que le monastère de Cava était voisin de deux villes alors fort importantes par leur commerce maritime, Salerne et Amalfi, et que

---

[1] Quartus Constabilis, puer inclytus et venerandus,
Ecclesiam uno direxit feliciter anno,
Dilectus cunctis, prudens et mitis ut agnus.

Ce petit poëme, qu'il ne faut pas confondre avec le précédent, et qui ne renferme que quelques vers sur chacun des premiers abbés de Cava, a pour objet de rappeler la durée de leur administration et les qualités par lesquelles ils se distinguèrent. Il ne va pas au delà de Léon, deuxième abbé de ce nom, sous lequel vivait l'auteur, Jean de Capoue. La pièce débute ainsi :

Abbas Alpherius primus virtute coruscus,
Anno centeno bis deno vixit in orbe.
Quem Leo subsequitur, vir providus atque benignus,
Qui laudabiliter tres denis præfuit annis.
Ordinis instructor post Petrus tertius abbas,
Ipse quaterdenis est loris fortius usus.

parmi les vassaux du monastère se trouvait toute une population de marins dont il était nécessaire d'utiliser les forces et l'activité. Quoi qu'il en soit, il est certain que ce navire allait chaque année transporter en Syrie les denrées ou les objets manufacturés de l'Europe, pour prendre en retour les produits de l'Orient. Le vaisseau était sous le commandement d'un moine de Cava, comme l'attestent des témoignages positifs, notamment celui que nous trouvons dans la vie même de l'abbé Constabilis et qui est accompagné d'un épisode assez intéressant, que nous croyons devoir rappeler ici.

En ce temps-là, comme le vaisseau du monastère, commandé par un religieux, nommé Jean, naviguait entre la Sicile et l'Afrique, une grande tempête s'éleva tout à coup et vint jeter l'équipage dans l'abattement et le désespoir. Vaincu lui-même par la fatigue, et peut-être aussi pour s'étourdir sur l'imminence du danger, le moine venait de s'abandonner au sommeil, quand l'abbé Constabilis, mort peu de temps auparavant, lui apparut et lui dit comme autrefois le Sauveur à ses disciples : « Ayez confiance et cessez de craindre, car du haut du ciel, je veille sur ce vaisseau aussi bien que sur le monastère. Sachez donc que bientôt les vents et les flots vont s'apaiser, et que le calme succédera à la tempête. » Comme le moine, qui s'était réveillé, faisait part de sa vision à l'un de ses serviteurs placé à la barre du gouvernail, les vents cessèrent de gronder, l'orage tomba soudainement, et, poussé par un vent favorable, le vaisseau aborda heureusement au port le plus voisin de la côte d'Afrique. Mais vers le même temps, le roi de cette contrée ayant appris qu'une flotte chrétienne devait venir l'attaquer prochainement, retint prisonniers tous les serviteurs du Christ qui se trouvaient alors dans ses États. Le moine qui commandait le vaisseau de Cava allait être arrêté comme tous les autres, et déjà il se voyait dans les fers avec ses compagnons, lorsqu'une nouvelle intervention de Constabilis vint leur sauver la liberté et la vie. Changeant, en effet, de dispositions à leur égard, le prince infidèle leur permit de se rembarquer avec toutes leurs marchandises, « et ainsi, dit le chroniqueur en terminant, le saint protecteur du monastère de Cava fit plus que sauver le navire en apaisant la fureur des flots, puisqu'il sut encore, par une grâce plus grande, adoucir et porter au bien le cœur d'un barbare. »

Ici se termine la première période des annales de l'abbaye, période sur laquelle nous nous sommes étendu un peu longuement peut-être, afin de donner une idée plus exacte et plus détaillée de la vie intérieure d'un monastère italien au onzième siècle. Grâce aux priviléges qu'elle avait reçus et qui furent surtout confirmés par les papes Calixte II, Innocent II et Eugène III, nous allons voir l'abbaye de la Trinité étendre au loin son influence. Par suite du mouvement qui portait alors les princes comme les simples particuliers à fonder ou à doter des établissements monastiques, les abbés de Cava eurent bientôt sous leur direction une foule de religieux, et tel était le nombre des moines qui, du temps de l'abbé Pierre, se rattachaient à son autorité, que cet abbé en consacra de ses mains plus de 3,000. Aussi, dès le douzième siècle, ce monastère, qui dans le principe relevait directement de Cluny, devint à son tour chef d'une congrégation particulière, comme on peut le voir par un diplôme d'un archevêque de Bénévent, portant la date de 1147, et confirmé plus tard par plusieurs bulles pontificales. Cette congrégation possédait dans le royaume de Naples et dans le reste de l'Italie trois cent trente-trois églises et cent-vingt maisons conventuelles, dont vingt-neuf portaient le titre d'abbayes et quatre-vingt-onze celui de prieurés. Ces nombreuses églises étaient exclusivement desservies par des moines de l'abbaye, qui, sous le nom de recteurs ou de custodes, exerçaient les fonctions curiales.

Le rapide accroissement de la congrégation de Cava devait amener de nouveaux changements dans l'organisation primitive de l'abbaye. En 1394, le pape Boniface IX, voyant que le domaine de Cava était aussi peuplé qu'étendu et renfermait plusieurs villes soumises à la juridiction de l'abbé, crut devoir ériger l'église du monastère en cathédrale et en faire le siége d'un évêché. Le nouveau siége fut confié à François d'Agello, qui remplaça l'abbé Ligori que le souverain pontife venait d'élever à l'archevêché de Salerne. Deux autres abbés-évêques succédèrent à François d'Agello; mais en 1431 le gouvernement de Cava subit, comme tous les grands monastères de cette époque, une nouvelle transformation qui ne lui fut pas moins préjudiciable qu'à ces mêmes communautés. L'abbaye érigée en commende fut donnée au cardinal de Saint-Marc, puis ensuite à Louis Scarampa, qui fut aussi abbé commendataire du Mont-Cassin. Louis Scarampa eut lui-même pour successeur Jean d'Aragon, fils de Ferdinand Ier, roi de Naples, qui jouit de ce riche bénéfice jusqu'en 1485, époque où il passa entre les mains d'Olivier Carafa. Heureusement pour l'abbaye, le régime abusif de la commende ne devait pas durer longtemps, car, en 1494, Olivier Carafa réunit son monastère à la congrégation de Sainte-Justine de Padoue, alors florissante dans toute l'Italie, et quelques années après il se démit de ses fonctions d'abbé commendataire [1].

L'état du monastère de Cava se ressentit nécessairement des diverses vicissitudes que subit son administration. Prospère et glorieux quand il était placé sous la direction d'abbés réguliers choisis par leurs frères dans le sein même de la communauté, sa situation devint tout autre quand son gouvernement fut confié à des hommes étrangers qui souvent ne devaient ce poste élevé qu'au double privilége de la naissance et de la faveur. Aussi est-ce seulement pendant la période du douzième au quatorzième siècle qu'il faut placer l'époque de développement et de grandeur de l'abbaye fondée par saint Alfère. Alors, comme dans toutes les maisons de l'ordre bénédictin, les moines y travaillent avec ardeur, soit à la transcription des manuscrits, soit à la composition d'ouvrages destinés à enrichir le trésor de la littérature profane ou sacrée. Pendant cette même période, la piété, la discipline et les bonnes mœurs sont en parfaite harmonie avec l'activité intellectuelle, et la plupart de ceux qui sont appelés à régir l'abbaye se montrent les dignes successeurs des abbés Pierre et Constabilis.

Quelques-uns d'entre eux, en raison de la haute position qu'ils occupent et par suite des circonstances au milieu desquelles ils se trouvent placés, prennent une

---

[1] En 1515, le siége épiscopal fut transféré de l'abbaye à la ville de la Cava; mais l'abbé continua d'exercer les fonctions de prélat ordinaire, et Ange de Fondi y célébra, en 1628, un synode national dont les constitutions furent imprimées l'année suivante à Naples.

part active aux affaires du siècle. Ainsi sous le règne de l'empereur Frédéric II, les abbés Balsamon et Léonard remplissent un rôle important dans les démêlés de ce prince avec le saint-siége. La faveur particulière dont ils jouirent auprès du petit-fils de Frédéric Barberousse est attestée par les priviléges qu'ils en obtinrent pour leur monastère[1]. Ce fut l'abbé Léonard que l'empereur, en 1246, députa auprès du pape Innocent IV, pour faire lever l'anathème qui venait d'être prononcé contre lui au concile de Lyon. Accompagné de l'évêque de Reggio et des abbés de Casa Nuova et du Mont-Cassin, Léonard chercha vainement à désarmer la colère du souverain pontife, auquel le pieux Louis IX, sur la demande de Frédéric II, avait déjà fait entendre des conseils tout pacifiques. Innocent IV ne voulut pas revenir sur la sentence solennellement prononcée par les représentants de l'Église, et la lutte qui devait avoir pour si tragique dénoûment la chute de la maison de Souabe, se poursuivit plus violente que jamais entre les Guelfes et les Gibelins.

Les Angevins, qui remplacèrent les princes souabes sur le trône de Naples ne furent pas moins favorables au monastère de Cava, dont les archives conservent de nombreux priviléges signés de Charles d'Anjou et de ses successeurs. Sous leur règne, plusieurs personnages qui avaient exercé les fonctions les plus élevées à la cour de Naples quittèrent le monde pour prendre la direction de l'abbaye. Tels furent les abbés Guiczardi

---

[1] Parmi les diplômes originaux de Frédéric II, conservés dans les archives de Cava, nous en citerons deux qui portent la date, l'un de 1209, l'autre de 1234. Ils ont pour objet d'étendre la juridiction des abbés du monastère, et de dispenser les vassaux de quelques-uns de leurs domaines de toute corvée et prestation en nature.

et Maynerio, qui, après avoir été tous deux grands chanceliers du royaume, furent appelés à gouverner le monastère de la Trinité de 1331 à 1370. Leur administration répandit sur l'abbaye un dernier éclat qui, au siècle suivant, devait s'éclipser sous le régime de la commende. Quand plus tard, par suite de son union à la congrégation de Sainte-Justine, le monastère fut replacé sous le gouvernement d'abbés réguliers, quelques beaux jours brillèrent encore pour le monastère. Pendant le cours du seizième et du dix-septième siècle, la culture intellectuelle, autrefois si florissante à Cava, s'y ranime et porte assez de fruits pour que le savant Mabillon se plaise à le constater avec éloge. Si l'abbaye, au moyen âge, avait produit un certain nombre de moines lettrés parmi lesquels nous avons déjà remarqué Benoît de Bari, auteur du livre *De septem sigillis*, elle ne voulut pas, durant les temps modernes, rester au-dessous d'elle-même. A la fin du seizième siècle, dom Victorino d'Aversa y compose plusieurs ouvrages religieux, notamment son livre de la *Vanité du monde*, et le traité de l'*Harmonie théologique*. Dans le siècle suivant, le Père Onorato écrit sur la philosophie d'Aristote trois volumes ayant pour titre : *Novi Aristotelis sensus reconditi*. Vers la même époque, un savant religieux dont nous avons déjà cité le nom, le Père Agostino Venereo, consignait dans un volumineux inventaire rédigé avec beaucoup de soin les résultats de la longue et intelligente étude qu'il avait faite des archives du monastère. Ainsi que nous l'avons vu également, ce travail était complété, dans les dernières années du dix-huitième siècle, par le recueil des *Chartes lombardes* que publia le Père de Blasi.

L'activité scientifique et littéraire continua donc de se manifester à l'abbaye de Cava jusqu'à l'époque où la Révolution française vint retentir en Italie du pied des Alpes aux dernières extrémités des Apennins. Le monastère, malgré sa position retirée, se ressentit de cette terrible commotion à la suite de laquelle plusieurs émigrés français vinrent chercher un asile sous le cloître hospitalier de l'abbaye. C'est à l'un de ces exilés, M. de Rozan, vicaire-général du diocèse de Luçon, que le monde savant est redevable de la lettre pleine d'intérêt qu'il écrivit sur la situation encore florissante de la bibliothèque du monastère à la fin du dernier siècle. Publiée en 1800, cette lettre qui se recommande par les aperçus les plus ingénieux mêlés à une connaissance approfondie de la science bibliographique, avait été, dit-on, écrite antérieurement sur la demande du cardinal de Bernis qui mourut à Rome avant qu'elle ne vît le jour[1]. L'auteur l'adressa au conservateur de la bibliothèque du roi de Naples, et en envoya un exemplaire au cardinal Maury, alors évêque de Montefiascone[2]. L'ancien orateur de la droite à l'Assemblée

[1] La lettre de l'abbé de Rozan, devenue extrêmement rare, a été traduite en italien par le Père Gabriele Morcaldi, lecteur de philosophie au monastère de Cava, et cette traduction qui, avec le texte français en regard, a été publiée à Naples en 1822, forme un volume de 204 pages in-8°.

[2] Retiré en Italie après la clôture de l'Assemblée constituante, l'abbé Maury avait été nommé par le pape Pie VI cardinal et évêque de Montefiascone, et en 1799 il joignit à ces titres celui d'ambassadeur auprès du saint-siège, que lui conféra Monsieur, comte de Provence. Cependant, en 1804, le cardinal se lassant de vivre à l'étranger, sollicita la permission de rentrer en France, et y fut accueilli favorablement par l'empereur Napoléon, qui, en 1810, le désigna pour remplacer le cardinal Fesch sur le siége archiépiscopal de Paris. Malgré les défenses du souverain pontife, le cardinal Maury conserva cette dignité jusqu'en 1814, et à cette époque il alla de nouveau chercher une retraite en Italie, où il mourut en 1817.

nationale, répondit aussitôt à M. de Rozan une lettre que nous citons à titre de document littéraire, sans prendre la responsabilité de certains passages où se mêle aux justes et fines observations du critique, le langage passionné de l'émigré qui n'avait pas encore obtenu la permission de rentrer dans sa patrie.

« J'ai enfin reçu, monsieur, depuis très-peu de jours, la très-savante et très-intéressante lettre que vous avez publiée sur les livres et les manuscrits de l'abbaye de la Cava. Le premier sentiment que j'ai éprouvé en la lisant, je vous l'avoue, a été un sentiment d'envie. Je serois pourtant bien fâché de vous priver du bonheur de vivre avec de pareils livres, qui sont assurément préférables à la société des hommes; mais je voudrais le partager, et c'est la seule privation à laquelle mes anciennes habitudes littéraires ne peuvent s'accoutumer dans ma solitude. Les grandes bibliothèques sont les grandes villes des gens de lettres. Il me paraît que vous avez fait une étude approfondie de la bibliographie. Vous en parlez avec autant de goût que d'érudition, et vous écrivez avec le style substantiel et plein que de vastes connaissances peuvent seules nourrir, mais qu'elles ne savent pas toujours rendre aussi agréable que le vôtre, parce qu'il est très-rare d'être savant avec esprit. Votre ouvrage prouve que l'histoire des livres est devenue une véritable science. L'abbaye de la Cava doit se féliciter d'avoir exercé envers vous une hospitalité que vous avez si noblement acquittée. Votre nom fera époque dans cette maison, et en multipliant les trésors littéraires par l'échange des ouvrages doubles que lui promet votre Catalogue raisonné, dès que nos contemporains, las de révolutions et dégoûtés de leurs orgies sanguinairement philosophiques, voudront expier tous les crimes de l'esprit par des études paisibles. Si vous aviez malheureusement publié votre écrit trois ans plus tôt, vous auriez appris à nos Vandales à connaître le chemin de la Cava, et le sanctuaire des lettres eût été profané et dévasté par nos prétendus régénérateurs, qui abrutiront rapidement l'espèce humaine partout où ils pourront la dominer. Je me flatte que leur empire est fini en Italie... Jouissez donc tranquillement d'une si riche collection, et de l'honneur qu'elle vous fera en vous associant aux bibliothécaires les plus instruits de l'Europe.

« Montefiascone, 26 juin 1801.

« Cardinal MAURY. »

Le vœu du cardinal Maury a été exaucé, et les événements n'ont nullement justifié les craintes exprimées dans quelques parties de sa lettre au sujet du vandalisme révolutionnaire. Quoique mise à découvert par les savantes dissertations de l'abbé de Rozan, les trésors du monastère de Cava furent respectés ; et quand les États de Naples passèrent sous l'administration française, le gouvernement du roi Joseph préserva de toute atteinte les archives de l'abbaye, en faisant de ce dépôt précieux une section particulière des archives générales du royaume. Après la restauration des princes de la maison de Bourbon, des efforts ont été tentés pour rendre au monastère une partie de son ancienne splendeur. L'abbé de Cava a repris le titre et les insignes d'évêque, et il exerce une juridiction quasi épiscopale sur toute l'étendue de son diocèse qui renferme une population de 50,000 âmes environ. L'abbatiale, ou bâtiment distinct qui lui sert de résidence, est située à gauche de l'église et renferme, outre une chapelle particulière, de spacieux appartements destinés autrefois à recevoir les princes de la famille royale de Naples, pendant les jours de retraite qu'ils venaient passer à l'abbaye. A côté se trouve un autre bâtiment réservé aux hôtes; puis viennent la salle des archives, le chœur spécialement réservé aux offices de nuit, et plus loin, dans une situation tout à fait à part, le séminaire diocésain dirigé par les religieux, ainsi que l'*alunnato*, ou noviciat. Là de jeunes moines reconnus comme les plus aptes à l'enseignement, sont préparés à faire différentes classes et plusieurs d'entre eux sont devenus d'excellents maîtres de littérature, de philosophie, de mathématiques, de théologie et de droit canon. Plus tard, lorsqu'ils ont acquis les années et l'expérience qu'elles donnent, ils sont occupés à l'administration du diocèse, de sorte qu'il leur reste peu de temps à consacrer à des travaux personnels faits en vue d'être publiés. Plus volontiers et plus utilement, selon eux, pour les besoins obligatoires du ministère évangélique, ils se livrent depuis longtemps à la prédication, et, de nos jours, quelques-uns se sont distingués par leurs sermons et leurs panégyriques, notamment l'ancien prieur dom Bernardo Gaetani, et le prieur actuel le R. P. Morcaldi. A l'époque de notre voyage la communauté de Cava, qui est unie à la congrégation du Mont-Cassin, était composée de trente religieux profès, et elle était gouvernée par le R. P. dom Luigi Marincola. Il a eu pour successeur le R. P. Granata, remplacé lui-même par l'abbé actuel, le R. P. dom Mauro Ruggiero, administrateur habile qui s'applique activement comme, son prédécesseur, à faire achever les travaux de restauration et d'embellissement commencés dans diverses parties du monastère [1]. Quant à la bibliothèque, depuis de longues années déjà, la garde en est confiée à dom Guillaume de Corné, fils d'un ancien général français au service du roi de Naples, et qui, n'ayant jamais vu la France, paraît d'autant plus heureux de pouvoir, à l'occasion, s'entretenir avec des compatriotes du pays dont sa famille est originaire.

Le jour de notre départ étant enfin arrivé, par une belle matinée nous dîmes adieu à l'abbaye. Si quelque compensation pouvait adoucir nos regrets en quittant cette maison hospitalière, c'était l'éclat splendide que le ciel, la verdure et les tièdes émanations du printemps répandaient sur le chemin que nous allions parcourir. Jamais, depuis notre séjour dans l'Italie méridionale, nos yeux n'avaient été si pleinement inondés des flots de cette lumière éthérée, transparente, dont les tableaux des plus habiles paysagistes ne donnent qu'une imparfaite image. Le soleil était déjà assez haut dans le ciel pour éclairer complétement la partie la plus large de la vallée, en même temps que les crêtes les plus élevées du mont Fenestra ; mais sur les larges flancs et les parties inférieures de la montagne, on voyait se prolonger encore de grandes ombres qui contrastaient avec la lumineuse auréole dont sa tête était alors couronnée. La solitaire grandeur de ce paysage sur lequel

[1] Depuis ma visite au monastère de la Trinité, l'église de l'abbaye a été ornée de peintures à fresque, exécutées par M. Morani, de Rome. Elles représentent les faits principaux de la vie de saint Benoît, de saint Maur, de saint Placide et des premiers abbés du monastère. Ces travaux d'art ont coûté des sommes considérables, et c'est à des dépenses de cette nature que les moines ont eu le bon esprit de consacrer la meilleure part de leurs revenus.

le printemps répandait sa fraîcheur, son silence et ses parfums, me rappelait que plus d'une fois dans ces mêmes lieux Salvator Rosa et Nicolas Poussin étaient venus chercher de fécondes inspirations. Après avoir traversé le Selano, qui seul par son bruyant murmure animait cette vallée si pleine de calme et de recueillement, je voulus, avant de franchir le premier détour de la route, jeter un dernier regard sur l'abbaye.

La maison tout entière était encore plongée dans un demi-jour vaporeux qui l'enveloppait comme d'un voile aux plis longs et flottants, et semblait me la faire voir inclinée et priant au pied de la montagne. Comme les religieux étaient alors réunis au chœur pour l'office du matin, par intervalles une brise légère apportait jusqu'à mon oreille les dernières notes d'un verset de psaume chanté sur un mode lent et solennel. A quelque distance du monastère, un vieux moine, que sans doute son âge et ses infirmités avaient fait dispenser d'assister à l'office, marchait péniblement appuyé sur un bâton, et bénissait en passant une jeune fille dont les chèvres, suspendues à un rocher voisin, broutaient les feuilles d'un cytise aux fleurs jaunes. Un peu plus bas, un pâtre revêtu d'un costume pittoresque était assis sur le tronc d'un arbre et regardait couler le Selano, tandis que les génisses qu'il conduisait venaient boire à l'eau du torrent. Au moment où mes regards embrassaient une dernière fois l'ensemble de cette scène dont j'avais peine à me détacher, la pensée que je ne reverrais probablement jamais ce gracieux désert de Cava traversa mon esprit et y répandit un nuage de tristesse. Mais en levant les yeux vers l'église de l'abbaye dont la masse était encore à demi-cachée dans l'ombre, je vis la croix qui la surmonte, s'illuminer tout à coup d'un brillant rayon de soleil. Pour moi, ce rayon de soleil semblait vraiment apparaître comme un symbole d'espérance. J'acceptai cette consolation inattendue dont mon cœur avait besoin, et tournant mes pas du côté opposé au monastère, je me décidai enfin à poursuivre ma route vers Salerne.

CHAPITRE XIX

UNE EXCURSION A MONTE VERGINE

Route du monastère de Cava à Salerne. — Aspect et monuments de cette ville. — Sa cathédrale réédifiée par le duc Robert Guiscard. — Chapelle de Jean de Procida ; tombeau du pape Grégoire VII. — Beaux environs d'Avellino. — Arrivée à Loretto, infirmerie de Monte Vergine. — L'abbé dom Raimondo Moralès. — L'histoire du Mont-Vierge mêlée, au moyen âge, à la vie légendaire de Virgile. — Voyages et institutions monastiques de saint Guillaume de Verceil. — Développement et situation prospère de la Congrégation de Monte Vergine — Église de l'abbaye ; sépultures qu'elle renferme. — Chapelles de Manfred et des princes de Tarente. — Départ de Monte Vergine. — Ruines du monastère de Real Valle fondé par Charles d'Anjou. — Souvenir d'une élégie de Gœthe. — Visite à Pompéi. — Un ancien soldat du roi Joachim Murat. — Le Rinaldo et la baie de Naples.

Si de Cava à Vietri le site rappelle souvent la fraîcheur et la grâce d'une vallée des Alpes transportée sous le ciel de Naples, de Vietri à Salerne le pays qu'on parcourt présente un aspect tout différent. Peu à peu la vallée ombreuse et verdoyante fait place à une vaste campagne couverte, selon la saison, de riches moissons de blé ou de maïs dont les tiges agitées par la brise de mer fléchissent sous le poids de leurs grappes. A mesure qu'on s'avance, les grandes lignes formées par la chaîne des Apennins s'étendent indéfiniment d'un côté, et de l'autre, la Méditerranée, que l'on découvre de distance en distance, étale son immense nappe bleue, en élevant sur les grèves où elle vient expirer sa voix molle et dolente. Après avoir suivi les capricieuses ondulations du littoral, la route tourne tout à coup; alors entre le promontoire de Minerve et le fleuve Silarus, sur le penchant d'une haute montagne s'avançant jusqu'au bord de la mer, on aperçoit l'antique cité de Salerne.

Autrefois métropole des Picentins, puis colonie romaine, cette ville, aujourd'hui chef-lieu de la principauté Citérieure, a passé par bien des vicissitudes depuis sa soumission aux princes lombards et normands. En se rappelant ce qu'elle fut dans le passé, le voyageur qui la visite ne peut guère reconnaître la cité à la fois maritime et savante, qui fut au moyen âge si célèbre par l'étendue de son commerce et l'enseignement de son école. Mais si Salerne est maintenant déchue, elle peut cependant revendiquer encore une partie des avantages que Guillaume de Pouille se plaît à lui donner dans son poëme sur la conquête normande[1]. En effet, n'a-t-elle pas toujours en partage la douceur du climat, la fertilité du sol, l'abondance de ses fruits et de ses eaux? Quant à l'honnêteté de ses habitants, je suis tout disposé à la reconnaître, aussi bien que la beauté de ses femmes que vante également le

---

[1] Urbs Latii non est hac dulciosior urbe;
Frugibus, arboribus, vinoque redundat et unda :
Non ibi poma, nuces, non pulchra palatia desunt;
Non species muliebris abest, probitasque virorum.

bon Guillaume de Pouille. Comme le jour où je m'arrêtai à Salerne était précisément un jour de marché, j'eus l'occasion de constater avec quelle pureté le type grec s'est conservé parmi la population féminine des environs de Vietri et d'Amalfi. La plupart de ces contadines, drapées dans des vêtements de couleurs éclatantes, la tête couverte d'un capulet rouge ou d'un voile tissé en fil d'aloës, portaient avec une grâce nonchalante des corbeilles de fleurs et de fruits. En les voyant passer près de moi, il me semblait reconnaître les figures antiques que j'avais vues au musée de Naples ou dans les peintures de Pompéi ; car chez ces femmes, la beauté des formes, l'harmonie des mouvements et l'irréprochable rectitude des lignes du visage, tout rappelle les traits caractéristiques de cette race modèle qui peupla jadis les colonies de la Grande-Grèce. Toutefois, le type arabe vient çà et là se mêler au type hellénique, et quelques-unes de ces belles paysannes, par la couleur du teint, la forme particulière et l'éclat sauvage de leurs yeux, font involontairement songer au long séjour des Sarrasins dans ces mêmes provinces [1].

Les ruines du château féodal qui domine la ville sont, avec les belles colonnes romaines que l'on voit à l'archevêché, des vestiges assez imposants qui rappellent, comme la population elle-même, la double antiquité de Salerne. Mais de tous ses monuments, son dôme est celui qui, par le mélange des éléments dont il se compose, représente le mieux les diverses domi-

---

[1] C'est surtout sur le territoire d'Atrani que le type arabe se rencontre le plus fréquemment, et, dans toute la province, la population de ce pays est encore regardée comme étant demi-sarrasine, soit par les traits, soit par sa prononciation particulière.

nations que cette ville subit tour à tour. En effet, dans l'atrium quadrilatère qui sert d'entrée à cette église, l'antiquité grecque et latine nous apparaît d'abord avec les colonnes provenant en partie des temples de Pœstum, et les sarcophages romains changés en tombes chrétiennes. Si l'on pénètre ensuite dans l'intérieur de l'édifice, on y retrouve la double combinaison du style byzantin et du style normand, auxquels viennent s'unir quelques réminiscences de l'architecture sarrasine, mal dissimulées plus tard par des restaurations modernes. Siége de l'un des plus anciens évêchés de l'Italie, érigée en métropole dès le dixième siècle, cette cathédrale fut reconstruite en 1080 par les soins et aux frais de Robert Guiscard, qui la dédia à l'apôtre saint Matthieu, selon l'inscription gravée au-dessus de la grande porte de bronze s'ouvrant sur la nef centrale :

A DVCE ROBERTO DONARIS APOSTOLE TEMPLO :
PRO MERITIS REGNO DONETVR IPSE SVPERNO.

La façade principale de l'église est précédée, comme nous l'avons vu, d'un portique ou atrium, et l'espace qu'il renferme, autrefois rempli de terre apportée de Jérusalem, servit longtemps de lieu de sépulture aux nobles salernitains. Parmi les nombreux monuments qui ornent ce campo santo de Salerne, on remarque plusieurs sarcophages païens dont les bas-reliefs indiquent une bonne époque. Il en est un surtout d'un style assez pur et représentant le combat des Centaures et des Lapithes, dont la singulière inscription m'a frappé, car elle établit comme un droit, au nom du jurisconsulte qui y repose, l'inviolabilité du tombeau qu'il s'est

choisi [1]. Par un rapprochement qui n'est pas rare en
Italie, les armoiries du défunt et la date de 1427, gravées sur ce sarcophage, font un étrange contraste avec
l'épisode mythologique qu'y sculpta la main d'un artiste grec.

Ce qui m'attirait surtout vers la cathédrale de Salerne,
c'était le désir de visiter le tombeau de Grégoire VII,
que renferme cette église. On sait que ce grand pontife, après avoir été contraint de quitter Rome sous
la protection des lances normandes, vint, après un
court séjour au Mont-Cassin, chercher à Salerne un
asile qui pour lui devait être le dernier. La protection
assurée qu'il trouvait auprès de Robert Guiscard, mais
plus encore l'affectueux dévouement que lui portait
l'archevêque Alfano, déterminèrent sans doute le pape
à choisir cette ville de préférence à toute autre. La correspondance religieuse et littéraire échangée entre Grégoire VII et l'archevêque de Salerne, outre l'intérêt particulier qu'elle offre, montre assez quelle libre et douce
intimité rapprochait ces deux hommes élevés l'un et
l'autre sous le cloître bénédictin. Parmi les pièces de
cette correspondance, j'avais relu, la veille même de
mon départ de Cava, la lettre si belle que le pontife
écrivit à Alfano pour le féliciter d'avoir retrouvé les
reliques de l'apôtre saint Matthieu : précieuse découverte qui, selon les termes de la lettre, donnait l'espoir
qu'après tant d'orages, l'Église du Christ devait bientôt

---

[1] Nous donnons ici cette inscription telle que nous l'avons transcrite :

HIC JACET CORPUS SAPIENTIS VIRI JUDICIS
BENEDICTI ROTUNDI DE SALERNO JURISPERITI QUI OBIIT ANNO DOM. MCCCCXXVII,
DIE VIII MENSIS NOVEMBRIS, VI INDICT. QUOD TUMULUM FUIT SIBI CONCESSUM
NEC POTUIT ALTERI CONCEDI ET IN EO NON DEBET ALIUS SEPELIRI.
CUJUS ANIMA REQUIESCAT IN PACE.

toucher au port, comme ces reliques qui, autrefois poussées vers les rivages de l'Italie, allaient enfin être transférées dans la nouvelle basilique élevée par le duc Robert.

Tout plein des souvenirs de ce glorieux pontificat qui, en 1085, se dénoua par l'exil et la mort de Grégoire VII, j'entrai donc dans cette église, cherchant l'endroit où reposaient les restes de celui dont la vie tient une si grande place dans l'histoire de la papauté. A la première vue, on est frappé, en parcourant la cathédrale de Salerne, du grand effet de ses trois nefs, de la diversité des marbres précieux qui la décorent, et de la richesse de la mosaïque dont le fond et le grand arc de l'abside sont revêtus. Après avoir admiré en passant les deux chaires soutenues par des colonnes de porphyre, et placées à chaque extrémité de la nef centrale, je me dirigeai, à droite, vers une chapelle dont la magnificence attira mon attention. Fondée par le célèbre Jean de Procida, qui joua un rôle si important dans la sanglante tragédie des Vêpres Siciliennes, cette chapelle est ornée d'une mosaïque et d'un superbe autel en bois sculpté, tout incrusté de bas-reliefs d'ivoire dans le meilleur style du treizième siècle. A gauche de la composition formant le sujet de la mosaïque, se détache une grande image de saint Fortunat, portant, mais sans couronne, le splendide costume des empereurs, et tenant de la main gauche une croix latine blanche qu'il montre de la main droite. L'aspect et la tenue de ce saint peuvent faire supposer qu'il représente le roi Manfred[1], dont Jean de Procida fut le médecin et l'ami.

---

[1] Cette opinion est aussi celle de M. le duc de Luynes, qui a visité avec un soin et un goût si éclairés les principaux monuments de l'Italie

Quant à ce dernier, comme fondateur de la chapelle, il figure lui-même à genoux devant l'image de saint Matthieu, avec cette inscription placée au-dessous des deux figures :

> HOC STVDIIS MAGNIS FECIT PIA CVRA JOHANNIS
> DE PROCIDA, DICI MERVIT QUÆ GEMMA SALERNI [1].

C'est dans cette chapelle, dite de Procida, que se trouve le tombeau de Grégoire VII. Avant de parvenir jusqu'au monument élevé à sa mémoire, on passe devant plusieurs tombes de cardinaux et d'archevêques, qui sont là comme pour faire cortége au souverain pontife et garder fidèlement ses restes, après avoir, de son vivant, fidèlement suivi sa bonne et sa mauvaise fortune. En arrivant près du tombeau que j'étais venu chercher de si loin, je regrettai, je l'avoue, de ne plus retrouver le simple et primitif monument que Robert Guiscard, quelques jours avant de mourir lui-même, ordonna d'élever au pape, son allié. En effet, j'avais devant moi un tombeau en marbre, dans le goût de la Renaissance,

---

méridionale, et à l'obligeance duquel nous devons la communication de plusieurs notes relatives à Monte Vergine, notes qui ont utilement servi à compléter nos observations personnelles.

[1] Cette chapelle renferme encore une autre inscription relative à ce personnage et offrant un certain intérêt historique. A la prière de Jean de Procida, Manfred avait fait construire une jetée dans le port de Salerne. Ce monument, détruit par le choc des flots, est depuis longtemps en ruines. L'inscription qui y avait été placée resta abandonnée sur le sable du rivage jusqu'à l'époque où Agostino Guarna la fit transporter dans l'Église de Saint-Matthieu. Elle était ainsi conçue :

> ANNO DOMINI MCCLX, DOMINVS MANFREDVS, MAGNIFICVS REX SICILIÆ,
> DOMINI IMPERATORIS FRIDERICI FILIVS CVM INTERVENTV DOMINI JOANNIS DE PROCITA,
> MAGNI CIVIS SALERNITANI, DOMINI INSVLÆ PROCITÆ, TRAMONTIS,
> CAJANI ET BARONIÆ POSTILIONIS, AC IPSIVS DOMINI REGIS SOCII ET FAMILIARIS;
> HVNC PORTVM FIERI FECIT.

et l'inscription m'apprit bientôt qu'au seizième siècle, le monument primitif étant tout à fait tombé en ruines, un archevêque de Salerne l'avait remplacé par celui que l'on voit maintenant. Après avoir dormi cinq cents ans au fond de sa tombe, Grégoire VII fut donc exhumé solennellement, et tous ceux qui assistèrent à la cérémonie constatèrent que son corps était dans un parfait état de conservation, aussi bien que les habits pontificaux dont il était encore revêtu. L'archevêque Colonna le déposa de ses mains dans la nouvelle sépulture qu'il lui avait fait ériger, et sur l'une des faces on grava cette inscription que nous reproduisons ici, comme spécimen du style lapidaire adopté au seizième siècle :

> GREGORIO VII SOANNENS.
> PONT. OP. MAX.
> ECCLES. LIBERTATIS VINDICI ACERRIMO
> ASSERTORI CONSTANTISS. QUI
> DUM ROM. PONT. AUCTORITATEM
> ADVERSUS HENRICI PERFIDIAM
> STRENUE TUTAR. SALERNI SANCTE
> DECUBUIT
> A. D. MXXCV, VIII KAL. JUN.
> B. A. COLUMNA MASIL. BONO
> NIENS. ARCHIEPISC. SALERN.
> CUM ILLIUS CORPUS POST QUIN
> GENTOS CIRCITER ANNOS SACRIS
> AMICTUM AC FERE INTEGRUM RE
> PERISSET NE TANTI PONTIF. SEPUL
> CHRUM MEMORIA DIUTIUS
> CARERET
> M. D.
>
> GREGORIO XIII BONONIEN.
> SEDENTE
> A. D. MDLXXVIII PRIDIE KAL.
> QUINCTII.

Quand j'eus copié cette inscription, je contemplai longuement la belle et expressive figure du pontife, où respirent à la fois la douce sérénité du moine et l'inflexible fermeté du souverain. Dans cette contemplation j'oubliai vite, je dois le reconnaître, la déception que j'avais éprouvée d'abord en me trouvant en face d'un tombeau qui, au lieu de dater de 1085, ne comptait environ que trois cents ans d'existence. Qu'importe, après tout, au voyageur qui fait un pèlerinage au tombeau d'un grand homme, qu'importe la froide pierre qui recouvre sa dépouille mortelle? Que cette pierre soit de marbre ou de granit, qu'elle soit belle de sa nudité ou chargée d'ornements, elle n'est rien pour la mémoire de celui dont elle consacre le souvenir. Planant au-dessus du sépulcre, la renommée de l'illustre défunt ne grandit-elle pas chaque jour dans la reconnaissance des peuples? Telles furent, du moins, mes impressions personnelles après avoir médité longtemps près du tombeau de Grégoire VII. Jamais peut-être la vie de ce pape, sur lequel l'histoire a soulevé tant de controverses également passionnées, ne m'était apparue comme personnifiant aussi complétement le génie religieux et politique de la papauté. Jamais je n'avais vu se dessiner d'une façon plus éclatante la grande mission de ce fils du pauvre charpentier de Soana, qui d'abord simple moine, puis cardinal, fut l'âme du saint-siége sous trois papes, devint pape à son tour, et alors seul contre tous, entreprit l'œuvre qui peut se résumer ainsi : rendre au clergé sa pureté primitive, affranchir l'Église de toute dépendance temporelle, enfin sous la haute direction du pontificat romain, donner à la société chrétienne cette vaste unité qui fut l'idéal du moyen âge. Devant cette œuvre si grande, et alors si éminemment sociale et civilisatrice, il me semblait voir tomber bien des erreurs, bien des préjugés accrédités contre cet Hildebrand, auquel ses adversaires ont été obligés de reconnaître des mœurs irréprochables, un complet désintéressement et une inébranlable constance dans la défense de la cause qu'il avait embrassée. Comment d'ailleurs n'excuserait-on pas quelques excès de zèle dans le souverain pontife qui, chassé de sa capitale par d'implacables ennemis, leur pardonne à son lit de mort; puis, d'une main défaillante montrant à ses cardinaux en pleurs le ciel où il leur promet de les recommander à Dieu, exhale sa pensée et sa vie avec ces dernières paroles : « J'ai aimé la justice et haï l'iniquité : voilà pourquoi je meurs dans l'exil ! »

En sortant de la chapelle de Procida, je ne pus m'empêcher de penser à la singularité du sort qui a placé le tombeau du plus rude adversaire de la suprématie impériale dans cette même chapelle érigée à grands frais par le partisan et le vengeur de la maison de Souabe. D'autres souvenirs ne pouvaient-ils pas me rappeler d'ailleurs que cette église, dont j'admirais la riche ornementation, avait eu pour fondateur l'un des douze fils d'un pauvre gentilhomme de Coutances, qui, sans autres ressources que sa valeur et son épée, était venu conquérir terres et honneurs en Italie? N'était-ce pas encore sur le rivage et aux portes de Salerne qu'avait commencé la prodigieuse fortune de ces aventuriers normands, dont les derniers finirent par fonder un trône sur lequel devaient s'asseoir, après eux, deux dynasties d'origine également française, les princes de la famille d'Anjou et les Bourbons de Naples? Mais, suivant une observation plus d'une fois répétée, à chaque pas qu'on fait en Italie, à chaque monument qu'on y visite, le champ des souvenirs historiques s'ouvre si vaste devant soi, qu'il faut nécessairement le restreindre pour ne pas se laisser entraîner trop loin. Pressé, en outre, de terminer ma visite aux principales abbayes du royaume de Naples par une excursion à Monte Vergine, je me mis en route pour ce monastère.

II

De Salerne à Avellino on compte vingt milles d'Italie, et la belle route qui y conduit devient de plus en plus accidentée à mesure que l'on s'éloigne de la mer. Entre Montuoro et Contrada, elle tourne brusquement et s'élève en suivant les sinuosités des premières pentes de l'Apennin. Au sommet de cette côte, l'œil embrasse un magnifique amphithéâtre de montagnes; dont les sommets inégaux sont couronnés de châteaux et de villages. A droite, les blanches maisons de Serino et son élégant clocher se détachent sur le fond un peu sombre des bois qui forment le troisième plan du tableau. Le chemin se bifurque à Avellino, où passe aujourd'hui encore, comme au temps des Romains, la grande voie qui joint les deux mers, de Naples à Bari. Le vaste pont ou plutôt le viaduc jeté sur la vallée d'Avellino produit un effet saisissant; et quand le voyageur s'arrête pour laisser passer les files interminables de chariots attelés de buffles, qui conduisent à Naples les blés de la Capitanate, il peut contempler à loisir ces arches hardies dont les fondations se cachent au milieu des oliviers, des vignes et des chênes verts.

Après une heure de marche, entre Mercogliano et Ospedaletto, on rencontre la maison de *Loreto*, qui sert d'infirmerie au couvent de Monte Vergine. C'est là que l'abbé, le prieur et les moines les plus âgés ou les plus faibles viennent passer l'hiver pour échapper à la température rigoureuse des hautes régions où est bâti le monastère. C'est là aussi que sont conservés les trésors littéraires de l'abbaye, surtout ces précieux registres qui renferment les originaux de tous les actes relatifs à Monte Vergine, et dont le nombre s'élève, dit-on, à vingt-quatre mille[1]. Si quelque chose peut ajouter au plaisir qu'éprouve l'historien à interroger ces fidèles témoins du passé, c'est la libéralité avec laquelle les religieux communiquent leurs richesses. Nous avons promis de ne plus revenir sur la bonne hospitalité que le voyageur est sûr de rencontrer dans les communautés bénédictines, et cependant, qu'on nous permette encore d'acquitter ici une dernière dette. C'est qu'en effet nous avons rencontré peu de figures de vieillards plus imposantes et plus aimables que celle de l'abbé dom Raimondo Moralès. Nous le voyons encore, avec sa couronne de cheveux blancs, son œil vif et doux, sa parole rapide et accentuée, assis dans son grand fauteuil sculpté, nous servant lui-même la viande et les œufs interdits aux moines par la règle de la maison[2]; puis récitant la

---

[1] Au monastère de Cava les parchemins plus nombreux encore sont roulés et renfermés dans cent quarante-quatre coffres ou boîtes. A Loreto ils sont dépliés et reliés en volumes; mais les archives de Loreto n'ont pas d'inventaires aussi complets que ceux des archives de Cava.

[2] Le Père Hélyot dit qu'à la maison de Loreto pas plus qu'à Monte Vergine, les étrangers ne peuvent manger aucune viande. Pour Loreto l'affirmation n'est pas exacte, du moins aujourd'hui, et d'après ce que nous avons nous-même constaté.

prière du soir, qui appelait la bénédiction du ciel sur nous, sur nos parents, sur nos amis. Sa conversation, où s'unissait avec grâce la curiosité candide de l'enfant et la paternelle indulgence du vieillard, est restée dans notre souvenir. Né en 1765, si nous avons bonne mémoire, il avait entendu, au fond de sa solitude, retentir de loin le bruit de toutes les révolutions qui, pendant cette période, s'étaient succédé dans un pays où fermentent sans cesse des passions si mobiles et si violentes. Nous aimions surtout à l'entendre parler de ses jeunes années et remonter ainsi aux premiers temps du long et triste règne de ce Ferdinand de Bourbon, appelé il y a plus d'un siècle à monter sur le trône des Deux-Siciles[1]. Quand la conversation tombait ensuite sur les grands événements qui avaient signalé la fin du dernier siècle et le commencement de celui où nous vivons, le Père Moralès apportait dans ses appréciations la sérénité d'esprit qu'on trouve chez les hommes qui jugent les choses de haut, parce qu'ils sont détachés des intérêts et des affections de la terre. Depuis notre visite à Loreto, un certain nombre d'années se sont écoulées déjà, et le bon abbé, alors âgé de quatre-vingts ans, s'est endormi dans la paix du Seigneur. Mais c'est une joie pour nous de pouvoir du moins payer ce tribut personnel à sa mémoire, et nous ne doutons pas que tous ceux qui l'ont connu ne s'associent volontiers à cet hommage.

Dom Raimondo Moralès, à cause de son grand âge, avait remis le gouvernement intérieur de la maison au

---

[1] Ferdinand Ier, fils de Charles III, roi d'Espagne, régna sur les États de Naples de 1759 à 1825, sauf l'espace compris entre 1806 et 1815; mais pendant cette dernière époque, il conserva le royaume de Sicile.

prieur, homme intelligent et ferme. Celui-ci s'était arrangé à Loreto un petit appartement presque coquet, et prenait plaisir aux chants et aux ébats d'une demi-douzaine d'oiseaux familiers avec lesquels il partageait le sucre de son café. Innocente distraction, parfaitement en harmonie avec le calme et l'isolement du lieu! Loreto, en effet, semble disposé pour le recueillement et la méditation. C'est un grand bâtiment de forme octogone, à un seul étage, dont la galerie intérieure donne sur le préau, et les fenêtres extérieures sur la campagne. La chapelle, petite mais richement ornée, y réunit, aux heures des offices, les moines généralement peu nombreux qui viennent chercher dans cette maison un air plus doux et un régime moins sévère[1].

Nous ne savons si c'est la difficulté de parvenir à l'abbaye, ou son éloignement des grandes routes, qui fait négliger Monte Vergine par la plupart des voyageurs. Les uns omettent d'en parler, les autres n'en parlent que par ouï-dire. C'est cependant un des monastères les plus célèbres du royaume de Naples. Deux fois par an on voit se diriger vers la montagne, que dans le pays on appelle la Montagne Sainte, de nombreux pèlerins, jaloux de contempler l'image de la madone qui est conservée à Monte Vergine depuis un temps immémorial. Le pèlerinage des populations de la Terre de Labour coïncide avec la fête de la Pentecôte; celui des habitants de la Pouille a lieu vers la fin du mois de septembre. Ce doit être un spectacle aussi curieux qu'imposant d'assister à ces processions d'hommes et

---

[1] La vigne est cultivée en grand dans un jardin spacieux, voisin de la maison. Les produits de cet enclos sont pour le monastère une source assez abondante de revenus.

de femmes, qui, vêtus de costumes éclatants et variés, mais animés d'un même sentiment pieux, circulent lentement sur les pentes abruptes de la montagne en chantant des psaumes et des cantiques. Ce sont pour la plupart des paysans qui placent leurs travaux sous la protection de la Vierge, et, suivant l'époque de l'année, lui demandent de faire fructifier leurs champs ou viennent la remercier d'avoir béni leurs récoltes[1]. Si le monastère ne peut contenir tout le monde, le surplus des visiteurs campe en plein air, sans avoir d'autre abri que l'épais feuillage des châtaigniers. Pour se garantir du froid, même en été, ils allument des feux sous ces arbres séculaires. Ces lumières, en jetant çà et là pendant la nuit leurs reflets sur la montagne, offrent une apparence fantastique qui saisit vivement l'imagination.

Quand on arrive à la rude montée qui commence après le bourg de Mercogliano, un chemin creusé dans la pierre se dresse devant vous, et les chevaux ont soin de choisir, pour ne pas broncher, les rares interstices où se montre la terre végétale. Cependant, de temps à autre la vue est récréée par des plantations et par des groupes de châtaigniers qui, avec une vigueur tout agreste, se sont fait jour dans ce sol rocailleux. A moitié de la route, on s'arrête pour jouir d'un panorama qui rappelle celui qu'on a pu observer des rampes du Mont-

---

[1] L'image de la Vierge vénérée à l'abbaye fut apportée par Baudouin II, dernier empereur latin de Constantinople, à l'époque où ce prince fut contraint par Michel Paléologue de quitter sa capitale et ses États. Catherine de Valois, petite-nièce et héritière de Baudouin, retrouva le tableau parmi d'autres objets précieux, et en fit don à l'église de Monte Vergine, où Philippe d'Anjou, prince de Tarente et mari de Catherine, éleva ensuite pour recevoir la sainte image la magnifique chapelle dont nous parlerons plus loin.

Cassin. Au bas de la montagne, Mercogliano, avec sa longue rue et ses maisons couvertes en tuiles rouges; plus loin, Monteforte, avec son château qui date du temps des Angevins; plus loin encore, dans une échappée de vue entre deux rochers, Naples et la partie de son golfe qui baigne le promontoire de Sorrente. Après la chapelle della Paruta, où cesse pour les pèlerins et les religieux eux-mêmes l'obligation de s'abstenir de viande, commence la région des neiges. Mais la végétation, loin de souffrir de l'abaissement de la température, semble y puiser une force nouvelle. Lorsque, après une marche longue et pénible, on découvre enfin le monastère situé, non pas au sommet de la montagne, mais sur un plateau en saillie, on s'étonne de voir encore, à plus de cinquante mètres au-dessus des bâtiments, toute la cime couverte d'arbres et de robustes végétaux.

Ce point élevé qui domine le pays des anciens Samnites, fut consacré dans l'origine au culte de Cybèle[1], culte mystérieux, plus ancien que Rome, et qui se cachait, comme celui des Druides, dans les profondeurs des forêts. Sous les Romains, la montagne portait déjà, comme aujourd'hui, le nom de *Mont-Vierge — Mons Parthenius,* — et les légendaires assurent qu'elle dut cette appellation au séjour du chaste Virgile. En effet le poëte de Mantoue apparait, au début de la tradition locale, comme une sorte d'initiateur chargé d'annoncer au vieux monde païen la venue des temps nouveaux :

> Ultima cumæi venit jam carminis ætas :
> Magnus ab integro seclorum nascitur ordo.

---

[1] Loreto fut aussi construit, dit-on, sur l'emplacement d'un ancien temple d'Apollon; et dans la plaine voisine, on a retrouvé les restes de deux temples, dédiés à Mercure et à Vesta.

Frappé de la lecture des oracles sybillins qui prédisent la naissance d'un Dieu sauveur, le poëte vient interroger sur leur montagne les prêtres de Cybèle. Par mauvais vouloir ou par impuissance, ceux-ci se refusent à satisfaire sa curiosité. Alors il s'adresse à la déesse elle-même; il l'évoque au moyen d'herbes magiques qu'il fait venir d'Orient et planter dans son jardin. Mais la légende affirme que ce jardin demeura enchanté. Elle ajoute qu'à l'époque de l'arrivée des moines, l'un d'eux ayant eu l'imprudence de s'y engager, s'y trouva enfermé comme dans un labyrinthe sans issue. C'est ainsi que la légende chrétienne s'empare de ce grand nom dans lequel se résume, pour le moyen âge, la sagesse profane de l'antiquité, et Dante, en prenant Virgile pour guide dans sa *Divine Comédie*, se montre encore ici fidèle aux traditions religieuses de l'époque. A ses yeux, en effet, comme à ceux de ses contemporains, le chantre d'Énée et de Didon n'était pas seulement le poëte par excellence; il était aussi un des précurseurs de la vérité religieuse au milieu des erreurs du paganisme, et selon l'expression même de Dante, le glorieux dépositaire de tout art, de toute science en ce monde[1]. Ne nous étonnons point de ces honneurs excessifs rendus au génie par l'admiration et l'enthousiasme d'un autre âge, exagérations que ne nous permet plus l'esprit critique des temps modernes. Si à son culte particulier pour la Vierge Marie, Dante unit de continuels hommages décernés à Béatrix et à Virgile, c'est que, suivant la juste remarque de l'un de ses derniers inter-

---

[1]
 . . . . . Famoso saggio
O tu ch'onori ogni scienza ed arte.
Inferno, cant. iv, 25.

prêtes, dans chacune de ces trois personnalités si différentes son imagination voyait un vivant et radieux symbole. De même que la Vierge, au cœur plein de miséricorde, représentait la clémence divine, de même Béatrix figurait la muse inspiratrice des nobles pensées, tandis que le poëte de Mantoue était l'image de l'humanité avec ses instincts sublimes et ses inénarrables faiblesses[1].

Le souvenir de Virgile survécut à l'établissement du Christianisme dans le Samnium. Après que saint Félix, saint Maximin, saint Modestin et d'autres missionnaires eurent converti les populations de la contrée, l'évêque de Capoue, Vitalien, dédia à la sainte mère de Dieu le temple jusqu'alors consacré à la mère de tous les dieux. Mais en conservant dans un autre sens le nom de Mont-

---

[1] F. Ozanam, *Dante et la philosophie catholique au treizième siècle*, Part. II, chap. 1. — Dans sa neuvième leçon sur *la Civilisation au cinquième siècle*, le même auteur rappelle aussi comment Virgile, érigé en pontife et divinisé par la science païenne, fut, grâce à un passage de ses *Églogues*, considéré par la tradition chrétienne du moyen âge comme l'un des prophètes qui avaient annoncé au monde la religion de l'avenir. Cette tradition qui commence, dès le quatrième siècle, avec Eusèbe de Césarée, contribua puissamment aux temps barbares à préserver et à faire respecter les œuvres de Virgile. Une légende rapporte que l'apôtre saint Paul, qui montrait un si fier dédain pour les lettres profanes, étant venu à Naples, alla visiter le tombeau de Virgile, et qu'après y avoir lu la quatrième églogue, il ne put retenir ses larmes. Pendant longtemps le souvenir de cette légende fut perpétué par une séquence fort touchante que l'on chantait à la cathédrale de Mantoue, et qui plaçait dans la bouche de l'apôtre le regret tout chrétien de n'avoir pu connaître le poëte vivant, pour le convertir à la vraie foi :

> Ad Maronis mausoleum
> Ductus, fudit super eum
> Piæ rorem lacrymæ :
> Quem te, inquit, reddidissem.
> Si te vivum invenissem,
> Poetarum maxime.

Vierge, la montagne garda aussi, et jusqu'au douzième siècle, celui de Mont de Virgile[1]. L'histoire va nous apprendre quelle consécration nouvelle lui fut alors donnée.

En 1119, sous le pontificat de Calixte II, un homme, jeune encore, mais pâli par les veilles et par l'abstinence, vêtu d'habits grossiers, portant sur sa chair deux cercles de fer, « qui ne lui donnaient, dit le Père Hélyot, aucune relâche ni jour ni nuit, » gravissait pieds nus le rude chemin dont nous avons parlé. Des colombes blanches voltigeaient devant lui et semblaient lui montrer sa route. Elles s'arrêtèrent auprès d'une source d'eau vive à demi cachée sous la neige, puis disparurent à ses yeux. Le voyageur se mit alors en prières, et, s'inclinant devant la volonté de Dieu, il résolut de se fixer dans ce lieu désert et d'y bâtir un ermitage. Bientôt la renommée de sa piété attira auprès de lui quelques prêtres et quelques fidèles du voisinage, qui se construisirent des cellules à l'endroit nommé depuis l'*Eau des Colombes*[2]. Tel fut le commencement de la congrégation de Monte Vergine.

Ce voyageur, cet ermite était Guillaume de Verceil, qui dès l'âge de quinze ans avait renoncé aux plaisirs du monde, et quitté sa patrie pour entreprendre un lointain pèlerinage à Saint-Jacques de Galice. C'était alors la première ferveur des croisades, et le jeune

---

[1] Le nom de *Mons Virginis* se trouve pour la première fois dans Hérempert, à l'année 851. Mais un acte de 1135, par conséquent postérieur de plusieurs années à la fondation du monastère par saint Guillaume, porte encore *Mons Virgilii*. — Sur ces divers changements de nom, consult. Sarnelli, *Lettere eccles.*, 53.

[2] In loco qui aqua columbarum dicitur. — Chartes de 1125 et 1127.

homme voulut ensuite aller visiter le Saint-Sépulcre. Mais dépouillé par des brigands du peu qu'il possédait, il se retira dans les montagnes de la Calabre, et alla prendre auprès de saint Jean de Matera l'exemple et les leçons de la vie cénobitique; puis il reprit son bâton de voyage jusqu'au jour où il eut trouvé sur le Monte Vergine l'emplacement favorable à son projet. Aidé par les disciples qui se rangèrent autour de lui, il voulut élever de ses propres mains l'église qu'il se proposait de consacrer à la Vierge. Mais l'unique auxiliaire de la communauté naissante, l'âne qui portait les pierres et les matériaux fut surpris par un loup. Alors le saint homme, dit la légende, se présente devant la bête féroce occupée à dévorer sa proie, et en punition de son méfait la condamne à prendre la place de l'âne. Le loup, dompté aussitôt, consent à recevoir la bride et le bât, et devient désormais l'humble et docile compagnon du fondateur de Monte Vergine.

En consentant à prendre la direction d'une congrégation monastique, saint Guillaume ne se relâcha en rien de ses premières austérités, et il imposa à ses disciples une observance sévère. Il leur interdit d'une manière absolue l'usage de la viande, des œufs, du laitage, ne permettant que celui des poissons et des légumes, et encore dans une mesure très-restreinte. puisqu'ils devaient jeûner au pain et à l'eau depuis la Toussaint jusqu'à Noël, et depuis la Septuagésime jusqu'à Pâques. Cette prohibition de la viande fut placée par le fondateur sous la sanction de la colère divine, et depuis lors l'opinion s'accrédita que dans l'enceinte des bâtiments du monastère et à un demi-mille de circuit, les aliments gras qu'on y introduisait tombaient aussitôt en pourriture. A l'appui de ce fait singulier, les historiens du monastère [1] rapportent une foule d'expériences, et citent le procès-verbal affirmatif rédigé par le cardinal des Ursins, en janvier 1708, c'est-à-dire à une époque où les esprits n'étaient plus disposés à une aveugle crédulité. On n'attend pas sans doute que nous nous portions garant d'un phénomène si extraordinaire, qui tient peut-être à quelque cause naturelle mal connue ou mal expliquée jusqu'ici. Quoi qu'il en soit, un incendie qui, dans la nuit de la Pentecôte de l'an 1611 consuma le *palazzo* ou bâtiment affecté au logement des pèlerins, ayant coûté la vie à plus de quatre cents personnes, ce terrible accident fut attribué à l'impiété de quelques Napolitains qui avaient apporté de la viande et en avaient mangé. On constata qu'au moment où l'incendie avait éclaté, aucun feu n'était allumé, et l'on vit dans cet événement une marque évidente de la vengeance du ciel.

Soit que Guillaume ne trouvât point parmi ses moines une obéissance parfaite, soit qu'il voulût répandre au dehors la congrégation qu'il avait fondée, il quitta Monte Vergine en 1127, laissant pour le remplacer Albert, son premier et son plus fidèle compagnon. Les deux monastères qu'il établit, l'un d'hommes, à Serra Cognata, l'autre de femmes, à San Salvadore de Guglieto, furent suivis d'autres fondations pieuses aux-

---

[1] Les principaux de ces historiens sont Giordano, auteur du *Chronica Montis Virginis*, et Mastrullo, dont le livre a pour titre *Monte Vergine sagro*. Ces deux ouvrages sont remplis de détails curieux, mais entièrement dépourvus de critique. On peut consulter encore sur l'histoire du monastère le *Brevilogio Verginiano* publié à Naples, en 1777, par l'abbé Jacuzio, et l'ouvrage de dom Guglielmo de Cesare, ayant pour titre *Memoria per la benedittina congregazione di Monte Vergine*.

quelles le roi Roger et les principaux seigneurs normands furent jaloux de contribuer. Saint Guillaume, en effet, paraît avoir joui auprès du puissant roi de Sicile d'un crédit égal à celui que le fondateur du monastère de Cava avait exercé sur l'esprit des princes de Salerne. On le voit interposer plusieurs fois sa médiation entre Roger et son cousin Rainulf, comte d'Avellino; le monarque l'appelle dans ses conseils, et la princesse Mathilde, le célèbre amiral Georges d'Antioche, lui témoignent autant de respect que d'amitié. Cependant, quelques serviteurs du roi, envieux de sa faveur, tendent un piége à sa chasteté, en lui envoyant une femme d'une beauté accomplie, mais de mœurs dissolues. Le saint abbé feint de succomber à la séduction; mais à l'heure où cette femme, qu'il est censé attendre, se représente devant lui, elle le trouve étendu sur un lit de charbons ardents et récitant tranquillement l'office du soir. Frappée de ce miracle, la belle pécheresse se convertit aussitôt et prend le voile au couvent de Venosa, dont elle devait, par une longue expiation et des vertus exemplaires, mériter plus tard d'être nommée la supérieure.

Le crédit de saint Guillaume à la cour de Roger devint inébranlable, après qu'il fut sorti vainqueur d'une épreuve si difficile. Le roi accorda au monastère de Monte Vergine les priviléges les plus étendus par divers actes de l'an 1157, qui sont gardés aux archives de l'abbaye. Les sceaux appendus à ces actes portent, avec l'énonciation du nom du roi et de ses titres, la légende circulaire : BENEDICTVS DEVS ET PATER DOMINI NOSTRI JESV CHRISTI. Ce même prince voulut aussi que l'ordre nouveau fût représenté en Sicile par des établissements dignes de sa puissance. Il fit élever à Messine et à Palerme, centre de son gouvernement, plusieurs abbayes dont la plus illustre est celle de San Salvadore, où sa propre fille Constance embrassa, dit-on, la vie monastique. Heureux de voir son institut grandir et prospérer au loin, saint Guillaume voulut visiter encore une fois son premier troupeau. Sans se laisser éblouir par la gloire et les honneurs, il séjourna quelque temps sur la montagne sainte où jadis pauvre, errant, obscur, il s'était arrêté pour obéir à la volonté divine; puis il alla mourir à Guglieto, en 1142 [1].

Saint Guillaume n'avait point laissé de règle écrite. Aussi Robert, troisième abbé de Monte Vergine, cédant au désir du pape Alexandre III, plaça son ordre sous la règle de saint Benoît. Il conserva néanmoins l'abstinence des viandes, ainsi que l'usage des vêtements blancs que les moines et les religieuses de Monte Vergine avaient adopté en l'honneur de la Vierge. Sous Jean, successeur de Robert, l'église de Monte Vergine fut entièrement reconstruite, et le pape Lucius III vint lui-même en faire la consécration. Quand le royaume eut passé sous la domination des Souabes, les princes de cette famille témoignèrent autant de vénération pour l'église de Sainte-Marie que les rois normands leurs prédécesseurs, et Charles d'Anjou à son tour assura au monastère la propriété de toute la montagne, et même celle des bourgades voisines qui s'étaient agrandies ou formées sous la protection tutélaire de l'abbaye.

Aussi le treizième siècle fut-il l'époque la plus florissante de la congrégation instituée par saint Guillaume.

---

[1] G. Giovanni Nusco, *Vita sancti Guglielmi abbatis*, ap. Bolland., tom. V. Junii.

Dès le siècle suivant la discorde commença à diviser la tête et les membres. Chaque monastère prétendit élire son doyen et son prévôt, souvent même son abbé et son prieur, sans vouloir reconnaître l'autorité de la maison mère. En 1349, l'abbé Pierre obtint de Clément VI le gouvernement de l'ordre, qu'il exerça avec fermeté pendant quarante ans, soutenu par la protection de Louis de Tarente, second mari de la reine Jeanne de Naples. Mais au quinzième siècle, l'abbaye tomba en commende, et cinq cardinaux, parmi lesquels figurent Guillaume de Chypre et Louis d'Aragon [1], portèrent successivement le titre d'abbés de Monte Vergine. En 1515, ce monastère fut uni à l'hôpital de l'Annonciade de Naples dont il devint une annexe. L'ordre se trouva dépouillé de ses revenus qui étaient considérables ; les seigneurs voisins s'emparèrent des terres qui étaient à leur convenance, et le pouvoir séculier intervenant sans cesse dans l'administration intérieure de la communauté, les religieux tombèrent dans le relâchement. Le sévère Pie V, si zélé pour la réforme des ordres monastiques, entreprit alors de délivrer Monte Vergine de cette servitude. Il défendit aux directeurs de l'Annonciade de se mêler à l'avenir du gouvernement spirituel de l'abbaye qu'il remit au sacristain de cet hôpital, à la condition qu'il fût religieux, évêque et de bonnes mœurs; mais il se borna à fixer une somme modique due par l'Annonciade pour l'entretien des moines et du monastère.

[1] Ce fut le cardinal Louis d'Aragon qui retrouva sous le maître-autel de l'église du monastère les reliques de saint Janvier, qu'on y avait apportées de Bénévent en 1156, et qui furent transférées à la cathédrale de Naples le 17 janvier 1494. Dans ses *Memorie degli arcivesc. di Benevento*, Sarnelli donne de curieux détails sur les quatre translations du corps de ce saint si vénéré par la population napolitaine.

Vers cette époque, un pauvre cordelier vint demander l'hospitalité à Monte Vergine. Frappé du dénûment où il trouvait un sanctuaire si révéré dans toute l'Italie, il promit aux moines en riant de leur rendre justice quand il serait pape, et il tint parole. En effet, cet inconnu était Peretti de Montalte, si célèbre depuis sous le nom de Sixte-Quint. La transaction dite *della magna concordia*, qui fut conclue sous son pontificat, stipula l'abandon par les religieux, au profit de l'Annonciade, d'une rente de trois mille ducats, moyennant quoi ils rentrèrent en possession du reste de leurs revenus. Mercogliano, Ospedaletto et Mugnano furent replacés sous la juridiction spirituelle de l'abbaye, et leurs habitants restèrent soumis aux services personnels qui leur étaient imposés par d'anciennes chartes de fondations.

Le réforme définitive n'eut cependant lieu qu'en 1596, sous Clément VIII, par les soins de Jean Leonardi de Lucques. Ce religieux supprima les monastères où l'on ne pratiquait plus les observances régulières, et dressa lui-même les constitutions qui sont encore en vigueur dans la congrégation de Santa Maria di Monte Vergine. En 1611, Paul V fixa le nombre des maisons conservées et celui des moines affectés à chacune d'elles. Ce nombre fut réduit à vingt-quatre monastères dont treize gouvernés par des abbés et onze par des prieurs. La maison chef-d'ordre eut pour sa part cent religieux dont la moitié devaient être prêtres, sous la direction d'un abbé triennal autorisé à se servir des ornements pontificaux. L'abbaye, après tant d'agitations, jouit enfin d'un assez long repos jusqu'au moment où elle fut de nouveau troublée par d'interminables procès. L'un d'eux, qui lui fut suscité par la commune de Mercogliano au sujet de divers droits, tels que la vente de la neige recueillie sur la montagne et l'exploitation des bois de châtaigniers, dura près d'un siècle, et il ne s'est terminé qu'en 1839.

Malgré la situation que lui ont faite les décrets de 1810, le monastère de Monte Vergine est encore dans un état florissant en rapport avec l'aspect extérieur qu'il présente. Comme à la suppression des communautés monastiques en Italie, il fut compris au nombre des trois maisons privilégiées qui purent conserver vingt-cinq religieux pour la garde des archives et de la bibliothèque, il traversa cette époque de crise, sans éprouver trop de préjudices. En 1818, par la lettre pontificale *De utiliori*, Pie VII rétablit l'abbaye dans ses droits et priviléges, et l'abbé Moralès, avec le concours du cardinal Pacca, protecteur de la congrégation de Monte Vergine, y fit refleurir l'amour de la discipline et des bonnes études. Plus tard, le pape Grégoire XVI récompensa le zèle de ce pieux administrateur en le nommant abbé général de la congrégation avec le titre et les fonctions d'ordinaire pour les diocèses qui en dépendent. A la mort de dom Raimondo Moralès, le Père Svizzeri fut appelé à le remplacer momentanément, et au chapitre général tenu en 1847, dom Raffaele de Cesare, déjà prieur de Loreto, fut élu abbé de Monte Vergine. Depuis cette époque, et sous son administration les religieux de l'abbaye ont acquis l'ancienne maison des Olivetains, située à Airola, dans la Terre de Labour, et ils y ont établi un monastère abbatial.

En arrivant à Monte Vergine, le voyageur est frappé d'abord de l'étendue des bâtiments qui s'offrent à ses regards. Considérées dans leur ensemble, ces vastes constructions ne manquent ni de grandeur ni de caractère. Après avoir traversé une partie du plateau, on entre dans une première cour qui est encombrée de neige pendant six mois de l'année. De là un escalier demi-circulaire conduit à un portique couvert qui précède l'église à laquelle sont contigus les cloîtres. De l'autre côté de la cour s'élèvent les habitations destinées aux étrangers et aux nombreux serviteurs de l'abbaye. Quand à la suite d'une pénible ascension, on a donné quelque temps au repos, la première impression qu'on éprouve est celle d'un profond recueillement que vous inspire cette demeure qui semble protégée contre les bruits du dehors, moins peut-être par sa situation écartée que par la hauteur extrême où elle s'élève. C'est bien là le séjour austère qui convenait à saint Guillaume de Verceil, et qui maintenant encore est parfaitement approprié au caractère rigoureux de l'observance qu'il y établit.

L'église qui doit plus particulièrement attirer notre attention a été reconstruite au commencement du dix-huitième siècle. Ce qui reste de l'ancien monument est caché sous des pilastres et des ornements de genre *rococo* qui y ont été ajoutés avec plus de magnificence que de bon goût. Il ne serait pas impossible de rendre à cet édifice son style primitif au moyen d'habiles restaurations. Les religieux ont même depuis longtemps l'intention d'entreprendre ce grand ouvrage; mais ils ont reculé jusqu'ici devant le chiffre considérable de la dépense. Comme la plupart des églises dont la construction primitive date de la fin du douzième siècle, celle de Monte Vergine est à trois nefs avec deux transsepts. Derrière le maître-autel, dont la forme et la disposition rappellent les autels des églises de Rome, règne le chœur, orné de stalles en bois sculpté d'un travail assez moderne. Dans la nef latérale gauche près du transsept se trouve la chapelle dite de Manfred. Au fond de cette chapelle est attaché un crucifix colossal en bois peint[1], qui offre cette particularité que les bras sont pendants et roides, tandis que les pieds sont croisés et cloués; la figure du Christ est livide et cadavérique, et ses plaies sont sanglantes. C'est une œuvre du treizième siècle ou même d'une époque antérieure.

Au-dessous du crucifix, à quelque distance de la muraille et à la place ordinairement occupée par l'autel, est une grande cuve ou sarcophage en marbre blanc veiné, certainement antique, mais de la basse époque. Elle est ornée de cannelures en forme d'S, comme un grand nombre de monuments de ce genre. Sur la face antérieure sont sculptées deux grosses têtes de lions ayant chacun dans la gueule un fort anneau brisé; sur l'autre face, deux têtes ailées de Méduse qui paraissent avoir été retouchées récemment. Au bord de cette cuve, qui est arrondie à ses extrémités, se lit l'inscription suivante : MINIVS. PROCVLVS. EQVIT. ROMANI FILII[2]. Une dalle unie de marbre blanc à longues veines grises sert de couvercle à ce sarcophage. A droite et à gauche, mais adossées au mur, on voit deux figures de chevaliers, portant par-dessus leurs cottes de mailles de longues tuniques militaires, la tête coiffée d'un casque qui recouvre la draperie dont le cou est entouré. Le ceinturon

[1] Le Christ seul a environ deux mètres vingt-cinq centimètres de hauteur.
[2] Cette inscription, qui n'est pas de style antique et dont le sens est obscur, nous paraît apocryphe.

qui retient leur épée était autrefois orné d'écussons probablement en émail. L'attitude de ces statues, qui tiennent les mains jointes et ont chacune sous leurs pieds deux chiens couchés, indique évidemment que ce sont des pierres tombales, jadis étendues à plat et maintenant dressées contre la muraille. A gauche de cette même chapelle, on remarque encore une belle chaise abbatiale en bois, ornée de sculptures à jour, d'un travail qui remonte au treizième siècle; les accoudoirs sont terminés par des têtes de lions, et les deux clochetons du dossier surmontés de figures humaines.

Nous avons vainement cherché pourquoi le nom du roi Manfred est attaché à cette chapelle. Est-ce, comme on le prétend, parce qu'il aurait fait don de la cuve de marbre à l'église de Monte Vergine, pour laquelle il témoignait à l'exemple de ses prédécesseurs, une dévotion particulière? Ou bien ses os dérobés par une main pieuse auraient-ils été déposés secrètement dans cette cuve comme dans un asile inviolable? Cette dernière tradition n'est pas moins suspecte que l'autre. Chacun sait que le fils de Frédéric II, après avoir succombé glorieusement sur le champ de bataille de Bénévent, fut d'abord enterré sous un monceau de pierres par les compagnons de Charles d'Anjou. Mais l'intolérance de Pignatelli fit exhumer ses restes qui furent jetés hors du royaume sur les bords du fleuve Verde, aujourd'hui Tolero. C'est ce qu'exprime si énergiquement les vers de Dante :

> Or le bagna la pioggia e move il vento
> Di fuor dal regno, quasi lungo il Verde,
> Ove le transmuto a lume spento[1].

[1] Maintenant la pluie les baigne et le vent les agite hors du royaume presque sur les bords du Verde, où on les transporta avec des torches éteintes. — Dante, *Purgat.*, cant. III.

On aimerait cependant à croire que la charité eût porté les moines de Monte Vergine à recueillir les os d'un prince malheureux, pour ne pas les laisser plus longtemps exposés aux outrages de la pluie et du vent. Cet enlèvement furtif du corps de leur bienfaiteur, ces funérailles mystérieuses, célébrées la nuit par des religieux au fond de leur monastère, enfin ce pieux et dernier hommage inspiré par la reconnaissance envers un souverain frappé des foudres de l'Église, tout cela répété et embelli dans la légende n'était dépourvu ni de poésie ni de grandeur. N'était-ce pas d'ailleurs un dénoûment qui s'appliquait à merveille à la tragique destinée de ce prince souabe qui racheta ses fautes par une mort si héroïque, et dont les chevaliers français, si bons juges en fait d'honneur et de vaillance, honorèrent le courage en lui donnant un tombeau? Pourquoi les moines de Monte Vergine n'auraient-ils pas suivi cet exemple de nos chevaliers, en appliquant à Manfred excommunié cette généreuse parole de Dante: « L'anathème ne perd pas une âme à tel point que l'amour éternel ne puisse revenir à elle, tant que l'espérance fleurit encore. » Mais l'histoire, sans bannir de ses annales l'imagination et la pitié, n'admet cependant que les faits bien établis, et voilà comment nous imposant une déception nouvelle, elle nous force à rejeter une croyance qui nous plaisait, mais qu'aucune preuve solide ne vient appuyer.

A côté de la chapelle de Manfred, celle de la Déposition de croix renferme une tombe tout à fait digne de fixer l'attention du visiteur. La statue couchée, les mains jointes, la tête coiffée d'une espèce de turban auquel est attaché un voile, repose sur un sarcophage de forme carrée, que supportent six colonnettes d'ordre corinthien. Cette tombe, en marbre blanc, est celle de Catherine de Lagonesse, et rappelle la famille provençale qui, après s'être attachée à la fortune des Angevins, est aujourd'hui déguisée sous le nom tout italien de Delle Leonise. Dans la nef latérale de droite, la chapelle correspondante à celle dont nous venons de parler, est consacrée au Saint-Sacrement. Au milieu s'élève un petit monument en forme de temple, à quatre colonnes de marbre blanc, incrusté de mosaïques d'or et de couleur. Ces colonnes portées sur des lions sont surmontées d'une architrave qui sert elle-même à soutenir des consoles ornées de statuettes. Un toit de marbre recouvre la partie supérieure de cet élégant édifice, que l'on doit à Charles Martel, roi titulaire de Hongrie, dont on y voit l'écusson.

A gauche, contre le mur, est un autre tombeau de marbre blanc, supporté par quatre figures symboliques : la Force, la Douceur, la Prudence et la Foi. Le bas-relief représente un *Ecce homo* à mi-corps, ayant à sa droite saint Jean-Baptiste qui tient la croix de Jérusalem, et saint Antoine qui s'appuie sur une béquille au bout de laquelle l'artiste a figuré des flammes pour faire allusion à la maladie, connue sous le nom de feu Saint-Antoine. A la gauche du Christ, se trouvent saint Nicolas et saint Blaise, tous deux en costume d'évêques. Sous un dais dont deux anges entr'ouvrent les rideaux est la statue d'une femme couchée, qui appartient à une famille Filangieri, distincte des fameux Filangieri de Naples. Sur le baldaquin, l'auteur de ce beau travail a sculpté la Madone avec l'enfant Jésus, ayant à sa droite sainte Catherine et sainte Marthe à sa gauche. Près de l'autel de cette même chapelle on remarque encore la tombe d'un chevalier, dont le couvercle posé obliquement présente dans un relief peu saillant, mais très-soigné d'exécution, la figure du défunt avec un costume à peu près semblable à celui des guerriers de la chapelle de Manfred. L'inscription gravée autour de la pierre apprend que c'est là sépulture du noble et magnifique seigneur Bertrade, vicomte de Lautrec, mort le 15 juillet 1335, et qui avait doté cette chapelle d'une rente à prendre sur ses biens, situés à Nocera, Mercogliano et autres lieux. Vis-à-vis est le tombeau d'un fils de ce Bertrade. Deux cents ans plus tard un autre Lautrec, plus illustre, mais assurément moins heureux, succombait devant Naples, victime de la peste qui désolait son armée, et ne devait qu'à la pitié d'un ennemi généreux le tombeau qui subsiste dans l'église de Santa Maria la Nuova[1].

La chapelle des princes de Tarente, toute recouverte de placages de marbre, est dans le collatéral droit en entrant. C'est là au-dessus de l'autel parallèle à l'axe de l'église que se trouve la célèbre Madone de Monte Vergine. La tête seulement est byzantine; le corps a été peint par Montano d'Arezzo, appelé tout exprès de Flo-

---

[1] Le plus bel ornement de cette église de Naples, si remarquable par les peintures de Marc de Sienne, est le tombeau que fit élever à Odet de Foix, vicomte de Lautrec, le duc de Sessa, neveu de Gonzalve de Cordoue, et alors gouverneur de la ville de Naples. Sur l'une des faces du monument est gravée cette épitaphe, empreinte d'un sentiment tout chevaleresque, bien qu'elle ait été composée par le sceptique Paul Jove :

ODETTO FUXIO LEUTRECCO
CONSALVAS FERDINANDUS LUDOVICI F. CORDUBA, MAGNI CONSALVI NEPOS,
QUEM EJUS OSSA, QUAMVIS HOSTIS, IN AVITO SACELLO, UT BELLI FORTUNA TULERAT,
SINE HONORE JACERE COMPERISSET, HUMANARUM MISERIARUM MEMOR,
GALLO DUCI HISPANUS PRINCEPS POSUIT.
OBIIT AN. 1528, AUG. 23.

rence, comme le prouve une pièce des archives. Sur un fond d'or à rosaces, la Vierge, plus grande que nature, se détache en noir ainsi que son divin fils et les deux anges qui sont à la hauteur de sa tête. La sainte image, ornée selon le goût italien de grands colliers à plaques d'or, n'est découverte que pendant la messe. Une inscription rappelle que cette Madone a été donnée par Catherine de Valois, impératrice de Constantinople, et que les moines ont conservé l'usage de prier pour le repos de son âme. Quelques écrivains prétendent que Catherine est enterrée à Monte Vergine avec Louis et Marie, ses enfants. Cette princesse, veuve de Philippe de Tarente, mourut à Naples en octobre 1346; mais il n'y a plus dans la chapelle des princes de Tarente aucune trace de son tombeau qui, dit-on, aurait été détruit par un tremblement de terre. Quant aux tableaux ornant l'église, ils ne manquent pas d'une certaine valeur. On y remarque celui qui représente Marguerite, femme de Louis III d'Anjou, au moment où, sur le point de faire naufrage, elle invoque le secours de la Vierge. Les quatre tableaux de la vie de saint Guillaume, les figures des douze apôtres, attribuées à un élève de Raphaël, et une belle tête du Christ, par le Guide, méritent aussi d'être mentionnés.

L'une des galeries du cloître a été convertie en un musée lapidaire formé de statues, de sculptures antiques et de marbres précieux, qui proviennent en grande partie du temple de Cybèle. Entre autres objets, on peut citer plusieurs bas-reliefs, dont un fragment de sarcophage représentant le combat des Amazones contre les Grecs, et deux limites de territoire qui paraissent remonter à l'époque des Lombards bénéventins. Elles ont la forme de balustres supportant des consoles qui sont décorées de figures d'hommes et d'animaux. Il existe peu d'exemplaires de monuments de ce genre, et cette rareté est d'autant plus singulière qu'en Italie, au moyen âge, les pierres servant de limites étaient travaillées avec une certaine élégance et souvent ornées d'inscriptions commémoratives.

III

Par le rapide examen qui précède, on voit que l'artiste est sûr de trouver de curieux sujets d'étude dans les objets d'art conservés à Monte Vergine; mais il ne devra point quitter la vénérable abbaye sans considérer avec soin la vue magnifique qu'on embrasse du haut de la terrasse du monastère. Il verra ainsi se dérouler en face la chaîne centrale des Apennins s'avançant vers la Basilicate et terminée à l'horizon par les sommets du mont Voltûre; au pied de la montagne, Avellino et la route de la Pouille qui serpente au loin dans une plaine immense; à gauche Troja et le pays bénéventin; plus près, dans la direction de monte Saticulo, au fond des gorges profondes d'Arpaja, le célèbre défilé des Fourches Caudines. C'est là, comme on se le rappelle, qu'une armée romaine, trompée par la ruse de quelques pâtres samnites, se courba sous le joug pour échapper à une perte assurée. Les lieux sont encore tels que les a décrits Tite Live; mais l'endroit même où Pontius Herennius fit passer sous la lance les deux consuls de Rome, porte aujourd'hui le nom de Joug-Sainte-Marie, *Giogo di Santa Maria.*

Après un dernier coup d'œil jeté sur ce magnifique panorama, il fallut quitter Monte Vergine pour retourner à Naples. La route ordinaire passe par Nola et Caserte; mais le voyageur qui désire varier ses impressions et ses souvenirs doit préférer, selon nous, le chemin qui conduit de Monteforte à Nocera. En effet, au sortir d'un pays rude, sauvage, montagneux, on éprouve quelque plaisir à traverser les plaines fertiles de l'heureuse Campanie. On laisse sur la droite Nola, où le fondateur de l'empire romain s'éteignit doucement dans les bras de sa femme, en lui adressant ces dernières paroles : « Adieu, Livie, sois heureuse en gardant le souvenir de notre union.[1] » A quelque distance de la route s'élève le château de Sarno, témoin d'une mort moins illustre mais plus tragique que celle de l'héritier de César. Là, comme nous l'avons dit, succomba, en 1205, un chevalier français, un Brienne, que le pape Innocent III avait appelé en Italie pour l'opposer aux aventuriers allemands dont le royaume de Naples était devenu la proie. Après avoir dispersé ses ennemis, Brienne dormait un soir sous son pavillon, lorsque les Allemands, survenant à l'improviste, coupèrent les cordes de la tente. Comme un lion pris dans un filet, le héros vendit chèrement sa vie, et il ne cessa de frapper que lorsque tout son sang se fut échappé de ses blessures.

La plaine est arrosée par le Sarno qui a donné son nom à la ville. Ce n'est pas un de ces fleuves des Apennins, tantôt roulant des eaux torrentielles, tantôt filtrant à peine au milieu des cailloux sur un sable desséché; c'est une rivière paisible, transparente, toujours

---

[1] « Livia, nostri conjugii memor, vive et vale. » — Sueton., *August. Cæs. Vit.*

égale dans son cours, et dont le lit assez profondément encaissé est ombragé par des saules verdoyants. A Scafati, où elle fait mouvoir les moulins de plusieurs fabriques, on la traverse sur un pont de bois qui remplace l'ancien bac — *scafa* — autour duquel s'est groupé ce charmant village. Près de là, derrière un rideau de peupliers, sur une petite éminence, sont les ruines d'une abbaye du treizième siècle : c'est Sainte-Marie de Real Valle, monastère fondé par Charles d'Anjou en souvenir de ses victoires sur Manfred et Conradin. De tous les couvents qu'il avait bâtis, c'était celui qu'il affectionnait le plus, celui qu'il destinait à la sépulture des princes de sa race. Certes, en lui donnant cette destination, le chef des Angevins était loin de penser que sa dynastie, dont il croyait la puissance assise pour toujours sur l'anéantissement de la maison de Souabe, n'aurait pas une longue durée, et qu'après les Vêpres Siciliennes, d'autres expiations vengeraient la mort des derniers successeurs de Frédéric II. Que reste-t-il aujourd'hui du monastère bâti à grands frais par l'ambitieux Charles d'Anjou ? Quelques débris, ouverts à tout venant, sauf certaines parties à peine closes où les paysans du voisinage serrent leurs fourrages et leurs grains. Encore, pleins d'indifférence pour les ruines près desquelles ils habitent, ces gens simples et ignorants ne connaissent ni l'ancienne destination de ces lieux, ni même le nom que portait autrefois le monastère.

L'heure où j'arrivai à Real Valle étant celle où tout le monde travaillait aux champs, la seule personne que j'y rencontrai était une jeune et robuste paysanne qui, assise sur un tronçon de colonne renversée, berçait son enfant dans ses bras, au monotone refrain d'une canzone que j'avais souvent entendu chanter aux femmes des pêcheurs de Sorrente. Parfois s'interrompant, elle rapprochait sa figure du front de son fils, qu'elle regardait dormir, et comme si elle eût craint de le réveiller, elle reprenait d'un ton plus bas le refrain qu'elle avait commencé [1]. Après l'avoir écoutée quelques moments, je m'approchai avec précaution de la jeune mère, et lui adressai plusieurs questions dans l'espoir d'obtenir quelques détails qui pouvaient m'intéresser. Mais, tout entière au présent et à ses préoccupations maternelles, la pauvre contadine ne répondit à rien de ce que je lui demandai, et même son sourire, son air étonné, semblaient me dire qu'elle avait peine à croire que *ma seigneurie* fût venue de si loin pour examiner de vieilles pierres et interroger une paysanne sur l'histoire du passé. En la quittant, je me rappelai la gracieuse élégie où sous ce titre, *le Voyageur*, Gœthe se représente parcourant la campagne de Rome, et arrivant aux bords d'une source, près des ruines d'un

---

[1] Le poëte Parzanese, qu'on ne se lasse pas de citer lorsqu'il s'agit de chants populaires, a reproduit quelques traits de cette canzone dans la pièce charmante intitulée : *la Berceuse*.

« Dors, déjà l'air brunit; dors, mon enfant. Je chante, et sur ton berceau Dieu veille avec bonté! O mon doux trésor, tu es beau comme un chérubin. Dors, mon enfant, Dieu veille sur toi.

« Tu es pauvre, mais tu es une fleur de beauté! La brise passe sur tes cheveux et les caresse. Dors; ils ne viendront que trop tôt pour toi les jours de douleur. Dors, mon enfant, dors; Dieu veille sur toi.

« Dors, la belle lune monte déjà dans le ciel. Elle passe et envoie sur ton berceau un blanc rayon. Dieu veut que la lune et le soleil resplendissent pour les pauvres.

« Mon bel enfant, tu n'as pas un lit de plumes, ni un riche oreiller; mais tu sais que l'enfant Jésus aussi fut pauvre. Qu'il étende sa main sur ta tête et qu'il te protége. Dors, mon enfant, dors; Dieu veille sur toi. »

temple antique. Il y rencontre une femme qui allaite son enfant, et qui, sans comprendre les exclamations admiratives de l'étranger, lui parle de sa chaumière, de son mari et du fils, objet de son amour, tandis que le poëte évoque parmi les débris qu'il trouve à chaque pas, de grands souvenirs et de grandes inspirations.

Je traversai l'ancien préau du cloître où s'élèvent encore, d'un côté, cinq colonnes restées debout; de l'autre, sept piliers d'arcades couronnés de leurs consoles et de leurs chapiteaux. Quelques fragments de pierres tombales, épars sur le sol, et de petits tertres aujourd'hui recouverts de hautes herbes, indiquaient que la cour intérieure de ce cloître avait servi de lieu de sépulture aux religieux. Distraits par le bruit de mes pas, deux buffles couchés à l'ombre des arcades, tournaient vers moi leur grosse tête noire, et me regardaient d'un œil menaçant, comme pour me reprocher d'avoir troublé la paix de ce cimetière. Plus loin, à la place où fut autrefois l'église, on ne trouve plus que l'un des murs latéraux où se dessinent cinq grandes fenêtres à ogives trilobées, dont trois ont gardé leurs meneaux et leurs élégantes colonnettes. Dans tous les angles et au sommet de ce grand pan de muraille, des centaines d'hirondelles avaient fait leur nid au milieu de jolies fleurs saxatiles, et leurs petits cris joyeux mêlés à la brise de mer qui soupirait à travers les ruines, étaient le seul bruit qui se fît entendre là où avait retenti si longtemps la grave psalmodie des moines.

De Real Valle à Pompéi il n'y a qu'une faible distance, et mon vetturino m'eut bientôt transporté des ruines du monastère chrétien à celles de la cité antique détruite, il y a dix-huit siècles, par la première éruption du

Vésuve. Plus d'une fois déjà j'étais venu de Naples visiter cette ville extraordinaire qui, depuis les cent années qu'elle a été découverte, a soulevé chaque jour une partie du linceul de cendres qui recouvre ses débris. Comme Pompéi était, avec le Campo Santo de Pise et le Colisée de Rome, ce qui m'avait le plus frappé en Italie, je voulus encore une fois parcourir ces rues sans bruit, ces maisons sans habitants, où le silence des ruines rend encore plus saisissant tout ce qui peut y rappeler la vie publique ou privée des anciens. J'arrivai par la voie des tombeaux, avenue bien faite pour servir d'entrée à une ville qui ne semble aujourd'hui peuplée que par des ombres. Après avoir erré de la maison de Diomède à celle de Salluste, et du grand théâtre au gracieux temple d'Isis, je m'arrêtai près du corps-de-garde où se voient encore des figures grossièrement dessinées que, selon le mot de madame de Staël, des soldats traçaient pour passer le temps, tandis que ce temps s'avançait pour les engloutir.

Près de là, je trouvai l'un des invalides auxquels est confiée la garde de Pompéi : ruines vivantes qui veillent sur d'autres ruines! Cet homme, que je connaissais pour l'avoir vu souvent dans mes excursions précédentes, avait servi avec honneur dans l'armée du roi Joachim Murat. Il portait le nom tout romain de Vespasiano, et son beau profil aquilin, sa figure martiale et la façon dont il se drapait dans son vieux manteau le faisaient ressembler à un ancien légionnaire du temps des Césars. Assis sur une borne milliaire à l'entrée de la ville, il aurait pu, aux yeux d'un artiste, passer pour un superbe modèle de Bélisaire arrêté aux portes de quelque cité de la Thrace. Pour moi, j'aimais à lui entendre raconter, outre la série de ses campagnes, une foule d'épisodes plus ou moins extraordinaires, qui avaient, selon le narrateur, accompagné ou suivi la destruction d'Herculanum et de Pompéi. Ces espèces de légendes antiques, rajeunies après tant de siècles par l'imagination napolitaine, étaient loin d'être toujours conformes aux réalités de l'histoire ou de la chronologie; mais elles étaient dites avec tant de bonne foi qu'on finissait par y croire, comme si le vieux soldat qui vous les racontait eût été quelque génie sorti vivant des débris de la ville. Après avoir écouté, en me reposant, l'histoire des vingt convives surpris par la mort autour d'un banquet funèbre, puis celle de la jeune fiancée dont on avait retrouvé l'anneau autour de son doigt desséché, je pris congé de l'ancien compagnon d'armes de Murat, et quittai pour la dernière fois les ruines tant aimées de Pompéi.

Retourner à Naples par le chemin de fer de Castellamare, c'eût été, selon moi, terminer d'une manière bien prosaïque la belle excursion que je venais de faire à Cava et à Monte Vergine. Comme je trouvais préférable de traverser le golfe, pour jouir une fois encore de l'une des plus belles vues qui existent au monde, je me fis d'abord conduire à Torre del Greco. Cette ville, qui, les pieds dans la mer, repose pleine d'insouciance sur une couche de laves, montre encore, dans ses ruines récentes et mal réparées, les traces des dernières éruptions du Vésuve. Après avoir cherché parmi les ruines la tour élevée par la reine Jeanne Ire, et à laquelle la ville doit son nom, j'arrêtai une barque, qui, retournant à Ischia, devait en passant me déposer à Naples. Au moment où nous allions partir, les bateliers me demandèrent si je voulais bien consentir à recevoir *per carità* trois passagers qui désiraient faire la traversée avec nous, mais qui, me disait-on, n'avaient pas un baïoque à donner pour leur passage. Quoique le désintéressement de mes Napolitains me parût fort suspect, j'accédai volontiers à la demande qui m'était adressée, et je n'eus pas sujet de m'en repentir.

Les trois personnages que j'allais avoir pour compagnons de route étaient, d'abord un vieux franciscain qui venait de quêter pour son couvent; puis une jeune fille d'Ischia revenant d'assister aux noces de son frère; enfin un de ces pauvres déclamateurs, appelés *Rinaldi*, parce qu'ils récitent, de préférence à tout autre fragment poétique, les aventures de Renaud chez Armide, et qu'on entend près du môle ou sur la place Del Mercato à Naples. Profitant d'une petite brise, les bateliers tendirent leur voile latine, et bientôt notre barque, légère comme l'alcyon qui effleure la pointe des vagues, glissa rapidement vers l'autre extrémité du golfe. Déjà le soleil, s'inclinant vers le promontoire de Misène, éclairait de ses rayons obliques Castellamare, Sorrente et cette île sombre et nue, si tristement célèbre sous le nom de Caprée. Tandis que le franciscain récitait son office, la jeune fille, assise contre le bordage à l'ombre de la voile, ne cessait d'agiter les plis de sa robe ornée de clinquant, changeait à tous moments la disposition des fleurs de son bouquet, ou, retirant l'aiguille d'argent passée dans sa noire chevelure, s'amusait à baigner dans la mer le bout de ses longues tresses pendantes. Interrompu dans ses prières par ce continuel manége d'une coquetterie tout instinctive, le bon religieux, à qui l'âge avait sans doute enseigné l'indulgence, me regardait en souriant, et me disait tout bas dans son langage figuré : « Que voulez-vous, signore, les filles d'Ève sont les mêmes partout : souvent le démon de la vanité les perd, mais plus souvent encore l'ange de la foi les sauve ! »

Cependant, la brise étant venue à faiblir, nos bateliers rejetèrent la veste qu'ils portaient attachée sur l'épaule, et d'une main vigoureuse saisirent leurs longs avirons. La tête coiffée de l'antique bonnet phrygien, mais la poitrine et les bras entièrement nus, ces hommes, en se courbant sur la rame, étalaient un torse magnifique, digne de faire envie à des Hercules marins. Pour s'animer au travail et charmer la traversée, l'un d'eux pria le Rinaldo de nous réciter quelques vers. Le déclamateur, qui ne demandait pas mieux que de nous donner une preuve de son talent, se leva sans se faire prier, ajusta les pièces d'un manteau de forme et de couleur indescriptibles, et prenant une pose théâtrale, commença le récit des amours de Renaud et d'Armide. Passant ensuite à un autre chant de la *Jérusalem*, il dit les aventures d'Herminie chez les bergers, cette pastorale charmante brodée sur le merveilleux tissu de l'épopée italienne. En entendant ces beaux vers, récités à cette heure, sur la mer, en vue de la pointe de Sorrente, où de loin nous pouvions découvrir la maison même qui fut le berceau du Tasse, l'auditoire ressentit bientôt un effet sympathique auquel j'étais loin de rester étranger. Sensibles comme tous les Napolitains, aux charmes de cette poétique mélopée, les bateliers marquaient le rhythme des vers par le bruit cadencé de leurs rames. Parfois, comme fascinés par l'irrésistible attrait de la poésie, ils s'arrêtaient tout à coup, et laissant tomber l'aviron, ils demeuraient l'œil fixe, la bouche béante, ne songeant plus qu'à suivre la déclamation du Rinaldo. Quant à la jeune fille d'Ischia, elle versait des larmes d'attendrissement sur les malheurs d'Herminie, pendant que le vieux franciscain, touché surtout de la forme poétique et harmonieuse du récit, jouissait, en véritable Italien, du plaisir d'entendre l'un des chefs-d'œuvre de la littérature nationale. A chaque stance récitée par le déclamateur, frà Gerasimo faisait entendre des exclamations admiratives, en les accompagnant du mouvement de sa longue barbe, qui s'élevait ou s'abaissait sur sa poitrine. Ou bien encore, me montrant avec un naïf orgueil son habit de religieux mendiant, il me rappelait que c'était dans un couvent, et entre les bras de pauvres frères comme lui, que l'auteur de la *Jérusalem délivrée* était venu mourir à Rome[1] !

Tandis que nous achevions notre traversée, le soleil s'était couché derrière le Pausilippe, enveloppant d'une

---

[1] On sait que ce fut au couvent de Saint-Onuphre, occupant l'une des situations les plus pittoresques de Rome que le Tasse, au printemps de l'année 1595, passa les derniers jours de sa triste vie. « Je me suis fait conduire dans ce monastère, écrivait-il peu de temps avant sa mort à son cher Costantini, non-seulement parce qu'on y respire, selon les médecins, un air plus pur qu'en aucun autre quartier de la ville, mais aussi parce que de ce lieu élevé je peux commencer avec de bons religieux la sainte conversation que j'espère continuer dans le ciel. » En attendant qu'on érigeât à la mémoire du Tasse le pompeux monument que notre siècle lui a élevé dans l'église même de saint Onuphre, les Pères de ce couvent lui avaient consacré, à l'instigation de Manso, son ami et son biographe, une simple pierre, avec cette touchante épitaphe :

TORQUATI TASSI OSSA HIC JACENT.
HOC NE NESCIUS ESSET HOSPES
FRATRES HUJUS ECCLESIÆ POSUERUNT.
ANNO D. MDCI.

large ceinture de pourpre la montagne, la mer et les petites îles jetées à quelque distance de la côte. Presque en même temps, à l'horizon opposé, la lune apparaissait au-dessus du Vésuve, à travers la blanche colonne de fumée vomie par le cratère du volcan. Sur le magnifique fond d'or tracé du côté de l'Occident, l'amphithéâtre où est assise la ville de Naples se dessinait dans toute son étendue, depuis les hauteurs de Capo di Monte jusqu'à l'humble quartier de pêcheurs où se voit la petite église de Pie di Grotta. Au-dessus de la grotte du Pausilippe, cette œuvre gigantesque des Romains, d'où la modeste église a reçu son nom, un pin ombellifère m'indiquait le champ de vigne où la tradition a placé le tombeau de Virgile. La vue de ce tombeau avait déjà reporté ma pensée vers la légende du Mont-Vierge, et ce souvenir allait presque me faire oublier l'effet d'un beau coucher de soleil sur le golfe de Naples, lorsque nous abordâmes au quai de Sainte-Lucie. Je n'avais pas encore mis pied à terre, que mon oreille était assaillie par les murmures confus, les cris et le tumulte du quartier le plus bruyant de la plus bruyante ville de l'Europe : singulier contraste pour un voyageur qui venait de quitter à peine la vallée déserte de Cava, les solitudes de Monte Vergine et les ruines silencieuses de Pompéi !

CHAPITRE XX

LES CÉNOBITES DE FRASCATI ET DE GROTTA FERRATA

Situation de l'ermitage des camaldules de Frascati. — Origine de l'ordre fondé à Camaldoli par saint Romuald. — Vie et institutions de ce saint fondateur. — Règle de la vie érémitique donnée par Paul Giustiniani. — La congrégation des ermites de Monte Corona. — Établissement de l'ermitage de Frascati. — Régime et occupations des religieux camaldules. — Jugement de l'abbé de Lamennais sur la vie cénobitique. — Visite au monastère basilien de Grotta Ferrata. — Église; chapelle de Saint-Nil; belles peintures du Dominiquin. — Le Père de Montfaucon et les manuscrits grecs de Grotta Ferrata. — Saint Nil et ses compagnons à Tusculum. — Développement et prospérité de cette colonie de moines grecs. — Les cardinaux Bessarion et Julien della Rovere, bienfaiteurs du monastère basilien. — Le cardinal Consalvi, abbé commendataire de Grotta Ferrata. — Ruines de la villa de Cicéron à Tusculum.

A deux milles de Frascati et au-dessus de la villa Mondragone, si remarquable par ses beaux ombrages, se trouve la solitaire demeure des ermites camaldules, se rattachant à la congrégation de Monte Corona. Comme de toutes les branches qui partent du tronc bénédictin, la principale et la plus importante par son histoire est sans contredit celle des camaldules, j'attachais un intérêt particulier à visiter le paisible ermitage construit sur les ruines de l'ancien

Tusculum. A part cet intérêt tout spécial, comment d'ailleurs n'être pas attiré vers ces lieux pleins de grâce, de verdure et de fraîcheur, que l'air salubre qu'on y respire fit en tout temps rechercher des patriciens de Rome, et où les vestiges des villas antiques apparaissent encore près de celles qu'éleva le goût fastueux de la Renaissance? Aux horizons grandioses, mais tristes, de l'*agro romano*, à l'aspect sauvage et agreste des montagnes de la Sabine, on voit succéder volontiers une campagne riante où le travail de l'homme se révèle par des cultures et des plantations encadrant çà et là des fermes, des casins ou des monastères. Ici la magnifique villa Aldobrandini, créée par le cardinal du même nom, neveu du pape Clément VIII, montre au voyageur ses fresques peintes par le Dominiquin, ses statues, ses colonnades et ses vastes jardins en amphithéâtre d'où se découvre une immense perspective. Plus loin les villas Falconieri, Taverna et Bracciano étalent d'autres merveilles de l'art à côté des splendeurs de la nature, et contrastent avec les silencieux ombrages qui couvrent toujours la colline de Tusculum où s'élevait la maison de campagne de Cicéron. En pénétrant sous ces épais massifs, tout parsemés de débris, et qui ont gardé quelque chose d'antique et de vénérable, il semble qu'on erre à l'ombre des grands platanes du Lycée ou bien dans l'un de ces bois sacrés où la sagesse païenne venait se recueillir et s'inspirer de la solitude. De là on arrive bientôt à une retraite toute différente, habitée aujourd'hui par les disciples de saint Romuald, pour lesquels la philosophie de l'Évangile et les préceptes d'une règle austère ont remplacé les enseignements d'Aristote et de Platon.

La fondation de l'ordre des camaldules, dont nous rappellerons sommairement l'origine à l'occasion des cénobites de Frascati, remonte aux premières années du onzième siècle. En l'an 1012, un pieux abbé qui avait établi déjà plusieurs communautés dans la haute Italie, résolut de quitter le monastère de Val de Castro, parceque la sévère observance qu'il avait voulu y faire prévaloir n'était pas régulièrement suivie. Il s'appelait Romuald, et ses austérités, ses vertus que relevaient encore les singulières circonstances de sa conversion, lui avaient acquis aux yeux des contemporains une grande réputation de sainteté. Né à Ravenne et issu de l'ancienne famille ducale qui avait gouverné cette ville, il avait pour père un riche seigneur, nommé Sergius. Après avoir passé les premières années de sa jeunesse au milieu des plaisirs propres à son âge et en rapport avec sa grande fortune, Romuald sentit naître en lui le désir de quitter le monde qui pourtant s'ouvrait alors devant lui sous les plus séduisants aspects. Souvent, à la chasse, éloigné de ses jeunes compagnons, il s'égarait volontairement dans la profondeur des forêts, et au milieu de leur silence solennel où il n'entendait plus que la voix de Dieu, il aspirait au bonheur de l'âme vivant seule en perpétuelle contemplation devant les œuvres du Créateur. Il hésitait cependant et résistait encore, tant le cœur de l'homme rompt avec peine ses dernières attaches! lorsqu'un événement inattendu vint le décider. Son père et l'un de ses parents s'étant pris de querelle pour une terre dont ils se disputaient la possession, convinrent de trancher le différend par un combat singulier dans lequel Sergius, qui avait choisi son fils pour témoin, donna la mort à son adversaire.

En voyant la victime tomber sanglante et se débattre sous ses yeux dans les convulsions de l'agonie, Romuald eut tant d'horreur de cet homicide dont il s'accusait d'être le complice, qu'il voulut l'expier aussitôt, en allant, selon l'usage de l'époque, faire une retraite de quarante jours dans un monastère. Celui qu'il choisit était Saint-Apollinaire de Classe, que nous avons vu fonder au sixième siècle près de la ville de Ravenne et qui était alors dans tout l'éclat de sa renommée. Malgré les sollicitations d'un frère convers qui l'engageait à quitter tout à fait le monde, Romuald avait l'intention de revenir chez son père après que sa pénitence serait terminée. Mais une nuit qu'il était resté longtemps en prières dans l'église de l'abbaye, il eut une vision, où saint Apollinaire lui apparut entouré des rayons de la gloire céleste, et il en fut tellement frappé que, dès ce moment, sa vocation fut fixée pour toujours. Bientôt prosterné aux pieds des moines de la communauté, il leur demanda humblement l'habit de saint Benoît, et comme les religieux n'osaient l'en revêtir, dans la crainte de s'attirer la colère de Sergius dont les emportements n'étaient pas moins redoutables que la puissance, le jeune postulant réclama l'intervention de l'archevêque de Ravenne. Sa demande fut accueillie favorablement par ce prélat qui avait été abbé du Mont-Cassin, et Romuald fut enfin admis sur une recommandation dont l'autorité mettait les moines à l'abri des vengeances du père.

Le nouveau religieux se distingua si bien par sa fidélité à observer la règle, que plusieurs autres frères qui étaient loin de se montrer aussi réguliers, voulurent se débarrasser d'un compagnon dont les mœurs exemplaires étaient la censure de leur propre conduite. Afin de ne pas devenir un sujet de trouble pour la communauté, Romuald obtint la permission de se retirer auprès d'un solitaire, nommé Marino, qui habitait un ermitage voisin des lagunes de Venise, et y suivait le régime le plus austère. Ce fut là qu'après avoir supporté sans se plaindre les rudes épreuves que son supérieur se plut à lui infliger, le fils de Sergius se voua tout entier à la vie érémitique et conçut la pensée première d'instituer un ordre dont ce genre de vie serait la base fondamentale.

Quelque temps après, Pierre Urseolo, doge de Venise, qui était parvenu à cette haute dignité en prenant part à un complot dans lequel son prédécesseur avait péri d'une mort violente, éprouva des remords si cuisants au souvenir de ce meurtre qu'il résolut aussi d'en faire pénitence. Il se rendit donc au monastère de Saint-Michel de Cusan, en Catalogne, et fut accompagné dans ce voyage par Jean Gradenigo, patricien de ses amis, auquel s'adjoignirent l'ermite Marino et Romuald, son disciple. Ces derniers, après avoir vu leurs nobles compagnons prendre l'habit religieux à l'abbaye de Saint-Michel, et s'être retirés eux-mêmes dans un lieu désert du voisinage, voulurent ensuite accomplir avec un seigneur espagnol, nommé le comte Oliban, un autre pèlerinage au Mont-Cassin. Mais Romuald fut détourné de ce dessein et porté à retourner à Venise par le désir d'engager son père à ne point sortir de la pieuse retraite où, à la suite d'une conversion soudaine, il s'était précédemment enfermé. En apprenant son prochain départ, les Catalans qui auraient voulu, à cause de sa sainteté, le retenir auprès d'eux, ressentirent un mécontentement extrême, qui les poussa bientôt à une étrange et odieuse machination. Par un trait de mœurs digne de l'époque et du pays, ils formèrent le criminel projet de le mettre à mort afin d'avoir au moins ses reliques, puisqu'il leur était impossible de le garder vivant. Pour déjouer leur complot, dont il fut averti en secret, le solitaire eut recours à une ruse qu'il ne se permit que dans le but d'empêcher un crime, et, simulant la démence, il parvint à donner le change aux meurtriers qui le laissèrent libre de partir.

Quand il eut affermi son père dans la voie religieuse où il était entré, Romuald alla s'enfermer au monastère de Classe dont les instances de l'empereur Othon III l'obligèrent bientôt à prendre la direction. Mais ses efforts pour y rétablir une exacte discipline ayant été impuissants, il se rendit auprès de l'empereur alors occupé à faire le siége de Tivoli, et en présence du prince et de l'archevêque de Ravenne, il déposa le bâton pastoral, insigne de sa dignité. En même temps il sollicita et obtint la grâce des habitants de Tivoli, que, dans sa colère, Othon voulait sévèrement punir d'avoir donné la mort à leur duc. Sa généreuse mission accomplie et le cœur satisfait du triomphe remporté par la charité sur la violence, il quitta le camp impérial pour retourner vers la solitude. Pendant cette nouvelle période de sa vie, Romuald, entraîné par son ardent prosélytisme et surtout par l'espoir du martyre, ne se contente plus de fonder des ermitages que l'affluence de nombreux disciples change bientôt en établissements cénobitiques. A la nouvelle de la mort de saint Boniface, l'un de ses moines, que les Russes avaient fait périr en 1009, il veut aller, à son tour, évangéliser la Hongrie où il désire trouver une fin aussi glorieuse; mais une maladie violente l'arrête en route et l'oblige à renoncer à son dessein. Reprenant la poursuite d'un autre idéal, celui d'une perfection monastique rêvée par son esprit et qu'il n'avait pu réaliser dans les diverses communautés soumises à sa direction, il vit de nouveau ses tentatives échouer contre les obstacles inséparables de la faiblesse humaine. Ce fut alors que las d'être le témoin de défaillances et de chutes que ni le zèle ni l'expérience ne pouvaient prévenir, il quitta, comme nous l'avons vu, l'abbaye de Val de Castro, et abandonna les moines sourds à ses remontrances. S'enfonçant à travers les Apennins pour y chercher un endroit solitaire où il pût vivre selon ses principes, il s'arrêta enfin sur un plateau situé au milieu de montagnes couronnées de bois touffus. Ce lieu, appelé *Camaldoli*, était arrosé par sept fontaines aux eaux limpides, ce qui lui avait fait donner aussi le nom d'*Aqua bella*. Sur une pente voisine et d'un accès difficile, le solitaire bâtit d'abord quelques cellules, ainsi qu'un modeste oratoire dédié au saint Sauveur, et qui fut consacré par Théodald, évêque d'Arezzo. Quelques années après, en 1027, le même évêque concéda à l'abbé cette terre qui dépendait de sa juridiction, et l'empereur Henri II confirma ensuite la donation par un privilége où le lieu est désigné sous la gracieuse dénomination de *Campus amabilis*.

Un certain nombre de disciples étant venus l'y rejoindre, des cellules et un oratoire s'élevèrent bientôt, et Romuald s'empressa d'organiser en ce lieu le régime cénobitique : système mixte qui, combinant les principes différents de la vie solitaire et de la vie commune, avait, dans la pensée du fondateur, l'avantage d'éviter les inconvénients d'un isolement absolu ou d'un rapprochement continuel. Comme il avait expérimenté l'un et l'autre régime, il établit que ses religieux seraient à la fois cénobites et moines, et il leur traça une série d'exercices qui les faisaient passer de la contemplation et du travail individuel à la prière faite en commun. Ils devaient habiter des cellules séparées, pourvues d'outils et d'instruments convenant à diverses professions, à chacune desquelles attenait un jardin où étaient cultivés des légumes, des arbres fruitiers et des plantes médicinales. Aux heures marquées, ils sortaient de leur retraite pour se réunir à l'oratoire et y réciter l'office sur le simple ton de la psalmodie. Ceux qu'on désignait sous le nom de reclus étaient dispensés de cette obligation journalière, et, sauf des circonstances exceptionnelles, ils ne quittaient jamais le lieu de leur reclusion volontaire. Quelques-uns gardaient un silence inviolable pendant l'Avent et le Carême, et d'autres pendant cent jours consécutifs, en jeûnant au pain et à l'eau, le dimanche excepté. Chaque religieux prenait dans sa cellule la portion de nourriture qui lui était assignée; l'usage de la viande leur était complétement interdit, et outre l'époque quadragésimale, ils observaient encore un jeûne rigoureux durant trois jours de la semaine. L'accès de tout ermitage était sévèrement défendu aux femmes qui ne pouvaient s'approcher des alentours que jusqu'à une distance indiquée par une croix.

Ayant laissé la direction de l'ermitage de Camaldoli à un prieur, nommé Pierre Daguin, Romuald alla successivement habiter plusieurs autres retraites où sa patience et son abnégation furent mises aux plus pénibles épreuves. A la suite de calomnies odieuses et de persécutions ourdies par des moines indignes qui, pendant six mois, l'empêchèrent de célébrer la messe, il put enfin monter à l'autel, et ravi en extase, selon son biographe, en offrant le sacrifice, il reçut l'ordre d'écrire cette belle Exposition des psaumes, dont le manuscrit original a été jusqu'à présent conservé à Camaldoli. De retour enfin au monastère de Val de Castro qu'il avait autrefois abandonné, il se fait construire près de là une cellule de reclus avec un petit oratoire, décidé à y finir ses jours dans la solitude et le silence le plus absolus. Malgré le poids de l'âge et des infirmités qui allaient toujours en augmentant, il ne se relâcha en rien des austérités dont il avait pris la longue habitude. Un soir, au soleil couchant, sentant que sa vie allait s'éteindre avec le jour, il salua d'un dernier regard l'astre brillant dans lequel il voyait un reflet de la splendeur divine. Puis il engagea deux de ses disciples à se retirer et à fermer la porte de la cellule, en leur recommandant de revenir à l'aube pour la récitation des matines. Mais eux, en le voyant si affaibli, ne sortirent qu'à regret, et pleins d'une sollicitude toute filiale, ils veillèrent en dehors de la porte pour être prêts à lui donner du secours. Quelque temps s'était écoulé dans une pénible attente, et comme ils n'entendaient plus ni mouvement, ni respiration, ils craignirent que tout ne fût fini pour le saint vieillard. Allumant donc une torche, ils rentrèrent précipitamment dans la cellule, où ils le trouvèrent étendu mort sur sa natte de jonc, les mains croisées sur la poitrine, et dans l'attitude calme d'un homme qui se serait endormi en priant. S'il faut en croire Pierre Damien, l'auteur de sa vie, saint Romuald était alors âgé de cent vingt ans, en ayant passé vingt au milieu du monde, trois sous les cloîtres d'un monastère, et quatre vingt-dix-sept dans les austérités de la vie érémitique pour laquelle il montra en tous lieux un irrésistible penchant [1].

Après la mort de Romuald, l'évêque Théodald et Imon, son successeur au siége d'Arezzo, continuèrent de se montrer favorables aux ermites de Camaldoli. En 1072, le nouvel ordre qui avait alors neuf monastères fut approuvé par le pape Alexandre II, et en 1102, Rodolphe, quatrième supérieur général, dressa les premières constitutions. Il y tempéra la rigueur primitive de la règle, surtout en ce qui concernait les jeûnes et les abstinences, et les ermites eurent la permission de descendre, lorsqu'ils étaient malades, au monastère de Fonte Buono, situé au bas de la montagne, pour y recevoir les soins nécessaires. Toutefois, s'ils venaient à y

---

[1] Il est présumable que par la faute des copistes qui ont transcrit les ouvrages du cardinal Damien, ou par toute autre cause, une erreur de chiffres s'est glissée dans cette supputation des années composant la vie de saint Romuald. L'abbé Fleury prétend qu'il ne vécut pas plus de quatre-vingt-dix ans, et les dates qu'il assigne à sa naissance et à sa mort, ne concordent pas non plus avec ce dernier chiffre. Dans une dissertation sur l'âge de saint Romuald, le Père Guido Grandi, général des camaldules, acceptant pour la vie du saint le chiffre de cent vingt ans, et voulant y rapporter les faits de sa biographie, place sa naissance en 917, et sa mort en 1037. Mais cette dernière date de 1037 ne peut se concilier avec l'acte dont le Père Mabillon a vu l'original dans sa visite au principal monastère des Camaldules. Par cet acte, daté de l'an 1027, Théodald, évêque d'Arezzo, confirme à Pierre Daguin, prieur, la donation de l'église de Saint-Sauveur, faite précédemment à saint Romuald qu'il appelle un personnage de pieuse mémoire, — *piæ recordationis patrem dominum Romualdum*. — D'après ce document et d'autres preuves, on peut fixer au mois de juin de la même année 1027, la mort de saint Romuald, sans qu'il soit possible de déterminer d'une manière précise l'époque de sa naissance.

mourir, leur corps était reporté à l'ermitage et devait être inhumé au lieu même où ils avaient prié, travaillé et servi Dieu. Ce monastère de Fonte Buono n'était d'abord qu'un modeste hospice que saint Romuald avait fondé pour le service des religieux ou des voyageurs qu'une pieuse intention pouvait conduire dans cette solitude de l'Apennin. Mais en voyant combien les ermites souffraient d'un séjour continuel au milieu de leur âpre désert de Camaldoli, où la neige couvre la terre pendant une grande partie de l'année, Rodolphe fit élever à la place de l'hospice un vaste et beau monastère où les religieux les plus faibles suivaient le régime moins sévère de la vie cénobitique.

Sous l'administration du même général, l'ordre des camaldules reçoit diverses donations d'églises, monastères et domaines, donations qui sont confirmées par le pape Pascal II. Plus tard, en 1254 et en 1335, des changements sont introduits dans les constitutions primitives, et au seizième siècle, plusieurs branches de l'ordre, qui s'étaient unies sous le pontificat de Léon X, se divisent de nouveau en congrégations différentes dont les principales sont celles de Camaldoli, de Saint-Michel de Murano et de Monte Corona. Cette dernière congrégation, qui doit ici nous occuper plus spécialement, dut son origine au zèle religieux d'un général des camaldules, nommé Paul Giustiniani. Ainsi qu'on en voit trop souvent l'exemple dans l'histoire des institutions monastiques, la nécessité d'une réforme s'était fait sentir, dès le milieu du quinzième siècle, dans l'ordre fondé par saint Romuald. L'établissement de nombreux monastères aux portes même des villes, la fréquentation habituelle des hommes du siècle et le relâchement inévitable qui en avait été la conséquence, avaient fait perdre aux Camaldules l'esprit de retraite et de solitude, base première de leur institution. La vie érémitique et ses austérités leur étant devenues trop pénibles, par un instinct de sociabilité naturel à l'homme, ils s'étaient peu à peu rapprochés, et le régime cénobitique tendait chez eux à dominer partout, excepté à l'ermitage de Camaldoli où les principes du fondateur s'étaient plus fidèlement maintenus. Telle était la situation de l'ordre qui, contrairement à ces mêmes principes, n'était plus alors composé que de moines cénobites, quand Paul Giustiniani voulut faire revivre l'institut primitif de saint Romuald en rétablissant les ermites camaldules.

II

Né, en 1476, d'une famille patricienne de Venise, Giustiniani avait fait de brillantes études à l'université de Padoue, et à la suite d'un pèlerinage à Jérusalem, il était venu prendre l'habit religieux à Camaldoli, le jour de Noël de l'année 1510. Il se distingua si bien par son ardeur à remplir tous les devoirs de la règle, que le général, Pierre Delfino, lui confia plusieurs missions importantes et conçut la pensée d'accomplir avec lui et par lui la réforme qu'ils avaient ensemble projetée. A cette époque l'ordre était en majeure partie composé de deux classes de religieux, dits *observants* et *conventuels*, qui, beaucoup plus nombreux que les ermites, avaient fini par usurper une autorité appartenant de droit à l'ermitage principal fondé à Camaldoli. Les observants, réunis en congrégation, pratiquaient des observances particulières et obéissaient à des supérieurs élus tous les trois ans, tandis que les conventuels, dont les chefs étaient nommés à vie, ne reconnaissaient aucune observance et se regardaient comme indépendants les uns des autres. Une extrême confusion en étant résultée dans l'ordre, Pierre Delfino et Paul Giustiniani s'adressèrent au pape Léon X pour remédier aux abus, et dans cette intention, un chapitre général fut réuni en 1513, selon les prescriptions du souverain pontife. La prééminence sur tous les monastères y fut rendue à l'ermitage de Camaldoli, comme au chef d'ordre, et il fut établi que les ermites et les observants seraient unis aux conventuels et gouvernés par des supérieurs généraux choisis alternativement parmi les religieux des deux premières classes.

Dans le même chapitre on s'occupa de faire des règlements communs à tous les camaldules, et comme les constitutions des ermites étaient obscures, Paul Giustiniani fut chargé du soin d'en rédiger de nouvelles qui furent adoptées sous le titre de *Règle de la vie érémitique*. Nommé majeur de l'ordre en 1516, il entreprend plusieurs voyages à Rome et y fait approuver par Léon X le projet qu'il a de multiplier les ermitages. Muni d'un bref daté du 22 août 1520, il revient à Camaldoli, donne lecture aux religieux assemblés de l'autorisation pontificale dont il est porteur, et renonçant au supériorat, il se sépare de ceux qu'il avait si sagement administrés. Le bâton du voyageur à la main, il part, accompagné d'un seul frère, nommé Olive, et à l'exemple de saint Romuald, il se met en quête d'une solitude à travers les gorges de l'Apennin. Il la trouve près de Masaccio, au milieu d'un massif de rochers percés de profondes cavernes, et dans cette retraite quelques-uns de ses compagnons de Camaldoli, tels que Nicolas Trevisani et Augustin de Basciano, ne tardent pas à venir le rejoindre.

D'autres ermitages s'étant unis à celui de Masaccio, le pieux fondateur se trouva bientôt en mesure de convoquer un chapitre général où il fut élu majeur. On y approuva les règlements qu'il avait faits concernant la discipline, la nourriture et le vêtement des nouveaux ermites. La congrégation naissante compta au nombre de ses membres les plus zélés, Jérôme Suessano, premier médecin de Léon X, et Galeas Gabrielli, neveu du cardinal d'Urbin, abbé commendataire de Saint-Sauveur de Monte Acuto, près de Pérouse. Cet abbé qui, avant d'entrer chez les ermites camaldules, leur avait déjà cédé le monastère de Saint-Léonard de Volubrio, qu'il avait aussi en commende, voulut encore y joindre la donation de ses biens ecclésiastiques et patrimoniaux. L'autorisation du pape étant nécessaire à cet effet, Paul Giustiniani s'était rendu à Rome pour l'obtenir, lorsqu'il fut retenu prisonnier par les mercenaires du connétable de Bourbon qui venaient de prendre et de saccager la capitale du monde chrétien. Heureusement pour lui, le réformateur des camaldules n'avait rien qui pût tenter la convoitise des reitres et des condottieri aux mains desquels il était tombé, et la liberté lui fut rendue sans rançon. Quelque temps après, pendant un autre voyage à Rome, il reçut de l'abbé de Saint-Paul-hors-des-Murs l'église de Saint-Sylvestre du Mont-Serrat, qu'il désirait unir à sa congrégation. Malgré la maladie dont il venait d'être atteint, il voulut s'y transporter pour en prendre possession au nom de l'ordre. Mais épuisé par la fatigue de la route, il mourut à son arrivée, le 28 juin 1528, en remerciant Dieu de pouvoir rendre le dernier soupir entre les bras de son ami Grégoire de Bergame, ex-majeur de Camaldoli, qu'une circonstance fortuite avait conduit au Mont-Serrat.

A sa mort, on élut pour majeur Augustin de Basciano, et ce dernier fut lui-même remplacé par Justinien de Bergame, ancien moine bénédictin, qui s'occupa d'organiser fortement la congrégation de saint Romuald. Un chapitre général qu'il réunit décida la fondation d'un ermitage modèle, comme celui de Camaldoli, et l'emplacement préféré fut le sommet du monte Corona. On le choisit à cause de son élévation, de l'extrême pureté de l'air, et parce qu'au pied de la montagne se trouvait le monastère de Saint-Sauveur, dont la situation rappelait celle de Fonte Buono, et auquel devait être affectée une même destination. Les fondements du nouvel ermitage furent donc jetés, et après un travail de quarante années consécutives, les camaldules parvinrent à former en ce lieu qu'ils couvrirent d'admirables plantations, une des plus charmantes solitudes qu'on puisse rencontrer. Ce fut cet établissement de Monte Corona qui, devenu chef-d'ordre, donna son nom à la congrégation dite précédemment de Saint-Romuald. Là, tous les deux ans, les ermites élisent leur majeur dans un chapitre général ; là réside le majeur, ainsi que les Pères visiteurs chargés avec lui de la surveillance de l'ordre. Au siècle dernier les ermites camaldules possédaient vingt-huit établissements répandus dans les divers États de l'Europe catholique et jusqu'au fond de la Pologne. Aujourd'hui ce nombre est singulièrement réduit, et l'ordre, divisé en deux congrégations, celles d'Arezzo et de Monte Corona, ne compte plus que quelques ermitages, outre les deux maisons qui à Rome représentent chacune de ces congrégations.

Malgré les révolutions qui ont si gravement ébranlé les institutions monastiques en Italie, le monastère et l'ermitage s'élevant, l'un à la base, l'autre au sommet de monte Corona, étaient encore, il y a quelques années, dans une situation relativement florissante. Cet avantage, ils le devaient sans doute à leur position exceptionnelle dans l'État ecclésiastique, position qui les avait protégés contre les événements extérieurs. En gravissant cette montagne presque isolée, dont les pentes inférieures sont ombragées de superbes bois de chênes et de châtaigniers, tandis que la cime se couronne de sapins aux teintes sévères, l'étranger se plaisait d'abord à contempler l'un des plus admirables paysages de l'Ombrie. Aux alentours du monastère, des champs et des jardins parfaitement cultivés, des prairies dont la fraîche verdure est entretenue par une rivière au cours paisible, enfin un certain aspect propre aux domaines monastiques lui annonçaient de loin un lieu de repos fait pour calmer l'âme et les sens. Tout semblait donc le convier à y arrêter ses pas, et lui offrir comme les prémices d'une douce hospitalité, avant même qu'il ne fût arrivé au seuil de la maison. Ces premières impressions n'étaient pas de trompeuses apparences. Le bon accueil qu'on y recevait du Père prieur et du Père cellerier, montrait bien vite, par la manière bienveillante dont ils traitent leurs hôtes, que les fils de saint Romuald et de saint Benoît sont enfants d'une même famille. La *forestieria*, ou lieu de réception pour les étrangers, fournissait largement tout ce qu'une prévenance délicate pouvait donner, sans sortir des convenances monastiques, et la conversation des principaux dignitaires de la communauté qui assistaient aux repas sans y prendre part, indiquait que la vie claustrale n'avait éteint chez eux ni l'esprit ni la gaieté.

Si les vieilles murailles et les bâtiments du monastère dont l'origine est fort ancienne, présentent d'abord un aspect grave et austère, la bonne tenue, l'ordre et l'activité qu'on trouve à l'intérieur, rappellent à la fois le siége d'une administration centrale et d'une exploitation agricole [1]. L'église qui, selon la tradition locale, remonte au douzième siècle, ne dément point par les formes robustes de son style une fondation aussi reculée. Une crypte fort remarquable, divisée en trois nefs, comme l'édifice supérieur, et soutenue par des colonnes basses et massives, ajoute un nouvel intérêt à ce monument. Pour bien jouir de l'effet que produit cette antique et vénérable église, il faut y assister, à quatre heures du matin, au chant du premier office, suivi de la messe de l'aurore célébrée par le prieur, en présence

---

[1] Outre les terres dépendantes de la maison, les ermites camaldules possèdent de nombreuses métairies qui assurent du travail à quatre-vingts paysans chargés de les exploiter sous la surveillance de frères lais. Ces derniers s'occupent aussi de la culture des jardins et de ce qui concerne la partie matérielle de l'administration intérieure. De belles plantations de mûriers servent à nourrir des vers à soie, dont les produits annuels, s'élevant au chiffre de 4,000 livres, sont envoyés aux marchés de Foligno et d'autres villes du voisinage. Les limoniers, les plantes médicinales, objet de soins particuliers, fournissent également d'abondantes récoltes, et les vignes du monastère donnent un bon vin que l'on conserve dans une tonne dont les dimensions colossales rappellent celle de Heidelberg.

d'environ vingt religieux de chœur, à la suite desquels se groupent les frères lais et des paysans venus du voisinage. Mais si du monastère où le régime est fort adouci, on désire aller ensuite contempler la vie érémitique dans toute sa rigidité, on n'a qu'à faire l'ascension de la montagne jusqu'à l'ermitage où revit, dans son idéal, l'esprit ascétique du fondateur. C'est là que demeure le général de la congrégation, et ces fonctions étaient alors remplies par un religieux à l'air simple et noble, dont les manières empreintes d'une grande distinction, laissaient deviner facilement, malgré l'humilité du cénobite, la haute position qu'il avait autrefois occupée dans le monde. Sous son gouvernement, quarante solitaires, y compris les novices et les postulants parmi lesquels se trouvait un ancien officier de cavalerie, peuplaient cette sorte de colonie aérienne, où ne montent point les bruits de la terre, et de laquelle une croix, plantée en avant de l'enceinte extérieure, semble écarter toute pensée étrangère à l'esprit de recueillement.

L'ermitage de Frascati, qui, comme nous l'avons dit au commencement du chapitre, se rattache à cette congrégation, est moins ancien que celui de Monte Corona. Fondé en 1606 par Angelo Fromenti, chanoine de la basilique Liberiana, et par Hortense de Santa Croce, femme de François Borghèse, frère de Paul V, il fut bâti sur les plans d'Alexandre Cecchi, architecte vénitien. Les dessins ayant été approuvés par le chapitre général, la construction fut poussée avec activité, et en 1618, Paul V, ce pontife si zélé pour les ordres religieux [1],

---

[1] Paul V, de la célèbre famille Borghèse, qui occupa le siége pontifical de 1605 à 1621, mit fin au différend entre les dominicains et les

vint visiter le nouvel ermitage. Beaucoup de personnages contribuèrent par leurs dons à la formation et à l'embellissement de cette pieuse retraite. Au nombre de ses bienfaiteurs on distingue surtout les cardinaux Ferdinand de Gonzague, Pierre Aldobrandini, Jean-Baptiste Borghèse, Alexandre Peretti, neveu de Sixte-Quint, et Nicolas Walski, grand-maréchal du palais et ambassadeur du roi de Pologne. L'église qu'éleva l'architecte Tarquinini, et à laquelle on arrive par un large escalier donnant sur la cour principale, attire d'abord l'attention du visiteur. On y remarque un tableau de Saint Laurent d'une bonne facture, et celui du maître-autel représentant saint Romuald endormi, et comme ravi par une vision céleste. L'expression de la figure du saint est belle, et autour de lui on voit des religieux de son ordre s'aidant les uns les autres à gravir les degrés d'une échelle qui doit les conduire, sur les traces de leur maître, au séjour des bienheureux. Ils portent le vêtement blanc, couleur que, selon la légende, leur saint fondateur voulut faire adopter à ses disciples, pour se conformer à une révélation qu'il avait eue à ce sujet.

Dans la chapelle de la sacristie, on admire une Nativité de la Vierge, par Carle Maratte, et une scène du Crucifiement avec un beau groupe d'anges, portant les divers emblèmes de la Passion, œuvre qui, attribuée à Annibal Carrache, rappelle le grand style du peintre bolonais. Les stucs de cette chapelle sont fort remarquables, et ils ont été exécutés sur le modèle de ceux qui ornent les loges du Vatican. La porte en bois sculpté appartenait autrefois à la sacristie de la chapelle Vati-

jésuites, et approuva la congrégation de l'Oratoire, ainsi que l'ordre de la Visitation.

cane; elle fut donnée aux religieux qui en prennent le plus grand soin, et elle est aujourd'hui dans un parfait état de conservation. La chapelle Borghèse qui, après avoir beaucoup souffert d'un incendie, a été complétement restaurée par les princes de cette riche famille, renferme le tombeau de la fondatrice de la maison, Hortense Borghèse, dont une inscription rappelle les mérites et les bienfaits. On trouve encore d'autres inscriptions lapidaires consacrées à un grand nombre de personnages dont le souvenir se rattache à l'ermitage de Frascati, particulièrement à Paul V et au cardinal Henri, duc d'York. Ce dernier des Stuarts, fils du chevalier de Saint-Georges, venait souvent de Rome faire de longues retraites chez les camaldules, et chercher auprès d'eux les consolations que la religion peut seule offrir aux grandeurs déchues, qu'elles pleurent sur leur gloire passée, ou qu'elles regrettent une puissance perdue pour toujours. Dans ce même asile, un autre prince de l'Église romaine, le cardinal Dominique Passionei se plaisait aussi à se reposer des fatigues et de quelques déceptions éprouvées pendant ses missions diplomatiques auprès des différentes cours de l'Europe. Nommé conservateur de la bibliothèque Vaticane, après avoir rempli les fonctions de légat aux traités d'Utrecht et de Bade, il se montra non moins zélé pour la science qu'habile dans l'art des négociations. La riche collection d'antiquités qu'il forma à Frascati, lui fournit les plus précieux éléments du vaste recueil d'*Inscriptions antiques* qui, quelques années après sa mort, fut publié par les soins de l'archevêque d'Ancyre, Juste Fontanini[1].

---

[1] Le cardinal Passionei mourut à Frascati en 1761, et c'est en 1765

L'ermitage de Frascati, qui était alors habité par seize religieux, sans compter les frères lais et les gens de service attachés à la maison, est composé de cellules fort bien bâties et partagées en différentes pièces. Chaque solitaire en a plusieurs à sa disposition pour prier, travailler et prendre ses repas. A côté du modeste oratoire où il médite, et qui n'est orné que d'un prie-Dieu en bois, au-dessus duquel un crucifix est suspendu, on voit une autre pièce servant d'atelier et dans laquelle sont rangés des outils, des chevalets mêlés à des instruments de jardinage. La nature et la variété même de ces objets attestent que les plus simples métiers, comme les arts du dessin, sont cultivés par les camaldules. Chez eux on aime à retrouver ainsi, près des symboles austères de la vie contemplative, d'autres symboles rappelant l'impérieuse, mais salutaire obligation du travail. Afin d'accomplir un devoir prescrit par la religion aussi bien que par la Règle, les disciples de saint Romuald travaillent donc de leurs mains, en dehors du temps qu'ils donnent à d'autres exercices. Ils peuvent d'abord s'occuper, selon leurs goûts, dans un immense enclos ayant trois milles de circuit, et divisé en parterres, en vergers et en bois qu'entrecoupent des champs affectés à des cultures diverses. Les allées des jardins, bordées de larges haies en buis, sont ornées de nombreux fragments d'antiquités provenant des fouilles faites à Tusculum. Ce musée en plein air, mêlant de vieux débris usés ou noircis par le temps, à la

que le recueil d'*Inscriptions* fut imprimé à Lucques. On doit encore au même cardinal qui était associé étranger de notre académie des Inscriptions, des *Discours* et des *Lettres*. Il prit, en outre, une part active à la révision du *Liber diurnus Pontificum*.

perpétuelle jeunesse de la verdure et des fleurs, présente, selon nous, un charme, un intérêt inexprimables. Si ces restes précieux de monuments et les inscriptions qu'ils portent, ouvrent à l'archéologue un ample sujet d'études, le philosophe et le poëte y trouvent aussi une foule de rapprochements et de contrastes. Ici des touffes de lis et d'asphodèles enlacent de leurs tiges et de leurs fleurs un cippe consacré par une mère à la mémoire d'un fils bien-aimé, mort dans l'innocence de son jeune âge : BENE MERENTI DVLCISSIMO ET INNOCENTI FILIO, selon la touchante formule de tant d'épitaphes qu'inspira l'amour maternel. Là une guirlande de roses blanches couronne le front ridé d'un vieux Sylvain, ou bien une statue mutilée de la chaste Vesta s'ombrage de myrtes et de pampres. Ailleurs c'est une longue branche de jasmin qui, en se balançant au-dessus d'une urne cinéraire, y verse des gouttes de rosée tombant une à une comme des larmes.

Dans ces jardins peuplés de vivants souvenirs, la promenade est d'autant plus agréable que le vaste enclos de l'ermitage, s'étendant jusqu'auprès de Monte Porzio, occupe sur le territoire si pittoresque de ce bourg la situation la mieux choisie. De notre temps, comme au siècle dernier, plus d'un personnage célèbre a subi la douce et puissante attraction exercée par ces beaux lieux, et au nombre des visiteurs illustres que charma la solitude de Frascati, il faut citer surtout l'abbé de Lamennais. On se rappelle sous l'empire de quelles circonstances il vint passer le printemps de 1831 au couvent des Théatins de Frascati, pour se délasser de ses courses inutiles à travers cette Rome où son regard attristé n'avait vu qu'une ruine et qu'un tombeau, sans découvrir sous cette ruine la grandeur impérissable du passé, et dans ce tombeau la prochaine résurrection d'un peuple. Toutefois plein de gratitude pour le cordial accueil qui lui avait été fait à Sant' Andrea della Valle, il devait, malgré l'amertume d'autres souvenirs, rendre cette éclatante justice aux vertus et à l'esprit hospitalier du clergé monastique.

« Je n'oublierai jamais, dit-il, les jours paisibles que j'ai passés dans cette pieuse maison, entouré des soins les plus délicats, parmi ces bons religieux si édifiants, si appliqués à leurs devoirs, si éloignés de toute intrigue. La vie du cloître, régulière, calme, intime et, pour ainsi dire, retirée en soi, tient une sorte de milieu entre la vie purement terrestre et cette vie future que la foi nous montre sous une forme vague encore, et dont tous les êtres humains ont en eux-mêmes l'irrésistible pressentiment. Espèce d'initiation à la tombe et à ses secrets, elle a pour les âmes contemplatives une douceur qu'on soupçonne peu. Il se trouve aussi dans les monastères de remarquables intelligences qui comprennent d'autant mieux le monde qu'elles l'observent de plus loin, et ne sont offusquées ni par ses passions ni par ses intérêts; et par le même motif, c'est là que se développent le plus naturellement les nobles instincts de l'humanité et les sympathies qui la consolent. »

Rappelant ensuite sa visite aux camaldules de Frascati, il encadre son récit dans une belle et poétique description qui en est comme le prologue : « A quelques milles de Tivoli, un groupe de montagnes volcaniques, forme, dans la plaine inhabitée, une espèce d'oasis. Sur un des revers de ce plateau, dont la fraîche verdure contraste avec la nudité du désert voisin, Frascati, Marino, Albano rattachent à ces lieux charmants les souvenirs de l'histoire : difficilement l'imagination parviendrait à se représenter un pays plus pittoresque. Une magnifique végétation y embellit des sites perpétuellement variés. La pureté de l'air, l'abondance des eaux, et aussi ce charme mystérieux de la nature auquel nul homme, quelque besoin qu'il se soit fait de la vie factice des cités, ne se soustrait jamais entièrement, attirent pendant l'été les riches familles de Rome, qui, au temps de leur splendeur, ont semé ces montagnes d'élégantes villas et d'immenses palais, tels que Mondragone, aujourd'hui presque en ruines, tandis que l'esprit religieux y fondait de nombreux couvents presque tous situés en des positions d'une beauté ravissante. Il en est même de fortifiés à la manière du moyen âge, comme Grotta Ferrata, bâti tout auprès de l'ancien Tusculum. Ceux des capucins et des camaldules nous ont surtout frappés par la profonde paix qu'on y respire, et par l'admirable grandeur du paysage dont ils font partie. Les camaldules occupent chacun une petite maison séparée et composée de plusieurs pièces. Nous arrivâmes chez eux vers le soir à l'heure de la prière commune : ils nous parurent tous d'un âge assez avancé, et d'une stature au-dessus de la moyenne. Rangés des deux côtés de la nef, ils demeurèrent après l'office à genoux, immobiles, dans une méditation profonde : on eût dit que déjà ils n'étaient plus de la terre; leur tête chauve ployait sous d'autres pensées et d'autres soucis; nul mouvement d'ailleurs, nul signe extérieur de vie : enveloppés de leur long manteau blanc, ils ressemblaient à ces statues qui prient sur les vieux tombeaux. »

Telle est l'impression produite sur lui par la scène

qu'il vient de décrire, que l'auteur, reconnaissant volontiers le genre d'attraits que cette existence solitaire a pour certaines âmes désabusées des illusions du monde, ne peut s'empêcher de s'écrier ensuite : « Qui n'a point aspiré à quelque chose de pareil ? » Et pourtant, comme il le dit bientôt avec raison, là n'est point notre véritable destinée ici-bas. Nous sommes généralement faits pour agir, pour lutter sans cesse, au grand jour, et de concert les uns avec les autres. Quelque rude que cette tâche puisse paraître, il faut l'accomplir, malgré les obstacles, malgré les temps où le courage semble défaillir, et où l'on se demande, sous le poids d'un immense ennui, si en cherchant le bien, on ne poursuit pas une insaisissable chimère.

III

Dans l'un des chapitres de son *Diarium Italicum*, dom Bernard de Montfaucon rappelle comment ayant quitté Rome pour aller étudier la situation d'Albe-la-Longue comparée à celle d'Albano, il se rendit ensuite à Frascati, puis au monastère de Grotta Ferrata. Ce qui l'attirait vers ce dernier monastère, c'était le désir d'explorer sa bibliothèque si riche en manuscrits grecs dont plusieurs proviennent de l'un de ses abbés commendataires, le célèbre cardinal Bessarion. Sans avoir nullement la prétention de suivre dans ses recherches archéologiques ou paléographiques le savant bénédictin de Saint-Maur, je voulais aussi établir une comparaison entre l'ermitage des camaldules et le couvent basilien qui vient d'être nommé, et constater en outre quels changements s'étaient produits dans l'état de sa bibliothèque depuis le voyage du Père de Montfaucon.

La route conduisant de Frascati à Grotta Ferrata est fort belle, et les grands ormes qui la bordent et y répandent leur ombrage, en font une voie de communication et un lieu de promenade aussi commode qu'agréable. Lorsqu'on arrive en vue du monastère, on croit d'abord être le jouet d'une illusion et se trouver devant une vaste forteresse du moyen âge. L'enceinte des murailles présente une forme quadrangulaire avec des tours et des remparts bastionnés aux angles. Un fossé profond l'entoure, et bien qu'il soit mis aujourd'hui en culture, il peut être facilement inondé et servir ainsi à défendre l'accès de l'abbaye. A côté s'élève une fabrique considérable de papier, dont les machines sont mises en mouvement par un cours d'eau fort abondant qui descend d'une colline voisine, et sert également de force motrice aux moulins et aux forges établis au-dessous du monastère. De la fabrique de papier où l'eau se précipite de la gueule d'un lion de grandeur colossale, des jets nombreux se répandent aux alentours et forment de charmantes cascatelles, avant d'aller tomber et se réunir dans un vaste bassin. Des fontaines d'eau vive, jaillissant à l'intérieur du monastère, arrosent également les jardins qui produisent tout ce qui est nécessaire aux besoins d'une grande communauté.

Après un rapide coup d'œil jeté sur les bâtiments claustraux, la salle du chapitre et autres parties importantes de l'abbaye, je pénétrai dans l'église qui est curieuse à étudier pour ses anciennes mosaïques et ses peintures monumentales. Les mosaïques de la nef et du narthex[1] méritent d'autant plus de fixer l'attention qu'elles sont aujourd'hui tout ce qui reste, en fait d'ornementation, de la basilique élevée au onzième siècle. A l'intérieur du narthex on voit d'abord un groupe représentant le Sauveur, la Vierge et saint Jean-Baptiste, et à leurs pieds l'image plus petite d'un personnage agenouillé qui s'incline en priant. Cette image est probablement celle de l'abbé Saint Barthélemy, fondateur de l'église, ou du pape Jean XIX, qui en fit la consécration en 1025. D'autres mosaïques ornant l'arc du sanctuaire offrent une série tout à fait singulière de figures qui rappellent le style hiératique et les formes consacrées par le symbolisme de l'époque. Ce second groupe qui représente Jésus-Christ et ses apôtres, nous montre le Rédempteur figuré par l'agneau que l'artiste a placé au bas du trône céleste. De chaque côté sont rangés six apôtres, assis sur des trônes, et tenant un rouleau dans une main, tandis que l'autre est levée pour bénir. A l'exception de la langue de feu qui voltige au-dessus de leur tête, aucun emblème particulier ne les distingue; mais leur identité est clairement établie par leur nom inscrit en grec près de chacun d'eux et sur une ligne verticale.

Les colonnes antiques dont la double rangée forme la séparation des trois nefs n'offriraient pas moins d'in-

---

[1] En archéologie, le mot *narthex*, qui vient du grec, sert à désigner l'espèce de porche qui précédait l'entrée des basiliques chrétiennes et s'ouvrait sur la nef par une ou par trois portes correspondant aux divisions de cette même nef. Le mot *narthex* est parfois employé comme synonyme de *pronaos*, et l'un et l'autre peuvent se traduire par *porche;* mais il arrive assez souvent que le pronaos sert à désigner le vestibule extérieur de l'édifice, tandis que le nom de narthex s'applique plus spécialement au vestibule intérieur, séparé du premier par une sorte de cour appelée *atrium*.

térêt aux observations de l'archéologue, si ces colonnes, autrefois dérobées aux ruines d'un magnifique édifice du voisinage, n'avaient été couvertes d'un lourd revêtement de pierre qui leur a fait perdre à la fois leur caractère et leur élégance. Transformation de mauvais goût, qu'on regrette de trouver dans un monastère grec d'Italie, et constituant un véritable outrage pour ces beaux débris de l'art antique que les moines latins, rendons-leur cette justice, ont traités généralement avec plus de respect. Une autre perte non moins regrettable est celle des fresques exécutées à la plus belle époque de l'art chrétien, et qui, au seizième siècle, furent sacrifiées pour la reconstruction du chœur dont la voûte fut alors remplacée par un plafond sculpté et doré. Le pavé de l'église est tout en mosaïque, et au centre une partie circulaire en porphyre rouge d'Orient, en relève encore la beauté. Là repose sous le sol la dépouille mortelle du pape Benoît IX qui, après avoir renoncé à la tiare, se retira et mourut dans l'abbaye de Grotta Ferrata. Pour toute épitaphe on y a gravé ces mots :

SEPVLCHRVM BENEDICTI P. P. IX,

et la brièveté caractéristique de l'inscription semble dire au passant de ne point s'arrêter sur la tombe de ce personnage dont le nom rappelle les plus tristes jours des annales du pontificat romain[1].

Si de la nef on passe dans le chœur, on s'arrête d'abord devant la belle mosaïque placée au-dessus du

---

[1] Benoît IX, fils d'Albéric, comte de Tusculum, fut élevé au saint-siége à l'âge de douze ans, en l'année 1033, et se rendit coupable de toutes sortes d'excès. Plusieurs fois chassé de Rome et rétabli dans son autorité, il finit par résigner ses fonctions en 1048, et rentra au monastère de Grotta Ferrata pour y achever ses jours dans la pénitence.

maître-autel, et représentant les apôtres. C'est près de cette œuvre de Cavallini, l'un des mosaïstes les plus distingués de l'école italienne, que se trouve l'image fort vénérée d'une Madone, attribuée à saint Luc, comme beaucoup d'anciennes Vierges byzantines, et devant laquelle s'inclinent deux anges en marbre recouvert de bronze doré. La chapelle dédiée à saint Nil, où l'on entre par l'une des nefs latérales, forme un édifice à part, bien qu'elle se rattache à l'église. Consacrée en 1131, sous l'abbé Nicolas II, elle rappelle par ses formes architecturales l'époque où elle fut bâtie, et comme les moines y chantent leur office, elle est appelée l'église du chapitre. L'intérieur laisse voir une grande profusion d'ornements employés surtout à la décoration des autels qui sont d'une richesse extrême. Ce luxe de marbre et de dorures, qui réjouit si fort les yeux des bons Italiens, n'inspire qu'un médiocre intérêt aux artistes et aux hommes de goût qu'attirent à Grotta Ferrata les belles peintures ornant la chapelle de saint Nil. Au-dessus du maître-autel, soutenu par des colonnes de jaune antique, ils peuvent admirer d'abord le tableau dans lequel Annibal Carrache a représenté le saint implorant, de concert avec son disciple Barthélemy, l'assistance de la sainte Vierge. Cette œuvre magistrale, où se retrouvent les qualités éminentes du peintre que le cardinal Farnèse avait appelé de Bologne à Rome, passe avec raison pour l'une de ses compositions les plus remarquables. Ce qui la distingue spécialement, c'est la puissance de l'expression, qualité propre à l'école bolonaise, et que devait porter si loin le plus illustre élève des Carraches.

On en trouve l'éclatant témoignage dans la série de

peintures à fresque, exécutées par le Dominiquin et couvrant les murs de cette même chapelle de saint Nil. L'artiste n'avait que vingt neuf ans lorsque, sur la recommandation de son maître Annibal, qu'il avait aidé dans la décoration de la galerie Farnèse, il fut chargé par le cardinal de représenter à Grotta Ferrata les principaux traits de la légende du fondateur de l'abbaye. La fresque qui remplit le compartiment à gauche de l'autel, montre saint Nil opérant la guérison miraculeuse d'un jeune possédé. Peu de figures sont d'un effet plus saisissant que celle du malheureux que le saint délivre du mal funeste dont il est obsédé, et le religieux prenant dans la lampe de la Madone l'huile destinée à l'exorcisme, produit une impression différente, mais aussi vive. Parmi d'autres traits de la vie de saint Nil, on remarque également son entrevue avec Othon III, dans laquelle le saint opposa tant d'humilité et de désintéressement aux hommages et aux offres de l'Empereur. Au sujet de cette fresque si renommée à juste titre, il est d'usage de vanter particulièrement la physionomie charmante et la fière attitude du page qui retient par la bride le cheval du prince. Mais tout en reconnaissant la fine et puissante expression de la tête de ce personnage, ainsi que la pose admirable du bras et de la main reposant sur la garde de l'épée, il est juste de constater aussi que d'autres parties de cette composition sont traitées avec un art non moins parfait. Un autre genre d'intérêt s'attache encore à cette fresque, car dans le groupe si varié des personnages, le Dominiquin a peint lui-même son portrait aussi bien que ceux de ses camarades, le Guide et le Guerchin.

Outre les fresques consacrées à la glorification de

saint Nil, tous les personnages ornant la partie supérieure de la chapelle ont été peints par le même artiste. On y reconnaît les principaux docteurs de l'Église d'Orient, que le Dominiquin eut l'heureuse pensée de faire revivre dans ce monastère grec d'Italie où revivaient aussi la règle, l'esprit et la langue des moines orientaux. Les images des quatre évangélistes complètent dignement cet ensemble de peintures dont l'auteur, alors dans la vigoureuse efflorescence de son talent, s'est élevé à une largeur, à une originalité de conception égalées seulement par la puissance d'expression qui est son caractère distinctif. Artiste convaincu et profondément sincère, le Dominiquin y conserve, malgré les sacrifices faits au goût du temps et au style convenu, une manière qui lui est propre et qui, à cette époque de sa vie, ne demandait, comme une plante toute remplie de sève, qu'à se déployer librement et sans entraves. Devant ses fresques de Grotta Ferrata, aussi bien que devant son admirable tableau de la *Communion de saint Jérôme*, on sent l'homme qui, comprenant le beau, veut le rendre tel que son œil l'a vu, tel que son esprit le conçoit et l'idéalise. En même temps on reconnaît le peintre observateur que ses biographes nous montrent incessamment mêlé aux rassemblements de la foule, pour y surprendre les poses et les expressions les plus propres à révéler les sentiments intérieurs de l'âme. Et comme en présence des œuvres d'un maître, il est impossible de ne pas chercher dans les circonstances de sa vie l'explication des secrets de son art, je me représentais le Dominiquin laid, pauvre et malheureux, portant sur son front la mélancolie du talent méconnu, mais résigné, et venant oublier, sous le cloître paisible des moines basiliens, les premières atteintes des persécutions qui, après l'avoir suivi de Rome à Naples, devaient si tôt et si tristement le conduire à sa fin.

La sacristie, attenant à l'église, est remarquable par la beauté de ses proportions aussi bien que par ses ornements au nombre desquels on distingue un beau tableau qui représente saint Charles Borromée. Le réfectoire, assez vaste pour contenir soixante religieux, fut reconstruit sous le pape Benoît XIV dont les armes sont peintes sur les murs de la salle. Mais c'est à la bibliothèque que devra s'arrêter de préférence le voyageur lettré visitant le monastère de Grotta Ferrata. Elle renferme une précieuse collection de livres ascétiques, d'ouvrages de théologie, de philosophie, d'histoire sacrée et profane, et surtout d'anciens manuscrits. Toutefois, cette dernière partie de la collection a éprouvé des pertes considérables, car les pièces les plus importantes ont été transportées, à diverses époques, aux bibliothèques Vaticane et Barberine. C'est principalement sous les pontificats de Sixte-Quint, de Paul V et de Pie VI que la bibliothèque du Vatican s'est enrichie de manuscrits grecs sur l'Écriture sainte et sur les Pères, acquisitions dont il est aussi difficile d'apprécier la quantité que la valeur, car on n'en a donné qu'un catalogue peu détaillé[1].

A la fin du dix-septième siècle, lorsque le Père de Montfaucon vint visiter l'abbaye de Grotta Ferrata, il y trouva encore des manuscrits assez nombreux et assez

---

[1] Consulter à ce sujet le tome II du *Spicilegium romanum*, publié par le cardinal Maï, à la fin de l'avertissement sur les *Fragments historiques de Tusculum*.

importants pour qu'il en fît l'analyse et en notât les particularités. Il cite d'abord une inscription en langue grecque, rappelant qu'en 1517, la foudre tomba sur le monastère et y alluma un incendie qui détruisit une grande partie des anciennes constructions. Cette inscription se trouve sur un *Synaxarium*, ou sorte d'abrégé indicatif des cérémonies et des rites suivis dans l'Église grecque pour la célébration des fêtes de saints, ouvrage spécialement destiné à l'usage des religieux de l'abbaye. Parmi les manuscrits grecs, il mentionne aussi un recueil de livres ascétiques, dont la date remonte au dixième siècle, et à la fin duquel on lit ces mots écrits en grec par un moine qui vivait au siècle suivant : « En l'an du monde 6592, c'est-à-dire en l'an 1084 de la naissance du Christ, à la septième indiction, et au vingt-troisième jour du mois de mai, vers la troisième heure, le duc (Robert Guiscard) entra dans la ville de Rome et la saccagea. » Ce souvenir de la délivrance du pape Grégoire VII, ainsi consigné par la main d'un moine inconnu qui interrompt une lecture spirituelle pour marquer le jour et l'heure de l'événement, ce souvenir ne montre-t-il pas quel profond retentissement avait dans les monastères grecs et latins la grande querelle de l'Empire et de la Papauté? Un autre manuscrit fort bien conservé, quoique datant aussi du dixième siècle, renferme, au nombre de mille six cents, les Epîtres d'Isidore de Péluse. On y lit la touchante invocation d'un religieux nommé Paul, qui, d'après l'ordre de saint Nil, fondateur de l'abbaye, en fit la transcription, qu'il termina au mois de novembre 986. Un tel manuscrit est d'autant plus précieux qu'il est, comme on le voit, contemporain des premières années du monastère, et qu'en outre il n'a point servi pour les éditions imprimées des œuvres d'Isidore de Péluse.

Deux autres manuscrits du onzième siècle contiennent, le premier, les écrits théologiques et philosophiques de saint Jean Damascène, et le second, un rituel grec qui a été imprimé et annoté dans l'*Eucologium* publié par le Père dominicain Jacques Goar[1]. Des Commentaires grecs sur les Psaumes, recueillis au quatorzième siècle, sont notés par Montfaucon à cause du soin avec lequel ils ont été choisis et analysés. « Ces Commentaires, dit-il, provenant des Pères et d'autres auteurs sacrés, et dont j'ai moi-même transcrit une bonne partie, ont été mis en ordre par un écrivain fort expert et fort instruit. Ils sont précédés d'une introduction très-remarquable touchant les anciens interprètes des Psaumes, le recueil qui en fut fait primitivement par le roi Ézéchias, et le soin que prit Esdras pour les recueillir de nouveau à une époque postérieure. Non-seulement il m'a été permis de prendre des copies de cet ouvrage et de beaucoup d'autres, mais les Pères basiliens, qui ne cessèrent de me combler de prévenances, poussèrent leur zèle obligeant jusqu'à me laisser emporter tous ces manuscrits à Rome[2]. » En rendant, à notre tour, pleine justice à l'inépuisable complaisance des religieux actuels, mentionnons enfin un manuscrit grec, renfermant des traités ascétiques, et qui appartint au cardinal Bessarion, abbé commendataire de Grotta Ferrata. On y voit,

---

[1] Cet ouvrage imprimé à Paris en 1647, format in-f°, est aussi rare qu'estimé.

[2] Bern. de Montfauc., *Diar. Ital.*, page 357.

ad calcem, une lettre adressée par le savant Chrysoloras à Antoine d'Asculum et la réponse de ce dernier[1]. Célèbre parmi les ouvrages de ce genre, l'*Eucologium* de Grotta Ferrata fut, en 1439, apporté au concile de Florence, par Georges Vari, moine basilien de Candie, et les Pères du concile n'hésitèrent pas à l'admettre comme une autorité liturgique. L'exemplaire original de ce précieux ouvrage fut donné au cardinal Cesarini, et cédé par lui à Bessarion, il devint éventuellement la propriété du monastère qui le garda, bien que toute la bibliothèque de l'abbé commendataire de Grotta Ferrata eût été léguée à la République de Venise. Remarquons que, par leur amour pour les livres, les moines de l'abbaye étaient dignes de posséder un tel trésor, car à la même époque ils employaient une grande partie de leurs revenus à faire transcrire des manuscrits grecs par les calligraphes les plus habiles du temps[2].

IV

Abordons maintenant l'histoire du monastère basilien, pour en donner un rapide aperçu. Comme dans la plupart des questions étymologiques, les opinions des

---

[1] Emmanuel Chrysoloras, écrivain grec de la fin du quatorzième siècle, fut envoyé en Occident par l'empereur Jean II Paléologue, pour réclamer des secours contre les Turcs. Il enseigna ensuite la langue grecque à Florence, à Venise, à Pavie et à Rome, et fut le plus zélé promoteur de la renaissance des lettres en Italie. Après sa mort, arrivée en 1415, son neveu, Jean Chrysoloras, continua son enseignement, et il eut pour principal disciple Philelphe, qui épousa sa fille Théodora.

[2] L'un de ces calligraphes, cité avec éloge dans la *Paléographie grecque*, du Père de Montfaucon, était un prêtre de l'île de Candie, nommé Jean Roso, qui vivait en 1455.

savants diffèrent sur l'origine de Grotta Ferrata. Les uns disent que ce lieu est ainsi nommé parce que c'était d'abord une grotte dont l'entrée était fermée par des barreaux de fer. D'autres prétendent que cette grotte, fort anciennement consacrée au culte chrétien, renfermait une image de la Vierge qu'une balustrade en fer protégeait contre les actes d'une piété indiscrète. Quant à la fondation du monastère, elle est attribuée à deux moines grecs qui, venus de l'Italie méridionale, d'où ils fuyaient les persécutions des infidèles, s'établirent, vers le commencement du onzième siècle, aux environs de Tusculum. Ils s'appelaient Nil et Barthélemy, et le premier, sous la conduite duquel le second s'était placé, occupe une place trop importante dans l'hagiographie contemporaine pour que nous ne racontions pas ici quelques traits de sa légende. Né à Rossano, capitale de la Calabre, et alors la seule ville que les Sarrasins n'eussent pas enlevée aux Grecs, saint Nil avait développé de bonne heure par l'étude de la littérature sacrée les brillantes facultés qu'il avait reçues de Dieu. Comme il avait perdu ses parents, son éducation première fut dirigée par une sœur aînée qui était fort pieuse et qui se plut surtout à répandre en lui cette tendresse de cœur dont la femme seule a le secret, et qu'elle verse, comme une précieuse semence, dans l'âme des adolescents. Cette douce et sympathique influence exercée par les sœurs sur leurs frères pourrait, selon nous, fournir un intéressant chapitre à l'histoire intime de la famille, aussi bien qu'à celle de la vie des saints. On y verrait figurer avec beaucoup d'autres saint Basile et sainte Macrine, saint Benoît et sainte Scholastique, saint Nil et sa sœur, et de curieux détails montreraient comment en de nobles cœurs grandit cette affection que la voix du sang inspire, mais que le sentiment religieux épure en la sanctifiant.

Doué d'une grande beauté que rendait plus séduisante encore la sensibilité vive qui se reflétait sur sa physionomie, Nil ne manqua point d'attirer les regards des jeunes filles qu'il charmait par ses avantages extérieurs et l'inexprimable harmonie de sa voix. S'étant laissé entraîner lui-même au bonheur de se sentir aimé, il aima la plus belle de ces jeunes filles, qui était de basse naissance et dont il ne tarda pas à avoir un fils. Ces liens illégitimes qui semblaient devoir l'attacher au monde, furent au contraire ce qui l'en désabusa: Les bons conseils de sa sœur joints aux remords de sa conscience et aux réflexions qu'il fit pendant une maladie violente, lui ouvrirent bientôt la voie du repentir. Il quitte alors le pays, se retire dans un monastère où il édifie les religieux par une vie toute de pénitence; mais au moment où il s'apprête à recevoir l'habit monastique, un ordre du gouverneur de la province vient défendre à son abbé de lui imposer les mains, sous peine d'un châtiment terrible pour lui-même et pour sa maison. Déçu dans ses projets, Nil se dirige aussitôt vers un autre monastère, y prononce ses vœux et reçoit ensuite la permission de se retirer dans un ermitage où il se soumet au régime le plus austère.

Quelque temps après, l'arrivée des Sarrasins l'oblige à chercher un asile aux environs de Rossano, et là une communauté nombreuse s'étant réunie autour de lui, il refusa absolument le titre d'hégumène ou d'abbé, qui lui était offert par les religieux. Visité dans sa retraite par le métropolitain Théophylacte et par de hauts dignitaires du gouvernement grec, il soutient des controverses avec eux, et les charme ou les confond en leur opposant des réponses pleines de vivacité, de force et de profondeur. Cependant, comme les infidèles poursuivaient leurs ravages dans la contrée, Nil se retira au monastère de Saint-Michel en Valdeluce, d'où il alla un jour en compagnie de soixante moines, visiter l'abbaye du Mont-Cassin. Après y avoir chanté les Vigiles en langue grecque et montré par l'harmonieux accord de leurs voix combien ils excellaient dans l'art du chant, Nil et ses compagnons se mirent à échanger avec les religieux de l'abbaye des questions qui pouvaient les intéresser. Par la nature des sujets mis en discussion et des réponses péremptoires attribuées au saint abbé, il est facile de constater que l'antagonisme divisant les Grecs et les Latins se manifestait jusque dans l'enceinte des cloîtres. Revenu au monastère de Saint-Michel, Nil n'en sortit, après un séjour de quinze années, qu'à l'époque où un tragique événement, arrivé à Rome, vint lui offrir l'occasion de signaler son zèle charitable.

En 997, le tribun Crescentius, ayant chassé de son siège le pape Grégoire V, avait fait élire à sa place un grec, appelé Philagathe, qui prit le nom de Jean XVI. Originaire, comme saint Nil, de la ville de Rossano, il avait pris d'abord l'habit monastique, et grâce à l'impératrice Théophanie qui aimait à converser avec lui dans sa langue maternelle, il s'était concilié la faveur d'Othon II. Étant parvenu à s'élever au rang des premiers seigneurs de la cour impériale, il s'était maintenu dans cette haute position sous le règne d'Othon III qui, après l'avoir fait nommer évêque de Plaisance, l'avait envoyé comme ambassadeur à Constantinople pour demander en mariage la fille de l'empereur grec. A son retour à Rome, Philagathe qui rapportait de sa mission des sommes considérables, avait gagné Crescentius et par l'appui de ce tribun, s'était emparé de la tiare. Mais il ne jouit pas longtemps de son usurpation, car Othon III, accompagné de Grégoire V, chassa de Rome l'anti-pape qui fut contraint de prendre la fuite. Poursuivi par ses ennemis les plus acharnés, il tomba bientôt entre leurs mains, et ceux-ci dans la crainte que l'Empereur ne le punît point assez sévèrement, lui coupèrent le nez et la langue et lui arrachèrent les yeux avant de le jeter en prison.

A la nouvelle de ce traitement barbare infligé à son compatriote, saint Nil fut saisi d'une vive douleur. Précédemment il lui avait écrit pour blâmer son intrusion et l'exhorter à se démettre d'un titre illégitime ; mais quand il le sut malheureux et prisonnier, il ne songea plus, malgré son âge et ses infirmités, qu'à se rendre à Rome afin de lui porter secours et consolation. En apprenant l'arrivée du saint vieillard, l'Empereur et le pape s'étaient empressés d'aller au-devant de lui et de le conduire au palais pontifical où ils lui témoignèrent la plus grande vénération. Pour lui, ne souffrant ces marques de respect que dans l'intention de se rendre les deux souverains favorables, il leur dit simplement : « Ce n'est point par le désir de vains honneurs que je suis venu vers vous, mais seulement pour vous prier en grâce de me donner celui que vous avez traité si cruellement. Qu'il me soit donc permis de le délivrer et de l'emmener avec moi, de sorte que nous puissions pleurer ensemble sur nos fautes. » L'Empereur fut ému de ces paroles, et comme il n'approuvait pas tout ce qui s'était passé, il promit de satisfaire au vœu de saint Nil, s'il voulait se fixer à Rome au monastère de Saint-Anastase, de tout temps affecté aux moines grecs. Afin de mieux assurer le succès de sa tentative, le pieux anachorète semblait prêt à accepter cette offre. Mais peu après, indigné de ce qu'on avait tiré de sa prison le malheureux Philagathe pour le faire monter sur un âne et le livrer ainsi aux outrages de la populace, il quitta Rome et se retira dans la solitude de Serperis, voisine de Gaëte.

L'année suivante, Othon III revenant de visiter le monastère du mont Gargano, voulut s'arrêter aussi au lieu habité par saint Nil et près duquel une communauté venait d'être établie. En découvrant d'une hauteur voisine les pauvres cellules des moines groupées autour de leur oratoire, l'Empereur s'écria : « Voilà les tabernacles d'Israël dans le désert; voilà les habitants du royaume des cieux ! » Puis, après avoir prié avec le saint, il lui offrit de donner à ses moines, en échange d'habitations incommodes, telle abbaye qu'il leur plairait de choisir pour demeure dans son empire. « S'ils sont de vrais moines, répondit l'abbé au grand désappointement de ses religieux, Dieu saura pourvoir à tous leurs besoins après ma mort aussi bien que pendant ma vie. » Et comme le prince insistait : « Je ne demande rien à Votre Majesté, ajouta-t-il, que le salut de votre âme. Tout empereur que vous êtes, vous mourrez comme un autre homme, et vous rendrez compte à Dieu de toutes vos actions. » Les paroles du saint reçurent bientôt leur accomplissement, car Othon ne tarda pas à succomber, à peine âgé de vingt-trois ans, aux suites du poison que lui donna, dit-on, la veuve de Crescentius qu'il avait déshonorée, après avoir fait périr son mari. Quant aux moines de saint Nil qui avaient murmuré contre l'excès de son désintéressement, ils admirèrent la réserve et la haute prévoyance de leur supérieur.

Ce fut l'année même de la mort de l'Empereur, que saint Nil qui sentait aussi sa fin approcher, quitta Serperis pour se rendre à Tusculum, où il choisit comme dernière demeure le monastère grec de Sainte-Agathe. Dès qu'il fut instruit de cette détermination, Grégoire, comte de Tusculum, accourut auprès du saint, et se jetant à ses pieds pour le remercier d'avoir préféré son domaine à tout autre, il mit à la disposition du vieillard sa ville, ses terres et son château. Nil s'étant contenté de lui demander un endroit écarté où il pût prier en repos, le comte lui donna ce qui restait de l'ancienne villa de Cicéron, et qu'on appelait alors Grotta Ferrata. Deux mois ne s'étaient pas encore écoulés que les moines restés à Serperis, sachant que leur père ne reviendrait plus parmi eux, se hâtèrent de le rejoindre, et donnèrent ainsi naissance à la nouvelle communauté. Saint Nil que son extrême faiblesse retenait au monastère de Sainte-Agathe, les remercia tendrement d'être venus de si loin pour l'amour de lui, et les ayant tous bénis, il se fit porter dans l'église où il expira, après le chant des vêpres, le soir de la fête de saint Jean l'évangéliste. Les moines présents veillèrent et pleurèrent toute la nuit autour du corps en récitant les prières des funérailles, et le lendemain ils le transportèrent en grande pompe jusqu'au lieu où les autres frères l'attendaient, c'est-à-dire à Grotta Ferrata. Au moment où les deux troupes de religieux se rencontrèrent, la douleur des uns et des autres éclata avec plus de violence, et les populations du voisinage, accourues en foule pour se joindre au cortége, partagèrent les regrets donnés au saint dont le tombeau allait devenir la sauvegarde du pays[1].

Ainsi que toutes les grandes communautés dont nous résumons l'histoire, le monastère basilien de Grotta Ferrata prit un développement rapide aussitôt après la mort de son fondateur. Les dons et les offrandes y affluèrent de toutes parts, et au nombre des bienfaiteurs de la maison naissante, on vit se distinguer surtout ce Grégoire, comte de Tusculum, qui avait à expier une foule d'actes de violence et de tyrannie. Tant de libéralités, jointes à la bonne administration de l'abbé saint Barthélemy, successeur immédiat de saint Nil, contribuèrent si bien à la prospérité de la colonie formée par les moines de Serperis que ceux-ci, qui n'avaient apporté pour tout bien que leur Psautier, une tunique grossière avec un sayon de peau de mouton, purent en quelques années élever une belle église près de leur monastère. En même temps, l'abbé Barthélemy enrichissait le sacrarium d'ornements et de vases précieux, et dotait la bibliothèque de manuscrits exécutés avec une rare perfection. Cette prospérité continua de s'accroître sous le gouvernement de ses successeurs, et Grotta Ferrata,

---

[1] C'est en 1002, le 26 septembre, que mourut saint Nil, et l'Église honore ce jour-là sa mémoire. La vie du saint moine, écrite par saint Barthélemy, son disciple, et insérée dans les *Acta Sanctorum*, a été traduite en latin par le cardinal Sirleto, en italien par le Père Nicolas Balducci. Des extraits de la vie du fondateur de Grotta Ferrata, relatifs au règne d'Othon III, ont été aussi publiés dans le tome IV de la collection *Monumenta Germaniæ historica*.

devenu le siége d'un abbé archimandrite, réunit bientôt deux cents moines dans son enceinte et compta vingt églises assujetties à sa dépendance.

Des domaines considérables, situés dans les États pontificaux, la Calabre et la Pouille, relevaient de la juridiction féodale du monastère, et leurs produits finirent par donner un revenu annuel qui dépassait cinq cent mille livres. Ce revenu, comme celui des communautés les plus riches, était surtout appliqué à l'exercice d'une charité incessante et d'une généreuse hospitalité. Chaque jour d'abondantes distributions étaient faites aux pauvres, et en dehors des bâtiments claustraux, un double xenodochium ou hospice, avait été construit pour recevoir les malades et les étrangers des deux sexes. La culture des lettres grecques et latines florissait en même temps dans l'intérieur du monastère, car les religieux, par un sentiment de noble émulation, voulaient se montrer sous ce rapport, les dignes enfants de saint Basile, leur législateur. En récompense de leurs services et de leurs travaux, les souverains pontifes accordèrent de nombreux priviléges à l'abbaye de Grotta Ferrata. Les papes Calixte II et Eugène III l'honorèrent spécialement de leur protection, et après eux Innocent III et Grégoire IX vinrent plus d'une fois s'y délasser des fatigues du pontificat, ainsi que l'attestent les lettres qu'ils datèrent de cette résidence.

A la fin du douzième siècle, la paix habituelle du monastère fut troublée par la lutte sanglante que les Romains engagèrent avec les comtes de Tusculum, et qui amena, en 1191, la complète destruction de cette ville. Dès le commencement du siècle suivant, les moines avaient réparé les désastres dont ils avaient eu à souffrir, et leur maison, relevée, agrandie, prospérait de nouveau, lorsqu'en 1241, à la suite d'une guerre à outrance qui s'était rallumée entre le pape Grégoire IX et l'empereur Frédéric II, ce prince vint dévaster les environs de Rome. Ne voulant pas s'engager dans une attaque ouverte contre cette ville que défendait alors une population nombreuse et qu'une enceinte de murailles ayant plus de seize milles de circuit mettait à l'abri d'un blocus, il lança les troupes impériales sur la campagne romaine, et occupa militairement l'abbaye de Grotta Ferrata[1]. Ennemi des moines, qui, de leur côté, lui étaient hostiles parce qu'ils voyaient en lui l'adversaire déclaré de l'Église, Frédéric II ne ménagea point le monastère pendant le séjour qu'il y fit, et comme il était fort amateur d'objets d'art, il emporta, en se retirant, des figures et des ornements en bronze qui décoraient une fontaine de l'abbaye.

Jusqu'au quinzième siècle, le gouvernement de Grotta Ferrata fut confié à des abbés élus selon les prescriptions canoniques; mais sous le pontificat de Pie II, le régime de la commende y fut établi, et le premier qui fut investi de cette dignité, fut le cardinal Bessarion. Né à Trébizonde en 1395, et d'abord simple moine basilien dans un couvent du Péloponnèse, Bessarion avait été élevé au siège archiépiscopal de Nicée par l'empereur Jean Paléologue, puis envoyé au concile de Ferrare pour y traiter la grave question de l'union des deux Églises. En récompense de son zèle e de son talent, il fut nommé successivement cardinal

---

[1] Richard de San Germ., *Chron.* p. 1047.

abbé commendataire de Grotta Ferrata et patriarche de Constantinople ; mais la situation critique de l'empire d'Orient alors envahi par les Turcs, ne lui permettant pas de quitter l'Italie, il fixa son séjour à Rome où sa maison devint le rendez-vous des hommes les plus lettrés de l'époque. Souvent pour se rappeler le souvenir de la patrie absente, et retrouver la paix de son ancien monastère du Peloponnèse, le cardinal allait visiter sa chère abbaye. Là, dans les chants comme dans la conversation des moines, il aimait à entendre résonner les sons harmonieux de sa langue nationale, et par une comparaison qu'il empruntait volontiers au poëte latin, cette colonie grecque, transplantée sous le ciel du Latium, lui représentait « sa petite Troie, » avec les cours d'eau et les campagnes tant aimées de l'Asie Mineure. Plein d'affection pour les religieux, ses compatriotes, Bessarion s'appliqua à recouvrer leurs domaines qui avaient été usurpés, et après avoir restauré les bâtiments du monastère, il enrichit la bibliothèque de manuscrits précieux au nombre desquels figurait le célèbre *Eucologium*, dont il a été parlé précédemment[1].

L'un des abbés commendataires les plus zélés pour la

---

[1] Le cardinal Bessarion mourut à Ravenne en 1472, laissant par testament à la bibliothèque Marciana de Venise, sa collection de manuscrits dont l'un des plus remarquables est l'exemplaire in-folio du concile de Chalcédoine, transcrit au quatorzième siècle avec un soin tout particulier. Outre ses ouvrages théologiques restés pour la plupart inédits, on a de Bessarion : 1° *Quatre livres contre les calomniateurs de Platon*, imprimés à Rome en 1469, et à Venise en 1503 ; 2° *Orationes de bello Turcis inferendo*, Paris, 1471, in-4° ; 3° une traduction latine des *Quatre livres de Xénophon sur Socrate*, Louvain, 1533 ; 4° *Une traduction latine de la métaphysique d'Aristote*, Paris, 1516, in-f° ; 5° plusieurs écrits insérés dans les recueils des Pères Labbe et Hardouin. La vie du cardinal Bessarion a été écrite par Bandini sous ce titre : *De vita et rebus gestis cardinalis Nicæni*. Romæ, 1777.

communauté de Grotta Ferrata fut le cardinal Julien della Rovere, neveu de Sixte IV, et depuis pape sous le nom de Jules II. Par lui furent commencés les nouveaux cloîtres et le palais abbatial qui ne fut pas achevé sur le plan magnifique qui avait été primitivement conçu. De précieux objets d'art et des bas-reliefs antiques, provenant de la villa de Cicéron[1], vinrent orner ces constructions nouvelles où se voit encore dans les sculptures des frises et des chapiteaux, le chêne armorial de la famille della Rovere. Le même cardinal fit élever la vaste enceinte fortifiée qui, en donnant à l'aspect extérieur du monastère un caractère si distinctif, rappelle à la fois les goûts tout belliqueux du pontife qui endossa l'armure pour assiéger et prendre la Mirandole. Dans la liste des autres abbés commendataires de Grotta Ferrata figurent ensuite les plus grands noms de l'Italie, tels que ceux des cardinaux Jean Colonna, Hippolyte de Médicis, Alexandre et Odoard Farnèse qui firent exécuter de grands travaux d'ornementation à l'église de l'abbaye. Le cardinal François Barberini que son oncle Urbain VIII pourvut de la commende en 1626, fut l'un des plus généreux bienfaiteurs du monastère qui lui était confié. Un certain nombre de papes se plurent aussi à passer un temps de villégiature sous les frais ombrages de Grotta Ferrata, et parmi ces pontifes on remarque le doux et savant Benoît XIV, Clément XIII et Pie VII.

De nos jours, le personnage le plus célèbre dont le nom se rattache à la commende de l'abbaye fut le car-

---

[1] Parmi ces fragments de sculpture, on distingue, dans une salle du palais abbatial, une figure assise, d'un très-beau caractère, avec une panthère couchée à ses pieds.

dinal Consalvi qui, comme ministre secrétaire d'État, remplit un rôle si important dans l'histoire de l'Église à l'époque du Consulat et de l'Empire. Élève de Pie VI, ami de Pie VII, signataire du concordat de 1801, ce cardinal qui soutint ensuite une lutte si persistante contre l'empereur Napoléon, aimait à venir se délasser à Grotta Ferrata de ses travaux et de ses déceptions diplomatiques. Comme en 1810, par suite du refus que firent les religieux de prêter serment au gouvernement français, le monastère dut être évacué et demeura plusieurs années dans un état d'abandon, il fallut, au retour des moines, pourvoir à une complète réparation de l'église et des bâtiments. L'abbé commendataire, aussi généreux que zélé pour tout ce qui touchait à l'art, employa les revenus attachés à son titre à faire exécuter de grands travaux dont le plus important fut la restauration des fresques du Dominiquin par le peintre Camuccini. A la mort de Pie VII, qui fut suivie de l'avénement de Léon XII, le cardinal Consalvi, en quittant ses hautes fonctions, justifia une fois de plus ce proverbe que jamais le premier ministre d'un pape n'est appelé à devenir son successeur. La retraite forcée à laquelle furent soumises les dernières années de sa vie, trouva du moins un adoucissement dans les charmes de son séjour à Grotta Ferrata. Au milieu du recueillement nécessaire à l'homme d'État qui se replie sur lui-même pour raconter les événements mémorables auxquels il a pris part, il revit ses Mémoires qu'une publication récente nous a fait connaître, et où ses dernières volontés sont un nouveau témoignage d'affection rendu au pontife dont il partagea la bonne et la mauvaise fortune[1].

[1] Le cardinal Consalvi mourut en 1824, sans laisser de fortune, et

Après la mort du cardinal Consalvi, le pape Léon XII prit les mesures nécessaires pour maintenir le monastère de Grotta Ferrata dans la situation favorable où l'avait laissé son dernier abbé commendataire. En 1833, le cardinal Mario Mattei fut nommé par Grégoire XVI visiteur apostolique de l'abbaye, et pour répondre aux désirs du souverain pontife, il s'appliqua à y faire refleurir l'étude de la littérature grecque aussi bien que celle de la théologie et de la philosophie. L'enseignement de ces deux sciences fut confié au Père Francesco da Lucca, lecteur général des Frères mineurs observants, et le noviciat réorganisé et augmenté promit de nouvelles recrues à la communauté qui se trouvait réduite à douze religieux de chœur. Les archives, un peu négligées pendant quelque temps, furent inventoriées et remises en ordre. Enfin, par suite d'acquisitions nouvelles, la bibliothèque, malgré ses pertes antérieures, put réunir encore sur ses rayons plus de six mille volumes, sans compter deux cent trente manuscrits dont la plupart sont en langue grecque[1]. C'est dans cette langue que sont célébrés

une clause de son testament portait qu'après sa mort, le produit de la vente des portraits de souverains et d'autres objets précieux qu'il avait reçus comme cadeaux diplomatiques, serait consacré à l'érection d'un monument funéraire au pape Pie VII. Il prescrivait en même temps que l'exécution de ce tombeau serait confiée à Canova, ou à son défaut, au sculpteur suédois Thorwaldsen; que de chaque côté de la statue du pontife seraient représentées la Force et la Sagesse, et que sur la base on graverait cette inscription :

PIO · VII · CHIARAMONTIO · CAESENATI · PONTIFICI · MAXIMO
HERCULES · CARD · CONSALVI · ROMANUS · AB · ILLO · CREATUS.

[1.] Au nombre des savants religieux se rattachant à l'ordre basilien en Italie et qui ont écrit sur le monastère de Grotta Ferrata, on peut citer 1° Le Père Sciammari, élu en 1730 abbé général de l'ordre, et auteur de l'ouvrage intitulé : *Note e osservazioni istoriche spettant* tous les offices, et le rite grec y est suivi selon la plus parfaite régularité, sauf la forme des vêtements sacerdotaux et l'usage de la communion avec l'hostie, que les moines empruntèrent aux Latins, depuis le rapprochement décrété entre les deux Églises au concile de Florence. Quoique les religieux actuels de Grotta Ferrata soient presque tous d'origine italienne, l'usage du grec ne leur en est pas moins familier, et ce n'est pas sans charme que l'on entend résonner la langue de Platon et de saint Jean Chrysostome près de la villa où Cicéron avait réuni une précieuse collection de livres et de chefs-d'œuvre empruntés à la Grèce.

Il est impossible de quitter l'abbaye sans parler de cette villa célèbre qui, voisine de celle de Lucullus, s'élevait sur la hauteur dominant le monastère basilien. Primitivement construite par Sylla qui l'avait ornée de peintures rappelant le souvenir de ses victoires[1], la maison de campagne où Cicéron venait se délasser de ses travaux, avait reçu de son nouveau possesseur de nombreux embellissements. Située sur le flanc oriental de la colline au sommet de laquelle se dressait Tusculum avec ses hautes murailles, sa citadelle et ses deux théâtres, elle avait vue d'un autre côté sur la vallée d'Albe, la voie Latine et le mont Algide, avec la perspective de la mer à l'occident. Les jardins étaient vastes et abondamment arrosés par des eaux vives dérivant de l'aqueduc de la Crabra, et pour lesquelles Cicéron payait une

---

all' insigne badia di Grotta Ferrata, Rome, 1728; 2° le Père Rodota qui publia, vers le milieu du dernier siècle son *Historia græci apud Italos ritus*.

[1] Idque etiam in villa sua Tusculana, quæ postea fuit Ciceronis, Sylla pinxit. — Plin., *Hist. natur.*, xii, 6.

rente annuelle au fisc municipal. La maison, ainsi que la plupart des villas romaines, offrait à l'extérieur l'aspect d'un portique formé d'une longue colonnade, tandis qu'à l'intérieur s'étendait une galerie bien claire, bien aérée, donnant entrée sur une vingtaine de pièces servant à l'habitation.

Comme cette villa, en raison du voisinage de Rome, plaisait plus que tout autre au grand orateur, il voulut lui donner un caractère particulier en rapport avec ses goûts littéraires, et qui lui rappelât surtout cette chère ville d'Athènes où il avait complété ses études sur l'éloquence et la philosophie. Il y fit donc construire une bibliothèque à la manière des palestres grecques, puis deux espèces de gymnases qu'il appela le lycée et l'académie, en souvenir des écoles célèbres fondées par Platon et par Aristote. Sa correspondance familière avec Atticus nous montre, par un grand nombre de passages, combien il aimait cette maison de plaisance et quels soins persistants il apportait à l'embellir de statues et de précieux objets d'art. « Soyez assez bon, écrivait-il à son ami, pour vous occuper, sans vous gêner pourtant, de ce que je vous ai demandé pour Tusculum, et de tout ce que vous trouverez en outre à ma convenance. C'est là seulement que j'oublie dans un doux repos mes peines et mes ennuis[1]. » Dans beaucoup d'autres de ses lettres, mettant à contribution la complaisance de son ami, il lui parle de telle statue grecque provenant d'Athènes ou de Mégare. Il stimule son zèle pour qu'il en presse et en surveille l'envoi, et règle minutieusement, avec toute la sollicitude d'un artiste, les dispositions à prendre afin d'évi-

---

[1] Nos ex omnibus laboribus et molestiis uno illo in loco conquiescimus. — M. T. Cicer., *Epist. ad Attic.*

ter les avaries, en choisissant un vaisseau de préférence à un autre. Grâce à ces précautions et à l'empressement d'Atticus, les envois arrivent sans accident, et la bibliothèque de la villa de Tusculum se décore peu à peu de statues qui, par leur nature, sont parfaitement appropriées à la destination toute sérieuse du lieu qu'elles doivent orner. Il en est de même pour le lycée, situé dans la partie haute des jardins, et pour l'académie, sorte de petit amphithéâtre sans siéges, formé d'une série d'arcades dans chacune desquelles s'élevait sur un piédestal conique un buste d'Hermès ou d'Hermathènes.

Que reste-t-il aujourd'hui de cette villa tant aimée, à laquelle se rattache la vie intime de Cicéron, où il jouissait de l'esprit et des grâces de sa fille Tullia, et philosophait en compagnie de Dolabella, son gendre, du stoïcien Diodote et du jurisconsulte Trebatius? Quelques ruines offertes à l'admiration du voyageur, et qu'on dit provenir de l'académie, comme si, par un caprice intelligent du sort, les débris de ce lieu préféré avaient survécu à tous les autres, pour rappeler les grandes pensées que Cicéron y exprima sur la gloire, la liberté et la philosophie. Encore l'authenticité de ces ruines a-t-elle été contestée par des savants, notamment par le Père Zuzzeri, qui voudraient placer ailleurs, c'est-à-dire à la Ruffinella, maison de campagne des jésuites, les restes de l'habitation de l'orateur romain. Contre cette assertion proteste, il est vrai, le témoignage des temps anciens et modernes, témoignage que représentent Strabon, Ferrario, Cluvier, Facciolati, et auquel s'ajoute l'autorité du pape Benoît XIV qui, dans une bulle où il parle de Grotta Ferrata, dit que cette abbaye, selon l'opinion la plus accréditée parmi les antiquaires, occupe le lieu où était située la villa de Cicéron. Les fouilles pratiquées à toutes les époques aux alentours du monastère, les objets qu'on y a trouvés ont apporté de nouvelles preuves à l'appui de cette opinion. S'y ralliant de nos jours, à l'exemple donné autrefois par le Père Kircher, le savant jésuite, les chevaliers Canina et de Gaspare Servi se sont déclarés en faveur de Grotta Ferrata.

Quoi qu'il en soit, la discussion a été longue, animée, et par l'ardeur qu'apportait à la reproduire le moine basilien qui me guidait dans mes explorations, je reconnus que le sentiment de rivalité qui divise les corporations religieuses n'avait pas été toujours étranger à la question. Singulière puissance du prestige attaché au talent et au génie! On se dispute jusqu'à des ruines, parce que ces ruines consacrent un nom célèbre dans les lettres comme dans l'histoire, et qu'après tout, des moines, qui sont hommes, ne se trouvent pas absolument tenus d'être insensibles aux glorieux souvenirs du passé. La gloire, quel est celui d'entre eux, qui, malgré son esprit de détachement, pourrait ne pas l'admettre telle qu'elle a été si bien définie et personnifiée par l'éloquent auteur des *Tusculanes*? « Qu'est-ce que la gloire? dit Cicéron. Un bien réel et solide, et non pas une ombre; un concert d'éloges donné par les hommes de bien; la voix désintéressée des bons juges qui célèbrent le mérite éclatant; l'écho, la plus belle récompense de toutes les vertus. Puisqu'elle accompagne presque toujours les bonnes actions, elle n'est pas indigne d'un cœur noble... La gloire seule nous dédommage de la brièveté de la vie par le souvenir de la postérité; elle nous rend présents aux lieux où nous ne sommes plus ; elle nous fait vivre au delà du trépas ; elle est enfin comme le degré qui élève les hommes au rang des Immortels[1]. »

Arrêtons-nous à la citation de ce passage qui, bien qu'inspiré par la philosophie païenne, semble annoncer déjà quelque chose du souffle chrétien, et croyons que si d'après la définition toute différente d'un autre écrivain de l'antiquité, la gloire n'est que le rêve d'une ombre, ce rêve et cette ombre n'ont rien de vain, surtout quand ils sont le prix de nobles efforts appliqués à la poursuite du vrai, du beau et du juste.

[1] .T.Cicer., *Tuscul*, III, 2. — Id., *pro. Milon.* 55.

CHAPITRE XXI

SOUVENIRS DE CAMALDOLI

Ròute de Civita Castellana à Pérouse. — Églises et couvents de Cortone et d'Arezzo. — Le monastère de Vallombreuse. — *Il Paradisino* et le Père Henri Hugford. — Arrivée à Fonte Buono. — L'ermitage de Camaldoli. — Peintures de l'église. — Manuscrit original du Commentaire des Psaumes par saint Romuald. — Un jeune camaldule et sa conversion. — Coup-d'œil rétrospectif sur l'histoire de Camaldoli. — Attaque du monastère par le duc d'Urbin. — Le prieur dom Basilio Nardi, capitaine des troupes de la république de Florence. — Une académie monastique chez les camaldules. — La peinture chrétienne et les inspirations de l'ascétisme. — Origine et caractère de l'école mystique. — Les artistes camaldules; dom Lorenzo et dom Bartolomeo della Gatta.

En visitant la paisible retraite des camaldules de Frascati, j'avais conçu le projet de remonter au berceau même de l'ordre, et de pousser mes explorations jusqu'au premier ermitage fondé à Camaldoli par saint Romuald. Un autre motif m'engageait encore à diriger mes pas vers cette solitude, l'une des plus belles et des plus renommées de l'Apennin. C'était le désir d'atteindre aussi complétement que possible le but de ma mission, en parcourant les villes et les sanctuaires de l'Ombrie et de la Toscane, afin d'y poursuivre mes études particulières sur l'art chrétien. En effet, que de recherches nouvelles et intéressantes n'aurais-je pas à faire aux charmants ermitages de Monte Lucco, aux églises de Spolète, de Foligno et d'Assise, aux cathédrales et aux couvents de Pérouse, de Cortone et d'Arezzo ! Je suivis donc la route si belle et si connue qui mène de Civita Castellana à Terni, où j'admirai, comme tant d'autres, l'une des chutes d'eau les plus remarquables de la Péninsule. J'eus ensuite le plaisir, fort rare à une époque où tout marche à la vapeur, de franchir le passage de la Somma dans une voiture majestueusement traînée par ces grands bœufs nourris sur les bords du Clitumne, que Virgile nous peint ici tombant, nobles victimes, au pied des autels, là conduisant au Capitole le char du triomphateur[1]. Après avoir visité le monastère de Saint-Julien, dont la tour date du dixième siècle, et le délicieux ermitage de la Madona delle Grazie, célébrée il y a quatre cents ans par le poëte Giustolo[2], je m'arrêtai à l'ancienne ville de Spolète. Au

---

[1] Virgile, *Georg.*, II, 146.
[2] Ce poëte, peu connu, originaire de Spolète, et qui écrivait à la fin du quinzième siècle, vante, dans son poëme latin, les douceurs d'une solitude où il est permis de braver le tumulte des armes et les troubles politiques dont l'Italie était alors agitée. On y trouve une allusion à la tyrannie de Ludovic Sforza et à l'invasion des Français dans le Milanais, allusion suivie d'une image donnant une juste idée du calme inaltérable dont jouit le cénobite protégé, dans sa retraite, contre les coups de la fortune :

> Non extrema horret crudelis tempora mortis,
> Turcarum hic, Rhenive minas, aut gallica gesta
> Arce Padi sævum modo quæ pepulere tyrannum
> Sfortiadem, latiamque parant avertere gentem.
> Cuncta sed intrepidus, veluti qui fluctibus altis
> Intactas tuto cernit de littore puppes,
> Despicit, instabilis ridens ludibria sortis.

Dôme, qui renferme le tombeau de Filippo Lippi, j'eus peine à me détacher des admirables fresques de cet artiste aventureux qu'on voit tour à tour transfuge du cloître, esclave en Afrique, et venant plus que sexagénaire mourir dans sa ville natale, empoisonné par les parents d'une jeune fille qu'il avait enlevée [1].

Je n'essayerai pas de décrire ici les chefs-d'œuvre du Pinturrichio qui ornent la cathédrale de Spello, et encore moins toutes les magnificences dont la peinture et la sculpture, aussi bien que l'art architectural, ont décoré la cité de saint François d'Assise. Avec ses cent trois églises et ses trente couvents, Pérouse réserve d'autres surprises au voyageur. A la cathédrale, dédiée à saint Laurent, il remarquera les beaux vitraux coloriés, ouvrage de Constantin di Rosato et de dom François di Barone Brunacci, moine du Mont-Cassin. Le monastère bénédictin de Saint-Pierre, l'un des plus vastes de l'Italie, et servant quelquefois aux chapitres généraux de l'ordre, lui offrira aussi les élégantes sculptures sur bois du chœur de l'église, sculptures exécutées d'après les dessins de Raphaël. Une chapelle peinte à fresque par ce puissant artiste est le plus bel ornement du monastère camaldule de Saint-Sever, et ailleurs les oratoires de la *Giustizia* et de Saint-Pierre, martyr, se glorifient de posséder deux madones du Pérugin. Que dire aussi de Cortone, de ses antiquités pélasgiques et étrusques, des peintures chrétiennes de

---

[1] Né en 1400 à Spolète, Filippo Lippi y mourut en 1469. Laurent de Médicis, lui consacra le tombeau qui est dans la principale église de cette ville, et où se lit l'élégante épitaphe composée par Politien, et se terminant ainsi :

MARMOREO TUMULO MEDICES LAURENTIUS HIC ME
CONDIDIT ; ANTE HUMILI PULVERE TECTUS ERAM.

Luca Signorelli, de Frà Angelico de Fiesole, qui ornent les édifices religieux de cette ville? Comment ne pas citer le beau monastère de Sainte-Marguerite, entouré de cyprès séculaires, dont l'église fut construite par Nicolas et Jean de Pise? Une route charmante, traversant le val de Chiana, conduit de Cortone à Arezzo, l'une des principales cités de l'ancienne Étrurie, célèbre par les personnages illustres auxquels elle donna naissance. La patrie de Pétrarque et de Guitone d'Arezzo, de Spinello et de Vasari ne manque pas de présenter à l'antiquaire, comme à l'artiste, des sujets d'études propres à les intéresser. L'amateur de l'art chrétien du moyen âge s'arrêtera surtout **devant les œuvres de sculpture et de peinture produites par les écoles pisane et florentine.**

Au lieu de me rendre directement à Camaldoli, qui dépend du diocèse d'Arezzo, je crus devoir poursuivre mon excursion jusqu'à Vallombreuse, monastère que je désirais visiter d'abord, comme j'avais fait précédemment pour celui de Monte Corona. Chantée à des époques diverses par deux génies bien différents, l'Arioste et Milton, la magnifique solitude de Vallombreuse a eu encore le privilége d'inspirer à l'un de nos grands poëtes contemporains des vers pleins d'élévation, de foi et d'amour[1]. La courtoisie des religieux du monastère envers quiconque frappait à leur porte, n'avait pas besoin sans doute d'être immortalisée par l'auteur du *Roland furieux*[2], pour y attirer dans tous les temps une

---

[1] A. de Lamartine, *Harmonies poétiques:* l'Abbaye de Vallombreuse.

[2] . . . . . .Vallombrosa;
Cosi fu nominata una badia
Ricca e bella, nè men religiosa,
E cortese a chiunque vi venia.
Orlando, cant. XXII, 36.

foule d'hôtes et de pèlerins. Le scuplteur Benvenuto Cellini, qui était dévot à ses heures, raconte comment il y vint, en chantant des hymnes sur la route, accomplir un pèlerinage pour remercier Dieu de la réussite qu'il avait obtenue dans l'exécution de certaines figures. Après le rude artiste florentin, combien d'autres sont venus par dévotion ou par curiosité, visiter la retraite où saint Jean Gualbert, fondateur de l'ordre de Vallombreuse, acheva au milieu des austérités une vie commencée d'une manière romanesque. Né, à la fin du dixième siècle, d'une noble famille de Florence, il en avait hérité avec de grands biens une de ces haines de race qui se transmettaient comme un devoir entre parents, et que l'esprit de faction rendait alors très-fréquentes. Mais désarmé par les supplications de son ennemi au moment où il allait lui donner la mort, et tout repentant de ses projets homicides, il s'était retiré successivement aux monastères de San Miniato et de Camaldoli d'où il avait été s'établir, en 1038, dans le désert de Vallombreuse[1].

La nouvelle congrégation cénobitique, qui, à son tour, fonda de nombreuses colonies, ne tarda pas à prendre un grand développement dont la cause première fut la rigide observance de la règle bénédictine, imposée par saint Jean Gualbert à ses religieux. Un fait mémorable dans les annales florentines, et qui se passa en 1067, sous le pontificat d'Alexandre II, contribua surtout à répandre un certain prestige sur le nouvel ordre

---

[1] Ce lieu, situé dans une vallée haute des Apennins, à dix milles de Florence, et appelé primitivement *Aqua Bella*, prit le nom de *Vallombrosa*, parce qu'il est ombragé d'épaisses forêts de sapins qui couvrent les montagnes environnantes.

institué à Vallombreuse. Un moine de cet ordre, nommé Pierre, ayant subi volontairement, en présence d'un immense concours de peuple, l'épreuve du feu pour démontrer que l'évêque de Florence était coupable de simonie, sortit vainqueur du bûcher et reçut de la foule le surnom de Pierre l'*Igné*. Confirmée par une bulle du pape Grégoire VII, sous le généralat de l'abbé Rodolphe, la congrégation de Vallombreuse fut, au quinzième siècle, redevable d'une salutaire réforme à Ambroise le Camaldule. Plus tard, en 1637, l'abbé Averardo Nicolini fit reconstruire le monastère sur les vastes proportions et dans le grand style qu'il a conservés jusqu'à nos jours. Mais ce n'est pas seulement par l'ampleur de son cloître, par l'ensemble harmonieux de ses bâtiments et la magnificence de son église, ornée jadis des tableaux des plus grands maîtres [1], que l'abbaye de Vallombreuse est remarquable. Ce qui la distingue surtout, c'est la merveilleuse beauté du site, le majestueux encadrement des forêts de sapins qui l'entourent, et l'abondance des eaux répandant leur fraîcheur et leur murmure dans cette admirable partie de l'Apennin. Pour bien en juger, du reste, il faut monter jusqu'à l'ermitage, appelé *il Paradisino*, et placé sur la pointe d'une roche escarpée, d'où l'on découvre la fertile vallée de l'Arno, Florence, avec ses monuments, et plus loin les perspectives indéfinies de la mer. Une église, décorée de charmantes peintures d'André del Sarto, une bibliothèque et un petit musée s'élèvent au milieu de ce groupe de *celle*, dans l'une desquelles le Père Henri Hugford,

---

[1] Parmi les tableaux des différentes écoles d'Italie, enlevés à l'église du monastère de Vallombreuse, il faut citer le beau tableau du chœur, peint par Pérugin, et qui a été transporté à l'Académie des beaux-arts de Florence.

le frère du peintre de ce nom, travailla sans relâche à la composition de ces fines et délicates mosaïques dites de *scagliola*[1] : travail exigeant non moins de patience que de soin, et parfaitement approprié à la vie calme, aux occupations réglées d'un artiste anachorète.

Après avoir exploré la bibliothèque de Vallombreuse et consulté particulièrement les ouvrages relatifs à l'histoire de l'ordre[2], je me dirigeai vers Camaldoli, but principal de mon voyage. Si dans les excursions que j'avais faites précédemment aux monastères de l'Italie méridionale, je m'étais trouvé en présence d'une nature admirable, ici j'avais lieu d'éprouver des impressions non moins vives en parcourant les vallées et les montagnes de cette belle partie de la Toscane qu'on appelle le Casentino. Des domaines appartenant aux moines de Vallombreuse, on entre dans une série de vallées agrestes où des terres fort bien entretenues attestent une culture intelligente et contrastent avec l'as-

---

[1] Dans ce genre de composition, le Père Hugford eut pour maître un religieux de l'abbaye de Santa Reparata di Marradi, et à son tour il forma comme élève le Père Belloni, moine de son ordre. Une école de *Scagliola* a été établie à l'Académie des beaux-arts de Florence, et l'on y exécute de gracieux tableaux d'un éclat aussi durable que le stuc dont ils sont formés, et représentant des fleurs, des animaux ou des monuments.

[2] Ces ouvrages sont : 1° La *Vie de saint Jean Gualbert*, par saint Atton, huitième général de l'ordre, et évêque de Pistoja; 2° *Istoria del patriarca san Giovanni Gualberto*, par Diego Franchi, 1640, in-4°; 3° *Vita del glorioso Padre san Giovanni Gualberto*, par le Père Eudosio Locatelli, 1653, in-4°; 4° *De Jure Abbat.*, par le P. Ascanio Tamburini, général de l'ordre de Vallombreuse; 5° *Catalogus sanctorum et illustrium virorum congregationis Vallisumbrosæ*, par le Père Venanzio Simii. On peut citer encore, au nombre des écrivains qui se rattachent à la congrégation de Vallombreuse, le Père Bénigne Malatesta, historien du quatorzième siècle, dont les ouvrages manuscrits sont conservés à la bibliothèque Laurentienne; le vénérable César Mainardi, auteur de livres ascétiques, et le Père Giustiani, mort en 1642, et connu par ses traités philosophiques.

pect sévère des cimes rocheuses ou boisées qui les dominent. Colons infatigables, les moines camaldules ont défriché peu à peu toutes les terres avoisinant la solitude qu'habita jadis leur saint fondateur; mais ils ont respecté les forêts séculaires qui versent l'ombre et la paix sur leur retraite. Quand on arrive enfin au milieu d'un amphithéâtre couronné de ces vieux bois de sapins aussi beaux que ceux de la Grande-Chartreuse, on se trouve en face de nombreux bâtiments que leur masse distingue beaucoup plus que leur régularité. C'est le monastère de Fonte Buono.

Tel qu'il est aujourd'hui, ce monastère, rebâti dans le style moderne, n'a rien conservé des constructions anciennes à l'exception d'un cloître formé d'arcades à plein-cintre, et dont le préau a été métamorphosé en un joli parterre. L'église, restaurée à la fin du siècle dernier, et décorée dans ce goût italien si prodigue d'ornements de toute espèce, renferme d'assez bons tableaux dont les sujets sont empruntés aux annales hagiographiques de l'ordre. L'intérieur de la salle du chapitre est couvert, ainsi qu'un vaste oratoire, de fresques composées sur des sujets à peu près semblables, destinés à rappeler aux camaldules, réunis en assemblée générale, les fastes glorieux de leur histoire. Aux alentours de l'abbaye, on trouve une ferme très-bien dirigée, une boulangerie, une forge et un atelier de charpentier, ainsi qu'un moulin et une scierie dont les roues sont mises en mouvement par les eaux du torrent tombant de la montagne. C'est bien moins pour leur usage personnel que pour la pratique de la charité et de l'hospitalité la plus large, que les religieux camaldules ont fondé auprès de leur monastère tout ce système d'établissements économiques et agricoles. Outre les secours en argent qu'ils donnent aux malheureux qui se présentent, ils font journellement des distributions en nature, destinées à nourrir et à vêtir les pauvres. On comprendra jusqu'où s'étend leur libéralité, quand on saura que le samedi de chaque semaine les fours cuisent plus de 600 pains, exclusivement réservés aux indigents. A l'époque de notre voyage à Camaldoli, on comptait environ mille familles de paysans du Casentino, dont l'existence était attachée à celle de l'abbaye, et toutes étaient convenablement pourvues de ce qui pouvait leur être nécessaire.

Si la charité des moines de Camaldoli s'étendait ainsi au dehors, à l'intérieur ils pratiquaient l'hospitalité avec la plus parfaite convenance. Le prieur, vieillard vénérable dont la vivacité d'esprit et la gracieuse amabilité semblaient démentir l'âge, présidait à nos repas, sans y prendre d'autre part que pour servir lui-même ses hôtes et converser avec eux. Il était assisté d'un autre religieux à l'air digne et noble, au langage plein de finesse et de distinction, qu'on nous dit être de la famille patricienne Della Genga et neveu du pape Léon XII. Le reste de la communauté se composait alors de quatorze religieux profès, tous âgés ou valétudinaires, et qui avaient quitté l'ermitage supérieur pour descendre à Fonte Buono, où la température est plus douce et le régime beaucoup moins sévère.

II

Pour se rendre de Fonte Buono à l'ermitage de Camaldoli, on suit, pendant une heure de marche environ, un chemin qui traverse une magnifique forêt de sapins. En s'entre-croisant dans les airs à une prodigieuse hauteur, les branches de ces arbres gigantesques forment une voûte aux horizons fuyants et aux profondeurs mystérieuses, dont l'effet rappelle un intérieur d'église gothique, tandis que leurs troncs élancés représentent les fûts des colonnes qui divisent les nefs de nos vieilles cathédrales. En sortant de la forêt, on arrive à un vaste plateau d'où la vue s'étend, d'un côté sur les bois et les montagnes, et de l'autre se trouve arrêtée par une enceinte de murailles percée d'une porte voûtée donnant accès dans le Saint-Ermitage. Dès son entrée, le visiteur rencontre un oratoire qui semble placé là comme pour inviter à la prière, et où se trouve un superbe bas-relief en terre cuite de Luca della Robbia, figurant une vierge entourée d'un groupe d'anges. De là se prolongent, à droite et à gauche, deux rangées de cellules habitées par les ermites camaldules. Leurs dispositions intérieures, toutes faites sur le même plan, reproduisent avec exactitude celle qui primitivement servit de demeure à saint Romuald. Un vestibule étroit précède une pièce basse, mais assez spacieuse, contenant un lit et une cheminée placée dans l'un des angles. Vient ensuite une petite chapelle près de laquelle se trouve un oratoire où le religieux en méditation a juste la place pour se mettre à genoux au pied d'un crucifix, et devant une tête de mort que supporte une table de bois grossièrement travaillée. En face de chaque cellule un jardin cultivé par le cénobite qui y demeure vient égayer cet aspect funèbre et ouvrir un libre champ à de moins sombres pensées.

L'église, d'architecture moderne, présente une façade

flanquée de tours carrées dont les bases font saillie de chaque côté de l'édifice. L'intérieur, renfermant un grand nombre de chapelles, laisse voir une profusion de stucs, de marbres et de dorures qui contrastent avec la sévérité du lieu et la vie rigide qu'on y mène. Plusieurs fois détruite par le feu et rebâtie au treizième siècle, cette église a passé dans les temps plus rapprochés de nous par de telles transformations qu'elle n'a rien conservé de ses formes primitives. Au-dessus du maître-autel se voyait autrefois un grand tableau peint par Vasari, et consumé dans l'incendie de 1693 ; mais de cet artiste l'église possède une série de miniatures sur panneaux, représentant les quinze mystères du Rosaire, et supérieures aux grandes compositions du même peintre. Dans la sacristie, reconstruite en 1464, se trouvent aussi quelques bonnes peintures, telles qu'une Nativité du Sauveur, de l'école de Ghirlandajo, un Christ portant sa croix, du Fiammingo, et un saint Jean l'Évangéliste, de Mathias Preti, dit le Calabrèse.

Encore tout émus de l'effet produit sur nous par le chant grave et solennel des religieux qui, rendus invisibles aux regards, célébraient leur office dans le chœur, nous allâmes visiter la bibliothèque. Riche autrefois en précieux ouvrages manuscrits et imprimés, elle dut la plus grande partie de ses trésors à trois illustres personnages de l'ordre, Ambroise Traversari, Pierre Candido et Paul Giustiniani. Le Père Mabillon, dans son *Iter Italicum*, constate qu'elle ne renfermait plus déjà que fort peu des manuscrits grecs ou latins dont elle avait été dotée précédemment. Au commencement de notre siècle, elle eut beaucoup à souffrir des mesures prises contre les communautés monastiques, et la plupart de ses meilleurs ouvrages furent transportés aux bibliothèques publiques de Florence. Entre autres manuscrits d'un prix inestimable se trouvait l'un des trois exemplaires originaux des Décrets rendus par le concile de Trente, avec les signatures autographes des Pères assistant au concile. Malgré les spoliations dont elle a été l'objet, la bibliothèque de Camaldoli a pu conserver un manuscrit plus précieux encore que ceux qu'elle a perdus, c'est-à-dire l'original du Commentaire sur les Psaumes, composé par saint Romuald, ouvrage inédit, remontant au onzième siècle et dont l'écriture fort lisible ne présente aucune abréviation embarrassante. Outre ce manuscrit gardé avec soin dans la chambre du prieur général, je remarquai sur les rayons de la bibliothèque une belle collection manuscrite et imprimée des Pères de l'Église, des éditions *princeps* dont la plus ancienne est un Commentaire sur les Décrétales, le recueil des grandes publications de nos bénédictins de Saint-Maur, sans parler d'autres ouvrages importants relatifs aux sciences, à la littérature et aux arts.

Ma visite terminée au Saint-Ermitage, je redescendis vers le monastère de Fonte Buono. La veille j'en étais parti accompagné d'un prêtre lombard dont j'avais fait la connaissance en voyage, et qui, versé dans la philosophie et la politique du moyen âge, avait les passions ardentes du guelfe animé d'une haine héréditaire contre la domination germanique. Mêlant à l'histoire du présent celle des temps qui n'étaient plus, il passait des serments de la Ligue lombarde au mouvement national qui se préparait alors contre l'Autriche, et citait avec complaisance Ægidius Colonna et l'abbé Gioberti, Pétrarque et le comte César Balbo. Souvent même, dans ses aspirations patriotiques, il annonçait de grandes batailles qui, comme celles de Legnano, devaient bientôt assurer l'indépendance de l'Italie. Son instruction approfondie rappelait les fortes études suivies dans les anciennes universités, tandis que sa parole colorée et véhémente, son œil brillant, sa physionomie mobile, tout, jusqu'à sa chevelure d'un blond cuivré, offrait le type accompli d'un de ces prédicateurs des confédérations lombardes qui, au treizième siècle, excitaient leurs compatriotes à secouer la domination étrangère. Le soir, en revenant à Fonte Buono, nous eûmes pour compagnon de route un jeune religieux camaldule que j'avais eu l'occasion de voir dans un autre couvent de son ordre, et dont la famille, d'une origine toute patricienne, était attachée par ses principes comme par ses fonctions, à la cour du grand-duc de Toscane. D'une puissante force de volonté, mais d'une nature frêle et nerveuse, il n'avait pu supporter que difficilement les austérités du *Sacro Eremo*, et il allait par ordre de ses supérieurs rétablir sa santé sous le régime plus doux du monastère inférieur.

Au moment où nous partîmes, le soleil commençait à s'incliner derrière les plus hautes cimes de l'Apennin, avant de cacher ses derniers rayons dans les flots de la mer Tyrrhénienne. Une fraîche brise s'élevait des montagnes, apportant avec le parfum des fleurs sauvages les vivifiantes émanations des sapinières qui nous entouraient. Sans se préoccuper du beau spectacle que nous avions devant nous, l'*abbate* milanais, qui était fort peu poëte, entama dès le départ une de ses dissertations habituelles sur la politique. Il y mettait une ardeur d'autant plus vive qu'il n'ignorait pas que le camaldule, tout en n'aimant pas, en sa qualité d'Italien, la prédominance autrichienne, se rattachait par tradition au parti conservateur. Plein de réserve dans son langage, le jeune religieux répondait avec mesure aux attaques indirectes qui lui étaient adressées, et bien qu'il ne fût nullement étranger aux questions traitées par son interlocuteur, il se refusait par esprit de charité à entrer dans une controverse à fond. La fatigue nous ayant obligés de nous arrêter l'un et l'autre, nous nous assîmes au pied d'une roche tapissée de mousse et de lichen, tandis que notre compagnon, homme actif et toujours pressé d'arriver au but, continuait seul son chemin. Je ne regrettai point son départ, car sur la poésie et sur l'art chrétien, le camaldule avait exprimé des principes qui m'avaient frappé par leur concordance avec mes opinions personnelles. Ainsi que tous ceux qui le voyaient, je me sentais en outre attiré par aa belle et sympathique figure que la souffrance avait amaigrie, et dont la pâleur tranchait avec la longue barbe effilée qu'il portait selon l'usage des religieux de son ordre. Appuyé contre un tronc de sapin brisé par le vent, il ressemblait dans cette position à une image du Christ à la colonne.

Comme nous avions marché lentement depuis notre départ du Saint-Ermitage, déjà les ombres du soir, descendant des hauteurs voisines, enveloppaient de silence et de mystère les grands bois qui bordaient la route, pendant qu'à l'horizon opposé un immense bandeau lumineux marquait le point du ciel où le soleil allait disparaître. Au recueillement extatique qui s'était emparé soudain du jeune camaldule, je compris qu'à la vue de cette belle scène son cœur s'étant élevé vers Dieu, il disait tout bas une de ces prières qui n'ont de formule dans aucune langue et que l'âme seule prononce lorsqu'elle se met en communication intime avec son Créateur. L'émotion me gagnant à mon tour, je ne pus, devant la grandeur du spectacle dont tous mes sens étaient saisis, retenir une exclamation qui ramena le camaldule à la réalité.

« J'admire la beauté incomparable de la solitude où vous avez établi votre demeure, lui dis-je, et c'est ce qui explique le cri d'admiration que vous venez d'entendre.

— Ce sentiment est tout simple de votre part, répondit-il, et quoique familiarisé avec cette fête perpétuelle de la nature, il m'est impossible de ne pas l'admirer également à toute heure de la nuit ou du jour. Quel plus beau livre serait capable de nous raconter la puissance infinie de Celui qui a fait toutes choses? Que les premiers souffles du printemps fassent circuler la vie dans tous les êtres, depuis le brin d'herbe jusqu'au pin majestueux, que la froide bise secoue les arbres de nos bois séculaires, pliant sous le poids de leur blanc manteau de neige, l'œuvre de Dieu est toujours belle, toujours grande, et quels que soient les aspects sous lesquels elle se manifeste, ne mérite-t-elle pas un même chant de reconnaissance et d'amour?

— Avec cette manière de voir et de sentir, répliquai-je, je m'explique plus facilement la vie contemplative au milieu de cette solitude où, libre de toute préoccupation étrangère, l'esprit est sans cesse ramené du spectacle de la création à la pensée de son divin auteur. Quoique selon les idées qui me sont propres, le régime de la communauté me semble préférable à la vie érémitique, je comprends la sérénité que j'ai vue empreinte ici et ailleurs sur le visage de tous vos frères, car ils la puisent, comme vous-même, dans la paix que donne à l'âme sa continuelle union avec Dieu.

— Nous ne sommes pas aussi parfaits que vous le croyez, me dit en souriant le jeune religieux, et si haut que nous habitions, si recueilli que soit notre désert, bien des bruits d'en bas montent jusqu'à nous, et parfois troublent le calme apparent de notre faible cœur. Il y a trop peu de temps que j'ai quitté le monde et les dangereuses faveurs qu'il me promettait, pour que des souvenirs importuns ne viennent pas me poursuivre jusqu'au fond de notre saint ermitage. Voilà pourquoi je m'applaudis d'avoir placé entre ce monde et moi une barrière infranchissable, avantage que ne m'eussent pas présenté un ordre moins sévère et surtout l'habitation d'une communauté située, comme il arrive souvent, dans l'enceinte d'une grande ville. Né avec un irrésistible penchant pour la vie rêveuse et contemplative, et sachant par expérience que l'imagination peut d'un seul coup d'aile nous rapprocher de Dieu ou nous en éloigner, je suis venu chercher ici un but à ses aspirations les plus licites, et un frein à ses élans déréglés. Dans cette retraite où le monde et ma famille supposent que je mène une existence misérable, je peux satisfaire sans obstacle, autant qu'il est en moi, l'immense amour que je ressens pour la nature et la solitude. Je n'ai jamais voulu écrire ni signer un vers; mais des flots de poésie débordent de mon cœur; et à cet hymne muet qu'il chante seul en silence, s'ajoutent chaque jour de nouvelles strophes qui s'élèvent, comme l'encens, vers le trône de Dieu. »

A la suite de ces premières confidences qu'une sympathie mutuelle avait promptement amenées entre nous,

nous quittâmes la place où nous étions assis, pour continuer notre chemin. En marchant je crus pouvoir me permettre d'adresser au jeune camaldule quelques questions propres à compléter ce qu'un de ses parents m'avait appris sur son entrée soudaine en religion.

« Toute vocation sérieuse, me répondit-il, est le résultat d'une épreuve, et cette épreuve chacun de nous doit la subir, comme le métal qui se consolide et se purifie au contact du feu. C'est à Pise que je conçus la pensée d'entrer dans la voie où j'ai fait vœu de persévérer jusqu'à la mort. Vous connaissez cette ville avec son Dôme, son Campo Santo, son palais de l'Université, ses rues et ses places désertes dont le silence convient si bien à une cité savante. J'y avais terminé le cours de mes études lorsqu'un jour j'assistai à une leçon de philosophie faite par un éloquent professeur sur le *beau idéal*, tel que le platonisme l'avait compris, tel que la doctrine chrétienne l'avait expliqué en y ajoutant ses nouveaux et sublimes aperçus. Le soir même je passai plusieurs heures à errer des bords de l'Arno à la place du Dôme, si remarquable par l'ensemble harmonieux des monuments qui la décorent, et devant ces chefs-d'œuvre de l'art du moyen âge, je réfléchis longtemps sur la question que j'avais entendu traiter le matin. Dès ce moment je m'attachai à creuser à fond cette grande idée du beau, continuellement poursuivie par l'intelligence humaine, et dont la cause première, aussi bien que le but final, se concentre en Dieu, principe de toute beauté comme de toute perfection.

« Retiré dans une villa solitaire située au milieu des montagnes de Carrare, j'étudiai d'abord les traités de Platon et les Ennéades de Plotin. Je méditai ensuite les écrits des Pères, bien supérieurs par la portée à ceux des anciens philosophes, et m'attachai à saint Basile, à saint Grégoire de Nazianze, surtout à saint Augustin qui a sondé les mystères de cette question avec la profondeur incomparable de son génie. De là, passant aux écrivains ascétiques, je me laissai entraîner peu à peu, avec toute l'ardeur de la jeunesse, sur la pente du mysticisme, abîme obscur et redoutable où l'âme, saisie de vertige, finit le plus souvent par s'égarer. Fatigué de ces recherches, dont je commençais à sentir le danger, je voulus, par une de ces contradictions fréquentes à mon âge, aller consulter dans les universités allemandes les maîtres de la science moderne. L'insatiable curiosité de mon esprit devait y rencontrer de nouveaux écueils. A peine échappé aux entraînements du mysticisme, je sentis mon imagination si impressionnable se laisser prendre aux appâts de la philosophie hégélienne et incliner vers un panthéisme d'autant plus dangereux qu'il cache sous la pompe de termes séduisants la négation de Dieu et de toute religion. J'étais près de succomber, quand un de mes amis d'enfance, dont la raison égalait la foi, et qui pour moi était un autre Alipius, vint heureusement m'arracher au naufrage où mes croyances allaient se perdre.

« Ce fut là mon épreuve, et aussi le commencement de mon initiation à la vie nouvelle où je devais bientôt entrer. Poëte, je ne pouvais arracher de mon cœur l'amour de la nature et l'invincible attrait que je sentais pour le beau, considéré surtout dans les œuvres immortelles de Dieu. Mais ces tendances, comme je vous le disais tout à l'heure, avaient besoin d'une règle et d'un frein qu'il m'était seulement possible de trouver, d'une part, dans les doctrines du spiritualisme chrétien, et de l'autre, dans les sévères prescriptions de l'ascétisme monastique. Sous cette double et salutaire direction, l'aspiration vers l'infini nous élève et nous conduit sans péril, non pas à cette aveugle absorption de l'être individuel dans le grand Tout, mais au vrai Dieu en trois personnes, éternel et unique objet de nos désirs et de nos espérances. Quant à la vie cénobitique, si je l'ai préférée à toute autre forme du monachisme, c'est qu'elle rappelle plus fidèlement celle des premiers anachorètes de la Thébaïde, nos modèles en vertus et en perfections. Laissant chacun de nos religieux libre de méditer et de travailler dans la solitude, elle nous réunit tous plusieurs fois par jour pour prier ou chanter en commun, et par là se trouvent satisfaits les besoins de la vie intérieure, en même temps que les instincts de sociabilité qui tendent à nous rapprocher de nos frères. »

Arrivés à un détour de la route d'où le monastère de Fonte Buono se dessinait avec sa masse sombre au milieu des dernières lueurs du crépuscule, nous suspendîmes un moment notre marche et notre conversation, pour regarder le paysage et l'antique asile ouvert par saint Romuald aux invalides et aux vétérans de l'ascétisme. Tandis que tout s'assoupissait et faisait silence autour de nous, un petit oiseau, perché sur la branche d'un mélèze, chantait seul de ce ton triste et doux qui annonce la fin prochaine du jour.

« C'est son hymne du soir, dis-je au camaldule qui semblait retombé dans un pieux recueillement.

— Chaque créature le chante en son langage, répliqua-t-il, et si j'avais la vertu d'un saint François d'Assisc qui saluait et bénissait tous les animaux sur son passage, volontiers je bénirais ce petit oiseau qui s'associe au chœur universel. »

Au même instant, le vent nous apporta quelques sons affaiblis des voix qui, dans l'église du monastère, entonnaient l'office du soir. « Unissons-nous à ces voix, dit le religieux, puisque tout prie, puisque tout chante à cette heure solennelle. » Et de nouveau, se recueillant, il garda un profond silence jusqu'à notre arrivée à Fonte Buono.

III

Lorsque nous avons rappelé, dans le chapitre précédent, les origines de l'ordre fondé à Camaldoli, nous nous sommes arrêtés à l'époque où cet ordre, après avoir reçu ses premières constitutions du bienheureux Rodolphe, commençait à prendre un grand développement. De nouvelles donations, l'établissement de plusieurs monastères et les priviléges des souverains pontifes contribuèrent à en faciliter les progrès. A leur tour, les empereurs d'Allemagne Lothaire III et Henri VI concèdent à l'ordre fondé par saint Romuald d'importants priviléges que Rodolphe de Habsbourg devait accroître encore par un diplôme daté de 1277. Au commencement du treizième siècle, quand de nouveaux débats s'élevèrent entre l'Empire et la papauté, le cardinal Ugolin, évêque d'Ostie, voulant se retirer du monde pour ne s'occuper que de son salut, vint en compagnie de saint François d'Assise s'enfermer dans la solitude de Camaldoli. Le fondateur des franciscains y passa dix mois, édifiant les religieux par l'exemple de ses vertus et de ses austérités, et retourna ensuite au mont Alvernia. Après son départ, le cardinal Ugolin fit élever un oratoire près de la cellule qu'il avait habitée, et depuis cette époque, elle servit le plus souvent de demeure au général de l'ordre.

Pendant le cours du treizième et du quatorzième siècle, c'est-à-dire en 1254 et en 1333, des modifications sont introduites dans les constitutions des camaldules. D'autres changements ont lieu durant les deux siècles qui suivent, notamment après la réforme provoquée par l'un des généraux de l'ordre, Ambroise le Camaldule, sur la vie duquel nous aurons bientôt l'occasion de nous étendre. Quelques années plus tard, au chapitre général qui se tint, en 1446, dans le couvent de Saint-Savin de Pise, les supérieurs de neuf monastères s'unirent pour former une congrégation dont les chefs ne seraient plus perpétuels, mais triennaux, et s'appliqueraient à faire observer une exacte discipline dans les maisons placées sous leur gouvernement[1]. Mais après le pontificat du pape Eugène IV qui avait été le promoteur de cette mesure, le zèle des supérieurs se ralentit, et la congrégation avait déjà perdu sa force et son unité, lorsqu'en 1476, l'abbé de saint Michel de Murano fit décider par le sénat de Venise que ces neuf monastères camaldules seraient unis de nouveau. Cette congrégation prit le nom de Saint-Michel de Murano, du nom de ce monastère, situé dans une petite île voisine de Venise, et fondé en 1212 par un ermite d'une piété exemplaire, qui s'appelait Laurent.

[1] Les neuf monastères unis à cette époque étaient ceux des Anges de Florence, de Saint-Benoît, de Saint-Michel et de Saint-Mathias de Murano, des Prisons, de Saint-Savin de Pise, de Rose de Sienne, des Anges de Bologne et de Saint-Jean de la Judaïque.

24.

Jusqu'au commencement du seizième siècle, les monastères dépendant du Saint-Ermitage de Camaldoli avaient continué de former une congrégation distincte, ayant ses constitutions particulières, et qui ne fut momentanément réunie à celle de Saint-Michel de Murano que sous le pontificat de Léon X. Il fut alors convenu que le prieur du Saint-Ermitage aurait le droit de préséance sur les autres abbés de l'ordre et viendrait après le général dont les fonctions, cessant encore une fois d'être perpétuelles, seraient bornées à un exercice de deux ans. Cette union dura jusqu'en 1616, époque où la congrégation des ermites de Camaldoli fut séparée de celle des moines de Saint-Michel de Murano, lesquels élurent leurs généraux à part et conservèrent un certain nombre de maisons [1]. Comme nous venons de le dire, les religieux de la congrégation de Camaldoli ont des constitutions particulières approuvées en 1671 par le pape Clément X. Leurs principales observances consistent dans la psalmodie, la méditation et le travail des mains. Ils ne se réunissent à une table commune qu'aux grandes fêtes de l'année et pendant la durée du chapitre général. Ils ne mangent jamais de viande, appellent faire maigre s'abstenir d'œufs et de mets apprêtés au beurre, et aux jours où le jeûne n'est pas prescrit, leur portion est réglée à trois œufs, ou bien à six onces de poisson, s'il est frais, et seulement à quatre onces, s'il est salé. Leur habillement se compose d'une

---

[1] Cette congrégation, distincte de celles de Camaldoli et de Monte Corona, comptait, au siècle dernier, trente-cinq monastères dont les principaux étaient Saint-Michel de Murano, Sainte-Croix de Fonte Avellana, Saint-Juste et Saint-Clément de Volterra, Sainte-Marie d'Urano, Saint-Grégoire de Rome, les Anges de Florence et l'ancienne abbaye bénédictine de Classe, près de Ravenne.

robe blanche et d'un scapulaire de même couleur, serrés à la taille par une ceinture de laine ; au chœur ils portent en outre une coule qui est moins large que celle des moines camaldules de Saint-Michel de Murano[1].

La situation retirée de Camaldoli n'a pu empêcher le Saint-Ermitage de se ressentir, à diverses époques, des troubles et des guerres qui agitaient le pays. En 1498, à la suite de la révolution qui avait chassé de Florence Pierre de Médicis, ce dernier occupa militairement le monastère, après y avoir pénétré par surprise pendant la nuit, à l'heure où les religieux étaient à l'office. La même année, le duc d'Urbin, qui soutenait le parti des Médicis, envahit le Casentino, et tenta d'enlever, à la tête d'un corps de troupes vénitiennes, la forte position de Camaldoli. En apprenant le péril dont le monastère était menacé, le prieur général, Pierre Delfino, alors absent, accourt en toute hâte et fait de vains efforts auprès du chef ennemi pour qu'il épargne la maison de saint Romuald. Les Vénitiens continuent de s'avancer jusqu'au pied des murailles; et furieux de la résistance qu'on paraît vouloir leur opposer, ils s'apprêtent à donner l'assaut. « En

---

[1] Outre les trois congrégations de Camaldoli, de Saint-Michel de Murano et de Monte Corona, l'ordre des camaldules en comptait autrefois deux autres, celles de Turin et de France. La première fut établie en 1601, par le Père Alexandre de Leva, sous les auspices de Charles-Emmanuel de Savoie. La seconde eut pour fondateur le Père Boniface d'Antoine, ermite camaldule de Turin qui, en 1626, organisa deux colonies de son ordre dans les provinces du Forez et du Dauphiné. Ces ermitages ayant été abandonnés, le Père Vital de Saint-Paul, prêtre de l'Oratoire, en fonda un autre appelé le *Val Jésus*, au diocèse de Lyon, et, en 1634, il obtint de Louis XIII des lettres patentes autorisant l'établissement des camaldules en son royaume. La congrégation nouvelle, approuvée en 1635 par le pape Urbain VIII, et connue sous le titre de Notre-Dame de Consolation, n'eut jamais en France qu'un petit nombre de maisons, dont la plus importante fut celle de Grosbois, qu'institua, en 1642, Charles de Valois, duc d'Angoulême, comte d'Auvergne et de Ponthieu.

ce pressant danger, ainsi que le raconte Pierre Delfino dans une de ses lettres, un certain nombre de religieux se mettent en devoir, avec l'aide de vassaux armés, de défendre énergiquement le monastère, tandis que d'autres invoquent le secours de Dieu, et tiennent, comme Moïse, leurs bras levés vers le ciel. Deux fois l'assaut est tenté par les ennemis, et deux fois ils reculent devant une grêle de traits et de pierres lancés du haut des murailles. Enfin, après un combat qui dura du matin jusqu'au soir, ils sont repoussés avec perte et contraints de se retirer dans leur camp. » Ici la légende vient se mêler au récit du narrateur. Il rapporte, en effet, qu'au moment où les assiégeants subirent un dernier échec, on vit apparaître sur la tour de l'église l'imposante figure d'un religieux à l'air et au geste menaçants, qui, le bras tendu vers l'ennemi, sembla le frapper d'une soudaine terreur. Cette figure était, dit-on, celle de saint Romuald qui venait défendre son monastère, et la croyance en ce merveilleux secours s'établit traditionnellement parmi ses disciples.

Pour compléter le récit de ce fait d'armes, qui d'abord peut surprendre de la part d'ermites camaldules, ajoutons que le succès obtenu doit être attribué surtout aux talents militaires et à la bravoure personnelle du prieur de Saint-Félix de Florence, dom Basilio Nardi[1]. Non-seulement ce vaillant abbé défendit le monastère et ses domaines contre la faction des Médicis, mais encore il mit toute la province à l'abri des nombreuses attaques de Pierre II et de ses adhérents, ligués avec les Vé-

---

[1] Conformément à l'usage français, justifié d'ailleurs par l'étymologie, nous avons cru devoir appliquer le mot *dom*, au lieu de *den*, aux camaldules ainsi qu'aux bénédictins d'Italie.

nitiens pour reconquérir le pouvoir. Nommé, en récompense de ses services, capitaine de la République florentine, il reprit les armes, en 1501, afin de repousser une invasion de César Borgia. Ses différents exploits comme défenseur de la liberté publique valurent à dom Basilio Nardi le singulier honneur de figurer dans un des grands tableaux de bataille dont Vasari décora la salle du conseil au Palazzo Vecchio de Florence. Plus d'une fois reçu en triomphe dans cette ville et acclamé par le peuple, l'abbé de Saint-Félix fut regardé comme l'un des premiers capitaines de son temps, et quelques historiens l'ont comparé même au Pierre l'Ermite de la *Jérusalem délivrée*. Après avoir commandé pendant trente-neuf ans les troupes de la République, il mourut en 1542, et fut enterré dans l'église de son monastère, si ancienne et si curieuse par les peintures de Jean de San Giovanni et de Salvator Rosa[1].

Si plus d'une fois au quinzième siècle, le bruit des armes retentit dans la paisible retraite de Camaldoli, à la même époque elle nous offre le spectacle de luttes toutes pacifiques auxquelles se livrent entre eux les membres de l'académie formée des religieux les plus lettrés. Cette association savante qui s'étendait à plusieurs monastères camaldules, et dont le siége principal était celui des Anges à Florence, avait pour objet la discussion de questions littéraires et philosophiques

---

[1] Frappé d'excommunication par le pape et privé de son abbaye, dom Basilio fut réduit à la modique solde de 6 livres 13 sous par jour, qu'il recevait en qualité de chef des armées de la république; mais plus tard, Laurent de Médicis obtint son absolution et lui fit rendre son bénéfice. Une partie de l'ex-monastère camaldule de Saint-Félix sert aujourd'hui de retraite aux femmes repenties qu'une institution charitable, remontant à 1580, réunit et entretient sous le nom *Delle mal maritate*.

en rapport avec le goût et les idées du temps. Les religieux n'étaient pas les seuls qui fussent appelés à y prendre part, car les savants les plus distingués de la Toscane se mêlaient volontiers à ces tournois où brillaient l'intelligence et le savoir. Toutefois un camaldule fort zélé pour ces joutes de l'esprit qui peignent si bien le caractère de la Renaissance, ayant voulu en introduire l'usage jusque dans l'enceinte de Saint-Ermitage, le prieur crut devoir les supprimer bientôt, comme ne s'accordant pas avec la sévère observance pratiquée en ce lieu.

Que cette prohibition, qui avait sa raison d'être, ne nous étonne point, ou ne soit pas jugée comme un excès de rigorisme. A cette époque, aussi bien qu'au moyen âge, le monde religieux était partagé en deux camps opposés qui différaient complétement sur la question des études monastiques, question qui, reprise plus tard avec ardeur, ne cessa de passionner les esprits jusqu'à nos jours. Les uns, voyant dans l'amour des lettres païennes un péril pour le cœur encore plus que pour l'intelligence, voulaient que l'âme du moine se nourrît exclusivement des immortels produits de la littérature sacrée. Les autres, au contraire, conservant pour les œuvres du génie hébraïque et chrétien la prédilection qu'elles méritent, vouaient un autre culte aux ouvrages qui font la gloire de l'antiquité classique. Ils croyaient, en les admirant, ajouter un lien de plus à cette parenté intellectuelle qui unit les hommes de tous les temps et de tous les pays. Seulement, au quinzième siècle l'entraînement vers les études grecques et latines était devenu tel, que certains esprits s'en alarmèrent et combattirent une tendance qui pouvait, selon eux, mettre en danger la morale et la foi. N'a-t-on pas la preuve de la réaction contre ce qu'on appelait l'envahissement du paganisme, dans l'accusation d'hérésie et de complot où furent impliqués, sous Jules II, Pomponius Lætus, chef de l'académie romaine, et plusieurs autres personnages attachés à cette savante association?

Cette réaction passagère contre la prépondérance des idées païennes ne pouvait nuire au développement des lettres dans l'ordre des camaldules où le goût des études classiques se combina toujours dans une sage mesure avec le saint amour de la littérature sacrée. En même temps l'art y devient le fidèle compagnon de la science, et dès le quatorzième siècle commence à fleurir dans les divers monastères de l'ordre, surtout à Sainte-Marie des Anges. A cette époque, dom Jacopo de Florence se distingue par son talent à transcrire des livres de chœur, et à les orner de miniatures. Ce fut grâce à ses immenses travaux que l'église des Anges fut pourvue d'une si grande collection de livres qu'aucune autre n'en possédait une semblable[1]. Il travailla également en d'autres monastères et forma une nombreuse école d'élèves qui devinrent de bons peintres ou d'excellents calligraphes. Il mourut accablé de vieillesse, en 1596, et fut pleuré de ses disciples, lesquels, avant de se séparer de leur maître, dit l'un des historiens de l'ordre, « baisèrent cent fois les mains qui avaient exécuté de si beaux ouvrages. » Le même historien rapporte qu'ils voulurent par un sentiment de reconnaissance et de piété filiale, conserver sa main droite qu'on plaça comme une relique dans une châsse dont la partie supérieure

---

[1] Cujus profecto immenso labore et opera templum Angelorum us tissima refertum est librorum supellectile, qua omnibus præstat aliis templis. — August. Florent., *Histor. Camald.*

était à découvert. Un autre religieux camaldule, contemporain de Jacopo, et appelé dom Sylvestre, reçut un semblable hommage de ses élèves qui honoraient en lui l'un des meilleurs miniaturistes de son temps.

Pendant la période suivante, l'ordre produit un certain nombre d'artistes fort distingués. Les deux plus célèbres furent dom Lorenzo et dom Bartolomeo qui, formés aux principes de Frà Angelico de Fiesole, composèrent, à son exemple, d'après les religieuses traditions de l'école mystique. Pour bien faire comprendre, au sujet des artistes camaldules, comment la peinture chrétienne trouva ses plus hautes inspirations dans l'histoire et l'essence même du monachisme, autrement dit dans ce qu'on peut nommer l'*idéal ascétique*, nous en rappellerons ici les premières origines, en montrant quels liens intimes unissent son développement à celui des ordres religieux. Né en Orient, sous la cabane de feuillages des Pères du Désert, l'idéal ascétique avait pris en Occident un rapide essor. L'institut de saint Benoit, en se propageant dans toutes les parties de l'Europe chrétienne, y avait répandu avec la culture intellectuelle et les vertus monastiques, cette sorte d'idéal que le cloître vit grandir, et qui pour les facultés de l'esprit aussi bien que pour celles du cœur, devait être un puissant moyen de progrès et de perfection. En effet, si dans l'ordre religieux et moral le monachisme avait pour fin l'application des principes évangéliques élevés à leur plus haute puissance, dans l'ordre littéraire et artistique il eut pour conséquence le développement indéfini du beau qui, selon le mot de Joseph de Maistre, « est ce qui plait à la vertu éclairée. »

A la suite des moines de saint Benoit qui imprimèrent une si forte impulsion à l'idéal ascétique, vinrent les milices religieuses établies par saint Romuald, saint Bruno, saint Dominique et saint François d'Assise, et dont l'institution, sous des formes et à des degrés différents, influa puissamment sur l'art du moyen âge. Grâce à cette impulsion donnée au génie monastique par la création de ces ordres nouveaux, on le voit, au treizième siècle, inspirer des artistes dont les travaux annoncent, pour les âges suivants, d'immortels chefs-d'œuvre. Bientôt un progrès sensible va s'accomplir. Pendant le cours du quatorzième siècle, la peinture chrétienne, toujours fidèle aux inspirations de l'ascétisme, prend une forme bien plus parfaite au point de vue esthétique. Avec Cimabue et Giotto, ces illustres fondateurs de l'école florentine, un immense progrès s'accomplit dans la peinture religieuse. En leur révélant un idéal plus pur et des types plus parfaits, la magnifique église qui surmonte le tombeau de saint François d'Assise, devient le centre d'une renaissance à laquelle les artistes florentins, leurs élèves, s'associeront de tous leurs efforts.

Toutefois, comme Cimabue, Giotto ne partagea point son génie et son travail entre les deux ordres rivaux de saint Dominique et de saint François; mais par une préférence singulière de la part de l'auteur du poëme contre les abus de la pauvreté volontaire, il se donna tout entier aux religieux du saint mendiant d'Assise. A l'influence qu'exerça sur son génie l'étude assidue de l'hagiographie monastique, il faut ajouter les grandes inspirations puisées dans son commerce intime avec Dante qui, on le sait, le marqua du sceau de sa glorieuse amitié, et le proclama le roi des artistes de l'époque[1]. Or, la vive imagination de Giotto, excitée par la culture intellectuelle, lui permit de suivre aussi loin que possible dans leur vol les sublimes conceptions du chantre de l'Enfer et du Paradis. Si le poëte popularisait dans ses vers immortels la philosophie de saint Thomas d'Aquin, le peintre traduisait en fresques admirables les créations de son illustre compatriote.

Les premiers disciples de Giotto appliquèrent aussi leur talent à glorifier les vertus monastiques, et par là s'élevèrent jusque dans les sphères les plus hautes de l'idéal. Plein d'amour pour son art, mais faible de complexion et d'un caractère naturellement porté à la tristesse, Giottino sut mieux qu'aucun autre artiste de son temps donner aux figures de ses personnages, tantôt l'expression extatique, tantôt la teinte de mélancolie rêveuse dont lui-même portait le germe dans son âme. Le penchant invincible qu'il avait pour la solitude, et sa pauvreté, résultat d'un noble désintéressement, le portèrent à passer sous l'abri des cloîtres le peu d'années qu'il avait à vivre. Au terme de sa trop courte carrière, il fut appelé à Pise et donna le signal du mouvement qui, dans les dernières années du quatorzième siècle, entraîna vers le Campo Santo de cette ville la seconde génération des élèves de Giotto. Ainsi, après avoir enrichi de ses chefs-d'œuvre le monument élevé à la sainteté, l'art émigre de la montagne d'Assise pour aller embellir, sur les bords de l'Arno, un autre monument consacré au culte du tombeau et à la glorification du patriotisme.

---

[1] Credette Cimabue nella pintura
Tener lo campo; ed ora ha Giotto il grido
Si che la fama di colùi obscura.
Purgat., XI, 94.

C'est sous les galeries ogivales du Panthéon chrétien des Pisans que Simon Memmi, Orgagna, Spinello et es Lorenzetti viennent s'inspirer successivement oul des compositions dantesques, ou des légendes monastiques. En remontant aux origines du cénobitisme oriental pour composer sa grande fresque du Campo Santo, Pierre Lorenzetti semble avoir traité son sujet de prédilection, car il le reproduisit ailleurs plusieurs fois, comme s'il eût compris que là était l'essence, que là était la première fleur poétique de l'ascétisme chrétien. Quelle grandeur et quelle placidité répandues sur les différentes scènes empruntées par l'artiste à la vie du désert! Sous le calme apparent que respire l'ensemble de la composition, et qui repose si doucement l'esprit et le regard, quelle vivante expression anime tous ces groupes de personnages dont saint Jérôme et Cassien ont raconté les luttes, les épreuves et les vertus surhumaines! Oui, les voici tous, les héros du premier âge de l'épopée monastique, saint Paul l'ermite, saint Antoine, son disciple, saint Hilarion et les deux amis Onuphre et Paphnuce! Voici encore sainte Marine et Marie l'Égyptienne, dont les austérités attestent que le sexe le plus faible ne craint pas de lutter avec le sexe le plus fort dans les combats de la pénitence, après l'avoir quelquefois dépassé dans les ardeurs de la passion! Telle est, d'ailleurs, la puissance attractive de ces simples et gracieuses représentations de la vie solitaire, que la pensée du spectateur se transporte sans nul effort aux lieux habités par ces bons cénobites. Il se repose à l'abri de leurs palmiers, croit entendre murmurer la source qui étanche leur soif, et pénètre avec eux dans l'intérieur de la grotte à l'entrée de laquelle les plus redoutables animaux du désert veillent silencieux et domptés.

Tandis que par des travaux qu'inspirait le spiritualisme le plus pur, les écoles siennoise et florentine protestaient à l'avance contre les tendances tout opposées qui devaient bientôt prévaloir, l'école mystique, dans quelques parties de la Toscane et de l'Ombrie, arrivait à son plus complet épanouissement. Produit de l'imagination exaltée par les saintes ardeurs du cloître, le mysticisme s'était pendant de longs siècles développé à l'état latent dans l'intérieur des communautés d'hommes et de femmes. Après avoir éclairé, consolé bien des cœurs qu'elle embrasait sans les consumer, cette flamme secrète avait fini par faire explosion au dehors, en donnant naissance à un nombre infini d'ouvrages ascétiques composés exclusivement par des moines ou des religieuses. Ce n'était pas assez toutefois pour le génie mystique de s'être manifesté dans cette incalculable série de productions, notamment dans les ardentes effusions des poëtes franciscains. Il avait à se révéler sous une apparence plus sensible, à prendre corps, pour ainsi dire, et à parler aux yeux en revêtant avec la peinture religieuse la forme, la couleur et l'expression. Ainsi se forma cette école de peintres essentiellement chrétiens, qui recruta de fervents disciples dans les ordres de Saint-Dominique et de Saint-Romuald, et dont les plus illustres furent Angelico de Fiesole, dom Lorenzo le Camaldule, Frà Bartolomeo et enfin Benozzo Gozzoli.

Étrange coïncidence! C'est au moment même où le culte de l'antiquité commence à renaître et vient opposer le naturalisme païen à l'idéalisme tout chrétien

du moyen âge, que l'école mystique fleurit sous les
auspices des plus beaux génies de cette dernière époque. Par un autre rapprochement non moins digne de
remarque, alors que Florence devient le théâtre de cet
antagonisme, les camaldules et les dominicains semblent s'unir pour combattre l'influence de l'art nouveau
qui cherche ses modèles dans les monuments et les traditions du paganisme grec ou latin. Ainsi dom Lorenzo
le Camaldule, et Frà Angelico, de l'ordre de Saint-Dominique, travaillent ensemble à l'église de la Trinité
de Florence. Souvent même, par une fraternelle association, ils mettent tous deux la main au même tableau,
comme ils le firent, par exemple, pour celui qui représente la Descente de croix. Du reste, avant Lorenzo, le
monastère de Sainte-Marie des Anges avait déjà produit,
comme nous l'avons vu, plusieurs générations de miniaturistes célèbres. Les beaux livres de chœur, les
manuscrits peints que l'on admire encore à Sienne, à
Ferrare et au Vatican, attestent quelles profondes racines le mysticisme avait jetées dans les écoles monastiques qui rivalisaient alors avec celle du Mont Cassin.
Mais la peinture mystique avait besoin d'un champ
plus vaste que le frontispice ou les marges d'un livre,
et elle eut pour interprètes les plus fidèles soit des religieux, soit des artistes laïques qui prenaient exclusivement l'idéal ascétique pour point de départ et pour
but.

Depuis qu'une étude plus sérieuse de l'art chrétien
a dissipé chez nous bien des préventions, assez de voix
se sont élevées dans le but de rendre une éclatante justice au talent incomparable du moine de Fiesole, pour
que nous n'ayons pas à faire ressortir ici le génie pro-

fondément mystique de ce maître dont nous avons tant de fois admiré les œuvres à Florence, à Pérouse et à Rome. Moins célèbre que lui, et cependant fort digne d'être connu, son compagnon de travail, dom Lorenzo le Camaldule, formé d'abord aux leçons de Taddeo Gaddi, emprunta la plupart de ses sujets à l'histoire monastique. A Florence, il orna de ses peintures les églises de Sainte-Marie des Anges, de Saint-Benoît et de la Trinité, et décora la chapelle des Bartolini et des Ardinghelli, où il peignit les portraits de Dante et de Pétrarque. Il fit encore d'autres travaux remarquables à la Chartreuse aussi bien qu'en différents monastères, travaux cités avec éloge par Vasari, et qui promettaient à l'art de nouveaux chefs-d'œuvre, quand la mort vint, en 1419, arrêter tout à coup la main de l'artiste. Si dom Lorenzo est une de ces figures de peintres qui, malgré leur mérite réel, se tiennent au second plan, c'est que son talent, non moins modeste que sa personne, se renferma toujours dans l'ombre et le mystère convenant à un religieux camaldule.

Après lui, son meilleur élève, dom Bartolomeo della Gatta, se fit honneur de marcher sur ses traces. A la fois peintre, miniaturiste et architecte, il exécuta des travaux remarquables au monastère de Saint-Clément d'Arezzo, dont il était abbé, et à celui de Sainte-Flore qui appartenait aux bénédictins noirs. Dans un missel donné ensuite au pape Sixte IV, il peignit la passion du Christ avec une si rare perfection, que cette miniature fut regardée avec raison comme l'un des plus beaux ouvrages du genre. Sa renommée s'accrut encore par les belles peintures qu'il fit pour la confrérie d'Arezzo, et où il représenta saint Roch intercédant auprès de la Vierge en faveur de la population de cette ville. Appelé ensuite à Rome, il fit partie du groupe d'artistes éminents qui travaillèrent à la chapelle Sixtine, cette création favorite du pape Sixte IV. Il appliqua, en outre, ses connaissances en musique à la construction d'un orgue remarquable par la puissance et l'harmonie des sons, et décora de cet instrument l'église de son monastère de Saint-Clément d'Arezzo. Pour la gloire de son ordre aussi bien que pour l'honneur de la peinture chrétienne, dom Bartolomeo vécut et travailla jusqu'à l'âge de quatre-vingt-trois ans, et laissa, en mourant, une grande réputation attestée par son épitaphe [1].

A la suite de ces artistes appartenant à l'ordre de Saint-Romuald, nous pourrions en rappeler d'autres qui suivirent fidèlement les exemples de leurs devanciers. Moins nombreux, moins connus que les peintres dominicains dont l'ouvrage du Père Marchese a mis en lumière les travaux et la valeur, les peintres camaldules conservèrent avec autant de soin que les religieux de saint Dominique les grandes et pures traditions de l'école mystique. Au début de la carrière, ils avaient pris pour guide, dans la voie du symbolisme et du spiritualisme le plus élevés, les principes établis par Dante à la mémoire duquel ils avaient voué une sorte de culte. Ce culte datait surtout de l'époque où, banni de Florence, le poëte était venu demander sous le cloître d'un de leurs monastères un lieu de refuge et cette

---

[1] Voici les deux distiques composant cette épitaphe, rédigée dans le style classique et pompeux de l'époque :

Pingebat docte Zeuxis, condebat et ædes
   Nicon; Pan capripes, fistula prima tua est.
Non tamen ex vobis mecum certaverit ullus :
   Quæ fecisti tres unicus hæc facio.

paix qu'il cherchait partout sans jamais la trouver. On rapporte, en effet, qu'avant de se rendre à Ravenne, Dante s'arrêta au monastère de Fonte Avellana, illustré autrefois par le séjour de Pierre Damien, et y acheva son poëme de la *Divine Comédie*, selon l'inscription gravée dans la cellule qu'il habita.

Plus tard, vers la fin du quinzième siècle, la réforme tentée par Jérôme Savonarole, ravive l'amour de l'idéalisme chez les camaldules, comme dans les autres communautés monastiques de la Toscane. La semence jetée par le tribun dominicain continua de fructifier sous les cloîtres, jusqu'au temps où les moines, entraînés par le mouvement irrésistible du siècle, oublièrent à leur tour les véritables principes de l'art chrétien pour sacrifier aux exigences du goût moderne. A l'exemple de tant d'autres, les camaldules finirent par tomber dans les froides exagérations du style berninesque, et si l'idéal ascétique resta gravé au fond de leurs cœurs, certes on ne le vit plus resplendir en fresques vivantes sur les murailles peintes de leurs églises. Cependant la culture de l'art, bien que procédant de principes nouveaux, n'a point cessé de fleurir jusqu'à nos jours dans l'intérieur de leurs monastères. A Camaldoli, par exemple, nous avons remarqué près du maître-autel une crédence fort habilement ciselée par le R. P. prieur général, à la main duquel on doit aussi deux petites statues, représentant saint Benoît et saint Romuald. Plusieurs parties de l'église sont également ornées de tableaux exécutés pour la plupart d'après les compositions des grands maîtres, et peints par un religieux, mort récemment, qui portait, sans en tirer ni vanité, ni prétention aucune, le glorieux nom de Raphaël.

Malgré la profonde solitude où il se cache, l'ermitage de Camaldoli a reçu en tout temps de nombreux visiteurs attirés par la célébrité du lieu où la beauté incomparable du site. De nos jours si le sentiment religieux y conduit peu de pèlerins, en revanche le désir de voir et l'humeur inquiète propre à notre siècle ont porté un grand nombre d'étrangers, surtout de protestants, à gravir la montagne où s'élève la vénérable demeure de saint Romuald. Parmi les personnages les plus connus dont les noms enrichissent un album commencé en 1817, figure l'historien Sismondi qui a terminé la série de ses observations par cette remarque assez curieuse de la part d'un écrivain peu favorable aux institutions monastiques : « La situation des paysans de cette vallée serait bien moins avantageuse, si les possessions du monastère tombaient aux mains de quelque riche propriétaire de Florence. » Comme l'histoire, la poésie a ses représentants sur l'album de Camaldoli. A la date du 29 mai 1837, je lus avec plaisir cette expression de la gratitude du chef de l'école des Lakistes : « William Wordsworth, reconnaissant de la réception hospitalière de ces moines bienveillants, et de la courtoisie à laquelle on ne se serait pas attendu, à cause de l'extrême sévérité de l'ordre. » Au-dessus du nom de lord Brougham, on trouve aussi une pensée religieuse sur la vie contemplative, pensée fort délicatement rendue et qui, par le caractère de l'écriture, décèle la main d'une femme. Une foule d'autres signatures, placées au bas de réflexions écrites en diverses langues, attestent que toutes les nationalités se sont donné rendez-vous à Camaldoli.

En pensant au singulier hasard qui avait amené ence lieu tant de personnalités différentes, et conduit surtout William Wordsworth des lacs du Westmoreland dans cette pieuse solitude de l'Apennin, je rencontrai le jeune camaldule avec lequel j'étais descendu la veille du Saint-Ermitage. Il venait recevoir mes adieux, car je me disposais à quitter le monastère de Fonte Buono. Je lui fis part de mes réflexions au sujet de l'album et de la visite du poëte anglais à Camaldoli.

« Ne vous étonnez pas de cette visite, répondit-il avec son doux et fin sourire, la poésie a des ailes, et si dans son vol elle recherche les lieux solitaires, elle s'arrête de préférence sur les hauts sommets. Quand j'étais encore dans le monde, j'ai lu Wordsworth et les autres poëtes lakistes qui se sont inspirés des beautés sévères de la nature occidentale si différente de la nôtre, et j'avoue que leur esprit rêveur plaisait à ma jeune imagination. Comme la rêverie, dont la poursuite de l'infini est le but insaisissable, ne connaît les bornes ni du temps, ni de l'espace, je conçois que, las de contempler les aspects brumeux de leur île, quelques-uns de ces poëtes aient cherché d'autres impressions sous le ciel de l'Italie. Par l'habitude de la méditation, mieux que qui que ce soit, ils étaient disposés, en pénétrant sous nos cloîtres, à comprendre pour certains esprits la nécessité absolue et les ineffables douceurs de la vie contemplative. »

Comme en prenant congé du religieux dont l'esprit et la parole me tenaient encore sous le charme, je l'engageais vivement à cultiver les dons poétiques qu'il avait reçus en partage : « Ainsi que je vous l'ai dit, répliqua-t-il, je ne chante qu'en moi-même, et dans l'effusion toute intime de la prière qui monte silencieusement vers Dieu. Et si jamais, ajouta-t-il en portant un triste et long regard sur le monastère, je composais un chant sur un rhythme quelconque, ce ne serait peut-être que pour pleurer, comme le prophète, sur la ruine qui menace cette maison, car, je le crains, les temps sont proches, et je n'aurai pas la consolation de mourir ici. »

Les craintes du moine camaldule n'étaient que trop fondées. A la suite des événements politiques qui agitèrent la Toscane, comme les autres provinces de l'Italie, le monastère de Camaldoli se trouva réduit aux plus fâcheuses conditions. La défense imposée par le nouveau gouvernement d'y recevoir désormais aucun novice, porta d'abord un coup mortel à l'élément vital de toute association religieuse. D'autres mesures extrêmes prises dans ces derniers temps auront achevé bientôt la ruine déjà commencée. Aussi, les antiques forêts de sapins abattues sans merci, l'église et les habitations des moines livrées au silence et à la destruction, enfin les domaines du monastère vendus à l'encan et adjugés à quelque banquier juif de Livourne ou de Florence, ne tarderont pas peut-être à montrer combien était juste l'observation de l'économiste protestant Sismondi sur la condition des paysans attachés à la culture des terres monastiques.

CHAPITRE XXII

AMBROISE LE CAMALDULE ET LES ÉCRIVAINS DE SON ORDRE.

Travaux littéraires des moines de saint Romuald. — Impulsion qui leur est donnée par Ambroise le Camaldule. — Caractère de ses relations avec Côme et Laurent de Médicis. — Manuscrits grecs et latins qu'il recueille pour la bibliothèque de Sainte-Marie des Anges. — Son premier ouvrage *De Florentinis originibus*. — Versions latines qu'il donne de saint Jean Chrysostome, de saint Éphrem, de Diogène Laërce et d'autres écrivains grecs. — Ambroise le Camaldule chargé par le pape Eugène IV de réformer son ordre et celui de Vallombreuse. — Révélations contenues dans son *Hodœporicon*. — Importance du rôle qu'il remplit aux conciles de Bâle, de Ferrare et de Constance. — Sa mort; valeur historique et littéraire de sa correspondance. — Pierre Delfino; ses travaux et ses lettres. — Frà Mauro, savant cosmographe. — Histoire de l'ordre par Augustino de Florence. — Nombreux ouvrages de Guido Grandi sur l'histoire et les mathématiques. — Importance des *Annales camaldulenses* des Pères Mittarelli et Costadoni. — Dernières publications faites par les camaldules; le cardinal Zurla et Grégoire XVI.

Les camaldules étant voués particulièrement à la vie contemplative, on pourrait croire au premier abord qu'ils ont peu produit dans l'ordre scientifique ou littéraire. Quelque fondée en apparence que soit cette présomption, elle est pourtant démentie par l'étude attentive de leur histoire. En effet, outre un nombre considérable de livres ascétiques qu'ils ont composés, mais dont la plupart sont restés inédits, les moines de saint Romuald ont encore enrichi d'ouvrages importants la littérature sacrée ou profane. C'est principalement à dater du quinzième siècle que le mouvement intellectuel se manifeste parmi les camaldules qui, disons-le à leur honneur, prirent alors une part active à la renaissance des lettres en Italie. De tous les religieux qui donnèrent le signal de ce mouvement, le plus célèbre par sa science, ses travaux et les hautes missions qu'il remplit dans l'Église fut le Père Ambroise Traversari, connu sous le nom d'Ambroise le Camaldule. Né en 1376, à Portico, petite ville de la Romagne, et issu d'une modeste famille originaire de Ravenne, il reçut tout à la fois une brillante et solide éducation. Son goût particulier pour les langues anciennes put largement se développer dans un siècle où les lettres grecques et latines, si fort honorées en Italie, y avaient pour représentants Emmanuel Chrysoloras, Bessarion, Théodore Gaza, l'Arétin, Le Pogge et Laurent Valla. Chez le jeune Ambroise la piété fut aussi précoce que l'amour de l'étude. Élevé dès l'enfance comme oblat, ainsi qu'il nous l'apprend, au monastère des camaldules de Sainte-Marie des Anges, il se plaisait à rappeler plus tard avec bonheur que là il avait reçu la première initiation à la vie religieuse en même temps que les premiers éléments des sciences humaines. Aussi demandait-il au ciel la grâce « de pouvoir un jour rendre l'âme au lieu même où cette âme sentit germer en elle les prémices de l'intelligence. »

Cependant, au milieu des succès obtenus dans ses études, qu'il acheva sous Jean de Ravenne, le jeune

Ambroise ne se laissait point détourner de sa vocation religieuse. Entraîné par l'exaltation propre à son âge, il avait formé le projet de vivre dans une retraite absolue, pour s'y livrer tout entier à la pratique des devoirs monastiques. Mais ses supérieurs et ses amis trouvèrent peu convenable qu'un jeune religieux doué de si belles dispositions ne les mît point à profit, et il dut accepter la direction de l'école du monastère, avant de recevoir les ordres sacrés. Une fois attaché à ces fonctions, il les remplit avec le zèle ardent qu'il montrait en toutes choses. Il s'occupa d'abord de réorganiser les études dont la base était la connaissance des auteurs anciens, tant sacrés que profanes. Pour arriver à ce but, il fallait avant tout posséder une bibliothèque nombreuse et choisie, et ce fut à réunir les livres dont il avait besoin qu'il appliqua ses efforts les plus persistants. Par une chance toute favorable il avait eu pour compagnon d'études Côme de Médicis que ses goûts littéraires aidés d'une immense fortune, portaient à recueillir à grands frais les manuscrits les plus précieux. Une amitié sincère, telle qu'elle peut se nouer au premier âge et qui dure autant que la vie, rapprocha bientôt ces deux jeunes gens d'une condition si différente. Chaque fois qu'il s'absentait de Florence, Côme laissait au jeune religieux le soin de garder ses livres qu'il appelait son trésor, et qu'à son retour il avait souvent la joie de trouver accru de nouvelles richesses. Il faut lire cette partie des lettres d'Ambroise pour bien apprécier le charme et l'intimité de leurs relations, l'égale ardeur qu'ils apportaient à l'étude, et les mille petits incidents qui signalèrent la mutuelle efflorescence de leur jeunesse.

Laurent de Médicis, frère de Côme, n'était pas moins

attaché à Ambroise, et il l'aida puissamment à former une bibliothèque qui devint bientôt importante. Dans sa correspondance, le religieux camaldule mentionne souvent les envois de livres qu'il a reçus et les témoignages de zèle intelligent et affectueux dont ces envois sont accompagnés. « Notre cher Laurent, écrit-il, nous a rapporté, à son retour de Rome, un très-ancien exemplaire de Plotin, et un énorme volume de Tertullien renfermant vingt-sept livres de cet auteur... Trois autres manuscrits grecs ont été apportés encore par lui. Dans l'un se trouvent des Homélies de saint Jean Chrysostome et de saint Basile, et dans l'autre des Vies de saints, et notamment celle de Chrysostome, écrite par l'évêque Palladius en forme de dialogue. Je la lis, je l'admire, et j'ai l'intention de la traduire en latin. » Ailleurs, à la réception de nouveaux ouvrages de l'antiquité, il dit encore : « Je ne saurais exprimer le plaisir que Laurent me cause, en montrant une si grande sollicitude à satisfaire ma passion pour les livres. Tous mes amis, tous les hommes lettrés doivent se joindre à moi pour le remercier et lui en témoigner la plus sincère gratitude [1]. »

Un autre correspondant du religieux camaldule, Nicolas Niccoli, homme plein d'érudition, et dont la précieuse bibliothèque fut achetée, à sa mort, par Côme de Médicis [2], servait d'intermédiaire entre les deux

---

[1] Ambros. Camald., *Epist. passim.*

[2] Cette bibliothèque, donnée au couvent de Saint-Marc et mise à la disposition du public par Côme de Médicis, se composait, selon le Pogge, d'environ 800 manuscrits latins, grecs et orientaux, dont plusieurs avaient été copiés de la main de Niccoli et enrichis de ses commentaires. Thomas de Sarzane, alors simple prêtre, et depuis pape sous le nom de Nicolas V, en fit une classification qui servit de modèle pour d'autres bibliothèques de l'Italie.

amis. Il allait sans cesse du palais du gonfalonier au monastère des Anges pour y apporter de nouveaux manuscrits qui étaient toujours reçus avec transport. C'était lui qui, pendant les absences d'Ambroise, veillait sur ses papiers, sur ses livres, et c'est par une de ses lettres que nous connaissons les divers ouvrages que le moine camaldule dut à la munificence de Côme. Après l'énumération des œuvres les plus remarquables des Pères de l'Église, la correspondance d'Ambroise avec son ami signale encore des manuscrits trouvés au Mont-Cassin et un exemplaire de l'Histoire ecclésiastique d'Eusèbe de Césarée. « J'ai lu en dix jours, écrit-il, cette Histoire composée en langue grecque, et la lecture m'en a ravi au delà de toute expression. Quoique je la connusse déjà pour l'avoir vue ailleurs en texte latin, j'y avais éprouvé bien moins de plaisir que lorsque j'ai pu la lire dans le texte original. J'ai goûté surtout la majesté de son style et la parfaite élégance de ses expressions. Entre tous les auteurs ecclésiastiques que j'ai étudiés, il est le plus expert dans l'art de créer des combinaisons de mots aussi nouvelles qu'ingénieuses, et il fait preuve d'une connaissance approfondie des arts libéraux. »

Si nous passons ensuite aux écrivains de la littérature profane, nous voyons que le moine camaldule n'était pas moins ardent à en rechercher les ouvrages manuscrits. Un de ses amis lui annonce avoir en sa possession un exemplaire d'Archimède avec des figures représentant les machines de guerre et les instruments pour la marine, qu'inventa ce grand géomètre. L'ouvrage impatiemment attendu lui arriva enfin et sa main, habituée à écrire vite les lettres grecques, le copie avec une rapidité qui le surprend lui-même. Une dame étrangère lui ayant envoyé un autre manuscrit, il passe la nuit à en extraire des pensées de Platon, et montre un empressement semblable en recevant l'*Apologie de Socrate*, les *Éthiques* d'Aristote, l'*Orateur* de Cicéron et la *Vie des douze Césars* par Suétone. Ailleurs, il exprime le regret de n'avoir pu transcrire un traité de Tertullien, conformément au désir de son correspondant; mais le soin des âmes et la nécessité de veiller au maintien de la discipline monastique ont occupé tous ses instants disponibles.

La communauté des goûts littéraires établit aussi les rapports les plus fréquents et les plus intimes entre le religieux camaldule, François Barbaro et Léonard Giustiniani. C'étaient deux savants patriciens de Venise, qui étaient admis dans la familiarité de Côme de Médicis, avec le cardinal Pisani, Guarino, le traducteur de Strabon, et d'autres érudits du quinzième siècle. François Barbaro était encouragé dans ses travaux par le religieux de Sainte-Marie-des-Anges, qui le félicitait hautement de son Commentaire *de Re uxoria*, et le proclamait l'écrivain le plus capable de son temps d'égaler les anciens par l'esprit et le savoir. De son côté, Léonard Giustiniani entretint une correspondance très-active avec Ambroise, pour lequel il achetait des livres ou des couleurs destinées à l'ornementation des manuscrits peints que les moines miniaturistes exécutaient alors en si grand nombre sous l'habile direction du chef de l'école conventuelle. « Que l'on ne s'étonne pas, dit l'historien de sa vie, s'il chargea un jour Léonard de lui envoyer deux cents livres d'encre, car il employait une telle quantité de secrétaires et de copistes, que non-seulement le monastère des Anges, mais encore toute la ville de Florence semblaient être une officine d'écrivains publics. » Quant à Ambroise, tantôt il console son ami des regrets que celui-ci témoigne d'avoir manqué l'acquisition d'ouvrages excellents, tantôt il le remercie de l'envoi du catalogue de sa bibliothèque, car il pourra user, comme des siens, des livres qui la composent. Les volumes échangés entre eux sont divers ouvrages de saint Jean Chrysostome, les Épîtres de saint Basile, le traité de saint Augustin sur la Doctrine chrétienne, les œuvres de saint Jean Climaque, de saint Ambroise et de Lactance. Puis viennent les lettres de Cicéron à Atticus, l'*Agésilas* de Xénophon, Apollonius et Philostrate, Thucydide et Plutarque, auxquels il faut ajouter Diodore de Sicile, Pausanias, et enfin Trogue Pompée dont l'ouvrage abrégé par Justin et découvert en Espagne avait été envoyé à Ambroise le Camaldule.

Un grand nombre de lettres nous le montrent entretenant avec François Philelphe des relations non moins actives au sujet des auteurs grecs et latins. Philelphe lui cède un exemplaire de Diodore de Sicile, un autre de Philon, et s'excuse auprès de lui de n'avoir pu, à cause de ses occupations et des tourments de son esprit, lui adresser les vers qu'il réclame sur Diogène Laërce. Le religieux camaldule, qui connaît l'extrême irritabilité de son correspondant, essaye vainement de consoler ses ennuis, de guérir les blessures de son amour-propre d'auteur, et surtout de calmer son ressentiment contre Côme de Médicis dont il s'était déclaré le mortel ennemi. L'inflexible professeur de philosophie se refuse à toute espèce d'accord, et mécontent sans doute d'une tentative de conciliation qui n'avait fait que l'irriter davantage, il écrit à Aurispa que le moine Ambroise, lui est devenu suspect, malgré toutes ses protestations d'amitié. Pour soulever un autre coin du voile qui recouvre la vie si militante des érudits du quinzième siècle, empressons-nous d'ajouter que Le Pogge, dans son dialogue *sur les Hypocrites*, a pleinement vengé le général des camaldules des insinuations dirigées contre sa sincérité. A son tour le satirique Paul Jove rend un complet hommage aux vertus chrétiennes et aux qualités sociales du religieux camaldule. « C'était, dit-il, un homme qui, par un bonheur peu commun, était saint sans porter la tristesse sur son visage, et montrait partout une douceur, une sérénité inaltérables [1].

Déjà l'affection qui attachait Ambroise à la ville de Florence, l'avait porté à lui offrir un gage personnel de ses sentiments, en composant pour elle son premier ouvrage intitulé : *de Florentinis originibus*. Il y traite du commencement, de l'organisation et du gouvernement de la République, rappelle ses luttes extérieures et met en relief les services et les actions d'éclat de ses citoyens les plus illustres. C'est un livre bien fait, écrit avec élégance et pouvant intéresser ceux qui étudient les origines de cette belle et charmante cité, appelée autrefois l'Athènes de l'Italie, et qui récemment vient d'en être proclamée la capitale. Ensuite, comme de son temps les ordres monastiques, au sein desquels se produisaient beaucoup d'abus, étaient souvent l'objet d'attaques fort vives, il

---

[1] P. Jov., *Elog.* cap. XI.

traduisit en latin le traité de saint Jean Chrysostome *Adversus vituperatores vitæ monasticæ.* Pour la composition de ce travail il suivit les conseils de son vénérable abbé Matteo, et sous la même influence, il fit encore la traduction de plusieurs autres ouvrages de l'éloquent patriarche de Constantinople, notamment celle des Commentaires sur les Épîtres de saint Paul, des Homélies et des Discours contre les Juifs.

Si dans cette entreprise difficile, il fut activement secondé par Côme de Médicis et son infatigable ami Léonard Giustiniani, son zèle fut d'ailleurs mis à l'épreuve par toutes les déceptions, toutes les mésaventures que peut éprouver un savant passionné, comme lui, pour son œuvre. Tantôt un exemplaire de saint Jean Chrysostome, confié à deux moines camaldules, est perdu dans le naufrage qu'ils font en naviguant sur le Pô ; tantôt un autre envoyé, chargé de recueillir des manuscrits grecs à Alexandrie, vient à mourir pendant le voyage. Heureusement il trouve une compensation à toutes ces pertes dans l'arrivée de l'empereur de Constantinople, qui, venu en Italie pour y réclamer les secours de la chrétienté contre les Turcs, avait apporté avec lui un grand nombre d'ouvrages précieux qu'il voulait sauver de la ruine prochaine de son empire. A cette nouvelle, Ambroise s'empresse de s'informer de la nature et de la valeur de ces ouvrages, et si, comme chrétien, il s'afflige des malheurs de l'empire d'Orient, comme érudit, il se félicite du profit que la république des lettres pourra retirer de tant de trésors inattendus qui lui surviennent.

Entre autres manuscrits grecs qu'il avait reçus de l'Asie Mineure se trouvait un superbe exemplaire des sermons de saint Ephrem, dont les ouvrages renommés en Orient, n'avaient pas été encore apportés en Italie. Pour complaire à Côme de Médicis, Ambroise entreprit la version latine du recueil des sermons du saint ermite syrien, et l'offrit à son protecteur en lui adressant une savante épître dédicatoire qui révèle l'intimité des relations existant entre eux. Bientôt, malgré son intention de ne traduire que des ouvrages appartenant à la littérature ecclésiastique, il fut contraint de céder aux sollicitations pressantes, aux persécutions même de ses amis les plus influents, pour donner la traduction de la *Vie des philosophes*, par Diogène Laërce[1]. Ses confidences à son cher Léonard nous apprennent quels combats sa conscience de religieux eut à soutenir avant qu'il se décidât à quitter, pour un auteur profane, l'étude de ces grands écrivains sacrés, qu'il appelle les purs et lumineux flambeaux de l'Église, et dont la vie, aussi bien que les œuvres, lui avaient ouvert la seule voie qu'il dût suivre. Enfin, après avoir cédé à de nouvelles influences pour traduire, outre le Diogène Laërce, des traités de Plutarque, de Nicandre et de Philostrate, il revient avec amour à ses travaux sur la littérature ecclésiastique. S'appliquant dès lors tout entier aux ouvrages originaux des Pères de l'Église grecque, il donne successivement la version latine de la *Hiérarchie céleste* attribuée à saint Denys l'Aréopagite, de la vie de saint Grégoire de Nazianze[2], et de

[1] Magna me hominum vis impulit ut præter institutum meum quo jam pridem solis sacris litteris ex græco transferendis operam dare decreveram, Diogenis Laertii libros de Vita decretisque philosophorum in latinum convertam. — Ambros. Camald., *Epist. ad Leonard. Justinian.*

[2] Le manuscrit grec de saint Grégoire de Nazianze lui avait été envoyé du monastère de Grotta Ferrata, et il fit hommage de sa traduction au cardinal de Saint-Ange, à l'instigation duquel il l'avait entreprise.

celle de saint Jean Climaque, travail dans lequel il fut vivement encouragé par Louis Barbo, abbé de Sainte-Justine de Padoue. Ce fut aussi pour être agréable à ce pieux réformateur de l'ordre bénédictin en Italie, qu'il corrigea l'ancienne chronique de l'abbaye du Mont-Cassin, en même temps qu'un Dialogue de l'abbé Didier, dont la latinité semblait un peu rude au goût délicat des érudits de la Renaissance.

II

Il y avait déjà trente années qu'Ambroise le Camaldule se livrait sans relâche à ses travaux d'érudition, tout en remplissant dans sa congrégation diverses charges administratives, lorsqu'il fut, en 1431, élu général de l'ordre. Dans cette même année, par un heureux rapprochement de circonstances, le cardinal Gabriel Condolmeri, avec lequel il entretenait depuis longtemps des rapports littéraires, et qui s'était toujours montré le zélé protecteur des camaldules, avait été élevé au saint-siége, après la mort du pape Martin V. Sous l'impression de la joie que lui causait l'élection d'Eugène IV, le religieux camaldule écrivit à ses correspondants intimes, pour se féliciter avec eux du choix qui venait d'être fait et vanter surtout les mérites du pontife auquel était confié le gouvernail de l'Église [1]. Bientôt voulant adresser au nouveau pape ses félicitations personnelles, il lui écrit une lettre pleine de

---

[1] Quid plura? Boni omnes mirifice gratulantur huic potissimum Ecclesiæ commissa esse gubernacula, qui unus omnium justissimus et castissimus sit. — Ambros. Camald., *Epist. ad Nicol.*

respect et d'affection, où il lui recommande le monastère des Anges et l'ordre entier des camaldules auquel il avait montré jusqu'alors un si grand intérêt. A cette lettre le pape fit une réponse des plus bienveillantes, et en le remerciant de l'envoi d'un beau volume de saint Bernard, il lui promit la continuation de l'appui réclamé pour les religieux, ses frères.

Conformément à cette promesse, Eugène IV ne tarda pas à placer les monastères camaldules sous le protectorat du cardinal Jean Piccolomini, et il lui prescrivit de convoquer un chapitre général de l'ordre, afin d'y introduire une prompte réforme. Ce fut dans cette réunion solennelle, tenue au monastère de Sainte-Marie d'Urano, qu'Ambroise fut contraint, malgré sa résistance, d'accepter le généralat, après la démission volontaire de son prédécesseur Benoît de Forli, qui s'était reconnu coupable des fautes les plus graves. Ayant séjourné quelque temps au Saint-Ermitage de Camaldoli pour y prendre possession de sa charge et régler les affaires de l'ordre, il se rendit ensuite à Rome où il fut comblé de témoignages d'estime par le pape et les membres les plus éminents du cardinalat romain. Nommé visiteur apostolique de la congrégation de Vallombreuse, il remplit cette difficile et délicate mission avec un zèle, un tact et une fermeté qui ne se démentirent jamais. Il montra les mêmes qualités dans l'inspection qu'il fit des monastères camaldules où le relâchement s'était introduit, et où il eut souvent la douleur de constater les désordres les plus regrettables. Son *Hodœporicon*, qui est à la fois l'itinéraire et la relation exacte de cette longue et minutieuse revue de couvents des deux sexes, renferme de tristes révélations sur l'état moral de la société contemporaine, en dehors comme au dedans des cloîtres [1].

Parti du monastère des Anges, le 11 octobre 1431, pour assister d'abord à ce qu'il appelle les Comices de son ordre, Ambroise continua pendant l'année 1432 la mission dont il avait été chargé par Eugène IV. Il va de communauté en communauté, poursuivant son enquête sans relâche, se rendant compte du bien et du mal, ici encourageant les forts, là soutenant ou réprimandant les faibles, ailleurs châtiant sans pitié les sujets vicieux et incorrigibles. Parfois les actes de violence et d'inconduite sont si scandaleux, que le visiteur apostolique, pour l'honneur du corps, juge plus prudent de remplacer la procédure juridique par une information secrète, ordinairement suivie d'une censure à huis-clos prononcée contre le coupable [2]. Plus heureux sur d'autres points de sa visite, il se réjouit à la vue de communautés où règne une exacte observance, et l'âme allégée du poids qui l'oppressait en entrant, il part content d'avoir pu féliciter les moines de leur vie régulière.

Appelé, sur la désignation du pape, à représenter la république de Florence au concile de Bâle, le général des camaldules s'arrêta d'abord à Ferrare où, dans un discours fort remarquable, il complimenta l'empereur Sigismond. Il venait de recevoir du

---

[1] L'*Hodœporicon*, fut publié à Florence, en 1678, par le P. Bartholini, clerc régulier de la congrégation de la Mère de Dieu, sur un manuscrit que lui communiqua Magliabecchi, bibliothécaire du grand-duc de Toscane.

[2] Præcepta secretiora tradimus, quæ scriptis ligare ob illius et nostrum ipsiusque monasterii honorem noleramus... — Ambr. Camald., *Hodœporicon*.

prince la confirmation des priviléges de son ordre, quand une grave et pénible nouvelle lui fut apportée. Par suite d'une de ces révolutions si fréquentes dans les annales florentines, un décret de bannissement avait été prononcé contre Laurent et Côme de Médicis, et le premier s'était réfugié à Bologne, tandis que le second était retenu prisonnier à Florence. Ambroise s'empressa de porter d'abord ses consolations à Laurent ; mais celui-ci montra tant de courage, tant de résignation au milieu de ses revers que, les rôles venant à changer, ce fut lui qui consola le religieux du chagrin que lui causait le malheur de ses amis. Désirant ensuite obtenir la liberté de Côme, le général des camaldules se rend à Florence. Il se présente devant les prieurs du Grand Conseil, et par sa parole aussi habile que touchante, il désarme les uns, émeut les autres, et parvient à pénétrer jusqu'au fond de la prison où l'illustre captif était gardé à vue[1]. Ambroise trouva Côme non moins résigné que son frère, et aussi digne dans sa tenue, aussi calme dans son langage que lorsque, naguère, gonfalonier de la République, il était au faîte des grandeurs. En présence d'une infortune si noblement acceptée, Ambroise n'en fut que plus ardent, à poursuivre, de concert avec les ambassadeurs Vénitiens, la délivrance de son ami et de son protecteur, et Côme de Médicis, rendu enfin à la liberté, partit la nuit de Florence pour aller en exil à Venise.

[1] Les ennemis personnels de Côme de Médicis, qui l'accusaient d'avoir trahi les intérêts de la République en s'alliant avec François Sforza, avaient voulu le faire empoisonner ou étrangler par son gardien, le chevalier Frédéric de Malavolti. Mais ce dernier, dit le biographe Fabroni, appréciant son honneur plus haut que toutes les offres qui lui étaient faites, les repoussa avec indignation, et rassura même son prisonnier sur les justes alarmes qu'il avait pu concevoir.

Ces devoirs remplis envers la reconnaissance et l'amitié, le général des camaldules se mit en route pour Bâle, afin d'agir sur les dispositions du concile dont le pape Eugène IV avait prononcé la dissolution, en indiquant la réunion d'une nouvelle assemblée à Bologne. Chargé du soin de ménager un rapprochement entre le chef de l'Église et les Pères du concile jusqu'alors restés sourds à ses injonctions, Ambroise arriva à Bâle, en qualité de nonce du pape, et y fit son entrée à la tête d'un nombreux cortége formé de prélats, d'ambassadeurs des diverses puissances et de 400 cavaliers qui étaient allés au-devant de lui. Le soir même de son arrivée il eut une entrevue avec le cardinal Julien Cesarini, légat du saint-siège auprès du concile, et qui était beaucoup plus dévoué aux intérêts de l'assemblée qu'à ceux du pontife. Le légat, mêlant la grande question de la réforme de l'Église aux minces débats de ses affaires personnelles, se plaignit vivement des procédés de la cour romaine qui le laissait manquer de tout à Bâle, sans songer à lui payer les mille écus promis sur sa pension. Ambroise essaya de le calmer, l'assura que les engagements pris avec lui seraient tenus, et bientôt il agit assez puissamment sur ses dispositions pour qu'il crût pouvoir écrire au pape, en le mettant au courant de tout ce qui se passait au concile. « Depuis notre arrivée en cette ville, l'atmosphère, qui auparavant était chargée de nuages, s'est merveilleusement rassérénée, et le changement est tel qu'un grand nombre de personnes espèrent que les esprits reprendront également leur calme et leur sérénité. » L'espoir exprimé par le nonce d'Eugène IV ne se réalisa point. Les efforts de son éloquence qui pendant plusieurs séances captiva l'admiration de toute l'assemblée, purent rallier quelques partisans au souverain pontife ; mais ils n'empêchèrent point la publication du décret par lequel le concile, étendant la réforme jusqu'aux droits du chef de l'Église, supprimait les annates et autres revenus du siége apostolique.

De Bâle le général des camaldules fut envoyé à Vienne auprès de l'empereur Sigismond, afin de négocier la translation définitive du concile à Ferrare. Ayant réussi pleinement, il revint, au mois de mars 1436, auprès du souverain pontife qui se trouvait alors à Florence et il en fut parfaitement accueilli à cause du zèle qu'il avait apporté à remplir sa mission. Revenu enfin, après tant de pérégrinations, à l'ermitage de Camaldoli, il s'occupa de rétablir l'ordre qui avait été troublé pendant son absence, et profita des loisirs de sa retraite pour traduire plusieurs Discours de saint Grégoire de Nazianze dont il dédia la version latine à l'archevêque de Milan. Quelque temps après, quand Eugène IV convoqua successivement les conciles de Ferrare et de Florence, pour remplacer celui de Bâle, le général des camaldules reparut encore avec honneur dans l'une et l'autre assemblée où il servit d'interprète aux représentants de l'Église grecque. Il y apporta d'autant plus d'ardeur que son vif désir était de voir se terminer le schisme qui divisait les Grecs et les Latins. Avant même que cette grande question ne fût traitée dans un débat solennel, il n'avait cessé de solliciter le pape et les personnages les plus éminents du concile de faciliter par tous les moyens le rapprochement sur lequel l'assemblée avait à délibérer.

« Je recommande aussi instamment que possible à

Votre Béatitude, écrivait-il à Eugène IV, l'affaire des Grecs, afin que la sainte union si désirable, si nécessaire entre les deux Églises soit définitivement accomplie, surtout, quand la question, avec l'aide de Dieu, en est venue à ce point qu'elle dépend aujourd'hui de la volonté et de la décision de Votre Sainteté. » Puis, sa sollicitude s'étendant des intérêts de l'Église à ceux de la chrétienté mise en péril par l'invasion des Turcs, il presse le pontife de donner à l'empereur Jean Paléologue les secours dont il a besoin contre ses terribles adversaires. « L'union étant une fois terminée, ajoute-t-il, que l'empereur retourne dans ses États avec honneur et entouré d'un puissant appareil; qu'une flotte soit préparée à cet effet, non-seulement pour l'accompagner et le protéger pendant son voyage, mais encore pour inspirer une juste terreur à ses ennemis[1]. »

Aux conciles de Ferrare et de Florence, Ambroise fut heureux de se retrouver avec quelques-uns des cardinaux qu'il avait connus à Bâle, et qu'il était parvenu à rattacher à la cause du souverain pontife. Leur commune influence jointe à celle qu'il exerçait lui-même sur les évêques et abbés venus de l'Orient, contribua singulièrement à l'union des deux Églises. Dans les controverses qu'il soutint tour à tour en grec ou en latin devant l'empereur de Constantinople et les membres du concile, son action personnelle fut si grande que Bessarion, alors archevêque de Nicée, déclara hautement reconnaître comme vrais les principes soutenus par l'Église romaine, et vouloir signer de sa main la déclaration que sa bouche venait de prononcer. Ce fait important se passait à Florence, le 14 avril 1439, et tous les

[1] Ambr. camald., *Epist. ad Eug. pp. IV*.

représentants de l'Église grecque, ayant adhéré aux chapitres sur lesquels portait le différend, le général des camaldules fut, de tous les abbés, le premier à souscrire le décret rendu à ce sujet par le concile.

En récompense de la part considérable qu'il avait prise à un rapprochement poursuivi depuis tant de siècles, Ambroise fut gratifié par les plus grands personnages de l'empire grec de manuscrits précieux et de magnifiques objets d'art dans le style byzantin. Selon le témoignage de Paul Jove, l'assemblée entière était unanime avec les cardinaux et le souverain pontife, pour comprendre toutes les obligations dont l'Église lui était redevable, et reconnaître qu'il avait mérité de revêtir enfin la pourpre romaine que sa modestie lui avait fait refuser jusque-là. Ce prix que la voix publique lui décernait, une mort inattendue l'empêcha de l'obtenir. « Après tant de glorieux travaux, dit le Père Edmond Martène, et en compensation d'un honneur qu'il ne put recevoir, une gloire immortelle convenait mieux à ses mérites. » Atteint de la peste qui fit alors tant de ravages en Toscane, Ambroise le Camaldule mourut à Florence au mois de novembre 1439, emportant les regrets de ses religieux, des érudits et de tous ceux qui l'avaient connu. Sa renommée était si grande que son éloge fut composé en vers et en prose par la plupart des auteurs contemporains ; mais aucun de ces éloges ne l'honora davantage que la profonde douleur ressentie alors par le souverain pontife. En apprenant la perte qu'il venait de faire, Eugène IV ne put retenir ni ses larmes ni ses gémissements, et appelant plusieurs fois son cher Ambroise, il ne cessait de répéter que l'Église avait vu s'éteindre en lui son plus brillant flambeau.

Quelle qu'ait été pourtant au quinzième siècle la réputation d'Ambroise le Camaldule, son nom, peut-être par ce qu'il rappelait celui d'un moine, finit par s'éclipser au milieu de l'éclat que répandait la lumineuse pléiade des savants de la Renaissance. Malgré les louanges qui lui furent décernées par Jove et Politien [1], malgré le soin pieux que deux camaldules, dom Michel et dom Augustin, apportèrent, l'un à faire un premier recueil de ses lettres, l'autre à écrire sa vie, la notoriété d'Ambroise eut à subir, comme tant d'autres, les atteintes jalouses du temps et de l'oubli. Le monde ne fut pas seul coupable d'indifférence pour la mémoire d'un homme qui, en son temps, avait été l'honneur du cloître, de l'Église et des lettres. Les religieux de Camaldoli, de ce lieu plein des souvenirs du généralat d'Ambroise, finirent eux-mêmes par oublier jusqu'au tombeau de celui qui avait tant fait pour leur ordre. A la fin du dix-septième siècle, le Père Mabillon, visitant l'église du Saint-Ermitage, constatait avec une douloureuse surprise que l'endroit où reposait « le grand Ambroise, comme il l'appelle, n'était marqué ni d'une pierre, ni d'une inscription [2]. » Ce fut pour venger sa mémoire d'un oubli si honteux, que les bénédictins français voulurent élever à Ambroise un monument digne de lui, en publiant le recueil de ses lettres, et leur correspondance avec Antoine Ma-

---

[1] Ejus mortem plurimis elegiis variisque carminum generibus doctissimus quisque illius sæculi deploravit; neque postea defuerunt qui ejus eruditioni plurimum semper tribuerunt. — A ces hommages que rappelle le biographe d'Ambroise le Camaldule, Paul Jove apporta plus tard son tribut, et il fit placer le portrait du prieur de Camaldoli parmi ceux des hommes illustres réunis dans le musée de Côme de Médicis.

[2] J. Mabill., *Iter Ital.*, p. 180.

gliabecchi prouve tout l'intérêt qu'ils y attachaient [1].

Cet intérêt était on ne peut mieux fondé. Lorsqu'on étudie, en effet, la volumineuse collection des lettres d'Ambroise le Camaldule, on est d'abord confondu devant le nombre et l'importance des personnages auxquelles elles s'adressent. On n'est pas moins surpris de l'extrême variété des sujets qu'elles traitent, et de la facilité prodigieuse avec laquelle l'auteur passe des détails les plus compliqués de la vie pratique aux plus hautes questions de politique, de philosophie ou d'érudition. La première partie de sa correspondance renferme les lettres si intéressantes écrites à Eugène IV, pour l'engager d'abord à veiller au maintien de la discipline monastique, à protéger les communautés camaldules, et à intervenir dans les discussions que ces communautés peuvent avoir avec les évêques ou les seigneurs du voisinage. Ses missions en Autriche et en Hongrie, ses rapports avec l'empereur Sigismond et sa cour, la description du château de Bude n'offrent pas moins d'intérêt que ses confidences ultérieures au sujet des ambassadeurs grecs, de leur souverain Jean Paléologue et des intrigues qui se passent aux conciles de Ferrare et de Florence.

Dans les livres suivants se trouvent les lettres écrites aux princes, aux évêques, aux abbés et aux érudits de son temps concernant une infinité d'objets qui touchent

---

[1] Le tome III de l'*Amplissima collectio*, publié en 1724 par les Pères Martène et Durand, contient la correspondance d'Ambroise le Camaldule, divisée en vingt livres, et les lettres qui lui ont été adressées par les érudits de son époque. Outre ce volume, préparé tout entier par le P Mabillon, un autre recueil encore plus complet de la correspondance du général des camaldules fut publié à Bologne, en 1759, par Laurent Mehus, en 2 vol. in-folio.

à ses travaux littéraires ou bien à ses fonctions de prieur général. Ce n'est pas seulement la correspondance personnelle d'Ambroise qui constitue la valeur du recueil dont nous parlons, car à la fin du volume figurent les harangues qu'il prononça et les lettres que lui adressèrent les personnages les plus considérables et les plus savants de l'époque. En nous donnant des renseignements authentiques sur le mouvement littéraire de ce siècle placé aux confins de deux mondes comme pour tout voir et tout découvrir, les lettres dont nous parlons mettent à jour le caractère souvent peu connu de leurs auteurs. Elles en dévoilent les amitiés et les haines, les espérances et les déceptions, et nous font assister à cette lutte de passions ou d'intérêts qui agitent la sensible mais irritable nature des écrivains. Entre toutes les autres, la correspondance de Philelphe et celle de plusieurs savants d'origine grecque sont surtout remarquables, parce qu'elles nous apprennent comment pensaient et vivaient dans leur patrie adoptive ces savants qui précédèrent Lascaris en Italie, et y furent les premiers et véritables promoteurs de la renaissance des lettres. Quels que soient d'ailleurs le rang, la valeur ou la nationalité des correspondants d'Ambroise le Camaldule, tous s'accordent, sauf de bien rares exceptions, à lui rendre un égal témoignage d'affection, d'estime et de respect. Une si touchante unanimité de sentiments nous a frappé bien plus encore que l'immense appareil d'érudition déployé dans les volumineux in-folios dont nous venons de donner ici une trop courte analyse. C'est pourquoi nous nous sommes arrêté plus volontiers devant la noble et grande figure de ce moine qui, mort il y a plus de

quatre cents ans, est aujourd'hui presque inconnu à
notre siècle, et auquel nous avons voulu, à l'exemple des
bénédictins français, payer le modeste tribut de notre
hommage[1].

III

Quand un homme éminent et justement regretté
vient à disparaître, on dirait qu'un souffle de son esprit
survit avec sa mémoire pour animer, éclairer, après
lui, ceux qui ayant eu le bonheur de le connaître,
mettent leur gloire à le choisir comme guide et comme
modèle. C'est ce qui se produisit après la mort d'Ambroise le Camaldule. Pendant le cours du quinzième
siècle, l'étude des lettres profanes et sacrées continue
de fleurir chez les religieux de son ordre, et les réunions académiques dont nous avons parlé précédemment, maintiennent parmi eux le goût des discussions
savantes. Sur la nature de ces discussions de curieux détails ont été donnés par Christophe Landino, l'un des
principaux membres de l'académie platonicienne de
Florence, et qui a rappelé dans un ouvrage spécial les
controverses auxquelles prenaient part, de concert avec
quelques moines camaldules, les personnages les plus
distingués de la Toscane[2]. Adoptant pour son livre la

---

[1] Voir Pièces justificatives, E.

[2] L'ouvrage est intitulé *Disputationum camaldulensium libri IV ; scilicet de vita activa et contemplativa liber primus ; De summo bono liber secundus ; In P. Virgilii allegorias liber tertius et quartus ;* Florence, 1480, in-f°. Sur la vie et les autres ouvrages de Landino qui mourut en 1504, à l'âge de quatre-vingts ans, Bandini donne d'utiles renseignements dans son *Specimen litterat. Florent.*, sæcul. XV.

forme du dialogue, l'auteur suppose que pour se délasser des chaleurs accablantes de l'été, ses interlocuteurs ont quitté le séjour de la ville, et se sont rencontrés sous les frais et paisibles ombrages qui entourent le monastère de Camaldoli. La conversation s'engage, et au milieu de dissertations d'un goût tout classique sur la vie active et contemplative ou sur le souverain bien, le narrateur s'interrompt pour encadrer son récit d'une vue jetée sur le paysage extérieur dont il décrit le calme et la beauté solennelle. La reproduction de telles scènes, en pareil lieu, finit par opérer sur l'esprit un effet extraordinaire. Il semble qu'on entende un écho lointain de la sagesse antique discourant par l'organe de Platon aux pieds des grands arbres qui ornaient les jardins d'Académus, et mêlant ses leçons aux divins enseignements que plus tard l'apôtre saint Paul allait prêchant aux bords des lacs et à l'ombre des palmiers de la Judée.

A la même époque, la science cosmographique faisait aussi un grand progrès par suite des études du célèbre Frà Mauro, religieux camaldule du monastère de Saint-Michel de Venise. Compatriote de Marco Polo et plein du souvenir des découvertes et des relations écrites de ce hardi voyageur, Frà Mauro, qui ne sortit point de son étroite cellule, ne put que parcourir en pensée les vastes espaces qu'il devait ensuite si bien décrire dans sa mappemonde. Résumant en lui toutes les connaissances que les géographes anciens et modernes avaient pu recueillir, ce religieux, surnommé avec raison le d'Anville du quinzième siècle, dessina, de 1457 à 1459, la belle mappemonde longtemps conservée avec un légitime orgueil par les moines de Saint-Michel de Murano. En examinant ce curieux monument de la science géographique, que possède aujourd'hui la bibliothèque Marciana de Venise, on est tout surpris d'y trouver l'indication de contrées ou de points géographiques encore inconnus, comme par exemple, le Darfour dans l'intérieur de l'Afrique, et le cap de Bonne-Espérance à son extrémité. La forme même de cette partie du monde diffère peu, dans l'ensemble, de celle qu'elle a en réalité, comme si le moine qui en traça les contours avait devancé, par une lumineuse révélation de la science, les grandes découvertes que le génie explorateur de Vasco de Gama devait bientôt accomplir.

Vers la fin du quinzième siècle, Pierre Delfino, général de l'ordre des camaldules, y ravive l'amour des études et l'observance exacte de la discipline monastique. Issu d'une noble famille vénitienne, un penchant irrésistible pour la vie religieuse l'avait porté à prendre jeune encore l'habit monastique à Saint-Michel de Murano. Il y remplit tous ses devoirs avec une si parfaite exactitude qu'en 1479, à peine âgé de trente-cinq ans, il fut élu abbé du monastère, puis élevé, l'année suivante, aux fonctions de procureur général. D'une extrême activité d'esprit, il ne cessa de s'occuper de travaux d'érudition, entretint une correspondance fort étendue avec des princes, des seigneurs, des évêques et des religieux de son ordre, et composa une série de harangues qu'il adressa aux huit papes sous le pontificat desquels il remplit la charge de général. Ses nombreuses relations avec les puissances de la terre ne lui firent rien perdre de sa modestie et de sa simplicité. En 1488, la république de Venise ayant à proposer un sujet de l'État pour la dignité de cardinal,

Pierre Delfino fut désigné d'une voix unanime ; mais il refusa obstinément cet honneur. Retiré à Saint-Michel de Murano, après avoir déposé le généralat, il y acheva paisiblement ses jours en 1525, laissant une volumineuse correspondance, aussi intéressante à consulter pour les annales particulières de l'ordre que pour certains événements de l'histoire contemporaine [1].

L'histoire des camaldules offrait, dès le seizième siècle, une suite assez complète de documents pour fournir la matière d'un ouvrage qui résumât les principaux événements des annales de l'ordre. Un religieux du monastère des Anges, dom Augustin de Florence, entreprit ce travail et publia, en 1575, un premier volume intitulé *Historiarum camaldulensium libri tres*. Dans ce livre l'auteur remonte aux origines de l'ordre, s'étend sur la vie de saint Romuald, et prenant ensuite pour centre d'action l'ermitage de Camaldoli, continue d'y rattacher les faits les plus remarquables accomplis sous l'administration de chacun des prieurs généraux. Un autre volume, tomé à part et destiné à compléter le premier, traite des faits particuliers se rapportant à différentes maisons des camaldules dont l'histoire, reprise ensuite depuis la mort d'Ambroise Traversari, est conduite jusqu'au chapitre général tenu à Ravenne en 1575.

---

[1] Une année avant la mort de Pierre Delfino, ses lettres avaient été publiées à Venise par dom Jacopo de Brescia, religieux du monastère de Saint-Martin d'Opitergio. Cette publication fut faite vraisemblablement d'après la collection manuscrite conservée longtemps à Camaldoli, et renfermant en quatre volumes un nombre considérable de pièces que le P. Mabillon évalue à 4,000. En 1724, une nouvelle édition de la correspondance de Pierre Delfino, préparée depuis longtemps par les bénédictins de Saint-Maur et contenant 244 lettres inédites, parut dans le tome III de l'*Amplissima collectio* de dom Martène.

Les camaldules, pendant le cours du dix-septième siècle, continuent de donner des gages de leur amour pour les sciences et les lettres. Aussi, sauf le reproche exprimé par Mabillon au sujet de l'état d'abandon où était laissée la tombe d'Ambroise le Camaldule, nos bénédictins français se plurent à reconnaître, durant leur voyage en Italie, l'activité d'esprit et les qualités aimables qui distinguaient les religieux de Saint-Romuald. Avec sa verve ordinaire, dom Michel Germain raconte tous les incidents de leur excursion à Camaldoli, sans omettre le petit mécompte éprouvé à Arezzo, où ils furent remis après Pâques pour obtenir l'entrée des archives du Chapitre. « Nous n'avons, écrit-il, profité dans Arezzo que des archives de nos Pères. M. le doyen de la cathédrale, que nous trouvâmes lisant les poésies de M. Ménage, est savant et galant homme, tout goutteux et cranqueux qu'il soit. Il nous a dit que les archives de son église renferment des chartes anciennes et bien deux cents manuscrits; mais que, pour pouvoir y entrer ensuite de l'assemblée du Chapitre, il fallait attendre après Pâques. *Tanti non visa res.* Nous sortîmes donc le lendemain matin pour aller faire nos dévotions à Lavernia et à Camaldoli. »

Passant à la description de leur marche à travers l'Apennin, dont un vent impétueux rendait les pentes escarpées encore plus difficiles à gravir, il raconte leur arrivée à Fonte Buono, et de là leur ascension au Saint-Ermitage : «On ne sauroit exprimer, dit-il, avec quelle joie et quelles bontés le Père Majeur, qui est un homme d'esprit et de mérite, les deux visiteurs, le procureur, le cellerier, et généralement tous, nous ont reçus. Leur bibliothèque est belle; nous en fûmes les maîtres et nous emportâmes dans nos cellules tous les manuscrits dont nous voulions nous servir, car il n'était pas possible de rester sans feu, tant le froid, le vent et la neige étaient terribles. Depuis jeudi matin jusqu'à mardi à huit heures, on ne sauroit écrire, collationner les écritures, chanter, prier, plus que nous avons fait. Dom Jean en est tout usé; j'étois aussi bien bas; mais que faire au milieu de tant de si bonne besogne? Nous en rapportons plus d'une main de papier écrit sur des manuscrits; un gros volume in-folio, manuscrit des épîtres du Bienheureux Ambroise, l'honneur de cet ordre, plusieurs autres de ses épîtres, quantité de Pierre Delfin. Le jour de Pâques, au soir, le Père Majeur descendit en bas pour nous montrer les archives. Nous vîmes, pendant cinq heures, tous les anciens titres, et dom Jean me dicta pendant ce temps les principales choses, avec la volubilité de son esprit tout de feu, et animé par des découvertes de son goût. Le bon Père Majeur, le visiteur, le prieur d'en bas et le secrétaire du Majeur, qui entend le françois, avoient pitié de mes doigts, et ils avoient raison, car je n'en pouvois plus. »

Après le voyage de Jean Mabillon et de Michel Germain, les relations littéraires établies par eux avec les camaldules se poursuivent entre le Père de Montfaucon et dom Guido Grandi, l'un des hommes les plus savants de l'Italie à son époque. Excellent mathématicien, ce religieux camaldule fut encore théologien, biographe, antiquaire et poëte. Né en 1671 et entré de bonne heure dans l'ordre, il enseigna successivement la philosophie à Florence, la théologie à Rome, et fut ensuite invité par le grand-duc Côme III, à remplir une chaire de mathématiques à l'université de Pise. De là, il entretint une active correspondance avec Newton, Bernouilli, Leibnitz et le célèbre médecin Baglivi. S'appliquant avec non moins d'ardeur à l'étude de l'histoire qu'à celle des sciences mathématiques, le Père Grandi composa les *Dissertationes camaldulenses* où, discutant la première partie des annales de son ordre, il rejette certains faits légendaires comme ne pouvant être admis par une critique sérieuse. Cette discussion et plusieurs autres écrits, dans lesquels il montra un égal amour pour la vérité, lui attirèrent des attaques bientôt suivies de persécutions, et le savant camaldule fut privé de son titre et de ses fonctions d'abbé de Saint-Michel de Pise. La bienveillante intervention du grand duc amena enfin la réintégration du Père Grandi dans son monastère, et il y mourut en 1742, après avoir composé un nombre considérable d'ouvrages qui, recueillis en quarante-quatre volumes par son confrère, dom Ambroise Soldani, sont conservés à la bibliothèque de Pise [1].

Quelle que fût l'importance des travaux accomplis jusque-là par les camaldules, il y manquait encore une histoire générale de l'ordre qui, divisant les faits en plusieurs grandes périodes, les présentât dans leur harmonieux ensemble, depuis le temps de saint Romuald jusqu'au dix-huitième siècle. Ce fut la tâche que s'imposa le Père Ambroise Mittarelli, d'abord religieux de Saint-Michel de Murano, puis nommé, en 1747, procureur de

---

[1] Les principaux ouvrages de dom Guido Grandi sont : 1° *Geometrica demonstratio vivianeorum problematum*, Florence, 1699, in-4°; 2° *Quadratura circuli et hyperbolæ*, Pise, 1703, in 8°; 3° *De infinitis, infinitorum infiniteque parvorum ordinibus*, Pise, 1720; 4° *Sistema del mondo terraqueo*, Venise, 1716. — On peut consulter sur ses travaux Bandini qui a fait son *Éloge*, et Fabroni, auteur de l'ouvrage *Vitæ Italorum*

sa congrégation. Dans la visite qu'il fit des monastères camaldules, il s'occupa de réunir un grand nombre de chartes et de documents originaux pleins d'intérêt, dont il se servit pour composer le grand ouvrage intitulé : *Annales camaldulenses.* Rédigé sur le plan des *Annales bénédictines* de Mabillon, cet ouvrage pour lequel le père Mittarelli se fit aider par son élève dom Anselme Costadoni, est accompagné de préfaces et de dissertations latines, écrites dans ce style large et coulant dont les derniers bénédictins ont emporté le secret. Un tel monument élevé à la gloire de son ordre par le père Mittarelli devait fixer sur lui l'attention du monde lettré et lui valoir de grands honneurs. Élu, en 1764, prieur général des camaldules, il fut obligé par ses fonctions de résider quelque temps à Rome où il reçut l'accueil le plus flatteur du pape Clément XIII et de la plupart des cardinaux. Revenu à Venise, au monastère de Saint-Michel, il y passa les dernières années de sa vie, qu'il partagea entre l'exercice de ses devoirs monastiques et l'achèvement de ses différents travaux [1].

A la fin du siècle dernier et au commencement de celui-ci, deux personnages illustrèrent à des titres différents l'ordre des camaldules : ce furent dom Placide Zurla que son mérite fit élever à la dignité de car-

---

[1] Outre les *Annales camaldulenses* qui parurent à Venise en 9 volumes in-fol., de 1755 à 1773, dom Benoît Mittarelli a publié *Memorie del monistero della S. Trinita*, Faenza, 1749; *Ad scriptores rerum italicarum Muratorii accessiones Faventinæ*, ou recueil d'anciennes chroniques sur Faenza; *De litteratura Faventinorum*, ou histoire littéraire de cette même ville. Quant au Père Costadoni, le fidèle collaborateur de Mittarelli pour les *Annales camaldulenses*, après avoir travaillé dix-huit ans à ce grand ouvrage, il ne composa plus que des livres de piété, et mourut en 1785, à l'âge de soixante-douze ans. Son confrère, dom Fortuné Mandelli publia, en 1787 des Mémoires fort exacts sur la vie de ce savant religieux, avec l'analyse de ses ouvrages.

dinal, et dom Mauro Cappellari, qui devint pape sous le nom de Grégoire XVI. Entré au monastère de Saint-Michel de Murano, dom Placide Zurla s'appliqua d'abord avec ardeur à l'étude de la géographie du moyen âge, et fit paraître, en 1806, une description de la mappemonde de Frà Mauro, publication suivie d'un autre ouvrage non moins intéressant sur Marco Polo et les autres voyageurs vénitiens. De savantes dissertations relatives aux découvertes accomplies au quatorzième siècle par les frères Zeni dans les parties septentrionales de l'Europe, contribuèrent avec plusieurs travaux du même genre à placer le religieux camaldule parmi les géographes les plus éminents de l'époque. Créé cardinal en 1823 et nommé vicaire général du pape Léon XII, il fut mis à la tête de la congrégation de la Propagande. Au sujet de cet établissement il composa un nouveau livre ayant pour objet la démonstration de tous les avantages dont les sciences et particulièrement la géographie sont redevables à la religion chrétienne. Le cardinal Zurla était sur le point d'être appelé à de nouvelles dignités dans le gouvernement de l'Église, lorsque s'étant rendu en Sicile pour visiter les monastères placés sous sa surveillance, il mourut à Palerme au mois d'octobre 1834.

L'amour de l'étude joint à la confraternité monastique avait établi les liens d'une étroite amitié entre le Père Zurla et dom Mauro Cappellari, qui à peu près du même âge que lui, avait fait sa profession dans le même ordre. La publication de l'ouvrage intitulé *Triomphe du Saint-Siége et de l'Église*, qui parut pour la première fois en 1799 fit une grande sensation et ouvrit au Père Cappellari les portes de l'Académie catholique de Rome.

Nommé censeur de cette académie, puis élu procureur général des camaldules, il se retira, en 1809, au monastère de Saint-Michel de Murano pour y enseigner la philosophie, et ne revint qu'après les événements de 1814 reprendre à Rome ses fonctions de procureur général de l'ordre. On sait comment ensuite décoré de la pourpre romaine par le pape Léon XII, il fut appelé, en 1831, à remplacer Pie VIII sur le trône pontifical[1]. Par les différentes éditions qui ont été données de l'ouvrage sur le *Triomphe du Saint-Siége*, il est aisé de reconnaître quelles retouches et quelles additions ont été faites à ce livre. L'édition de Venise, qui a paru depuis l'élection de Grégoire XVI, a été revue et modifiée par lui, de sorte qu'elle nous offre à la fois le fruit de ses premières études et le résultat de ses réflexions mûries par l'âge et l'expérience. On n'y retrouve donc pas seulement le moine qui au fond de sa cellule a fait de longues méditations sur lui-même et sur ses semblables, mais aussi l'homme d'État, le pontife qui, à la science profonde du théologien unit la connaissance de la société contemporaine et des causes de trouble qu'elle porte dans son sein.

Depuis les vingt-cinq dernières années, l'ordre des camaldules, au milieu de préoccupations faciles à comprendre, n'a produit aucune œuvre remarquable,

---

[1] Après la mort de Léon XII, on avait déjà, dans le conclave où Pie VIII fut élu, désigné le cardinal Cappellari comme pouvant prétendre au siége vacant, et Chateaubriand alors ambassadeur à Rome l'avait porté au nom de la France. Parlant de lui dans une de ses dépêches, il disait : « C'est un homme d'une vaste science, d'une éminente vertu, et qui comprend son siècle, » ajoutait-il, en prêtant ses opinions libérales à celui qui, appelé bientôt à gouverner l'Église dans les circonstances les plus difficiles, recourait à l'ambitieuse intervention de l'Autriche pour comprimer l'insurrection dans ses États.

bien qu'il comptât parmi ses membres des esprits fort distingués, notamment le cardinal Bianchi, préfet de la discipline régulière sous le pontificat de Grégoire XVI. Et cependant, si notre époque était plus favorable aux publications qui se rattachent à la littérature monastique, les fonds provenant de la bibliothèque de Sainte-Marie des Anges ou de celle de Camaldoli, qu'on trouve déposés en grande partie à la Magliabecchiana de Florence, n'offriraient aujourd'hui à d'intelligents éditeurs que l'embarras du choix. Sous ce rapport, une ample récolte pourrait être faite également dans la précieuse collection de manuscrits conservée au monastère de San Gregorio à Rome [1]. Plus d'une fois pendant mon séjour en cette ville, j'ai visité la pieuse communauté de moines camaldules, dont l'église bâtie sur l'emplacement même du monastère fondé au penchant du mont Cælius par le pape saint Grégoire le Grand, possède de si belles fresques du Guide et du Dominiquin. Après avoir admiré la vue magnifique qui de là s'étend sur les ruines du palais des Césars, je me dirigeais vers les archives, qui renferment une quantité considérable d'œuvres et de pièces inédites, telles que travaux philologiques, vies des saints, lettres et recueils de poésies provenant d'auteurs camaldules ou d'autres écrivains.

A tous ceux qui se présentent pour explorer ces richesses manuscrites, les honneurs de la bibliothèque sont faits avec la plus parfaite obligeance par le Père

---

[1] Pour bien comprendre le nombre et la variété des travaux accomplis par les camaldules, il suffit de consulter le *Centifolium camaldulense* du P. Ziegelbauer, renfermant une notice abrégée des écrivains de l'ordre et destiné à servir d'introduction au grand ouvrage intitulé *Bibliotheca patrum camaldulensium*, dont le bénédictin allemand avait conçu le plan qu'il n'eut pas le temps de réaliser.

Veremondo, religieux d'une instruction solide, aux lumières duquel je dois d'utiles renseignements. Mais quel parti, se demande-t-on, les moines actuels tireront-ils d'une collection si importante que sa situation dans Rome a garantie jusqu'à présent des convoitises et des spoliations du dehors? Aucun, selon toute vraisemblance. Comment les camaldules pourraient-ils maintenant, ainsi que me l'écrivait le bibliothécaire de San Gregorio, entreprendre des publications, après les événements qui les ont atteints dans le passé, et devant ceux qui les menacent dans un prochain avenir? Pour une corporation religieuse une telle entreprise n'est possible qu'à la condition d'avoir au moins l'assurance de vivre jusqu'à l'achèvement de l'œuvre commencée, et cette assurance, les camaldules ne l'ont pas plus que les autres ordres réguliers. Sur douze maisons qu'avaient conservées les moines de la congrégation de Saint-Michel de Murano, et dont le R. P. Grifoni est aujourd'hui le prieur général, cinq subsistent encore et ne renferment qu'environ soixante-dix religieux. De leur côté, les ermites des congrégations de Camaldoli et de Monte Corona, quoique possédant plus de maisons et un personnel un peu plus nombreux, se trouvent dans une position non moins précaire, et tous semblent attendre, silencieux et résignés, le jour des dernières épreuves.

CHAPITRE XXIII

TROIS CHRONIQUES BÉNÉDICTINES

Importance des chroniques monastiques. — Lumières qu'elles répandent sur l'histoire ecclésiastique et civile. — Qualités et défauts propres à ce genre de composition. — Cartulaire de l'abbaye de Farfa. — Le moine Grégoire de Catino et l'abbé Hugues. — Éditions successives de la chronique de Farfa. — Principaux événements de l'histoire de ce monastère. — Sa bibliothèque et ses archives. — La chronique de Casauria et les publications qui en ont été données. — Le moine Jean, auteur de cette chronique. — Fondation de Casauria par l'empereur Louis II. — Nombreux privilèges que cette abbaye reçoit des souverains d'Allemagne et de Sicile. — Origine du monastère de Novalèse et controverse qu'elle a soulevée. — Sa destruction par les Sarrasins. — Abbés qui gouvernent ce monastère. — Le chroniqueur anonyme de Novalèse. — Caractère de son ouvrage. — État de l'abbaye depuis le dix-septième siècle jusqu'à nos jours.

Au début de la préface placée en tête de la *Chronique de Farfa*, qu'il publiait dans son vaste recueil des historiens nationaux de l'Italie, Antoine Muratori porte l'appréciation suivante sur les documents de cette nature : « Il me semble inutile d'insister auprès de mes lecteurs, pour leur faire connaître combien les chroniques monastiques peuvent répandre de lumières, non-seulement sur l'histoire ecclésiastique d'un pays, mais encore sur son histoire civile et politique. Cette vérité, quand même je la passerais sous silence, n'en demeurerait pas moins des plus manifestes aux yeux des érudits. Elle s'explique par ce fait que depuis longtemps l'ordre de saint Benoit s'étant propagé au loin, était parvenu peu à peu à un si haut degré de richesse et de puissance que les religieux de cet ordre avaient de nombreuses relations d'intérêt avec les princes du siècle et de l'Église. Leurs abbés étaient donc dans l'obligation de fréquenter par intervalles la cour des pontifes romains, des empereurs et des rois, et ils se trouvaient par suite appelés à donner au gouvernement des uns et des autres l'appui de leurs conseils et de leur secours. »

Après ce jugement du savant bibliothécaire du duc de Modène, nous n'insisterons pas, à notre tour, pour faire ressortir ici, au point de vue spécial de notre sujet, toute l'importance des chroniques bénédictines. Déjà nous avons signalé, à l'occasion des abbayes du Mont Cassin, de Subiaco, de Cava et de Monte Vergine, quels fonds précieux de renseignements offrent pour l'histoire intérieure ou extérieure de ces communautés, les recueils composés par les religieux qui ont vécu dans leur enceinte. Le nombre et la valeur de ces sources historiques n'ont rien qui doive surprendre, si l'on se reporte à l'esprit des temps où elles s'offrent si abondamment aux recherches de l'érudition moderne. Les cloîtres étant alors des foyers d'activité intellectuelle d'où rayonnait et où venait aboutir le mouvement des idées contemporaines, les moines chroniqueurs étaient suffisamment renseignés sur les événements du dehors, pour les reproduire en parfaite connaissance de cause, et ils montrent parfois une sûreté de jugement qu'on ne trouve pas toujours ailleurs. En outre, un grand et inaltérable principe de moralité ne cesse de présider à leurs récits. C'est à la lumière d'une conscience éclairée par les pures et austères prescriptions de la doctrine évangélique, que les actes de chacun y sont strictement appréciés. Cette fonction morale de l'histoire qui, selon les différents exemples qu'elle présente, fait ici-bas du malheur une expiation, ou du bonheur une récompense, nous semble aussi touchante que salutaire, surtout à une époque où la violence demandait un frein, et la faiblesse une protection toute-puissante. Quant à la vérité des faits exposés par le narrateur, elle est garantie souvent par la manière même dont se composait la chronique qui, au lieu d'être l'œuvre isolée d'un homme, était une sorte de journal monastique où se reflétaient toutes les opinions aussi bien que toutes les lumières. Les annales du temps s'écrivaient donc au grand jour, et parfois un docte aréopage de moines jugeait et sanctionnait de son approbation les récits du chroniqueur, avant qu'ils n'eussent à subir un autre jugement du temps et de la postérité.

A côté des qualités particulières distinguant ces sortes de récits, se rencontrent certains défauts qui sont propres à quelques-uns, et que la critique historique doit également signaler. Empreints d'une naïve crédulité, mêlant trop volontiers le merveilleux au réel, ils reproduisent avec une complaisance extrême les traditions locales, les contes populaires et tout ce qui peut contribuer à l'avantage et à la gloire de l'ordre, en laissant, au contraire, dans l'ombre tout ce qui lui serait défavorable. Ajoutons que, si les uns détaillent les faits outre mesure, les autres, marquant seulement une longue série de dates accompagnées d'une simple mention, consignent avec une froide inflexibilité la naissance et la mort des individus, ainsi que les grandes calamités de l'époque. Aussi, en lisant ces tristes actes de l'état civil du passé, il semble que, dans la pensée du rigide annaliste, les hommes ne soient sur la terre que pour naître, souffrir et mourir. Malgré ces défauts, qui déparent un certain nombre d'entre elles, les chroniques monastiques n'en tiennent pas moins une place importante dans les annales générales ou particulières des principales nations de l'Europe. Complétées surtout par l'étude des cartulaires, qui en sont comme les pièces justificatives, elles éclaircissent des faits douteux, font connaître des personnages ignorés jusque-là, et tout en nous révélant un côté saillant des mœurs et des croyances du moyen âge, elles forment une partie considérable de la littérature de cette époque.

Parmi les monastères bénédictins d'Italie, dont les moines enrichirent par leurs travaux le trésor de l'histoire nationale, il convient de placer au premier rang l'antique et célèbre abbaye de Farfa. Située dans la Sabine, à vingt milles au nord de Rome, et ayant jadis possédé de vastes domaines faisant partie du territoire de l'ancien duché de Spolète, cette abbaye a rempli un rôle important dans les siècles passés. Elle le devait à ses nombreux priviléges, à ses richesses considérables, et au culte rendu à une Madone fort ancienne que des milliers de pèlerins venaient et viennent encore honorer de toutes les provinces de l'Italie. Mais ce qui aujourd'hui nous intéresse surtout dans ce monastère, c'est la collection de ses chartes, l'importance de ses diplômes impériaux, et le recueil de documents historiques se rapportant à ses annales dont le principal auteur est le moine Grégoire de Catino. Né en 1062, et fils d'un noble chevalier de la Sabine, habitant le château de

Catino, il fut voué, dès l'enfance, à la vie monastique par son père qui céda en même temps son domaine aux religieux de Farfa. L'abbé Bérald Ier, sous lequel il avait revêtu l'habit de saint Benoît, s'occupa de lui faire donner une instruction solide, et le religieux lui paya sa dette de reconnaissance en employant plus tard les efforts de sa science et de son zèle à défendre les droits et les priviléges de la communauté. Il y consacra toute sa vie, et dans ce but il composa tour à tour les ouvrages qui portent son nom.

Pendant l'administration de Bérald II, qui avait succédé à son bienfaiteur, Grégoire de Catino commença l'inventaire et la transcription des bulles, chartes et priviléges accordés à l'abbaye. Il voulait ainsi les réunir en un seul recueil, dans la crainte que leur dispersion ne les exposât à être plus facilement détruits par une cause accidentelle. L'abbé Bérald II fit exécuter ce travail important, sous la direction même de Grégoire, qui lui avait soumis son projet. En entreprenant son œuvre, l'auteur du recueil déclare d'abord qu'il ne l'a commencé qu'après avoir mis sa confiance en Dieu qui ne souffre pas de plantes stériles, et en la Vierge Marie dont il veut affermir la maison au moyen d'un double fondement, le droit et l'antiquité. Mais il désire que cette base soit avant tout solide, et c'est pour ce motif qu'il parlera brièvement des origines de l'abbaye, « aimant mieux se taire, dit-il, que d'avancer rien d'inexact et de frivole. En effet, s'il n'est pas permis à des moines d'écouter des mensonges, combien à plus forte raison, doivent-ils éviter d'en produire ? »

Dans une seconde préface, Grégoire de Catino, devant ce monceau de chartes sur lequel il s'apprête à porter la main, exprime le sentiment d'inquiétude qu'éprouve tout homme sérieux en face d'une entreprise aussi grande que difficile. Dénué de secours étrangers, n'ayant fait d'autres études préparatoires que celles de l'école monastique où il a été élevé, et parfois réduit à mendier le parchemin sur lequel il doit écrire, le pauvre moine n'en parvient pas moins à trouver dans le respect même qu'il a pour son sujet, les principes méthodiques à l'aide desquels il pourra conduire son travail à bonne fin. « Telles j'ai su lire et comprendre les chartes, dit-il avec simplicité, telles je me suis efforcé de les copier sans rien ajouter, sans rien omettre, excepté quelques répétitions de mots superflus, m'attachant à la vérité, à l'utilité des choses, et mettant toute mon industrie, toute ma sagacité à produire un ouvrage parfaitement véridique, où la fraude n'eût aucune part. En outre, au texte de chaque document, j'ai pris soin d'ajouter le nom des témoins comme je les trouvais dans les originaux. Quant à ceux qui étaient effacés par la vétusté ou rongés par les vers, j'y renonçais, résolu que j'étais à ne rien introduire dans un travail si important que je n'eusse clairement déchiffré de mes yeux. Pour terminer, j'ai dressé une table des noms de lieux, en y joignant l'indication des chartes où ils sont mentionnés. » Sur ce plan, et d'après ces règles d'une sage critique, fut composé le célèbre cartulaire, appelé *Cleronomialis* par son auteur et que les écrivains modernes désignent sous le nom de *Regestum* [1]. Cet ouvrage dont le titre indique qu'il a été revu

---

[1] Le manuscrit original, transporté autrefois à Paris, a été rendu plus tard, non point à l'abbaye de Farfa, mais à la bibliothèque Vaticane, où il est catalogué sous le n° 8487.

et transcrit par Jean le grammairien, est accompagné d'une pièce de vers rappelant que le moine Grégoire, consacré à Dieu, avec son frère, dans l'abbaye de Sainte-Marie de Farfa, entreprit son travail gratuitement et dans le seul espoir d'obtenir un jour sa part du bonheur céleste.

Outre un autre recueil intitulé *Largitorius*, le même religieux écrivit une chronique qu'il commença en l'année 1105, et qu'il offrit à l'abbé Bérald quatorze années après. Toutefois, non content d'avoir achevé tant de travaux, l'infatigable moine, bien que septuagénaire, voulut entreprendre un nouvel ouvrage qu'il intitula *Floriger*. Avec la prédilection particulière que montrent à revenir sur le passé les hommes qui ont vieilli, Grégoire de Catino y rappelle ses travaux antérieurs, et dit avec une confiance touchante que ce livre, bien que le moins étendu de ses ouvrages, en sera néanmoins le plus utile. S'occupant ensuite du présent, il parle de son âge avancé qui le rapproche inévitablement de la tombe, et devant cette redoutable perspective, il ne craint pas d'affirmer que dans ce dernier écrit, comme dans tous les autres, il n'a jamais dit que ce qu'il pensait être la vérité. Comment ne pas croire à la sincérité de ce vieux moine qui, au bord d'une fosse entr'ouverte, semble ainsi prendre Dieu et les hommes à témoin de l'esprit de bonne foi qui, pendant sa longue carrière, ne cessa de guider ses recherches et d'inspirer son langage?

A ces éléments principaux de l'histoire de Farfa, il convient d'ajouter un ancien manuscrit relatant les premières origines du monastère et les divers opuscules composés par l'abbé Hugues. Le manuscrit, intitulé *Constructio farfensis*, peut remonter au milieu du neuvième siècle, et il est cité dans le *Regestum* de Grégoire de Catino comme donnant les plus utiles renseignements sur la fondation primitive de l'abbaye. Quant à l'abbé Hugues, qui écrivait avant le moine Grégoire, il mentionne également ce livre sur la *Construction* de Farfa, dont le titre, dit-il, peut être opposé à celui de l'opuscule qu'il vient de composer et qu'il intitule *Destruction* de ce même monastère. Après son premier ouvrage sur la ruine de l'abbaye, qu'il composa vers l'an 1000, il écrivit tour à tour trois autres livres [1], dont le dernier était relatif à l'établissement des nouvelles constitutions de Cluny au monastère de Farfa. Si l'on ajoute aux opuscules de cet écrivain la *Vie du vénérable Thomas de Maurienne*, le second fondateur de l'abbaye, puis les *Annales farfenses*, s'étendant de 661 à 1099, et enfin des listes chronologiques d'abbés qui ont gouverné le monastère, on aura l'ensemble des documents légués à l'histoire par les moines de Farfa.

Des documents de cette nature ne pouvaient échapper aux laborieuses investigations des érudits. En 1641, des extraits de la chronique de Farfa étaient publiés dans le recueil *Historiæ Francorum Scriptores*, où le savant historiographe André Duchesne avait cru devoir les insérer comme renfermant un certain nombre de faits et de pièces diplomatiques qui intéressaient notre histoire nationale. Plus tard, Bernardin de Campello, auteur de l'*Histoire de Spolète*, qu'il fit paraître en 1672, emprunta beaucoup à cette même chronique dont Ma-

---

[1] Ces trois livres sont intitulés : 1° *De diminutione monasterii* ; 2° *Querimonium Domni Hugonis abbatis ad Imperatorem de Castro Tribucco et Bucciano* ; 3° *Ordo farfensis*.

billon se servit également pour les *Annales* de son ordre.
Dans son *Musæum Italicum*, l'illustre bénédictin qui
avait vu et jugé sur place le manuscrit du *Chronicon
farfense*, dit avec le tact et l'esprit d'érudition qui ne
lui font jamais défaut : « Cette chronique est bien digne
d'être publiée intégralement, surtout à cause des différents actes publics qui s'y trouvent contenus. » Le vœu
exprimé par le Père Mabillon devait être accompli. Au
siècle dernier, Muratori, après avoir tenté vainement
de se procurer à la bibliothèque du célèbre cardinal
Barberini, abbé commendataire de Farfa, le manuscrit
dont André Duchesne avait dû faire usage, finit par en
trouver un autre exemplaire entre les mains du Père
Eustache Carraciolo, consulteur de l'ordre des Clercs
Réguliers, et religieux aussi instruit qu'obligeant. Ce
fut sur ce manuscrit fort ancien qui, par l'entremise du
savant napolitain Falconi, fut mis à sa disposition avec
une parfaite libéralité, que l'auteur du *Rerum Italicarum
Scriptores*, put enrichir cet important recueil de la
chronique de Farfa et d'autres fragments historiques
concernant ce monastère.

Notre siècle qui à tant de publications légères, inutiles ou dangereuses, peut opposer son infatigable ardeur à rechercher partout les sources primitives de
l'histoire, a été loin de négliger, à son tour, les chroniques autrefois composées dans les savantes abbayes de
l'ordre bénédictin. Historiens et critiques, érudits et
compilateurs, tous ont largement puisé à ce grand courant historique que s'est plu surtout à remonter
l'esprit patient et investigateur de l'Allemagne. Les
collaborateurs du vaste recueil *Monumenta Germaniæ
historica*, en accordant une part considérable de leur col-

lection aux chroniques monastiques, se sont particulièrement montrés fort généreux pour celles de Farfa. En 1853, le docteur Bethmann, l'un des érudits allemands qui ont le plus activement coopéré à l'œuvre entreprise par M. Pertz, alla explorer avec le plus grand soin les archives du monastère, où il reçut le meilleur accueil de dom Bernard Lertora, auquel la garde en était alors confiée. Le résultat de ses recherches fut la publication aussi exacte que complète des documents appelés par lui avec raison « les précieuses reliques des annales de Farfa, » et qu'il offrit au monde lettré comme un témoignage de sa reconnaissance envers la communauté et son vénérable chef, l'abbé Angelo Pescetelli.

De son côté, Frédéric Ozanam, pendant sa mission littéraire en Italie, avait étudié avec bonheur à la bibliothèque Vaticane, l'ancien cartulaire de Farfa, le même qui avait fait autrefois l'admiration de nos bénédictins de Saint-Maur, dans leur visite à ce monastère. Écrit en caractères du onzième siècle, ce volumineux in-folio, contenant le dépouillement des archives de l'abbaye et la copie de ses chartes depuis l'époque des rois lombards, devait exciter l'ardente curiosité de l'auteur des *Études germaniques*, car, pour le huitième siècle seulement, il ne renferme pas moins de cent cinquante-cinq diplômes. Tout en exprimant le regret que le temps, cet inexorable temps qui déjà l'entraînait vers la tombe, ne lui permît pas d'entreprendre la publication de ce cartulaire, Ozanam recueillit néanmoins les préfaces, en partie inédites, et remarquables, comme il le dit lui-même, par l'esprit de critique dont elles font preuve à une époque où l'on n'a voulu voir qu'ignorance et crédulité. Après avoir opposé à cette œuvre si consciencieuse d'autres compositions où l'esprit inculte et capricieux des temps barbares s'amusait à entasser des fables, Ozanam ajoute ces justes réflexions sur le double rôle réservé dans l'avenir aux chroniques et aux cartulaires : « Les archives de Farfa nous font voir l'effort du travail pour sauver les souvenirs. Le temps des récits poétiques et des légendes suspectes est aussi celui qui se passionne pour les priviléges, les chartes, les titres authentiques. Si la tradition règne à la porte des cloîtres, la chronologie se réfugie dans les cartulaires. Un jour viendra où elles se rapprocheront; la chronologie donnera au récit la certitude, la tradition lui donnera le mouvement, la couleur, la vie, et l'histoire renaîtra. »

S'il faut s'en rapporter à l'ancien manuscrit composé sur l'origine du monastère de Farfa, la fondation première doit en être attribuée à un saint personnage, nommé Laurent, qui vint de la Syrie s'établir dans la Sabine vers l'année 420. Après avoir rempli d'abord dans cette province les fonctions épiscopales, il les résigna volontairement pour aller vivre dans la solitude, au fond d'une vallée dite *Acutiana*. Aidé de ses deux disciples Isaac et Jean, il y bâtit au pied du mont Mutella un monastère qui fut achevé en 430 et placé sous l'invocation de la Vierge Marie. Pris et saccagé par les Lombards au milieu du sixième siècle, ce monastère fut relevé de ses ruines par un prêtre appelé Thomas, originaire de la Maurienne, et qui, à la suite d'un pèlerinage aux Lieux-Saints, s'arrêta dans la Sabine, où, avec l'assistance de Faroald, duc de Spolète, et du pape Jean VI, il acheva, en 678, la reconstruction de Sainte-

Marie de Farfa. La nouvelle communauté ne tarda point à obtenir de nombreuses donations ainsi que d'importants priviléges, et parmi ses bienfaiteurs il faut placer au premier rang les ducs de Spolète et les rois lombards. Quand la puissance du dernier de ces princes eut succombé, en 774, sous la redoutable épée de Charlemagne, le roi des Franks se plut à confirmer, par un diplôme tout favorable, la possession des biens et priviléges de l'abbaye [1]. Outre ce document, la chronique de Farfa cite un *placitum* ou jugement rendu par Charlemagne, pendant un autre voyage qu'il fit au delà des Alpes, en 781, jugement qui ordonnait la restitution du monastère de Saint-Ange à Ragambald, abbé de Farfa.

Un certain nombre d'arrêts du même genre, prononcés en faveur du monastère par les ducs de Spolète, les princes franks et les empereurs germaniques, ont été conservés dans les archives de l'abbaye. Ils nous donnent un curieux tableau des coutumes lombardes aux prises tour à tour avec la loi romaine et les formes judiciaires que les nouveaux conquérants de l'Italie voulaient imposer aux diverses populations de cette contrée. Souvent, parmi ces *placita*, que nous avons étudiés avec intérêt, il en est qui renferment d'éloquentes protestations du faible contre le fort, et où l'homme appartenant au peuple vaincu oppose hardiment la loi de sa nation aux exigences injustes et oppressives de la loi qui protége le peuple vainqueur. Du reste, la nouvelle domination des princes franks fut loin d'être défavorable aux moines de Farfa. Suivant l'exemple de son père Charlemagne, Louis le Débonnaire

---

[1] Duchesne, t. III; p. 642. — Alias, *Chron. Farf.*

étendit encore leurs immunités, et fit restituer, sous l'abbé Jean, les biens qu'on leur avait enlevés par violence. Plus tard, Charles le Chauve et Charles le Gros confirmèrent tous les priviléges que l'abbaye avait reçus de leurs prédécesseurs.

Pendant le cours des deux siècles suivants, le monastère de Farfa se ressent des vicissitudes et des troubles qu'il a subis, et dont un opuscule de l'abbé Hugues retrace le curieux tableau, surtout en rapportant les débats alors soutenus avec la puissante famille des Crescence. Fiers de la protection des empereurs d'Allemagne qui leur avaient concédé les immunités les plus larges [1], les religieux de l'abbaye restèrent soumis à l'autorité impériale jusqu'en l'année 1125 ; mais à cette époque, privés de l'appui dont il s'étaient souvent prévalus, ils furent obligés de se soumettre au saint-siége dont ils relevèrent immédiatement. A la fin du treizième siècle, le pape Nicolas IV leur imposa un cardinal comme protecteur et administrateur, et malgré les efforts des derniers abbés réguliers pour relever le monastère, sa prospérité va toujours en décroissant jusqu'à la mort du dernier de ces abbés, arrivée en 1400. Alors l'abbaye fut érigée en commende, et donnée par Boniface IX à son neveu François Tommacello. Il y appela des moines allemands qui s'y maintinrent jusqu'en 1567, époque où ils furent remplacés par des religieux du Mont-Cassin que le cardinal Farnèse y introduisit avec les statuts de la congrégation de Sainte-Justine de Padoue. Durant cette dernière période de l'histoire de Farfa, la juridiction de l'abbaye,

---

[1] Voir Pièces justificatives, F.

qui d'abord était fort étendue, diminue peu à peu, à la suite de longs procès engagés avec les moines de Subiaco et les propriétaires voisins des domaines de l'abbaye. Par le témoignage des Pères Mabillon et Michel Germain qui, au mois de février 1686, vinrent explorer les archives et la bibliothèque de Farfa, nous apprenons quelle était, à cette époque, la situation du monastère. Ils y furent accueillis avec toutes les prévenances possibles par l'abbé régulier dom Séverin d'Asculo, religieux d'une urbanité et d'une science peu communes, qui leur fit voir les archives, les manuscrits et tous les ouvrages propres à les intéresser. Ce qui captiva particulièrement leur attention, ce fut le manuscrit original de la chronique de l'abbaye, ainsi que le cartulaire dressé par Grégoire de Catino, le plus gros, le plus prodigieux recueil de ce genre qu'ils eussent vu nulle part ailleurs, disent-ils, et pouvant, d'après leur estimation, contenir deux mille pièces.

Depuis cette époque, que de changements se sont produits au monastère de Farfa, comme dans la plupart des autres communautés bénédictines ! Le voyageur lettré qui va visiter aujourd'hui cette abbaye, pour explorer ce qui reste des anciennes richesses de ses archives, est toujours certain de trouver le plus obligeant accueil auprès des religieux qui veillent sur ce dépôt autrefois si précieux ; mais, hélas! que de vides, que de pertes n'a-t-il pas à y constater? Les chartes qui, selon l'affirmation bien compétente de Mabillon et de son compagnon de voyage, étaient jadis plus nombreuses qu'en aucun autre monastère de l'Italie, ont toutes péri ou disparu, à l'exception de quelques-unes qui ne remontent guère au delà du douzième siècle. Du reste, l'inventaire actuel établit que dès 1645, un grand nombre de pièces originales fort anciennes avaient disparu, puisqu'à cette date on ne retrouvait déjà plus de bulles pontificales remontant au delà du règne du pape Innocent IV. Quant aux diplômes impériaux dont le chiffre dépassait alors soixante-dix, il n'en reste plus que quelques-uns d'Othon II, de Henri IV, de Conrad III et de Frédéric Barberousse. Des anciens manuscrits on n'en retrouve maintenant que quarante, dont le plus âgé est du neuvième siècle, et les plus précieux sont les *Chroniques* de Grégoire de Catino, le *Largitorius*, le *Floriger*, et un Lectionnaire fort remarquable avec plusieurs Vies de saints. Sauf ces rares débris d'un fonds si riche, tout le reste a servi à grossir les collections de la bibliothèque du Vatican ou de celles du palais Barberini, à Rome.

Quelque pénibles regrets que puisse inspirer la vue de ces épaves échappées aux tempêtes qui ont assailli les communautés monastiques, la vieille abbaye de Farfa n'en mérite pas moins la visite de l'antiquaire, de l'historien ou de l'érudit. L'aspect imposant du monastère, ses grands jardins coupés d'allées droites, et plantés de cèdres et d'autres arbres séculaires, ses longs cloîtres déserts qui ne paraissent plus animés que par les personnages des fresques qui en décorent les murailles, tout cela vous inspire des impressions assez semblables à celles qu'on éprouve à la vue des grandeurs solitaires de nos anciennes demeures royales. L'église, divisée en cinq nefs, dont la principale est soutenue par de belles colonnes de granit oriental, est d'une extrême magnificence. Sous les cloîtres, on retrouve encore quelques fragments de sculpture antique, entre autres un bas-relief fort beau, représentant un combat de héros grecs avec les guerrières Amazones. Ce morceau, de la bonne époque de la sculpture grecque, et provenant sans doute des ruines de quelque ancien édifice des environs de Farfa, nous donne la preuve que les moines de l'abbaye n'étaient pas moins empressés de recueillir les monuments de l'art antique que ceux qui pouvaient servir à l'histoire de leur monastère.

II

Sans avoir la valeur des documents historiques relatifs à l'abbaye de Farfa, la chronique du monastère de Casauria doit tenir néanmoins une place importante dans les annales ecclésiastiques de l'Italie. Se rattachant à l'ordre de Saint-Benoît, et consacré sous l'invocation de la Sainte-Trinité, cet ancien monastère fut construit, en 866, dans une île de la Pescara, sur le territoire de Chieti, ville épiscopale de l'Abruzze Citérieure. En rapportant son origine et sa fondation, l'auteur des *Annales Bénédictines* dit qu'il n'existait pas autrefois de communauté plus célèbre dans toute la Péninsule. Ce rang élevé, le monastère de Casauria l'obtint de bonne heure, grâce aux domaines considérables et aux importants priviléges qu'il reçut, en partie, de l'empereur Louis II, fils de Lothaire. Fondateur de l'abbaye, ce prince, après l'avoir dotée richement, y fit transférer le corps de saint Clément, pape, ce qui fut cause qu'on la désigna primitivement sous le vocable de ce saint pontife. Mais, à la suite des vicissitudes inévitables qu'eurent à subir la plupart des communautés monastiques; celle de Casauria déchut peu à peu de sa splendeur passée, et, vers le milieu du dernier siècle, elle était presque abandonnée, car ce qui restait de ses revenus était absorbé par son abbé commendataire.

Si à cette époque le monastère avait perdu sa puissance et ses priviléges, il n'avait pas conservé non plus les titres historiques qui en gardaient le souvenir. Son histoire avait été écrite autrefois, et l'unique exemplaire de ce précieux manuscrit, auquel se trouvaient joints beaucoup de documents, était resté longtemps en dépôt dans les archives de l'abbaye. Mais, ainsi que nous allons le voir, les manuscrits, comme les livres, ont leurs destinées, *habent sua fata... codices*. A la fin du quinzième siècle, quand Charles VIII vint faire son expédition de Naples, l'exemplaire de la chronique de Casauria lui fut présenté, comme renfermant un grand nombre de faits qui intéressaient l'histoire des anciens princes franks. Le roi en fut si charmé qu'il fit de ce livre l'un des trophées de sa conquête, et, l'ayant emporté en France, il le donna à la bibliothèque royale où il a été conservé jusqu'à ce jour. Ce fut de ce manuscrit que Duchesne tira l'*Histoire de la fondation du monastère de Casauria*, qu'il publia, en 1641, au tome II de son recueil. Dix-huit ans après, sans faire mention de la publication partielle donnée par l'historiographe de France, Ughelli, dans son *Italia sacra*, imprimait comme inédit le *Chronicon Casauriense*, en y ajoutant quelques chartes que Duchesne n'avait pas publiées. A son tour, dom Luc d'Achery fit paraître, au tome V de son *Spicilegium*, une nouvelle édition de la même chronique, qu'il augmenta de diplômes extraits du cartulaire de l'abbaye. Mais ici ne se termine pas encore l'histoire de l'important manuscrit dont nous retraçons les fortunes diverses. Quand Muratori publia sa grande collection des historiens de sa nation, il voulut y insérer tout ce qui pouvait se rapporter aux annales du monastère de Casauria. Dans ce but, il s'adressa donc au savant Boivin, premier garde de la Bibliothèque du roi, à Paris, pour qu'il voulût bien lui communiquer les pièces et additions nécessaires au complément de la publication projetée. Par l'intermédiaire de l'envoyé du duc de Modène, la communication du manuscrit fut faite avec tout l'empressement possible, et, à cette occasion, Muratori put rendre hommage une fois de plus à l'extrême obligeance des érudits français, qu'il reconnaît toujours disposés, dès qu'il s'agit de l'intérêt des lettres, à prêter généreusement leurs richesses manuscrites.

Quant à l'auteur peu connu qui, vers l'an 1182, écrivit cette chronique dans le silence du cloître, sans se douter des destinées réservées à son œuvre, gardons-nous d'omettre ici son nom. C'était un moine du monastère, appelé Jean, fils de Bérard, et qui composa cet ouvrage d'après l'ordre de l'abbé Léonat. Il eut la consolation de le terminer, selon son désir; mais l'exemplaire original, conservé à Paris, n'est pas de la main de l'auteur, qui le fit transcrire par un copiste lettré, nommé Rusticus. Écrite en caractères fort élégants de la fin du douzième siècle, la chronique de Casauria contient une longue série de faits très-importants pour l'histoire du monastère, des listes chronologiques d'empereurs, de rois et de princes, avec une nombreuse collection de diplômes royaux et de bulles pontificales. Après avoir été fondée, comme on l'a vu, par l'empereur Louis II, qui obtint de l'évêque de Chieti la cession de tous ses droits sur le territoire concédé aux moines de Casauria, cette abbaye demeura indépendante de l'autorité épiscopale. Pour rappeler sans doute qu'ils relevaient seulement de l'Empereur, les abbés de Saint-Clément avaient le privilége de porter un sceptre impérial, au lieu de la crosse habituelle, fait caractéristique à une époque où l'on attachait tant d'importance aux symboles extérieurs du pouvoir. Cet usage se maintint fidèlement jusqu'à la fin du onzième siècle, époque où Grimoald qui, le premier, alla demander au souverain pontife confirmation de son titre, reçut en même temps du pape Urbain II la crosse qu'il devait porter à l'avenir, en remplacement du sceptre usité par ses prédécesseurs. Or, afin d'ajouter à ce récit du chroniqueur une confirmation authentique et parlant pour ainsi dire aux yeux, une miniature peinte sur le manuscrit représente, en effet, le pontife donnant le bâton pastoral à Grimoald, avec cette légende fort significative, si l'on se reporte au temps de la fameuse querelle des investitures :

CÆSARIS OB SCEPTRVM BACVLVM TIBI PORRIGO DEXTRVM ;
QVO BENE SIS FRETVS PLVS CÆSARE DAT TIBI PETRVS.

Le premier livre du *Chronicon Casauriense* renferme de curieux détails sur la fondation du monastère, l'expédition de Louis II dans l'Italie méridionale, les vertus militaires de ce prince, et le zèle pieux qu'il témoigna en faisant transférer les reliques de saint Clément à l'abbaye. Ces détails sont complétés par deux monuments intéressants de la poésie et de l'art au moyen âge. L'un est le poëme consacré à la glorification du fondateur de Casauria, et l'autre toute une série de représentations figurées sur les portes en bronze de l'église du monastère. Après avoir d'abord célébré en prose les qualités et les actes du bienfaiteur de sa maison, le moine Jean croit devoir, en hexamètres latins, entonner un chant d'épopée, et il commence par invoquer la Muse pour qu'elle l'accompagne sur les traces de son héros[1]. Il raconte ensuite comme l'Empereur ayant appris que les peuples qui occupaient la Sicile et la Calabre refusaient de se soumettre à l'autorité de Rome, rassembla ses comtes et ses barons et marcha incontinent vers les provinces qui réclamaient sa présence. Arrivé sur les bords de la Pescara, il est ravi d'admiration à l'aspect de l'île charmante qui en divise le cours, et comme frappé d'une inspiration soudaine, il s'écria : « Élevons ici un monastère où retentissent jour et nuit les louanges de Dieu, et où règnent en même temps la piété, la justice ! » Les désirs de l'Empereur ne tardent pas à être accomplis. L'île et le domaine qui en dépend sont achetés au seigneur qui en était le propriétaire, et un monastère s'élève comme par enchantement dans ce lieu où le prince fait transférer bientôt les reliques de saint Clément, pape et martyr.

C'est à la description détaillée de cette translation que la fin du poëme, aussi bien que la dernière partie du premier livre de la chronique, est consacrée par l'auteur. Ici, pour les différents actes d'une cérémonie religieuse si importante, si populaire au neuvième siècle, la sculpture vient en aide à la poésie, et le bronze

---

[1] Voir Pièces justificatives, G.

des portes de l'ancienne basilique de Casauria ajoute un vif et puissant relief au style imagé du chroniqueur. Ciselées avec art et richement incrustées d'or, ces portes sont comme tout un chapitre d'histoire incisé dans l'airain, et l'indestructible solidité du métal semble s'y être communiquée à des personnages et à des événements qui datent de dix siècles. Dans le cintre supérieur, quatre figures, plus grandes que les autres, dominent toute la scène, et, au milieu, le pape saint Clément reçoit de l'abbé Léonat la royale demeure où son corps doit reposer en paix. Au-dessous, sur le linteau transversal, on voit d'abord la représentation de la ville de Rome, et à côté le pape Adrien II remettant la châsse contenant les reliques à l'empereur Louis II, qui s'incline avec respect pour recevoir le précieux dépôt. Dans le compartiment suivant, le prince, aidé d'un seigneur de sa cour, place lui-même la châsse sur le dos d'un palefroi, et deux moines viennent au-devant des reliques qui plus loin sont offertes à l'église du monastère par l'empereur auquel l'artiste prête ces paroles :

MARTYRIS EXIMII CLEMENTIS SUSCIPE CORPVS,
INSULA PISCARIÆ PARADISI FLORIDVS HORTVS.

Le second livre de la Chronique énumère complaisamment tous les avantages dont jouit le monastère et son nom, *Casa aurea*, la maison d'or, est bien justifié par la beauté du site, la fertilité du sol et le nombre considérable de bourgs, églises et domaines placés sous la dépendance de l'abbaye. Le troisième livre, où commencent les fragments publiés par dom Luc d'Achery, indique selon l'ordre chronologique les événements relatifs à l'histoire de Casauria. On y trouve des priviléges accordés par Louis II et par l'empereur Othon le Grand qui, en 969, concède à l'abbé Adam le droit d'élever des églises et des forteresses sur les domaines du monastère. A l'époque de leur couronnement à Rome, Othon II, Henri II et Conrad II confirment les immunités données par leurs prédécesseurs. Plus tard, en 1073, le pape Grégoire VII adresse à l'abbé Trasimond un diplôme enjoignant à tout seigneur, normand ou autre, de respecter les domaines de Casauria et de ne troubler les religieux dans la possession d'aucun de leurs domaines. Plusieurs priviléges que concédèrent ensuite les papes et les princes normands de Sicile, sont encore rapportés dans la chronique de Casauria, dont l'édition publiée par le Père d'Achery s'arrête à l'année 1182.

Quant à la partie ajoutée par Muratori, d'après le manuscrit conservé à Paris, elle reprend, à partir de 850, le récit d'événements propres à éclairer l'histoire du monastère ou celle des églises et des domaines qui en dépendent. On y trouve également un certain nombre de pièces diplomatiques intéressantes, dont plusieurs se rattachent à la fin du douzième siècle. Ce qui vient donner encore, dans le manuscrit original, une valeur toute particulière à ces pièces, c'est que beaucoup de diplômes sont accompagnés de la représentation des sceaux et de la figure, soit du prince régnant, soit des abbés contemporains. Dessinées au trait et enluminées de diverses couleurs, ces images, qui accusent art encore primitif, sont curieuses à étudier pour les ornements royaux, les vêtements monastiques, les meubles et même les monuments qui s'y trouvent représentés. Sur la dernière page du manuscrit on trouve enfin, après tant de célébrités historiques, la simple et modeste représentation de celui qui composa cet important recueil. Humblement incliné devant le pape saint Clément qui, du haut de son trône, paraît l'encourager, frère Jean, fils de Bérard, présente au pontife le livre dont il est l'auteur, en lui adressant la dédicace suivante :

> Clemens ob lumen scriptum tibi tolle volumen,
> Hac ut scriptura tua sint in lumine jura :
> Scriptis noscantur, quæ sunt tua jura legantur.
> Sit liber gratus quem servulus est operatus,
> Cui tu sis clemens, proprio de nomine Clemens ;
> Perpetuis annis fratris memor esto Johannis.

III

Comme les deux abbayes dont nous venons de parler dans ce chapitre, le monastère de Novalèse eut autrefois une grande célébrité. Situé au pied du mont Cenis, dans l'ancienne vallée *Segusina*, qui fut désignée ensuite sous le nom de Novalèse, ce monastère a une origine fort ancienne ; mais l'époque précise de sa fondation a été fort discutée et fixée bien différemment par les érudits. Quelques écrivains, notamment Ughelli, veulent la faire remonter jusqu'aux dernières années de la vie de saint Benoît, c'est-à-dire avant l'année 543. Moins libéral en fait d'ancienneté, et surtout plus sévère sous le rapport de la critique historique, l'auteur des *Annales bénédictines* croit devoir rapporter au commencement du huitième siècle la fondation de l'abbaye de Novalèse. A l'appui de son opinion, le Père Mabillon cite, dans son traité de la *Diplomatique*, le testament d'Abbon, fondateur du monastère, testament qui date de l'année 739. Cette pièce importante que son caractère, sa forme et la confirmation dont elle a été l'objet de la part de Charlemagne doivent faire regarder comme bien authentique, suffit à combattre victorieusement les fables émises sur l'origine antérieure de cette communauté [1].

Le premier abbé de Saint-Pierre de Novalèse fut le vénérable Godon, et il eut pour successeurs Abbon, Joseph, Guillaume et Gérard qui gouvernèrent avec sagesse la nouvelle communauté. Viennent ensuite l'abbé Asenarius qui figure, en cette qualité, à l'assemblée d'Attigny tenue en 765, et Witgard qui fut tout à la fois abbé du monastère et évêque du diocèse de Maurienne. Après Witgard, le bienheureux Frodoin, qui florissait vers 775, fut chargé de l'administration de l'abbaye. Pendant son gouvernement, Charlemagne qui traversait les Alpes pour aller combattre le roi Didier, s'arrêta au monastère de Novalèse, et, sur la demande de Frodoin, il confirma le testament d'Abbon en faveur de la communauté. Le chroniqueur se complaît aussi à raconter comment le très-glorieux roi des Franks offrit à l'abbé de Novalèse l'un de ses fils, nommé Hugues, pour qu'il l'initiât, dès sa jeunesse, aux devoirs de la vie monastique. C'était peut-être le même personnage que par mesure politique Louis le Débonnaire, en prenant l'héritage paternel, fit raser et enfermer dans ce monastère dont Hugues obtint le gouvernement après l'abbé Amblulfe, successeur de Frodoin.

---

[1] J. Mabill. *De Re diplom.*, p. 511.

Issu d'une riche et noble famille, Amblulfe, selon un usage fréquent à cette époque, avait été, dès l'enfance, consacré à saint Benoît par son père Widilon. La formule de cette consécration, qui nous a été conservée par la chronique locale, est sans contredit la plus ancienne de toutes celles qui soient connues. Pendant le neuvième siècle, la communauté de Novalèse continue de fleurir, et les moines qui, de la France et de l'Italie, y affluent en grand nombre, s'occupent activement de la transcription des manuscrits ou de la composition d'ouvrages ascétiques. Cette salutaire impulsion leur est surtout donnée par saint Eldrad qui, originaire de la Provence, vint se retirer, après avoir visité les monastères d'Aquitaine et d'Espagne, dans la solitude de Novalèse[1]. Trois cents moines y vivaient alors réunis sous la loi d'une sévère discipline, et plus tard, Eldrad fut appelé à les gouverner en recevant la succession de l'abbé Hugues. Pendant trente ans qu'il occupa le siége abbatial, il ne cessa de veiller sur la nombreuse communauté dont il avait la direction, et mourut en odeur de sainteté. Après sa mort qui eut lieu sous le règne de l'empereur Louis II, le monastère fut gouverné successivement par les abbés Eirard et Dondivert, sous l'administration duquel cette riche et puissante abbaye fut envahie et saccagée par les Sarrasins.

A la suite de cruels ravages exercés dans le royaume de Bourgogne et le midi de la France, ces hordes barbares s'étaient établies à Fraxinet, et de là répandaient la terreur et la dévastation dans tous les pays d'alentour. Craignant avec raison que son monastère ne fût attaqué par ces infidèles, l'abbé de Novalèse n'y laissa

---

[1] *S. Eldradi vita.* ap. Bolland.

que deux moines auxquels il en confia la garde, et se retira ensuite avec toute sa communauté à Turin, dans l'église de Saint-André et de Saint-Clément qui relevait de sa juridiction. Conformément à ses tristes prévisions, les Sarrasins ne tardèrent pas, en effet, à se jeter sur l'abbaye. Après avoir égorgé les deux moines dans le sanctuaire même sur lequel ils avaient voulu fidèlement veiller jusqu'à leur dernier soupir, ils pillèrent toute la maison, et en partant livrèrent aux flammes le cloître et l'église. A la nouvelle de ce désastre, l'abbé Dondivert résolut de construire un monastère à Turin, près de l'Église où il s'était réfugié, et y mit en dépôt tous les vases sacrés ainsi que les livres d'office et les manuscrits composant la bibliothèque de Novalèse. Par une étrange fatalité, cette précieuse bibliothèque ne tarda pas à être détruite dans un incendie qu'avaient allumé des prisonniers sarrasins, et tout périt, à l'exception de cinquante volumes que put sauver le moine Riculfe, préposé de l'église de Saint-André et de Saint-Clément. Perte bien regrettable, si l'on se représente l'importance et la richesse de cette collection, l'une des plus célèbres de l'époque, et à laquelle avaient activement travaillé tant de moines copistes, non moins renommés pour leur instruction que pour leur talent calligraphique.

Sous l'un des successeurs de Dondivert qui, au milieu de pénibles vicissitudes, exerça les fonctions abbatiales pendant quarante-deux ans, le monastère de Saint-Pierre de Breme [1] fut, en 960, donné aux religieux

[1] Bremetense monasterium, S. Petro dicatum, in diocœsi Ticinensi. — Breme, appelé *Bremetum* au moyen âge, est un bourg de la province de Pavie, situé dans l'arrondissement de la Lomelline, près du confluent de la Sesia et du Pô.

de Novalèse par un riche seigneur appelé Adalbert. Comblés de ses bienfaits, les moines qui étaient venus s'établir à Breme, reçurent, en outre, sous l'abbé Gézon, un témoignage tout particulier de la bienveillance de l'empereur Othon le Grand. Comme leur communauté avait eu à souffrir d'une ordonnance rendue par Lothaire, roi d'Italie, le prince allemand fit déchirer et brûler cette pièce devant toute sa cour, et la remplaça par un diplôme tout favorable aux intérêts du monastère. Le même abbé Gézon reçut aussi les vœux du moine anonyme que le désir de faire connaître la célébrité de l'abbaye de Novalèse porta plus tard à en écrire les annales. Né d'une famille noble, sur le territoire de Verceil, ce moine fit sa profession à Saint-Pierre de Breme, et alla ensuite passer plusieurs années à Novalèse, en compagnie d'un de ses parents, nommé Bruningon. La vue de cette maison longtemps abandonnée, et qui commençait à peine à se relever de ses ruines, lui inspira un vif et puissant intérêt. En errant au milieu de ces débris que sa pensée se plaisait à ranimer, il forma le dessein de reconstruire l'histoire de cette abbaye autrefois si florissante, et à laquelle il s'était attaché, comme on s'attache à toute grandeur déchue. Il composa donc la chronique de Novalèse qu'il rédigea en cinq livres, à la suite desquels il fit transcrire par un copiste les diplômes omis dans les précédentes parties de son ouvrage.

Cette chronique ne paraît pas avoir été terminée, selon le plan conçu par l'auteur, car son dernier livre renferme un grand nombre de documents et de matériaux rassemblés pour être mis en œuvre; mais la mort ne lui laissa pas le temps d'achever ce travail.

Les sources où il avait puisé ses renseignements étaient les traditions populaires, les récits des contemporains, les diplômes sauvés de la destruction de l'abbaye, et le poëme composé au dixième siècle sur les faits et gestes de Walthaire. L'œuvre du chroniqueur anonyme de Novalèse qui écrivait au milieu du onzième siècle, se ressent des défauts communs à ce genre de composition. La méthode et l'unité y manquent; l'ordre chronologique n'y est pas suivi, et l'auteur reproduit avec une extrême crédulité tout ce qu'il a entendu raconter sur l'histoire de l'abbaye. Malgré les récits fabuleux et invraisemblables qu'il renferme le *Chronicon Novaliceuse* n'en offre pas moins un sujet d'étude à la critique historique qui sait y faire la part de la fiction et celle de la vérité. N'est-il pas utile, en outre, au point de vue particulier de l'histoire littéraire, de pénétrer dans les replis les plus intimes de l'esprit si complexe du moyen âge, et de connaître sous tous les aspects sa foi naïve, son penchant pour le merveilleux, et sa crédule mais charmante ignorance?

Que les simples récits du chroniqueur, même ceux qui pourraient faire sourire, ne soient donc point bannis par nous du vaste domaine de la science historique, surtout quand ils rappellent ce que pensait, ce que croyait, il y a tantôt mille ans, la jeune société chrétienne. L'intérêt qui s'attache à ces vieilles traditions du foyer domestique est si puissant que tel écrivain du dernier siècle, qui en plaisantait comme philosophe, leur donnait, comme poëte, les plus aimables regrets. En effet, alors même qu'elle est mêlée de fictions, qui en sont les formes accessoires, et dont il est toujours possible de la dégager, la poésie est vraie au fond, en tant qu'expression naturelle et parfaitement sincère de l'imagination humaine. Aussi est-ce avec une juste appréciation du sujet que l'auteur de l'*Histoire de la civilisation en France* opposait cette éloquente réponse aux attaques alors dirigées contre une partie de la littérature du moyen âge : « Toute cette longue époque, dit-il, toute cette vieille histoire, où l'on ne voyait naguère qu'absurdité et barbarie, redevient pour nous riche en grands souvenirs, en belles aventures, en événements, en sentiments auxquels nous portons un vif intérêt. C'est un domaine rendu à ce besoin d'émotions, de sympathie, que rien, grâce à Dieu, ne saurait étouffer dans notre nature. L'imagination joue un rôle immense dans la vie des hommes et des peuples... Le présent seul, le présent sans passion, le présent, calme et régulier, ne suffit pas à l'âme humaine ; elle s'y sent à l'étroit et pauvre ; elle veut plus d'étendue, plus de variété. De là l'importance et le charme du passé, des traditions nationales, de toute cette partie de la vie des peuples où l'imagination erre et se joue librement au milieu d'un espace bien plus vaste que la vie actuelle. Les peuples peuvent un moment, sous l'empire d'une crise violente, renier leur passé, le maudire même ; ils ne sauraient l'oublier, ni s'en détacher longtemps et absolument[1]. »

Selon ces principes d'une saine et large critique, la chronique anonyme de Novalèse peut être, à cause de la situation même de ce monastère, consultée avec fruit par ceux qui veulent étudier dans toutes leurs sources originales l'histoire de l'Italie et celle de la France. Placé aux confins des deux pays et sur le passage le plus fréquenté qui, en tout temps, ait donné accès de

---

[1] M. Guizot, *Hist. de la civilis en France*, t. III, p. 234.

l'une dans l'autre contrée, Saint-Pierre de Novalèse a vu défiler devant ses hautes murailles la plupart des armées qui, durant une si longue suite de siècles, se donnèrent rendez-vous au delà des Alpes. C'est pour ces motifs que comprenant le double intérêt présenté par la chronique de Novalèse, André Duchesne et Muratori en publièrent tour à tour des parties plus ou moins étendues. Mais la publication de Muratori, bien que la plus considérable, étant loin d'être satisfaisante, parce que plusieurs livres manquaient à l'exemplaire manuscrit dont il avait fait usage, les éditeurs du *Monumenta Germaniæ* ont jugé convenable d'en donner une meilleure et plus complète édition. Un intérêt d'une autre nature et inspiré par un sentiment de patriotisme éclairé, devait porter l'un des savants collaborateurs du recueil des *Monuments historiques* du Piémont à publier une chronique qui se rapportait aux annales particulières du pays. C'est ce qui a déterminé M. Combetti à éditer dans ce beau recueil le *Chronicon* dont nous nous occupons ici, en faisant précéder le texte, d'une préface indiquant de la part de l'auteur une étude aussi consciencieuse qu'intelligente du manuscrit original.

Quoi qu'il écrive au onzième siècle, à l'époque où saint Romuald et saint Bruno, Pierre Damien et Hildebrand furent la gloire du cloître et de l'Église, le bon moine de Novalèse n'en donne pas moins de vifs regrets aux temps qui ne sont plus, et dans lesquels il retrouve et célèbre l'âge d'or du monachisme. C'est surtout au commencement de son deuxième livre que, faisant l'éloge d'un passé qu'il semble de beaucoup préférer au présent, il rappelle sous les traits les plus vrais, les plus frappants, ce qu'étaient plusieurs siècles auparavant les mœurs intérieures d'un monastère. Puis, après avoir minutieusement décrit l'ordre parfait avec lequel les moines, divisés en décuries, accomplissaient alors tous leurs exercices, il conclut en disant : « C'est ainsi qu'en cet heureux âge, la discipline florissait dans le monastère. L'hospitalité y était largement pratiquée ; la charité y brillait d'un pur éclat ; l'aumône y prodiguait ses dons, et la prière y montait sans cesse vers Dieu, pour l'invoquer en faveur des vivants aussi bien que des morts. » Dans ce tableau d'un idéal que l'auteur proposait comme modèle aux moines ses contemporains, et que, de son temps déjà, il était contraint d'aller emprunter aux perspectives lointaines du passé, ne parcourt-on pas le cycle invariable des observances monastiques, telles qu'elles étaient pratiquées au neuvième siècle ? Et à celui qui nous l'a tracé avec tant d'amour et de sincérité, comment ne pardonnerait-on pas des erreurs et des récits de faits maintenant inadmissibles, mais auxquels on ajoutait alors la foi la plus entière ?

Durant un long espace de temps, l'abbaye de Novalèse, qui était redevenue très-florissante, fut habitée par des moines de la congrégation du Mont-Cassin, qui desservaient en même temps l'hospice que la charité chrétienne avait, dès le neuvième siècle, fondé sur le mont Cenis. Plus tard ils y eurent pour successeurs des religieux feuillants qui, à partir du dix-septième siècle, établirent en Italie diverses communautés, sous le nom de *réformés de saint Bernard*[1]. Ces religieux ont conti-

---

[1] Un religieux feuillant de cette congrégation, dom Louis Rochex, est l'auteur d'un ouvrage publié à Chambéry en 1670, et intitulé : *La*

nué d'occuper le monastère de Novalèse jusqu'aux premières années de notre siècle ; mais ils y furent remplacés ensuite par des moines de la congrégation du mont Cassin qui n'y formèrent d'ailleurs qu'une communauté peu nombreuse. De nos jours, ils ont ressenti, comme tant d'autres, les effets de la mesure radicale qui a supprimé les congrégations monastiques dans l'ex-royaume de Piémont. Il y a fort peu de temps encore que le dernier bénédictin qui y était resté pour garder fidèlement son cloître et ses autels, a été contraint, après d'inutiles protestations, d'abandonner cette maison qu'il aimait, et de venir se retirer à l'abbaye de Saint-Paul hors des Murs[1]. Le coup a été d'autant plus douloureux qu'à diverses époques le monastère avait reçu des preuves de la bienveillance et de la libéralité des souverains de la famille royale de Savoie. Souvent même, par un sentiment de piété, des princes de cette famille s'étaient rendus à Novalèse, pour se mêler aux pèlerins qui chaque année, au mois d'août, font l'ascension du Rocciamelone, dans le but d'aller entendre la messe à la chapelle dite la *Cà d'Asti*. Cette chapelle, ainsi appelée par ce que Boniface de Tritico, de la maison des Rovère d'Asti, la fit construire pour satisfaire à un vœu, s'élève à une hauteur extrême sur le pic majestueux qui, voisin du mont Cenis, do-

---

Gloire de l'abbaye et vallée de la Novalèse. Cet ouvrage, divisé peu méthodiquement et dépourvu de critique, renferme une série de dissertations sur l'histoire du monastère et celle du pays. Le texte, d'une érudition indigeste, est entremêlé de citations et de documents originaux.

[1] Depuis cette époque la maison et les biens du monastère de Novalèse, qu'on avait placés sous le séquestre, ont été vendus par ordre du gouvernement italien.

mine le village et le monastère de Novalèse, ainsi que les vallées de Viu et de Suse. Elle est touchante et en même temps grandiose la cérémonie religieuse célébrée, comme entre le ciel et la terre, dans le modeste oratoire où un tronc d'arbre grossièrement taillé sert d'autel pour le sacrifice. De ce prodigieux sommet, le petit édifice chrétien, bâti non loin du lieu où les Romains avaient dédié un temple à Jupiter, semble témoigner de l'éternelle victoire remportée par la croix sur le vieux polythéisme.

Quand le voyageur passant de France en Italie, descendait naguère dans ces beaux pays subalpins où tout s'unit pour le charmer et le retenir, il visitait volontiers quelques-uns des monastères célèbres qui, pendant de longs siècles, s'étaient ouverts pour tant d'autres venus avant lui. Ces maisons hospitalières, placées comme autant de stations sur sa route, lui annonçaient bien, sous son véritable aspect, la contrée demeurée le centre du monde catholique. Mais après avoir survécu jusqu'en ces derniers temps à toutes les révolutions, elles ne subsistent plus au delà des Alpes qu'afin d'y rappeler que le souffle de l'esprit moderne a passé sur l'Italie comme sur la plupart des États de l'Europe. A la vue de ces abbayes aujourd'hui abandonnés, et dont le morne profil tranche avec l'air joyeux des vallées alpestres, si fraîches, si verdoyantes, une double impression saisit l'âme émue par cet étrange contraste. Ici, des monuments qui croulent avec les institutions pour lesquelles ils furent élevés, institutions autrefois pleines de vie, mais, hélas! périssables comme tout ce qui est humain. Là, les œuvres de la nature, parées de leur inaltérable jeunessse, et conservant, au milieu de transformations périodiques, le caractère d'immutabilité qu'elles tiennent de Dieu, leur auteur. Ce caractère ressort surtout dans les pays de montagnes, où tout est resté simple et grand, parce que la main de l'homme y fait moins sentir son action que défient des masses inaccessibles de granit. Aussi, tandis qu'au pied de ces montagnes, les édifices bâtis par les générations passées tombent chaque jour en ruine, le torrent continue de bondir sur leurs flancs, l'aigle, de planer sur leurs cimes, et le pic solitaire ne cesse de répandre sur la vallée son ombre immense, image de l'ombre que projettent dans l'histoire les grandes communautés monastiques dont 'ancienne splendeur n'est plus qu'un souvenir.

CHAPITRE XXIV

ÉPILOGUE

L'ORDRE DE SAINT-BENOIT ET LE PARLEMENT ITALIEN

Projet de suppression des associations religieuses en Italie. — Défense de son ordre présentée par un moine de Saint-Benoît. — Publications antérieures de dom Luigi Tosti; leur caractère religieux et politique. — La prière du soldat et l'insurrection italienne. — Dédicace de la *Ligue lombarde* au pape Pie IX. — Appel aux souvenirs guelfes : la foi et la liberté, l'Église et l'indépendance nationale. — Triomphe et résultats inattendus de la révolution italienne. — Premiers coups portés aux communautés monastiques des Marches et de l'Ombrie. — Mémoire apologétique du Père Tosti adressé au parlement national. — Nouveaux périls qui menacent les congrégations monastiques. — Récapitulation des services rendus par les bénédictins dans l'ordre social, économique et littéraire. — Conclusion.

Il y a quatre ans, lorsque la révolution italienne, suivant l'exemple de son aînée, la révolution française, fit entendre une première fois ces mots dans le parlement national : Suppression des ordres religieux, une voix s'éleva aussitôt pour réclamer contre une mesure qui devait porter un coup fatal à des droits aussi anciens que respectables. Cette voix, venant des hauteurs du mont Cassin, était celle d'un moine de saint Benoît, qui crut devoir, dans le péril dont son ordre était menacé, s'adresser directement aux représentants d'un pays autrefois le berceau et aujourd'hui le dernier refuge des institutions monastiques. En prenant la parole pour défendre une cause qui, pendant tant de siècles, fut la cause même de la civilisation chrétienne, dom Luigi Tosti remplit alors un pieux devoir qui sans nul doute lui convenait mieux qu'à tout autre. Par là, on peut le dire, il a bien mérité de la religion dont les moines bénédictins furent longtemps la colonne et le flambeau, des lettres qu'ils ne cessèrent d'honorer par leurs travaux infatigables, de la liberté enfin dont ils avaient toujours propagé les saines notions parmi les peuples.

Déjà connu par la publication de l'histoire de son abbaye, dont nous avons parlé précédemment, dom Luigi Tosti avait acquis de nouveaux titres aux yeux du monde lettré en faisant paraître quelques années plus tard l'*Histoire de Boniface VIII et de son temps*[1]. Dans ce second ouvrage, le talent de l'auteur semblait avoir grandi en proportion des nouveaux horizons historiques qui s'ouvraient devant lui. Avec une grande netteté de vues et d'opinions, avec une vigueur de style que la passion du bien élève parfois à l'éloquence, il avait retracé le tableau des combats soutenus par cet ardent pontife qui, attardé à la fin du moyen âge, voulut poursuivre, malgré les premières manifestations de l'esprit moderne, l'œuvre inachevé de Grégoire VII et d'Innocent III. Un nouveau livre, joignant le rare mérite de l'opportunité à une valeur réelle toujours appréciable, sortit en 1848 des presses établies au Mont-Cassin, et vint attacher au

---

[1] *Storia di Bonifazio VIII e di suoi tempi.* — Monte Cassino, 1846.

nom du savant prieur de cette abbaye une notoriété encore plus éclatante[1].

L'apparition de ce livre intitulé *Histoire de la Ligue lombarde*, dont la mise au jour coïncidait avec le réveil de la nationalité italienne, ne fut pas, comme on pourrait le croire, le résultat d'une circonstance fortuite. Depuis longtemps déjà le religieux du Mont-Cassin, bien que jeune encore à cette époque, avait su pressentir, dans le silence du cloître, les événements extraordinaires qui se préparaient au sein de la société italienne, et dont la solution finale tient aujourd'hui en suspens la sollicitude de l'Europe. Attentif aux bruits du monde extérieur, qui montaient jusqu'à lui, sans troubler la sérénité de la sphère où il était placé, l'historien de la *Ligue lombarde* ajoutait chaque jour une page de plus au récit de la lutte mémorable que les communes guelfes engagèrent contre la domination germanique, au nom des droits imprescriptibles de l'indépendance nationale. Les divers épisodes de cette lutte prenaient, sous sa plume, un intérêt d'autant plus vif, que dans les agitations des siècles passés, il sentait vivre et palpiter l'âge présent, dont une révélation secrète lui disait tout bas qu'il écrivait en ce moment l'histoire. Que de fois, il m'en souvient, en me promenant avec le Père Tosti sur la haute terrasse du monastère, je reçus, trois années avant la révolution de 1848, les intimes confidences du religieux bénédictin sur le grand mouvement politique et social dont il sentait l'approche! Avec quel accent convaincu, quel langage poétiquement coloré, empruntant à la vivacité

[1] *Storia della Lega lombarda*, per D. Luigi Tosti. — Monte Cassino, 1848.

des images quelque chose de prophétique, il me parlait, à la fin d'un beau jour de printemps des ferments d'agitation, des germes de vie nouvelle qui bouillonnaient alors dans les veines de la nation comme dans les corps de la nature!

Aussi, quand le contre-coup des événements de 1848 agita si vivement toute la Péninsule italique, dom Tosti put être ému, mais ne fut point surpris par la commotion qu'il avait prévue depuis longtemps. Comme beaucoup de membres du clergé italien, qui sont pénétrés bien plus qu'on ne le pense de ce côté-ci des Alpes, de principes vraiment libéraux et progressifs, il se trouva dans une situation presque semblable à celle qu'il est facile de constater en étudiant la correspondance de nos bénédictins français à la veille de 89. Chez lui, aussi bien que chez eux, les sentiments du moine étaient parfois aux prises avec les devoirs de l'homme et du citoyen. Religieux, il avait sujet de craindre une révolution hostile aux ordres monastiques; Italien, il appelait de ses vœux tout ce qui pouvait assurer l'indépendance de sa patrie. Pour qui sait comprendre et vouloir l'accord nécessaire de la foi et de la raison, de l'autorité et de la liberté, l'incertitude ne pouvait durer longtemps. Aussi le patriotisme s'étant concilié avec de légitimes scrupules, le Père Tosti accepta, dans le mouvement qui remuait alors l'Italie, ce que ce mouvement avait de généreux, de national, et surtout de prononcé contre la domination étrangère.

Les sentiments personnels du moine bénédictin, qui étaient ceux de tous ses compatriotes, se révélèrent à cette époque dans deux publications sorties coup sur coup des presses de l'abbaye et montrant assez par leurs titres[1], quel en était le caractère mystique et religieux. Comme une flamme électrique, ces écrits pleins de feu transmirent à la foule frémissante les frémissements de ce cœur de moine, ardent, enthousiaste, dont la plus noble des passions, l'amour du pays, avait fait un poëte véritablement inspiré. Quel chant plus capable par exemple, de soulever les populations italiennes d'une extrémité à l'autre de l'Apennin, que cette belle prière du soldat dont nous détacherons ici quelques strophes, et où retentissent comme des bruits d'armes l'appel au combat, l'invocation au Dieu des armées, se mêlant aux souvenirs épiques de la Bible et des guerres saintes.

« Venez, fils des Alpes, accourez, fils de la mer, dans la vallée lombarde. C'est là que le Seigneur vous attend.

« En avant! que vos pieds s'enfoncent dans cette vallée lombarde, toute molle encore, toute molle du sang de vos frères!

« Aiguillonne, Seigneur, les chevaux de ton char, et bénis les ministres de tes vengeances.

« Rappelle de la nuit des siècles le soleil de Gelboë, et que les rayons dardés par nos boucliers aillent éblouir les yeux des hommes du Nord qui nous font face.

« Aiguise nos épées, ravive en nous le souvenir de l'esclavage ; enivre-nous de la douceur de la liberté.

« Heureux ceux qui meurent pour Dieu et la patrie ! Leurs os produisent la fleur de l'immortalité, quand leur corps, lumineux de gloire, sont tombés dans le sein de la terre. »

En reproduisant aujourd'hui quelques sons affaiblis

---

[1] *Il veggente del secolo XIX. — Il salterio del pellegrino.* — Mont Cassino, 1848.

de ce chant national et guerrier, déjà si loin des événements qui l'inspirèrent, nous surprendrons peut-être certains esprits absolus qui, au nom de la religion mal comprise, prétendent immobiliser dans le moine comme dans le prêtre l'appréciation de faits et d'institutions essentiellement mobiles de leur nature. D'autres, habitués à ne considérer dans tout membre d'une corporation monastique que l'instrument passif d'une règle et de vœux enchaînant la volonté humaine, s'étonneront d'entendre un religieux invoquer le beau nom de la liberté, et à ce nom, appeler résolûment ses frères au combat. Évitons de juger ainsi d'après des idées fixes ou préconçues des hommes que l'on ne connaît pas ou que l'on connaît mal. Mais ce dont il faut surtout se garder, c'est de vouloir, par suite d'une confusion chez nous trop commune, attribuer à un pays et à une société qui ne sont pas les nôtres, le caractère, les opinions, les mœurs et jusqu'à l'esprit de parti propres à notre nation. Qu'on se rappelle, en outre, qu'autant un Italien ressemble peu à un Français; autant un Napolitain diffère, à son tour, de l'habitant du nord de la Péninsule. Dans cette contrée volcanique où grondent sans cesse le Vésuve et l'Etna, exiger qu'un homme, parce qu'il s'est retiré dans un cloître, ferme complétement son oreille à tous les événements du dehors, c'est, par ce temps de révolutions et de publicité retentissante, demander vraiment l'impossible. En vain à chaque heure du jour, il ne cessera de se répéter la parole du Maître qu'il a choisi pour modèle : « Mon royaume n'est pas de ce monde. » Les battements de son cœur protesteront contre une telle abnégation, et avant tout lui rappelleront qu'il est homme. Aussi quand la voix de la foule arrivera jusque dans sa demeure, il mêlera ses vœux aux vœux de tous, et voudra même, comme les autres, avoir dans la lice sa part de champ et de soleil. C'est ce qu'a fait le Père Tosti, et c'est ce que feront, à son exemple, tous ceux qui, doués d'intelligence et de sensibilité, croient sincèrement qu'il est permis tout en servant Dieu, de servir l'humanité, et de l'aider à suivre les voies que Dieu lui-même a ouvertes devant elle.

Lorsqu'il adoptait cette ligne de conduite, l'auteur de la *Ligue lombarde* se conformait aux exemples des moines, ses devanciers, qui jadis parlaient aux peuples dans les camps, aussi bien que sur la place publique, et souvent, poëtes ou chroniqueurs, chantaient ou racontaient les actions dont ils avaient été les témoins. Dès lors complétement dévoué à ce qu'il appelait l'idée italienne, il se disposait à la propager de tous ses efforts en montrant la jeune liberté s'appuyant sur le catholicisme, et marchant à des conquêtes d'autant plus certaines qu'elles seraient dirigées et contenues par le sentiment religieux. Entre les deux partis dont l'un rêvait déjà l'unité nationale et l'autre bornait ses vues au principe traditionnel de la fédération, le religieux sut tenir un juste équilibre. Toutefois, il devait se sentir disposé à incliner plutôt du côté des néo-guelfes qui, à cette époque, acclamaient dans Pie IX le futur restaurateur des libertés italiennes. Avec ses compatriotes de tous les points de la Péninsule, avec les hommes d'État et les esprits les plus éclairés de l'Europe libérale, il vint donc apporter sa part d'encouragements au souverain pontife, en lui offrant la dédicace de son ouvrage sur la Ligue lombarde.

« Vous êtes, » lui dit-il dans un langage empreint des formes mystiques et hardies du treizième siècle, « vous êtes le maître de la vérité pour tout le monde : c'est à vous qu'il appartient de séparer l'esprit qui vivifie de la lettre qui tue, dans l'Évangile du Christ. L'histoire est aussi un Évangile, ô Saint-Père, parce que le Verbe du Seigneur ne rayonne pas seulement dans l'infini de la pensée produite par Dieu, mais qu'il pénètre comme une semence féconde jusque dans les entrailles de l'humanité qui souffre et qui espère. Or, la fleur de cet Évangile tout humain, c'est l'histoire de notre Italie. Aucun peuple, en effet, n'a pu confier à ses annales le récit d'un martyr plus violent et plus prolongé que le nôtre ; aucun peuple n'a pu montrer à la postérité un Golgotha plus semblable à celui où expira le Nazaréen...

« Pour hâter notre délivrance, rendez-nous donc, Saint-Père, l'étendard qu'Alexandre III, au jour de son triomphe, suspendit au tombeau du prince des apôtres. L'heure a sonné ; l'humanité vous attend. Que le bruit des événements humains, que les colères des princes ne vous troublent pas ; la parole de Dieu, quand elle crée ou rachète, est toujours précédée de la voix terrible des tempêtes. Mais votre trône restera ferme sur les fondements des cœurs affranchis au nom de la liberté du Christ, car si vos fils se laissaient aller à une folle idolâtrie, alors descendant des hauteurs du Vatican, vous briseriez les Tables de la loi, et prolongeant vos regards dans l'immensité du temps et de l'espace, vous ne trouveriez pas une limite au bercail dont vous seriez le pasteur. Non ; l'homme ne saurait séparer ce que Dieu a réuni, et le jour où pareil événement arriverait, Dieu suspendrait les Alpes aux confins de la terre, et le monde entier serait Italie.

« Bénissez, Saint-Père, ce volume; bénissez la mémoire des aïeux, les espérances du présent, la gloire de l'avenir. Bénissez celui qui l'a écrit, et vous verrez comment, dans une âme étrangère aux consolations terrestres, l'amour de la patrie se transforme par la voie de la prière en l'amour sacré de Dieu [1]. »

Ce fut donc en se rappelant la longue et douloureuse passion subie par ses compatriotes, ce fut en se représentant l'Italie, autrefois la souveraine des nations, prosternée comme une esclave aux pieds de maîtres étrangers dont elle devait enfin briser le joug à la voix et sous l'égide du pontificat romain, que l'auteur de la *Ligue lombarde* écrivit son livre, tantôt avec un légitime orgueil, tantôt avec une généreuse indignation. Il en achevait les dernières pages, lorsque le cri de ralliement : *Fuori i barbari!* résonna pour les Italiens de notre temps, comme il avait jadis résonné pour leurs pères, à l'époque d'Alexandre III, de Grégoire IX et d'Innocent IV. Aussi, sous le coup des événements qui donnaient à son ouvrage une si grande opportunité, le religieux du Mont-Cassin le termina-t-il par ces lignes éloquentes que les circonstances actuelles pourraient nous faire croire écrites d'hier :

« Je traçais pour des Italiens le récit des gloires italiennes, quand l'Italie tout entière s'est levée pour s'élancer où l'appellent les cieux apaisés. Libre des entraves que lui ont imposées depuis un demi-siècle ceux qui vivaient dans le passé, elle s'est ébranlée et le fracas

---

[1] D. Luigi Tosti, *Storia della Lega lombarda.*

de sa marche s'est fait entendre jusque dans les profondeurs de ma retraite. Je quittai aussitôt la plume pour offrir à ma patrie, sortant du donjon des vieilles barrières féodales, ce simple volume, non comme une œuvre d'érudition, mais comme un témoignage des droits qui lui assignent une place dans le concile des peuples, et de l'amour immense que je lui porte.... Allez, ô mes frères, et que votre âme soit à la hauteur non-seulement de votre nation, mais de toute l'humanité ; que votre cœur se dilate d'un grand amour qui dépasse les confins des Alpes et de la mer. Ne vous attristez pas de la faiblesse des uns, de la perfidie des autres ; l'or et la force les font vivre, mais le siècle les tuera ; pour vous, regardez-les et passez avec confiance... Oui, le Christ a vaincu, il a égalisé, il a affranchi les castes ; il a égalisé, il a affranchi les peuples. Il vient tenir le lit de justice non d'une cité ou d'une nation, mais de toute la famille humaine ; en sa présence chaque peuple devra s'asseoir sur son siége. Italiens, placez le nôtre sur l'éternel rocher du Capitole, car c'est de là que sera proclamée la sentence de fraternité, en laquelle se consomme l'action du Christ. »

Après des manifestations si ardentes, on conçoit facilement quels pénibles mécomptes dut éprouver dom Luigi Tosti, lorsqu'il vit le mouvement de l'indépendance nationale, vaincu à Novare, puis triomphant à Magenta et à Solferino, aboutir finalement à l'invasion du royaume de Naples et à l'annexion d'une grande partie des États pontificaux. Ainsi s'évanouissait pour lui, comme pour tant d'autres esprits sérieux, ce rêve d'une confédération italienne qui aurait eu pour chef le souverain pontife, pour lien commun, la solidarité des intérêts, et pour pierre angulaire, le rocher du Capitole! Après avoir été victime des persécutions d'un parti qui, voulant comprimer le libre essor de la pensée, avait fait occuper militairement le Mont-Cassin et apposer les scellés sur les presses de l'abbaye, l'ex-prieur du monastère n'y était donc revenu de son exil momentané que pour être témoin des périls qui cette fois menaçaient, non plus seulement sa personne et sa maison, mais l'existence même de l'ordre et celle des autres congrégations religieuses. La situation était devenue plus difficile que jamais, et afin de répandre plus de lumière sur cette partie intéressante, mais peu connue de l'histoire monastique au dix-neuvième siècle, qu'il nous soit permis de faire ici la confidence de quelques passages d'une lettre qui, à cette époque, nous fut adressée par le Père Tosti. Mieux que toute analyse, cette communication, que nous ne croyons pas indiscrète, révèlera quelles étaient alors, quelles peuvent être encore aujourd'hui la position critique et en même temps la confiance inébranlable des moines du Mont-Cassin.

« Combien d'événements, nous écrivait-il se sont accomplis depuis les heures si douces que nous avons passées ensemble au milieu de notre solitude et dans le pieux commerce de la pensée et du sentiment! Hélas! à dater de cette époque, tout est devenu néfaste pour nous et pour notre abbaye. Persécutés sous l'ancien gouvernement, nous avions perdu la liberté de penser et de communiquer nos idées à tous ceux qui voulaient bien partager avec nous les fatigues et les consolations qu'on éprouve à répandre la vérité parmi les hommes. Pour nous plus de livres, plus de recueils périodiques, plus d'épanchements intimes, plus de relations littéraires. Une nuit complète nous enveloppait, et dans la république des lettres, nous étions comme des lépreux, sous la loi judaïque, tout à fait séquestrés du monde. Aujourd'hui que le souffle de la liberté commence à vivifier le cœur des Italiens, nous autres, pauvres moines, nous sommes seuls placés sous le coup terrible d'une crainte, celle de la suppression. Mais dans cette pénible épreuve qui nous remplit de douleur et d'alarmes, j'espère qu'avec la protection du ciel, nous resterons toujours les dignes enfants de la famille bénédictine : j'entends par là des ouvriers laborieux, infatigables dans la culture du champ de la science et des vertus chrétiennes, mais, de plus, les amis dévoués de tous les esprits généreux qui, de près ou de loin, marchent vers le même but que nous, pour le plus grand bien de leurs semblables et la plus grande gloire de Dieu.

« En vous adressant une note sur la situation actuelle de l'ordre bénédictin en Italie, je crains que vous ne vous écriiez avec moi : ce n'est plus que l'ombre d'un grand nom, *magni nominis umbra!* Et pourtant, lorsque j'écoute la voix de mon cœur, lorsque je lève surtout les regards vers le ciel, je me sens une foi profonde, invincible, dans la résurrection de l'ordre auquel j'appartiens. La suppression est parfois un remède violent qui rend la vie à une congrégation religieuse, et les membres viciés qu'on retranche à ce corps alangui et souffrant, le font renaître plus tard avec une nouvelle vigueur. Croyez-moi, cher monsieur, les institutions monastiques ont été plantées au cœur même de l'Église et sous l'influence de la foi la plus ardente dans les sublimes vérités qu'elle enseigne. Elles cesseront seulement d'exister quand aussi cessera de battre le cœur de celle qui est bien nommée l'*Alma parens* des fidèles, oui, notre mère bienfaisante à tous. Voyez ce qui est arrivé en Angleterre, en France, où tour à tour les réformes de Henri VIII et la Révolution de 89 ont coupé les rameaux de notre ordre, et même en ont voulu abattre le tronc séculaire. Nonobstant, ces rameaux ont reverdi, ce tronc s'est relevé. Qui donc les a fait ainsi renaître? Est-ce la main des papes? est-ce la main des princes? Nullement. Le monachisme est né de Dieu, et c'est Dieu seul qui lui peut rendre la vie. Donc, j'ai l'espoir que si nous sommes coupés, retranchés de l'arbre bénédictin, nous aussi, nous renaîtrons un jour. Comme instruments propres à nous assurer cette immortalité terrestre réservée aux corporations religieuses qu'elle protége, la Providence emploiera le bon vouloir et l'intelligence des hommes qui, dans un temps si peu favorable aux choses monastiques, ont le courage de se vouer à la défense de notre cause. »

Les craintes exprimées dans cette lettre terminée par une invocation si touchante, ne tardèrent pas à se réaliser. Un mois après, c'est-à-dire le 17 février 1861, les arrêtés portant la signature de MM. Pepoli et Valerio supprimaient les communautés religieuses dans l'Ombrie et dans les Marches récemment prises au saint-siége, et en même temps on enlevait aux moines du Mont-Cassin la modique rente annuelle qu'on leur avait allouée en dédommagement de la perte de leurs riches domaines. Ce fut alors que devant ces mesures non moins injustes que violentes, le P. Tosti crut devoir faire entendre une énergique réclamation. Au nom de son abbaye et des autres monastères se rattachant à la congrégation du Mont-Cassin, au nom de cet ordre bénédictin qui partout réveille de si beaux souvenirs, il venait, pour ses frères et pour lui-même, demander au parlement national le droit de travailler et de mourir sous les cloîtres où reposaient les os de leurs prédécesseurs[1]. Le ton qu'il prend, dès le début, en s'adressant aux représentants de cette Italie à la régénération de laquelle il a donné sa part de dévouement et de sacrifices, rappelle le langage élevé, convaincu, habituel à l'auteur de la *Ligue lombarde*. Après avoir établi d'abord que le joug le plus difficile à secouer est pour les assemblées politiques celui que leur impose la tyrannie des révolutions, il ajoute que si ces révolutions ont le pouvoir de lever la pierre du sépulcre où repose tout un peuple, et de s'écrier : « Levez-vous, ô vous qui dormez ! » elles doivent s'arrêter et rentrer dans le silence une fois que ceux qui dormaient sont debout. Malheureusement il n'en est pas ainsi. Les tourmentes sociales, moins intelligentes que l'orage, ne savent point tourner au profit de la terre. Elles prétendent s'attribuer et conduire à leur gré ce grand prodige de la résurrection morale des peuples, qu'à Dieu seul il appartient d'accomplir et de diriger selon ses vues immuables.

Quant au rôle particulier des enfants de saint Benoît au milieu de ces violentes évolutions de l'esprit humain, voici comment le P. Tosti le conçoit et l'explique. Les moines bénédictins ne vivent pas dans le monde, mais ils vivent dans l'humanité, et si pour eux c'est un devoir d'ignorer ce qui se passe parmi

---

[1] *S. Benedetto al Parlamento nazionale*, per D. Luigi Tosti. — Napoli, 1861.

les hommes, ce serait à leurs yeux la faute la plus grave de ne pas connaître la marche providentielle des événements qui s'accomplissent sur la terre. Ils considèrent l'humanité comme une voyageuse toujours en mouvement; pour arriver à la complète unité qui est son but final, elle a besoin d'être éclairée par les rayons d'un phare, et ce phare, c'est la croix qui a sauvé le monde. A la clarté qu'elle projette, les religieux distinguent et sentent bien des choses que ne sentent pas, que ne distinguent pas les hommes vivant dans le siècle. Faut-il donc s'étonner si alors qu'un peuple se réveille et se met en marche, les solitaires qui, du haut de la montagne, avaient les premiers entrevu l'aube de sa délivrance, sont aussi les premiers à entonner l'hymne d'actions de grâce qui célèbre la résurrection de l'Italie. Aussi pensent-ils avoir le droit de s'adresser au parlement italien appelé non pas à créer un peuple, mais bien à lui donner la conscience de ses devoirs : œuvre qui serait impossible à réaliser, si les élus du suffrage populaire n'avaient avec eux Dieu, la justice et la nation.

Si nous rappelons aujourd'hui les principes exposés alors par le moine du Mont-Cassin, c'est que les circonstances présentes leur donnent une actualité trop facile à saisir. En effet, il ne s'agit plus seulement, comme à cette époque, de la suppression partielle d'un certain nombre de communautés, mais bien de la suppression générale de toutes les congrégations religieuses, conformément au projet annoncé dans le discours du roi d'Italie, à l'ouverture de la nouvelle assemblée. Il convient donc plus que jamais de faire appel, avec le P. Tosti, au sentiment religieux et patriotique qui est au fond du caractère italien, et qui peut-être, quand le projet de loi sera mis en discussion, vibrera parmi les membres de la future majorité parlementaire. Qu'à l'exemple de leurs devanciers, ils se représentent et comprennent la belle image par laquelle le moine qui s'adressait à eux leur montrait l'Italie, la prédestinée des nations, retrouvant sa vitalité éteinte bien plus dans les immortels souvenirs de son passé que dans de vagues et trompeuses aspirations vers l'avenir. Moins que d'autres, les représentants de populations si vives, si sympathiques et possédant à un si haut degré l'intelligence de leur histoire, pourront oublier les services rendus à leurs ancêtres par saint Benoît et les innombrables générations de ses disciples. « N'est-ce pas saint Benoît qui, selon les paroles du P. Tosti, prit l'Italie encore toute jeune enfant des mains des Barbares? Doucement bercée par ce moine, n'a-t-elle pas recueilli sur ses lèvres sans cesse entr'ouvertes pour chanter des psaumes, les premiers éléments de la vieille civilisation latine? Adolescente, elle suivit saint Benoît conduisant ses religieux pendant le jour aux rudes travaux des champs. Non moins attentive durant les heures nocturnes, elle l'écoutait dirigeant le chœur des divines psalmodies qui, avec le son des cloches, s'élevaient de l'intérieur de tous les monastères. Voyez ces basiliques, ces cloîtres édifiés par les moines bénédictins sur les ruines des monuments consacrés au paganisme, et vous comprendrez comment l'Italie a pu enfanter plus tard Bramante, Michel-Ange et Raphaël! C'est sous l'habit et par l'entremise de ces moines qu'elle a exercé son influence intellectuelle et sociale sur les grandes nations chrétiennes, telles que la France, l'Angleterre et l'Allemagne. C'est par eux qu'elle a suscité du sein de ces mêmes nations les plus beaux génies qui ont paru et brillé, d'Alcuin à Descartes, de Bède à Newton, de Raban Maur à Leibnitz. Et après tant de bienfaits rendus, « Vous voudriez, » ajoute le P. Tosti, « vous voudriez loin de l'Italie expulser saint Benoît! Ah! vous ne pourrez arriver jusqu'à lui, car il est né dans le cœur de notre patrie commune, et qui de vous oserait toucher au cœur de celle qui nous donna la vie? Songez plutôt, au moment où se manifeste le besoin de l'union nationale, songez à ce que firent pour vos pères l'Église et un ordre religieux qui, en bénissant, en sanctifiant l'immortelle ligue lombarde, rapprochèrent les Italiens par le double nœud de la concorde et du patriotisme. Où fut alors prononcé le généreux serment de vaincre ou de mourir? Où fut donné et reçu le saint baptême de la foi qui devait rattacher les citoyens à la patrie? Dans un monastère de saint Benoît. Oui, c'est du cloître de Sainte-Marie de Pontida qu'est sorti ce *Caroccio* des confédérés lombards qui, pendant sept siècles, a fait retentir le cri bruyant de ses roues, en marchant des plaines de Legnano au champ de bataille de Palestro! »

Après avoir lu ce passage, il est certainement permis de ne point partager toutes les idées émises par le religieux du Mont-Cassin ; mais remarquons-le, à part toute opinion personnelle ou préconçue, le mémoire apologétique de dom Tosti se distingue par une qualité de plus en plus rare de nos jours, c'est-à-dire par un profond esprit de conviction. Avec l'expression des pensées les plus élevées, on y trouve un tel accent de franchise, on y sent courir un souffle si ardent de vie, d'imagination et de sensibilité, qu'il n'est guère possible, selon nous, de résister à l'entraînement de ces pages éloquentes.

III

Résumons maintenant la question traitée dans ce dernier chapitre. En présence des dangers qui menacent l'existence des associations monastiques, un religieux de saint Benoît vient demander pour lui, pour ses frères, de pouvoir prier encore auprès des reliques du fondateur de leur ordre. A l'appui de sa requête, il expose tout ce qu'ont fait en faveur de la société, de la civilisation chrétienne, l'antique abbaye qu'il représente et l'ordre célèbre qui en est sorti. Avec un légitime orgueil, il rappelle la barbarie germanique soumise au joug de la religion, la chaîne des traditions renouée entre les peuples, et le flambeau presque éteint de la science replacé avec honneur sur l'autel. Puis, les saintes Écritures transcrites et commentées, la théologie, la philosophie et le droit ecclésiastique expliquant leurs principes, les chefs-d'œuvre de l'antiquité profane recueillis avec soin, l'histoire s'enrichissant de vieux et de nouveaux documents; plus tard les immenses collections des Pères de l'Église et les chroniques nationales publiées par l'imprimerie, et partout ainsi l'humanité retrouvant ses titres, l'art ses secrets, comme autrefois la terre sa fécondité, grâce au labeur incessant des moines bénédictins. Montrant ensuite l'union qui existe entre l'Église catholique, l'Italie et l'ordre de Saint-Benoît, il fait voir dans cet ordre « la synthèse vivante des rapports de cette même Église avec la société civile. »

Fidèles aux exemples de dévouement laissés par leurs devanciers, les moines actuels du Mont-Cassin ont voulu ranimer dans le cœur de leurs compatriotes les sentiments de concorde et de patriotisme qui devaient les conduire à l'unité nationale, comme l'instinct du pays repoussait les honteuses coalitions des sectes politiques, ils ont formé, à leurs risques et périls, la grande association de l'idée italienne. Cette idée languissait dans l'exil, était frappée de terreur sur le sol même de la patrie, et partout gardait le silence. Ils l'ont été chercher en quelque lieu qu'elle se trouvât, et protégés par la neutralité que leur assurait leur habit de moines, ils ont passé sains et saufs à travers le camp des partis, en prenant pour mot d'ordre *le Christ et l'Italie!* A cet appel tous les esprits généreux ont répondu. L'*Athenæum italien*, rédigé par les moines du Mont-Cassin, imprimé par les presses de l'abbaye, fut une sorte d'encyclopédie nationale à laquelle apportèrent le tribut de leur patriotisme des hommes tels que Gioberti, Balbo, Troya, Pellico et Rosmini. C'était sous l'influence des sympathies si vives qu'il ressentait pour les religieux de ce monastère, que Vincent Gioberti, chargé de représenter l'Italie dans cette métropole du monachisme occidental, s'écriait plein d'enthousiasme : « Admirable abbaye du Mont-Cassin, berceau et siége perpétuel de l'institut de Saint-Benoît, port de refuge pour tous les naufragés des temps barbares, grave et paisible demeure, qui jouis de si haut des perspectives du beau pays qui t'environne, puisses-tu toujours, par ton exemple, inviter les hommes à mettre en action la concorde tant souhaitée entre la terre et le ciel [1] ! »

« Quoique les bénédictins, » dit le P. Tosti, « aient préparé le banquet où l'Italie entière est maintenant appelée, nous ne savons si, à notre tour, nous serons conviés à ce festin pascal, religieuse et fraternelle agape d'une patrie à laquelle nous sommes si dévoués. Et pourtant nous savons qu'avec elle et pour elle nous avons longtemps souffert; mais nous savons aussi que s'il vous arrivait de nous rejeter, de nous bannir, vous seriez impuissants à rompre l'alliance de saint Benoît et de l'Italie. Personnifié dans ses fils, saint Benoît est assis à vos côtés et vous demande le pain de sa fatigue. Les rigueurs de vos lois pourront le contrister, éprouver sa vertu, mais étouffer son amour, jamais! Ses moines pourront également quitter la terre natale, leur saint fondateur restera parmi vous. Mais non, il n'en sera pas ainsi. Là, où les hommes de toutes classes, le soldat, le travailleur, le négociant sont admis à votre nouveau droit de cité, il n'est pas possible que seul l'homme de la prière, c'est-à-dire le moine, soit traité comme un étranger dans le pays du catholicisme. »

Pour l'honneur de cette même Italie et dans l'intérêt des lettres, nous formons le vœu bien sincère que le nouveau parlement italien, quand il aura bientôt à délibérer sur l'importante question des communautés religieuses, persévère, au moins par rapport au Mont-Cassin et aux abbayes bénédictines, dans les dispositions favorables que la précédente assemblée avait montrées pour l'ordre de Saint-Benoît. Nous rappellerons que d'accord avec ces dispositions le ministre de grâce et de justice, fit

---

[1] Del Primato morale et civile degli italiani. — *Introd.* — Bruxelles, 1845.

alors entendre des paroles rassurantes pour le présent, et il faut ajouter, à la louange des représentants, qu'ils accueillirent avec une sympathie bien marquée la déclaration de M. Cassinis promettant que la communauté du Mont-Cassin serait conservée [1]. Il est vrai que plusieurs fois depuis cette époque, l'abolition complète des ordres monastiques, la sécularisation et la réunion des biens ecclésiastiques au domaine de l'État et d'autres mesures extrêmes furent proposées au parlement; mais on sait que la majorité les rejeta par un ordre du jour se motivant sur leur inopportunité. Que décidera l'assemblée actuelle dans cette question qui lui sera présentée de nouveau par le gouvernement de Victor-Emmanuel? Suivra-t-elle l'exemple des précédentes législatures, ou bien sanctionnera-t-elle par son vote une mesure peut-être encore plus fiscale que politique, et qui n'aurait pas seulement pour résultat de supprimer une des plus anciennes institutions de l'Église, mais de confisquer au profit de l'État et des communes les biens meubles et immeubles appartenant aux ordres religieux [2]? Au milieu des doutes et des alarmes que soulèvent ces questions, on voit que les perspectives de l'avenir sont fort inquiétantes pour

---

[1] De son côté, quelques mois avant sa mort, le comte de Cavour, en réponse à une note relative à la conservation de cette abbaye, et qui lui avait été remise par un savant français voyageant alors en Italie, avait montré les intentions les plus bienveillantes.

[2] Les points principaux du projet de loi sur la suppression des associations religieuses, présenté récemment au parlement italien en même temps que l'exposé financier du royaume, sont les suivants : Les biens supprimés seront convertis en rentes 5 pour 100. Une partie de ces rentes reviendra aux communes sur le territoire desquelles existent des institutions monastiques dévouées à l'instruction publique ou au soin des malades. Les dîmes ecclésiastiques sont abolies. La pension annuelle pour les ordres mendiants est réduite à 240 francs par personne.

, les bénédictins et les autres membres des associations monastiques, surtout quand ils se rappellent qu'outre les décrets particuliers qui les ont atteints déjà, la loi du 29 mai 1855 a supprimé leurs maisons dans toutes les parties de l'ex-royaume de Sardaigne.

Et cependant, comme chef d'ordre, l'abbaye du Mont-Cassin est encore le centre d'une congrégation qui compte un assez grand nombre de monastères dans la Péninsule et dans la Sicile. Divisée en six provinces, cette congrégation y possédait, avant la suppression dont il vient d'être parlé, vingt-sept abbayes renfermant, pour la plupart, un personnel moyen de quinze à vingt religieux. Comme plusieurs de ces communautés, en raison de la difficulté des temps ou des prescriptions de la loi, n'ont pu reprendre des novices, le nombre des moines s'y est trouvé singulièrement réduit. Aussi, dans l'intérêt même de l'ordre, s'il lui est permis de vivre, serait-il peut-être nécessaire de concentrer dans quelques communautés principales tout ce personnel de religieux disséminés et perdus au milieu d'abbayes solitaires où ils errent tristement comme des ombres attachées à des ruines. Pour y ranimer la vie en y ranimant la discipline, les supérieurs font, il est vrai, de louables efforts : dans ce but un chapitre général de l'ordre a encore été réuni en 1858 au monastère de Saint-Pierre de Pérouse. Quand déjà de graves symptômes annonçaient la prochaine explosion de la guerre de l'indépendance, n'est-il pas curieux et touchant de voir une assemblée de moines discuter en conseil des questions relatives au silence et à la pauvreté volontaire [1] ? En parcourant dans les Actes de ce chapitre la longue

---

[1] Voir pièces justificatives II.

série des dignitaires chargés de gouverner cette milice monastique comptant aujourd'hui si peu de religieux dans ses rangs, il semble en outre qu'on ait sous les yeux les cadres d'une armée affaiblie par les plus rudes épreuves et réduite à un petit nombre de soldats.

Quel que soit le sort qui les attende, les moines du Mont-Cassin, loin de s'endormir dans la torpeur de la crainte, redoublent d'activité afin de prouver qu'ils n'ont pas dégénéré de leurs prédécesseurs, et que par conséquent ils peuvent être encore utiles à la science aussi bien qu'à la religion. Toujours infatigable, dom Tosti a fait paraître après une *Histoire de la comtesse Mathilde*, un nouvel ouvrage intitulé *Prolégomènes de l'histoire universelle de l'Église*[1], tableau où l'auteur esquisse à grands traits l'origine et le développement des institutions ecclésiastiques, en montrant la salutaire influence qu'elles exercèrent sur le génie et les progrès de la civilisation chrétienne. De son côté, l'ex-préfet des archives de l'abbaye, le P. Kalefati, se préparait à publier le *Codex diplomaticus byzantinus*, ou recueil de toutes les chartes en langue grecque pouvant éclairer l'histoire de la domination byzantine dans l'Italie méridionale. Une mort prématurée est venue récemment enlever ce savant religieux à l'ordre bénédictin qu'il honorait par ses travaux; mais il faut espérer que, malgré cette perte regrettable, une main amie ne tardera pas à mettre au jour un ouvrage précieux à tous égards pour la science historique. Par ce recueil, il sera intéressant de voir avec quelle force persistante l'influence grecque,

---

[1] *La contessa Matilde;* Firenze, 1859. — *Prolegomeni alla Storia universale della Chiesa;* Firenze, 1861.

établie dans ces contrées avec les premières colonies helléniques, se maintint contre les Goths, les Lombards bénéventins et les empereurs d'Allemagne, pour succomber enfin sous l'épée conquérante des chevaliers normands. Comme les archives du Mont-Cassin renferment, en outre, une foule de documents inédits sur les relations littéraires que cette communauté entretient avec toute l'Europe savante, d'autres publications qui se préparent viendront à la suite, et par la valeur des pièces dont elles se composent, elles feront honneur, nous en sommes persuadé, aux religieux qui en auront enrichi le domaine de la critique et de la philologie.

Dans l'une de ces compositions empreintes d'une poésie toute mystique, que le P. Tosti lança en 1848, nous nous rappelons avoir été frappé par l'image d'un cavalier chevauchant sur une route pavée du dos et de la tête de mille peuples qui se courbaient sous lui, les mains liées aux reins. Et quand le choc sourd produit par le pied de l'animal avait cessé de retentir sur ces têtes, elles relevaient, semblables à des épis qui ondulent au vent, leur face remplie de larmes, en s'écriant : « Notre Père, qui es aux cieux, tous pécheurs que nous sommes, reconnais-nous pour l'œuvre de tes mains. Faim, soif, douleur et mort, nous supporterons tout ce que tu voudras, Seigneur, tout, excepté l'ongle, l'ongle cruel de cet animal qui danse et bondit sur nos têtes. » Dans une autre pièce, contrastant par la grâce et la fraîcheur des images avec cette sombre et terrible apparition, le même auteur nous représente l'Humanité se tenant debout devant un archange qui lui dit : « Femme, que sens-tu dans ton cœur ? que sens-tu dans ta raison ? »

« Messager de Dieu, lui répond-elle, je sens dans mon

cœur la flamme qui s'appelle amour, et dans ma raison, le flambeau qui s'appelle vérité. » — « Que l'amour et la vérité soient donc avec toi, » reprend l'archange, « que l'amour soit le pain qui te rassasie, l'eau qui te désaltère, et que la vérité, marchant devant toi comme une lampe dans les ténèbres, enseigne à ta jeune pensée à voler toujours plus haut jusqu'à ce que tu arrives, palpitante de joie, au terme où l'on ne vole plus au delà. »

Comme depuis l'époque où étaient écrites ces deux inspirations si étranges, de grands événements se sont produits, que d'autres peut-être sont à la veille de se produire encore, n'est-il pas permis de dire qu'elles étaient alors, aussi bien qu'à l'heure présente, une sorte de vision apocalyptique des futures destinées de l'Italie? Elle ne sent plus aujourd'hui passer sur ses reins ployés ce cavalier et cet animal qui la foulaient si durement, puisque, avec le secours et l'épée de la France, elle a brisé le frein de la domination étrangère. Mais si elle veut parvenir sûrement au but qui lui reste à atteindre, elle doit rejeter l'injustice et la violence, et selon la parole de l'esprit céleste, prendre pour guides l'amour et la vérité. L'amour lui dira de garder près d'elles des enfants qui l'aiment, et la vérité, de ne pas oublier les services anciens et nouveaux de religieux qui furent toujours ses organes les plus sincères et les plus fervents.

Puisse cette voix être écoutée du parlement italien, et le porter à n'être pas moins juste que les gouvernements établis au delà des Alpes par la République française, qui épargnèrent du moins les abbayes bénédictines avec les précieux dépôts qu'elles renfermaient!

Puisse-t-il, après les actes à jamais regrettables qui ont compromis le jeune drapeau de l'indépendance italienne, puisse-t-il ne pas sanctionner une nouvelle spoliation, ne pas proscrire toutes les associations religieuses sans exception aucune, ni confisquer en masse des maisons, des églises, des domaines dont la possession est fondée sur des droits et des titres plusieurs fois séculaires! Ce vœu, inspiré par un sentiment d'équité, et que l'apaisement des partis laissera peut-être entendre, nous le formons dans l'intérêt mutuel de l'Église et de l'Italie, au nom de la religion et de la liberté, filles immortelles de Dieu, qui, comme deux sœurs, doivent se rapprocher au lieu de se combattre. Nous le formons aussi dans l'intérêt particulier de ce grand ordre bénédictin auquel, en écrivant ces pages, nous avons tenté, selon la mesure de nos forces, de donner une preuve de nos vives sympathies, et de notre sincère dévouement.

PIÈCES JUSTIFICATIVES

DU TOME SECOND

A

PRIVILÉGE DU PAPE HONORIUS Ier EN FAVEUR DE L'ABBÉ ET DES MOINES DU MONASTÈRE DE BOBBIO (629 [1]).

Honorius, episcopus, servus servorum Dei, Fratri Bertulpho abbati presbytero. Si semper sunt concedenda quæ piis desideriis congruunt, quanto potissimum ea, quæ per cultus prærogativa, noscuntur non sunt omnia abneganda, quæ sunt in largitoribus non solum postulanda, sed vi charitatis procul dubio exigenda. Petis nos igitur ut monasterio SS. Petri et Pauli in ecclesia Bobio constituto, quo præesse dignosceris, privilegia sedis Apostolicæ largiremur, quatenus sub jurisdictione sanctæ nostræ Ecclesiæ, cui Deo auctore, præsedimus Ecclesiæ constitutum nullius ecclesiæ jurisdictionibus submittaris, pro qua re piis votis faciles, ac nostra auctoritate, id quod a tua dilectione exposuimus affectui mancipari, et ideo omnem cujuslibet Ecclesiæ sacerdotem in prædicto monasterio dictionem qualibet auctoritate ne extendere, atque sua auctoritate nisi a præ-

---

[1] Nous reproduisons ce texte à cause de son ancienneté et sans prendre sur nous de corriger, par des restitutions toujours arbitraires, les fautes de langage qu'on pourrait y signaler.

posito monasterii fuerit invitatus, missarum solemnitate celebrare omnino prohibemus. Curæ ergo tuæ sit monasterii fratres quo poteris egregiis moribus, ac vita irreprehensibili exornare, ut profecto juxta id quod..... Apostolicis privilegiis maluit inconcusse dotandos, desideret potius, et anhelet inviolabili cœlestis affluentiæ munere diurnis sanctæ disciplinæ precibus decorandos; sit profecto communis et sincera vita, sit sobria communis sinceritas, ut quibus est mortuus mundus, ac sepultus pro incentiva contentionis vicia minime sumites? qua incassum quis et frustra laborare cognoscitur, si superbiæ vitiorum auctrici colla submittere sentiat; sit excelsa inde humilitas quia per hanc celeste artem, celestium munerum possidere. Sit igitur ante oculos mentis et corporis traditionum regula paternarum, et unusquisque prælatus noverit qualiter debeat imperare subditis, ne dum aspera, et nec unicuique fratri aptissima ratione impleri usque ad complementum..... Dei imperantes in discretione subjecti sint. Itaque moderata vivacitas, sit sollicitudinis supereminens in fratribus strenuitas, ut dum regulariter omnes qui Deo integerrime conferuntur per obedientiæ lineam bene servientes exhibeant temporalia, ad gaudia celestis patriæ proveniant sempiterna. Et hæc quidem, quæ ad sollicitudinem pertinent dixisse sufficiant; ante omnia cum Redemptoris nostri misericordiam, cui ingemiscere redemptionem nostram expectantem, enixius cum singultis, et gemitibus expectamus, ut ea quæ pietas flagitat, fragilitas humanæ conditionis sufficienter atque confidenter de sui auctoris suffragatione adimpleat. Bene valete.

Datum III. Idus Januarii imperii Domini piissimi Aug. Eraclii. Anno VIII. P. C. ejusdem anni XVIII, atque Eraclio Constantino novo filio ipsius ann. XVI, indictione prima.

B

BREF ADRESSÉ PAR LE PAPE PIE VI A L'ABBÉ ET AUX MOINES
DE SAINTE-SCHOLASTIQUE DE SUBIACO (1779).

PIUS P. P. VI.

Dilecti filii : salutem, etc.

Observantiam erga nos vestram, gratumque animum perlibenter agnovimus in iis litteris, quibus de calice, quem ritu sacro per nos delibutum isti sanctæ Scholasticæ ecclesiæ dono dedimus, gratias pluribus verbis diligentissime egistis. Sed nos donum illud voluimus monumentum esse nostri in istam ecclesiam amoris quam sponsæ loco primam habuimus. Quem quidem amorem mirifice auxit humanitas vestra ; nam quo tempore isthuc venimus, memoria tenemus ad conciliandam benevolentiam nostram nullum fuisse a vobis officii genus prætermissum. Verum de his hactenus. Nunc aliud quiddam est, in quo vehementer cupimus vestram nobis fidem et diligentiam probetis. Id autem est hujusmodi. Tres exstant apud vos codices (homiliaria et lectionaria lithurgici appellant), in quibus tres leguntur sancti Maximi episcopi Taurinensis sermones typis nondum editi. Horum sermonum exemplar a vobis petimus quam emendatissimum; specimen etiam scripturæ, quam ipsi codices præseferunt, requirimus, ita tamen ut ipsam veterum litterarum formam verissime imitetur. Denique de ipsorum codicum vetustate, atque præstantia si quid comperti habetis, aut assequi conjectura liceat fieri certiores volumus. Hæc si præstabitis, magnam a nobis gratiam inibitis; qui ut sanctissimi episcopi operum editio, quæ iterum in Urbe adstruetur accuratior fiat atque locupletior, magnopere laboramus. Erit igitur non leve observantiæ erga nos vestræ argumentum, si hac etiam in re nobis satisfeceritis. Quod quidem ita futurum confidimus; cum præsertim istius bibliothecæ honos quodammodo augeatur, si vobis adjutoribus aliquid huic romanæ editioni decus acceperit. Qua dum in expecta=

tione sumus, apostolicam benedictionem vobis, filii dilecti, peramanter impertimur.

Datum Romæ apud sanctum Petrum, x Kalendas januarii MDCCLXXIX, Pontificatus nostri anno v.

PHILIPPUS BONAMICIUS,
a latinis litteris Sanctitatis Suæ.

C

MOTU PROPRIO DU PAPE PIE IX EN FAVEUR DU MONASTÈRE DE SAINTE-SCHOLASTIQUE DE SUBIACO (1847)

Nullius in districtu Urbis.

PIUS PP. IX.

Motu proprio, etc. Gravitas muneris quo in Ecclesia universa, Deo sic volente, fungimur diu noctuque nos admonet, ut illa amplectamur, quæ spirituali præsidio et consolationi nostræ facere possint; et sacrum ejusdem muneris officium fert, ut cum in totum christianorum gregem, quem nobis credidit Altissimus, tum præcipue in eam partem, quæ pro locorum rerumque adjunctis opportuno auxilio magis indigere videtur, sollicitudinem nostram libenter interponamus. Itaque cum sicut accepimus monasterium abbatiæ Sanctæ Scholasticæ Sublacensis, ordinis sancti Benedicti, nullius Diœcesis in districtu Urbis, quod claræ memoriæ Paulus dum viveret S. R. E. presbyter cardinalis Polidori in commendam ad sui vitam ex concessione et dispositione apostolica nuper obtinebat, commenda hujusmodi inquam, illud ex simili concessione apostolica ad vitam obtineri consuevit, per obitum præfati Pauli cardinalis cessante adhuc eo quo ante commendam ipsam vacabat modo vacaverit et vacet ad præsens, nos moti pietate erga inclitum Patriarcham Benedictum sanctum, a quo ut olim lux plane cœlestis orbi universo oborta est, ac tot ex eo ordine romani Pontifices ad orbem eumdem rite gubernandum auxilia salutaria experti sunt, ita in præsentiarum nobis qui nihil tale merentes ad hanc officii celsitudinem evecti sumus, adjutorium superni luminis confidimus obventurum; nec non recordatione excitati Pii VII nostri in sede Imolensi primum, deinde etiam in Petri cathedra decessoris, in quem ferri nos præcipua voluntate sentimus; quique hic ibidem ea virtutum fundamenta posuit, quibus in æterna omnium gentium memoria erit; et vero quantum in Domino possumus studium prosequi volentes felicis itidem recordationis Pii VI, prædecessoris nostri, qui civitatis et abbatiæ incolas perpetuo habuit sibi carissimos, eorumque necessitatibus peculiari modo consulendum judicavit, cum sibi in apostolicæ sedis fastigium promoto concreditam permanere hujusmodi abbatiam voluit; et eam quoad vixit munificus juvit, motu proprio et ex certa scientia, ac de apostolicæ Potestatis plenitudine monasterium, cujus fructus redditus et proventus ad MLXX florenos auri in libris Cameræ apostolicæ taxati reperiuntur, super quibus reservatæ prostant quinque pensiones annuæ antiquæ, una videlicet CCCC ad Tiburtin.; ac altera LXV ad Prænestin.; et alia LX ad Anagninæ mensarum episcopalium, nec non alia etiam LX ad capituli majoris ecclesiæ Tiburtinæ; ac reliqua aliorum LX scutorum monetæ romanæ ad parochialis ecclesiæ *di Ponza* in districtu jurisdictionis præfati monasterii respective favorem, quovis modo commenda cessante vacans nobis ipsis tenendum et gubernandum sumimus, curam, regimen et administrationem dicti monasterii in spiritualibus et temporalibus prout actenus cardinales abbates commendatarii ex apostolica concessione retinuerunt nobis plenarie reservantes; non obstantibus quibusvis etiam synodalibus, provincialibus, generalibus et universalibus conciliis editis vel edendis, specialibus vel generalibus constitutionibus et ordinationibus apostolicis, dictique monasterii et ordinis hujusmodi, etc. juramento roboratis statutis, etc., cæterisque contrariis quibuscumque.

Placet
I. M.

Apud S. Mariam Majorem, nonis Maii, anno primo.

D

PRIVILÉGE ACCORDÉ PAR LE PAPE URBAIN II A L'ABBÉ PIERRE ET AUX MOINES DU MONASTÈRE DE CAVA (1092).

Urbanus episcopus, servus servorum Dei, carissimo ac reverendissimo fratri Petro, cœnobii Cavensis abbati, ejusdemque successoribus canonice promovendis, salutem. Cum universis S. Ecclesiæ filiis pro sedis apostolicæ auctoritate ac benevolentia debitores existamus, illis tamen locis, atque personis, quæ specialius, ac familiarius romanæ adhærent Ecclesiæ, quæque ampliori religionis gratia eminere noscuntur, propensiori nos convenit charitatis studio imminere. Apostolicæ ergo memoriæ prædecessoris nostri Gregorii VII institutis tenacius adhærentes, Cavense cœnobium, cui summa religio viget, quod ipse singulariter dilexit, et suæ institutionis privilegio communivit, nos quoque hujus nostri privilegii pagina communimus, et ab omnis tam secularis, quam ecclesiasticæ personæ jugo liberum esse omnino decernimus. Idem namque apostolicus pontifex dum in Romana S. Ecclesia archidiaconatus adhuc officio fungeretur, prædictum locum a Gisulpho Salernitano tunc principe, in cujus manu fuerat, postulavit, cellas quoque plurimas, quas usque ad id temporis spatium idem princeps in manu propria detinuerat, ab ipso acquirens, eidem sancto loco contulit absolute, cum omnibus habitantibus et habitaturis, tam in Celenti monte, ejusque pertinentiis, quam in locis Passiano, Mitiliano, Castro S. Adjutoris, et pertinentiarum eorumdem locorum cum omnibus angariis et perangariis, et pensionibus solutis, tam ratione fratrum quam pro quolibet foculari ipsorum locorum, sicut nos ipsi in registro ipsius principis enucleatius videmus contineri. Quam donationem nos auctoritate apostolica confirmamus. Præterea Cluniaticum locum illum famosum dirigens inde te, ut abbatem ac præfato monasterio præponeret ascivit, quem deinceps cum universis subjectis, seu personis, singulariter dilexit, fovit, tuitus est. Mox Pontifex factus eorum libertatem decreto seu pagina confirmavit. Sic præstante Deo ab omnium viventium jugo liber usque ad tempora nostra permansit. Nostris autem diebus Alfanus Salernitanæ ecclesiæ archiepiscopus confrater noster ad ejusdem loci subventionem modis incepit omnibus anhelare. Nobis itaque disponentibus basilicam ipsius loci dedicare, ille suæ ecclesiæ minui jura clamitabat; cui nos ex abundanti satisfactione juris obtulimus; ille autem cum ad postulatum et acceptum actioni terminum provenisset, actionem aggredi refutavit. Sic nos præsentibus fratribus nostris reverendissimis episcopis et cardinalibus Ecclesiæ nostræ, adstante etiam dilectissimo filio nostro duce Rogerio cum innumera clericorum et laicorum turba, præstante D. N. J. Christo, cujus vices, licet immeriti gerimus in terris, ad honorem summæ et individuæ Trinitatis manibus nostris propriis in eodem loco qui Mitilliani Cava vulgariter nuncupatur, basilicam dedicavimus, die nonarum septembris.

[Suivent l'approbation et la confirmation par le pape de tous les priviléges, concessions et indulgences accordés précédemment au monastère.]

Datum Salerni, 18 Kalendas octobris XV ind., ann. Domini incarn. MXCII. Pontificatus D. Urbani Papæ II anno 4.

E

LETTRES D'AMBROISE LE CAMALDULE.

I

COME DE MÉDICIS, POUR LUI RACONTER SON ITINÉRAIRE JUSQU'A BALE ET SON ARRIVÉE AU CONCILE (1435).

Dici non potest, suavissime frater, quam moleste feram absentiam tuam et Laurentii nostri, utque sine vobis vivere, vitam et injucundam et ingratam pariat nobis. Subit per singula fere amborum recordatio, prudentiaque fidei conjuncta singulari et amori præcipuo in nos. Oblivisci nequaquam possumus, et ad lacrymas sæpe deducimur. Ne modo quidem quando scribimus, temperamus a lacrymis. Sed perdifficile vel naturam vel antiquam consuetudinem ponimus. Et ut mearum te rerum omnium conscium faciam, breviter accipe. Integri omnes atque incolumes Basileam, Christo miserante, pervenimus XIII. Cal. septembris. Lente enim iter illud totum egeramus necessario, quia et nuntios alios præstolabamur, et jumentis ac nobis consulebamus. Remoratique sumus Pistorii biduum, quia sic necesse erat, Veronæ biduum, Constantiæ triduum, ex quo factum est, ut non plura quam XXX. aut XXV. millia passuum diebus singulis peragentes, et integri et incolumes per illa quoque intervalla veniremus. Iter omne, superatis Pistoriensibus montibus ascensu difficillimis quidem ac terribilibus, planum ubique ferme habuimus. Regiones amœnæ, solum ubique fertile, pomaria perpetua fere, ut sic loquar, victus abundans necessarius multum difficultatis prolixiori itineri ademerunt. Sed ubi superatis montium jugis Mutinam venimus, illic diem remorati constituimus adire Victorinum nostrum, occasione visendi novum illic monasterium extra Mantuam a principe ædificatum. Itaque socio recto itinere abire jusso, Mantuam ipsi contendimus : quo ubi advenimus, Victorinum abesse audientes, ad Carthusienses divertimus, maneque, inspecto monasterio, Victorinum inquirere perreximus. Aberat autem XII. millibus passuum a Mantua, refrigerandi causa ad castellum Goïda profectus cum filiis principis. Offendimus prandentes. Excepit nos vir ille apparatu regio, flebatque gaudio ut nos vidit. Pransi laute, sermonem per plures horas protraximus. Principis filius annos natus XIIII, Ilo jubente, versus fere ducentos ab se factos recitavit tam suaviter, tam eleganter, ut nobis miraculum fecerit. Oblectabat nos carminis ipsius venustas præcipua, qua puer ipse pompam describit, quando imperator Mantuam ingressus est, sed longe magis pronuntiatio plena gratiæ. Filia quoque principis et alii duo filii ingenii singularis. Post suavem sermocinationem et refectionem, advenerunt nobilissimi juvenes ex Victorini ludo nos salutatum. Volenti et oranti, ut eam diem apud se duceremus, non acquievimus, festinationis nostræ causam allegantes. Deduxit abeuntes millibus plus quam sex, donec noviæ redderet, quæ Veronam ducit. Aberat autem ea civitas ab oppido XX. millibus passuum, cum toto illo itinere nostro, continuata oras tione mutuo colloquio sumus recreati, flentemque complexu nostro dimisimus. Veronam die jam advesperascente pervenimus. Aberat Gregorius hospes noster : ab uno tamen ex juvenibus illis quem præsentem offenderamus, humanissime accepti sumus. Barbarum nostrum prætorem urbis visitantes, ab illo atque ejus filio summæ indolis deducti ad monasterium sumus. Nondum advenerat socius noster, qui postridie applicuisse urbi nuntiatus est. Ipso volente, ipsum atque alterum ferme integrum ibi exegimus diem. Sequenti die hora fere XX. inde profecti, comitante nos Jacobo Lavagnola equite nobili, ad hospitium duodecimo lapide a Verona separatum venimus, ut summo mane montium angustas fauces ingredi pergeremus. Ambulavimus per eos montes, immo per subjectam planitiem dies plurimos, cum illi altitudine sua cœlum pulsare viderentur. Medium montium interfluit Athesis, fluvius altus et rapidus, donec ad originem ejus veniremus. Tridentum die secunda pervenimus, oppidum semi-barbarum : inde continuato itinere plana omnia invenimus usque Maranum [1], et nihil a patria nostra alienum. Frequentes villæ et castella situ munitissima tegunt utramque fluminis ripam. Frugifera humus, prata lætissima, omnigenæ arbores, iter illud amœnissimum fecere. Marano castro nobili emenso, mollis ascensus occurrit. Ibi amnis ille defluens præcipiti lapsu in saxa tanto impetu fertur, ut spumeos in cœlum attollat fluctus, niveusque totus videatur : adeo immani fremitu, ut voces et clamores mutuos vix exaudire possemus, fumum supra fluctus ipsos vidimus. Origo fluminis duo sub invicem lacus mille fere passibus, quaquaversum tendentes. Alterum ex eis amnem profluere vidimus Athesi non dissimilem. Abest a Verona fons fluminis CXL. millibus passuum. Nobilissimus postea lacus et omnium quos viderim maximus, prope Constantiam ad XXX. millia se aperit, cujus ripæ donec ad urbem ipsam veniremus, adequitavimus : civitas est pulchra et populosa multum est. Placuit monasterium Sancti Marci visere quinque millibus ab urbe disparatum, ut ibi assumtionis beatæ Virginis festum cum monachis illis ageremus. Vidimus volumina plurima antiquissima, et capsam argenteam uno semicubito longam, in qua beati Marci esse corpus asseritur, et magnificas omnino ornatissimasque reliquias multas. Peracto Constantiæ triduo, Basileam itinere pete-

[1] Maranum, aujourd'hui Méran, dans le Tyrol, près de Brixen.

bamus : exacto triduo illuc pervenimus; sed antequam oppido propinquaremus, occurrit nobis omne fere concilium, prælati omnes, nisi quos curæ graviores urgebant : qui tamen ex familia sua honoratos quosque miserunt; legati regum et principum atque universitatum magnificentissimo cum apparatu, ita ut equites quingenti ferme nos deducerunt summa cum gloria. Ingressi civitatem regiam et pulcherrimam, domi frequentes advenientium concursus habuimus. Legatus noster humanissime nos accepit et accipit semper. Secundo jam cum illo pransi sumus, et confidimus in Domino, quia multum ille nobis defert, in sententiam nostram traducendum. Sexto postquam ingressi sumus die, orationem habuimus in concilio generali prolixam satis, ubi contra morem nostrum celsa voce dicere coacti sumus. Audierunt nos intente, atque utinam exaudiant, justa et honesta postulantes. Rhenus fluvius altitudinis vastæ urbis munimenta interfluit. Nulla tam ingens navis esset, quæ illius alveum attingeret. Pisces optimi sunt, bona omnia offendimus; adeo ut usque Coloniam vineas omni ex parte invenias. Nos quotidie laboramus in opere ad quod destinati sumus. Ora, frater carissime, ut nos Dominus hinc expediri feliciter jubeat, quo celerius ad vos remeare possimus. Pacem Italiæ redditam gaudemus. Victoria ducis Mediolanensis mirabilis et inaudita, pacem initam hic firmatura speratur. Laurentium, Nicolaum, Paulum physicum, Carolum et reliquos nostri studiosos per te plurimum salvere cupio. Vale in Domino, frater amantissime. Basileæ; x. cal. Septembris.

II

AU PAPE EUGÈNE IV, POUR LUI ANNONCER LA RÉUSSITE DE SA MISSION AUPRÈS DE SIGISMOND, EMPEREUR D'ALLEMAGNE ET ROI DE HONGRIE (1436).

Ex Basilea Atatam[1] XXV dierum itinere venimus. Ibi suscepti cum honore ab imperatore, gratissimeque auditi sumus. Inde a rege admoniti ad Albam-regalem[2] profecti sumus, quod illic publice nos audire velle in fræquentiore conventu Principum ac Prælatorum

---

[1] Atata, ou vraisemblablement Tata, aujourd'hui Dotis, dans le comitat de Comorn, en Hongrie, au nord de Stuhl-Weissenburg.

[2] Albe royale, ou Stuhl-Weissenburg, lieu de sépulture des rois de Hongrie.

ille diceret. Expectato Albæ paucis diebus illius adventu, ubi ante Dominicæ Nativitatis diem adfuit, audientiæ nostræ diem præfixit, septimo Kalendas Januarii, in festivitate scilicet beati Stephani. Auditi sumus magna cum gratia et attentione præcipua tum Augusti, tum cæterorum Principum et Prælatorum. Aderant et Legati Bohemorum. Orationem ita temperavimus propter concilii Legatos qui adfuturi sperabantur, ut nihil ferme in apertam Concilii detractationem inordinatius diceremus, contenti rem nostram agere, locumque secretioris audientiæ nobis reservantes, ubi in aures Principis liberius et plenius effunderemus omnem sententiam nostram. Benignissime respondit Cæsar, et se pro Sanctitate tua agere omnia, et pati paratum placidissime spopondit, audientiamque secretiorem a nobis et optatam et procuratam se daturum pollicitus est. Aderat orationi nostræ et responsioni regiæ nationis germanicæ nuncius. Is ubi in facto annatarum cœpit velle justificare concilium, oratione primum nostra coercitus a Cæsare ipso acri verborum insectatione castigatus est atque inde amoveri jussus. Expeditionem nostram sollicitare ab ipso ingressus nostri die, etiam antequam Imperator adveniret, et nunquam destitimus, cancellarium Gasparem et Brunorum allocuti. Consulto aliquandiu distulit ob rem Bohemorum, quæ agebatur. Voluit nos quotidianis interesse tractatibus. Ubi vero post difficultates varias et longos anfractus res illa conclusa est, secretiorem, quam nobis pollicitus erat, audientiam præstitit. Ibi vero, replicatis breviter quæ prius petiveramus, quid de Concilio esset judicio nostro sentiendum aperuimus, illo multum connivente nobis, neque a sententia nostra discrepante. Et quum omnia plenissime exposuissemus, respondit oratores Concilii præcedenti die quatuor a se postulasse præcipua : primo ut decretum de annatis et ipse servaret, et ab omnibus servari præciperet ; secundo, ut Prælatos ire ad Concilium juberet, tertio, ut his qui essent in Concilio, salvis ire ac redire liceret ; quarto, ut protectorem Concilio daret ; se neque voluisse annuere, neque tamen, propter indictam dietam, aperte renuere ; suæ tamen mentis, atque intentionis esse, post celebratam dietam, omnibus viribus, et toto ingenio ad Concilii dissolutionem intendere, et in omnibus tam Sanctitati tuæ gratificari velle, quam ecclesiasticæ paci, atque unitati ex suo instituto consulere : non hos fructus de Concilio ab initio non sperasse, ut quod ad bonum publicum congregatum esset, perniciem et scissuram machinari potius præsumeret. Se tuæ Sanctitati summe deditum, Pater Beatissime, verbis et apertis indiciis significavit, tibique commendari humiliter petiit. Adstitimus illi quotidie in missa, ubi penultima collecta semper pro tua Sanctitate, ultima pro Imperatore dicebatur.

F

DIPLÔME DE L'EMPEREUR OTHON III EN FAVEUR DE L'ABBAYE DE FARFA (998).

In nomine sanctæ et individuæ Trinitatis Otto divina favente clementia Romanorum imperator augustus. Si ecclesias Dei sanctorumque ejus exaltaverimus, divinitus nos remunerari credimus. Quocirca omnibus fidelibus nostris præsentibus atque futuris notum esse volumus, qualiter nos quadam die Romam exeuntes pro restituenda republica, cum marchione nostro Hugone convenimus et consilia imperii nostri cum venerabili papa Silvestro II, et cum aliis nostris optimatibus ibidem tractavimus. Finito autem colloquio, totoque fideli conventu salutato, in monasterio sanctæ Dei genitricis Mariæ, quod dicitur Pharpha, castrametati sumus. Cumque aliquantulum ibidem fuissemus, ejusdem monasterii venerabilis abbas Hugo nostram adiit præsentiam, secum deferens nostrorum prædecessorum, videlicet imperatorum Karoli, Illudowici, avique nostri Ottonis, præcepta aureis sigillis bullata, et cum omni congregatione præfati monasterii dispersionem lamentatus est, maximeque in nostris temporibus, quia idipsum monasterium Hugoni episcopo in beneficium concessissemus, quod ignorantes fecimus. Hoc vero recognoscentes, pro omnipotentis Dei amore et pro remedio animæ Herphonis, qui cum supra dicto episcopo ibi fuit et ibi modo mortuus est, cum hac nostra præceptali pagina prædicto monasterio perdonavimus ut amplius in æternum numquam detur per nos, nec per successores nostros in beneficium, sed semper permaneat reipublicæ destinatum, abbati mancipatum, et nulli alteri subjectum vel præstitum. Unde Deum omnipotentem precamur, ut si aliquis papa aut imperator noster successor umquam memoratum monasterium alicui personæ subjugaverit, nobiscum in Christi adventu, dum venerit judicare sæculum per ignem, rationem inde reddat; et se deliquisse pro hac causatione recognoscat. Et ut hæc nostræ auctoritatis præordinatio perenniter inconvulsa permaneat, hanc paginam manu propria corroborantes sigillari præcipimus.

[Signum Ottonis Cæsaris invictissimi.]

Herebertus cancellarius vice Petri Cumani episcopi recognovit. Datum quinto nonas Octobris, anno dominicæ incarnationis dccccxcviiii, indict. xii. anno tertii Ottonis regnantis xvi. imperii quarto. Acta Romæ.

G

FRAGMENT DU POËME COMPOSÉ PAR LE MOINE JEAN, AUTEUR DE LA CHRONIQUE DE CASAURIA, EN L'HONNEUR DE L'EMPEREUR LOUIS II, FONDATEUR DU MONASTÈRE (XIIe SIÈCLE [1]).

Musa, para calamos, et eum [Ludovicum] modulando sequamur.
. . . .
Tunc fines Calabros Rutuli, Siculosque tenebant,
Et se Romanis submittere despiciebant.
Audivit Ludovicus, gentisque togatæ

---

[1] Si, malgré sa forme incorrecte, qui semble rappeler une époque plus ancienne, mais que relève parfois un hémistiche indiquant des réminiscences classiques, nous citons ici ce fragment en vers léonins, c'est qu'il rapporte l'expédition d'un prince carlovingien en Italie et donne à la fois de curieux détails sur la translation des reliques du pape saint Clément.

Armari jussit populos per Gallica late
Regna, Duces, Comitesque vocans; nullusque remansit
Qui portet gladium; sic consitus ardua transit
Montis Apennini cacumina, usque ad undas
Piscarias venit fluvio turgente profundas.
Insula cingitur hoc a flumine Crisea dicta;
Nascitur hac vinum, potusque cibique ministrum
Hujus oliva tenet dextrum latus, atque sinistrum.
Quo desit luctus, tanta est ibi copia fructus,
Ut credat visus quod vera sit hæc Paradisus.
Hanc simul aspexit fortissimus Induperator,
Ecclesiæ murus, Regni decus, et moderator;
Dixit : Habet Dominus Paradisum deliciarum.
Vallibus his caulas ovium statuamus earum,
Quæ jugiter famulentur ei noctuque, dieque,
Actibus in sanctis pietatis justitiæque.
Iste locus, quem fertilitas et copia rerum
Exornat, debet Domini secernere Clerum
A populo. Faciamus in hoc claustrum Monachorum,
Qui sint suffulti libris, actuque priorum.
His dictis, incœpit opus, cœptumque peregit
Inque monasterio monachos residere coegit,
Ad victum præbens villas, castellaque plura
Natura munita, manu numquam ruitura.
His ita dispositis, si cetera scire velitis
Aures aptate [1] . . . .
Insula Piscariæ Clementis membra tenebit;
Spiritus ipsius Romam Regemque fovebit.
Assensit Clerus Romanus : Papa quievit :
Lætantur Franci : Rex lætus munere flevit.
Traditur Augusto Clemens a præsule totus :
Martyr Romana sic est ex Urbe remotus.
Accepit gaudens, et singula dinumeravit,
Involvens panno serico, strictimque locavit

---

[1] Dans les vers que nous omettons ici, se trouvent de longs détails sur les exploits de l'empereur dans l'Italie méridionale, sur son entrée triomphale à Rome et la permission qu'il obtient du pape Adrien II de transférer à Casauria les reliques de saint Clément.

In parvo busto, gemmis auroque micanti.
Et sic egreditur cum plebe sua reboanti.
Venerat ad fluvium, quo cingitur insula tota,
Quæ, sicut suprà jam diximus, est bene nota.
Præcipitem se se fluvius tumefactus habebat,
Et secum pontes, et grandia saxa trahebat.
Interius Fratres expectant advenientes
Hymnos et psalmos et cantica sacra canentes.
Non erat ingressus, quoniam vada nulla patebant;
Fluctus, ut dixi, pontes et saxa ferebant.
Quid facies, dilecte Deo? Si Christus ad istas
Nos misit partes, tua Piscare flumina sistas.
Sanctus adest Clemens : cuncti discedite venti.
Dixit, et imposuit sanctissima membra jumenti
Unius in dorso : te Clemens dirigat, inquit.
Percutiensque manu leviori, spinea linquit.
Intrat, et extemplo fluctus se se cohibentes
Et nomen Domini, Sanctique sui metuentes,
Sub pedibus muli quasi saxum diriguerunt,
Et sanctum corpus pede sicco transposuerunt.
Non fuit hoc subito, ne dicas vana fuisse,
Sed longo tractu per siccum flumen abisse
Novimus, et ripas pede siccato tetigisse.
Hac Ludovicus re mira lætificatus,
Et ceteri proceres, et pars non parva Senatus,
Condit in Ecclesia pretiosi Martyris ossa,
Exornatque locum, cui sit per secula doxa.
Amen.

II

EXTRAIT DES ACTES DU CHAPITRE GÉNÉRAL DES BÉNÉDICTINS DE LA CONGRÉGATION DU MONT-CASSIN, TENU AU MONASTÈRE DE SAINT-PIERRE DE PÉROUSE, AU MOIS D'AVRIL 1858.

Nos D. Philippus Cultrera, abbas et præses, cæterique definitores.

Cum omnis Reverendissimi Capituli Generalis mens in eo magnopere versat, ut monasticæ disciplinæ vigor de die in diem confirmetur, atque ideo in postremo Capitulo Generali in sacro Archi-cœnobio Montis Casini habito die 15 Maji 1852 de paupertatis voto, de silentii obligatione, deque regulari habitu in peregrinando et in rusticando retinendo, cautum fuit, nunc porro quæ tum decreta statuit, decernenda iterum curat ac providet, atque insuper mandanda singulis quibusque sive Abbatibus sive Monachis nostræ congregationis, quæ his sequentibus decretis statuimus, præcepit.

I

Non pauca spiritualia damna, cum conscientiæ sollicitudine, procedunt a violatione paupertatis voti, cui, tanquam scopulo plerumque impingens, infringitur monastica perfectio. Ad eorum causas removendas, nos juvat omnibus congregationis nostræ cujuscumque sint gradus, et dignitatis etiam Abbatialis, necnon Commissis commemorare, se virtute monasticæ professionis non esse sui juris, quippe quibus ut S. P. N. Benedictus loquitur in regula [1], *nec corpora sua nec voluntates licet habere in sua potestate*. — Quapropter, sub pœnis in violatores ad Regiminis arbitrium infligendis, renovamus quæ a constitutionibus nostris hac super re sunt præscripta, nempe quod omnes, et singuli Religiosi, nemine excepto, sollicite curent deponere vel in arca communi in singulis monasteriis statuenda, vel in manibus eorum inter Claustrales, quos virtute probatos

---

[1] Reg., c. 33.

et zelo monasticæ disciplinæ præclaros superior ad hoc designaverit ut Depositariorum munere fungantur, quidquid pecuniæ ipsi percipiant sive a Monasteriis ratione vestimenti, sive pro Missarum eleemosinis, sive pro annuis pensionibus, quæ ipsis a consanguineis solvantur, sive quocumque alio modo vel titulo id præcipiant. Nemo audeat sumptum, vel minimum quidem, facere absque superioris licentia, quæ, cum necessariis et opportunis modificationibus, per superiorem Depositariis significabitur. Superiores autem timorem Dei præ oculis habentes meminerint, se strictam reddituros rationem Deo pro animabus eorum curæ commissis ; ideoque ne tam libenter subditis annuant absque jussa et rationabili causa pecuniam petentibus, eamque omnino denegent, cum subditi ad quem usum eam destinaverint recusent revelare. Omnis sumptus ad cubiculorum ornamentum, speciem præbens potius luxus quam commoditatis et decentiæ, omnino interdicatur. Item nemini ex Religiosis liceat habere in monasterio jumenta propria, vel quasi ad sui commoditatem et usum.

Caput hoc tanquam monasticæ vitæ fundamentum majori qua possumus instantia commendamus, ut adamussim observetur : et tam superiores quam subditi sedulo perpendant, quemcumque dolum factum in hujus capitis contemptum; cum sit culpa gravis adversus paupertatis votum, judicium severum ante tribunal Dei subiturum.

II

Ex præcipuis actibus, quibus perfectionis vita, ad quam debet quisque religiosus animum intendere, continetur, unus profecto silentium est, quod debet etiam haberi inter prima monasticæ vitæ fundamenta. Merito igitur vocatur scientia claustrorum, et anima regularis observantiæ. Divina repletus sapientia sanctus legislator noster non semel in Regula sua nobis valde præscripsit, *ponere ori nostro custodiam, obmutescere, et silere etiam a bonis*[1]. Ut igitur ad spiritum redeamus vocationis nostræ, oportet, ut renovemus quidquid toties in constitutionibus nostris statutum est[2] super

[1] Reg., c. 6.
[2] Reg., c. 22. Decl., n° 10.

silentio observando in Dormitoriis, in Choro, in Sacristia, etc.[1], præsertim horis dormitionis post meridiem usque ad vesperas, et ab hora dormitionis serotinæ usque ad signum matutinum, quo religiosi a somno excitantur silentium post meridiem (sit nec ne tempus dormitionis ad formam constitutionum) stricte incipiet dato signo post horæ spatium a prima mensa[2]; et pari modo silentium nocturnum incipiet post horæ spatium a cœna cum dato signo omnibus religiosis significatur[3] ut se reducant, quisque in cubiculum suum; et tunc strictum nocturnum silentium incipiet. Post horæ quadrantem, a signo dormitionis, habeatur ubique quantum fas est perquisitio tam laudabiliter instituta, ac peracta in nostris monasteriis de observantia; quæ perquisitio fiet per turnum a P. Priore Claustrali, et a P. P. Decanis regiminis. Atque hi teneant tanquam sibi commissum bonum Monasterii ordinem; ideoque non prius in propria se reducant cubicula, quam pro certo habeant omnia esse recte composita in monasterio. Quod si aliquando opus sit eis auctoritate superioris ad damna coercenda, eam implorent, eumque consulant circa modum disciplinæ restituendæ. — Et quoniam una ex causis præcipuis, qua lex silentii in monasterio perturbatur, sunt Laici in eis commorantes, enixe instamus, ut monasteriorum superiores minuant numerum laicorum qui ratione famulatus in monasteriis morantur, et præsertim eorum, qui peculiari ac privato alicujus Religiosi servitio, non vero monasterii sunt addicti.

Datum Perusiæ in comitiis generalibus die 1 Maii 1858.

D. Philippus CULTRERA Abbas et Præses. — D. Eduardus BIANCHI Abbas et Definitor. — D. Placidus ACQUACOTTA Abbas et Definitor. — D. Joseph FRISARI Abbas et Definitor. — D. Michael Angelus CELESIA Abbas et Definitor. — D. Alexander BELLI Abbas Definitor et Scribe Capituli.

---

[1] Reg., c. 22. Decl., n° 4.
[2] Reg., c. 18. Decl., n° 4.
[3] Reg., c. 8. Decl., n°° 2, 3.

TABLE DES MATIÈRES

Chapitre XIII. — Bobbio et les écoles monastiques en Italie.

Le monastère de Bobbio sous les premiers successeurs de saint Colomban. — Le moine Jonas; ses voyages et ses écrits. — Apostolat des missionnaires irlandais; prédications et martyre de saint Livin. — Gouvernement du monastère de Bobbio par l'abbé Wala. — La règle de saint Benoît s'y unit à celle de saint Colomban. — Gerbert d'Aurillac, abbé de Bobbio; sa science, son activité militante et les vicissitudes de sa vie. — École, bibliothèque et manuscrits de Bobbio. — Autres monastères italiens où les études fleurissent pendant la même période. — Vivaria; ses institutions monastiques et littéraires. — Suite des progrès de la règle bénédictine. — Missions du moine Augustin et de saint Boniface. — Prédominance de la règle de saint Benoît dans tout l'Occident. 1

Chapitre XIV. — Premières stations d'un voyage a Subiaco.

Le monastère et la basilique de Saint-Paul-hors-des-Murs, sur la route d'Ostie. — L'ancienne basilique détruite en 1823, et remplacée par l'église actuelle. — Beau cloître élevé à la fin du douzième siècle et décoré par les frères Cosmati. — Le monastère de Saint-Paul agrandi et réformé successivement par les papes Grégoire II, Jean VIII et Léon VII. — Bulles de Grégoire VII et d'Innocent III en faveur de cette communauté. — Résidences d'été des moines de Saint-Paul au mont Soracte et à Saint-Calixte. — Origine de ce dernier monastère; sa situation dans le quartier Transtévérin à Rome. — École et bibliothèque de Saint-Paul. — La basilique de Saint-Laurent-hors-des-Murs dépendant autrefois d'un monastère bénédictin. — Inscriptions tumulaires de l'église et du cloître. — La messe du matin à Saint-Laurent-hors-des-Murs. — La voie Tiburtine. — Le cippe de la jeune Romaine. — Jugements divers sur la campagne de Rome depuis Montaigne jusqu'à Chateaubriand. — Aspect de Tivoli au soleil couchant. 59

CHAPITRE XV. — LE PÈRE STEFANO.

Les chutes de l'Anio. — Le couvent des Franciscains de Tivoli. — Mes relations avec le Père Stefano. — Caractère de ce religieux. — Ses études sur l'art chrétien. — Scène d'intérieur chez des moines mendiants. — Un ermitage sur l'emplacement de la villa d'Horace. — Controverse des savants au sujet de cette villa. — Églises et autres monuments de Tivoli. — La Sibylle Tiburtine. — La Rocca; maisons construites dans le style ogival. — Ancienne magnificence de la villa d'Este. — La résidence d'été d'un prince de l'Église au temps de la Renaissance. — L'abbé de Lamennais au couvent des Théatins de Frascati. — Révélations sur ses sentiments et ses principes à cette époque. — Retour à Tivoli; adieux au Père Stefano. 99

CHAPITRE XVI. — L'ABBAYE DE SAINTE-SCOLASTIQUE.

La voie Valeria. — Vicovaro. — Le pape Jean VIII et l'empereur Charles le Chauve. — Entrevue d'Alexandre VI et d'Alphonse II, roi de Naples. — Monastère de San Cosimato. — Dernier coup d'œil sur la campagne romaine. — Aspect particulier des montagnes voisines de Subiaco. — Fondation de l'abbaye de Sainte-Scholastique. — Caractère monumental de ses cloîtres. — Voyages des souverains pontifes à Subiaco. — Vicissitudes du monastère de Sainte-Scholastique. — La première imprimerie italienne y est établie par Conrad Sweynhem et Arnold Pannartz. — Église, bibliothèque et archives de l'abbaye. — Authenticité du diplôme de saint Grégoire le Grand révoquée en doute par le Père Mabillon. 154

CHAPITRE XVII. — LE SACRO SPECO ET SES PEINTURES MURALES.

Sanctuaire primitif élevé près du *Sacro Speco*. — Anciennes peintures qui le décoraient. — Église supérieure ou abbatiale. — Travaux ordonnés par l'abbé Jean Crescenzi. — Visite de l'impératrice Agnès d'Aquitaine à la Sainte Grotte. — Nouvelles fresques exécutées sous l'abbé Jean de Tagliacozzo. — La peinture chrétienne dans les monastères bénédictins avant l'époque de Giotto. — Fresques de Concioli. — Beau caractère des peintures de Stamatico Greco. — La Mort et le Couronnement de la Vierge. — Représentation de la légende des Trois Vifs et des Trois Morts. — Crypte inférieure, chapelle et bâtiments claustraux se rattachant à la Sainte Grotte. — Impressions éprouvées en quittant le sanctuaire de Subiaco. 193

CHAPITRE XVIII. — LA RÉFORME DE CLUNY ET LE MONASTÈRE DE CAVA.

Salutaire influence des réformes monastiques. — Caractère et résultats de la réforme opérée dans l'ordre bénédictin par saint Benoît d'Aniane. — L'anarchie et l'état d'ignorance de la société au dixième siècle réagissent dans l'intérieur des monastères. — Nécessité d'une nouvelle réforme. — La congrégation de Cluny s'étend de la France

TABLE DES MATIÈRES.

dans les autres États chrétiens, notamment en Italie. — Description du monastère de la Trinité de Cava. — Richesses de sa bibliothèque et de ses archives. — Ancien recueil manuscrit des lois lombardes. — Bible remarquable du huitième siècle. — Belles éditions *di primi stampa*. — Légende de saint Alfère, fondateur de l'abbaye, et de ses premiers successeurs. — Vicissitudes du monastère de la Trinité. — L'abbé de Rozan et le cardinal Maury. — Activité littéraire des anciens religieux de Cava. — Dernière vue jetée sur l'abbaye. 241

Chapitre XIX. — Une excursion a Monte Vergine.

Route du monastère de Cava à Salerne. — Aspect et monuments de cette ville. — Sa cathédrale réédifiée par le duc Robert Guiscard. — Chapelle de Jean de Procida; tombeau du pape Grégoire VII. — Beaux environs d'Avellino. — Arrivée à Loretto, infirmerie de Monte Vergine. — L'abbé dom Raimondo Moralès. — L'histoire du Mont-Vierge mêlée, au moyen âge, à la vie légendaire de Virgile. — Voyages et institutions monastiques de saint Guillaume de Verceil. — Développement et situation prospère de la Congrégation de Monte Vergine — Église de l'abbaye; sépultures qu'elle renferme. — Chapelles de Manfred et des princes de Tarente. — Départ de Monte Vergine. — Ruines du monastère de Real Valle fondé par Charles d'Anjou. — Souvenir d'une élégie de Goethe. — Visite à Pompéi. — Un ancien soldat du roi Joachim Murat. — Le Rinaldo et la baie de Naples. 508

Chapitre XX. — Les cénobites de Frascati et de Grotta Ferrata.

Situation de l'ermitage des camaldules de Frascati. — Origine de l'ordre fondé à Camaldoli par saint Romuald. — Vie et institutions de ce saint fondateur. — Règle de la vie érémitique donnée par Paul Giustiniani. — La congrégation des ermites de Monte Corona. — Établissement de l'ermitage de Frascati. — Régime et occupations des religieux camaldules. — Jugement de l'abbé de Lamennais sur la vie cénobitique. — Visite au monastère basilien de Grot Ferrata. — Église; chapelle de Saint-Nil; belles peintures du Dominiquin. — Le Père de Montfaucon et les manuscrits grecs de Grotta Ferrata. — Saint Nil et ses compagnons à Tusculum. — Développement et prospérité de cette colonie de moines grecs. — Les cardinaux Bessarion et Julien della Rovere, bienfaiteurs du monastère basilien. — Le cardinal Consalvi, abbé commandataire de Grotta Ferrata. — Ruines de la villa de Cicéron à Tusculum. 552

Chapitre XXI. — Souvenirs de Camaldoli.

Route de Civita Castellana à Pérouse. — Églises et couvents de Cortone et d'Arezzo. — Le monastère de Vallombreuse. — *Il Paradisino* et le Père Henri Hugford. — Arrivée à Fonte Buono. — L'ermitage de Camaldoli. — Peintures de l'église. — Manuscrit original du Commentaire des Psaumes par saint Romuald. — Un jeune camaldule et sa conversion. — Coup-d'œil rétrospectif sur l'histoire de Camaldoli. — Attaque du monastère par le duc d'Urbin. — Le prieur dom Basilio Nardi, capitaine des troupes de la république de Florence. — Une académie monastique chez les camaldules. — La peinture chrétienne et les inspirations de l'ascétisme. — Origine et caractère de l'école mystique. — Les artistes camaldules ; dom Lorenzo et dom Bartolomeo della Gatta. 405

Chapitre XXII. — Ambroise le Camaldule et les écrivains de son ordre.

Travaux littéraires des moines de saint Romuald. — Impulsion qui leur est donnée par Ambroise le Camaldule. — Caractère de ses relations avec Côme et Laurent de Médicis. — Manuscrits grecs et latins qu'il recueille pour la bibliothèque de Sainte-Marie des Anges. — Son premier ouvrage *De Florentinis originibus*. — Versions latines qu'il donne de saint Jean Chrysostome, de saint Éphrem, de Diogène Laërce et d'autres écrivains grecs. — Ambroise le Camaldule chargé par le pape Eugène IV de réformer son ordre et celui de Vallombreuse. — Révélations contenues dans son *Hodœporicon* — Importance du rôle qu'il remplit aux conciles de Bâle, de Ferrare et de Constance. — Sa mort ; valeur historique et littéraire de sa correspondance. — Pierre Delfino ; ses travaux et ses lettres. — Frà Mauro, savant cosmographe. — Histoire de l'ordre par Augustino de Florence. — Nombreux ouvrages de Guido Grandi sur l'histoire et les mathématiques. — Importance des *Annales camaldulenses* des Pères Mittarelli et Costadoni. — Dernières publications faites par les camaldules ; le cardinal Zurla et Grégoire XVI. 444

Chapitre XXIII. — Trois chroniques bénédictines.

Importance des chroniques monastiques. — Lumières qu'elles répandent sur l'histoire ecclésiastique et civile. — Qualités et défauts propres à ce genre de composition. — Cartulaire de l'abbaye de Farfa. — Le moine Grégoire de Catino et l'abbé Hugues. — Éditions successives de la chronique de Farfa. — Principaux événements de l'histoire de ce monastère. — Sa bibliothèque et ses archives. — La chronique de Casauria et les publications qui en ont été données. — Le moine Jean, auteur de cette chronique. — Fondation de Casauria par l'empereur Louis II. — Nombreux priviléges que cette abbaye reçoit des souverains d'Allemagne et de Sicile. — Origine du monastère de Novalèse et controverse qu'elle a soulevée. — Sa destruction par les Sarrasins. — Abbés qui gouvernent ce monastère. — Le chroniqueur anonyme de Novalèse. — Caractère de son ouvrage. — État de l'abbaye depuis le dix-septième siècle jusqu'à nos jours. 477

Chapitre XXIV. — L'ordre de Saint-Benoit et le parlement italien.

Projet de suppression des associations religieuses en Italie. — Défense de son ordre présentée par un moine de Saint-Benoît. — Publications antérieures de dom Luigi Tosti ; leur caractère religieux et politique. — La prière du soldat et l'insurrection italienne. — Dédicace de la *Ligue lombarde* au pape Pie IX. — Appel aux souvenirs guelfes : la foi et la liberté, l'Église et l'indépendance nationale. — Triomphe et résultats inattendus de la révolution italienne. — Premiers coups portés aux communautés monastiques des Marches et de l'Ombrie. — Mémoire apologétique du Père Tosti adressé au parlement national. — Nouveaux périls qui menacent les congrégations monastiques. — Récapitulation des services rendus par les bénédictins dans l'ordre social, économique et littéraire. — Conclusion. . 511

PIÈCES JUSTIFICATIVES

A. — Privilége du pape Honorius Ier en faveur de l'abbé et des moine du monastère de Bobbio (629). 537

B. — Bref adressé par le pape Pie VI à l'abbé et aux moines de Sainte-Scholastique de Subiaco (1779). 539

C. — Motu proprio du pape Pie IX en faveur du monastère de Sainte-Scholastique de Subiaco (1847). 540

D. — Privilége accordé par le pape Urbain II à l'abbé Pierre et aux moines du monastère de Cava (1092). 542

E — Lettres d'Ambroise le Camaldule. 543

F. — Diplôme de l'empereur Othon III en faveur de l'abbaye de Farfa (998). 547

G. — Fragment du poëme composé par le moine Jean, auteur de la chronique de Casauria, en l'honneur de l'empereur Louis II, fondateur du monastère (douzième siècle). 549

H — Extrait des actes du chapitre général des bénédictins de la congrégation du Mont-Cassin, tenu au monastère de Saint-Pierre de Pérouse, au mois d'avril 1858. 552

FIN DE LA TABLE DES MATIÈRES DU TOME SECOND.

ERRATA

Page 12, ligne 30, *au lieu de* Robert d'Arbrissil, renferment, *lisez* Robert d'Arbrissel, renfermait.

Page 49, ligne 30, *au lieu de* fatmille, *lisez* famille.

Page 103, ligne 10, *au lieu de* ordres mineurs, *lisez* ordres mendiants.

Page 118, ligne 30, et page 383, ligne 31, *au lieu de* cardinal Maï, *lisez* cardinal Maï.

Page 139, ligne 15, *au lieu de* VALER, *lisez* VAL.

Page 185, ligne 32, *au lieu de* cardinal Andrea, *lisez* cardinal d'Andrea.

Page 207, ligne 13, *au lieu de* MACERAVERAT ARTUS, *lisez* SANCTOS MACERAVERAT ARTUS.

Page 226, ligne 20, *au lieu de* Bologne, *lisez* Sienne.

Page 319, ligne 31, *au lieu de* rentra, *lisez* entra.

Page 399, ligne 29, *au lieu de* CHIARAMONTIO, *lisez* CLARAMONTIO.